本书获教育部人文社会科学研究规划基金项目"近代苏南义庄与地方社会研究"（批准号：14YJA770006）资助，为其最终成果；获淮北师范大学学术著作出版基金资助。

近代苏南义庄
与地方社会研究

JINDAI SUNAN YIZHUANG
YU DIFANG SHEHUI YANJIU

李学如　著

上海三联书店

目录

第一章　绪论

一、研究缘起

关于义庄的学术研究始于上世纪 30 年代,涉及内容,如学者范金民先生所言,"或通论全部,或择取一二典型"[①],留有大量讨论空间,有待后人继续耕耘。之所以拟"近代苏南义庄与地方社会研究"为议题,主要基于以下思考:

其一,现有之研究从时间上而言多集中于明清时期及其以前的义庄,从事者多为古代史学者,于近代尤其是民国阶段之义庄关涉很少。而义庄之快速发展、高潮期乃至于发生近代转型就在晚清和民初。即便民国阶段,苏南尚有大量义庄存续,也有新义庄产生,它们得到政府的支持,有的直到土改时才被法律化和行政化方式所消解,其间所反映出的宗族生活及乡村政治,有研究之必要。故文章之中心放在近代。

其二,从地域上而言,已有义庄研究多集中于苏州,而对苏南其他地区涉猎甚少。其实,清代常州府、松江府、太仓州等地均为科举鼎盛、望族团聚、庄祠林立、族田广布之区,义庄相对集中。清朝后期,仅无锡荡口就有义庄十几处,被誉为"江南第一义庄"。清人冯桂

---

① 范金民:《清代苏州宗族义田的发展》,《中国史研究》,1995 年第 3 期,第 56 页。

芬曾说:"今义庄之设遍天下"[①],"而江以南为盛"[②]。众所周知,苏南自清中叶以来不仅是一行政地理概念,还是一文化地理和经济地理之概念。其北滨长江,东临东海,南接浙江,西连皖南,京杭运河贯穿其间,吴文化浸润历久,商品经济发达,伴随西风东渐,又多为先开风气之区。因此,对近代苏南义庄进行整体研究,具有区域的典型性。

其三,义庄的出现和发展,涉及家族制度的发展变迁、乡村地权流动、家族教育、社会救助、基层社会控制,以及绅权、族权与地方政权的互动与渗透等诸多核心层面。因此,把义庄作为"麻雀"解剖,是研究近代苏南家族生活实态和地方政治、经济、文化面相的独特视角。

其四,苏南义庄的许多功能,与今天的基金会、慈善会有诸多类似之处,它涉及济贫、赡孤、养老、备荒、助学、嘉婚、恤丧等施济的主要内容,在慈善解困、和谐人际、安抚人心以及社会自我调节等方面都起到了重要作用。虽然义庄作为特定的历史景象已在 20 世纪 50 年代的土改运动中非自然地隐退,但其在庇佑弱势群体、确保社会安定等方面所发挥的积极作用,对于今天的社会保障机制建设和基层社会治理,仍具有重要的现实借鉴意义。

二、概念界定

(一)"义庄"释义

"义庄"源于宋代。北宋仁宗皇祐元年(1049),范仲淹在其家乡吴县置负郭常稔之田千亩,以所得租米赒给群族,供衣食、婚嫁、丧葬之用,称为义庄。后世竞相仿效,义庄逐渐盛行。

---

① 冯桂芬:《显志堂稿》卷 4《汪氏耕荫义庄记》,沈云龙主编:《近代中国史料丛刊续编》第 79 辑,台北:文海出版社,1981 年,第 402 页。

② 冯桂芬:《冯宫允拙园义庄记》,盛文颐主修:武进《龙溪盛氏宗谱》卷 23《义庄录》,民国三十二年木活字本。

在传统宗法社会里,敬宗、睦族、收族是族绅们孜孜不倦的伦理诉求,而族产则是实现这一目标的经济支撑。族产顾名思义是家族之财产,家族共有是其基本属性。除却义庄外,族产的基本形态还有义田、祭田(又称祀田、尝田、烝尝田等)、学田(又名书田)、义冢田、墓田等,家塾、家祠亦属此列。

义田又称润族田或义产等,是"为赡养宗族或救恤宗族而设之田产"。[①] 魏源称"井田废,而后有公恒产者,曰义田"。[②] 不过,义田不等于义庄田,更不能与义庄混为一谈。因有的家族虽有义田公产,但未建庄管理,而是归于家祠经营,此田不能称为义庄义田;还有一些地方团体如社学、养济院、育婴堂等组织,置义田以充经费,当然也不是义庄田。只有家族置有义田并建有庄房,由专门人员专司经营管理,此义田才是义庄田。可以说,凡义庄必有义田,"既无义田,何有义庄?"[③]但有义田不一定就有义庄,[④]义田和庄房是构成义庄之必要物质基础,二者不可或缺。需要说明的是,在清代,宗族设置义庄时,有一定的义田规模要求,依例须置义田千亩以上,才能称为"全庄",所谓"义庄恒以千亩为准"。[⑤] 其不及千亩而在五百亩以上者,则只能称其为"半庄"。

义庄有广义、狭义之别。范仲淹初创义庄,始为收藏义田之租和

① [日]清水盛光著、宋念慈译:《中国族产制度考》,台北:中华文化出版事业委员会,1956年,第5页。
② 魏源:《庐江章氏义庄记》,《魏源集》(下册),北京:中华书局,1976年,第502页。
③ 黄金振:《虞阳沈氏义庄碑记》,沈寿祺纂修:《虞阳沈氏宗谱》卷11《义庄志》,清宣统三年木活字本。
④ 文献中常将义田、义庄通用,潘光旦指出了这种谬误,但潘氏仍混淆了义田与义庄之间的从属关系。潘氏认为:有义庄的人家必有"义田",否则没有东西供支配;有"义田"的人家也必有义庄,否则没有执行支配的机构。(参见潘光旦、全慰天:《苏南土地改革访问记》,北京:三联书店,1952年,第46页。)
⑤ 宋肇琨:《虞东沈氏义庄碑记》,沈寿祺纂修:《虞阳沈氏宗谱》卷11《义庄志》。

办理赡济事宜的庄屋。据《范氏家乘》中记载："义庄本在义宅内,后毁,改真太平山,旋废。乾隆丁巳,世孙安瑶,于岁寒堂南隙地,兴建仓厅三间,左右置机房十二间,从房一间,俱北向东向,厨房二间西向,耳房三间,缭以周垣,设承志、修业二门,每年收租发给于此,始复旧制。"①其意甚明,义庄本是义宅之一部分,乃专司收租及办理给发事宜之场所。清人觉罗雅尔哈善在《重修文正书院兴复义庄记》中有更为直接的表述:"始宋皇祐初,公守杭州,创置赡族义田,于义宅立义庄以贮田租。"②可见,狭义义庄与庄屋同义,其与义田"无非均为赡养宗族组织之两个构成要素"。然而后人所言义庄多为广义义庄,"代表赡养宗族组织全体之名称,而义田则被人看做仅为附属之义庄田而已","亦有包涵义田及祭田之义庄田的义庄,尚有更加学田及义冢田,而组织一义庄之实例"。③后世义庄之所以由宗族赡济场所升格为赡养宗族组织的总括代名词,原因如下:一则从物的方面看,义庄包括义田、祭田、书田、庄塾、庄房及其附属设施;二则从人的角度而言,义庄关涉捐建者、庄裔、族众、佃户,并有一套与之相适应的义庄管理班子;三则义庄乃赡济宗族之中枢机构,义田之管理与增殖,田租之收贮,义米之发给,租谷之粜籴,族籍之登记,甚或义塾之举办、祭祀之典仪等皆赖此;四是义庄多会呈官立案,奉帖执守,且有庄规约束,它把义庄之职能和意志上升到成文法的高度,具有强制性和不可违抗性。至此,义庄遂成为家族之荣耀、赡族组织之总括和威权之象征。

义庄之别称,若仁庄、谊庄等。无锡唐氏"取范文正公之良法美

---

① 范宏金等续修:《范氏家乘》卷17《庙祠考》,清道光三十年刻本。
② 李勇先、王蓉贵校点:《范仲淹全集》(中),成都:四川大学出版社,2002年,第1176页。
③ [日]清水盛光著、宋念慈译:《中国族产制度考》,第5页。

意,斟酌而损益之,易义庄为仁庄"①。世代簪缨之名门望族长洲彭氏称其义田为润族田、义庄为谊庄。彭绍升在其《润族田记》中曾有说明:

> 其不名义田者,何也?盖当权夫予受之分矣。彼群而矜之曰义者,事必逾乎常格,情必溢乎常分。其施者往往出于独力之所成,其受者又往往出于愿望所不及。若其在家庭骨肉间,同心并力,有无相通,习而安焉。不名曰义者,谓适如其分云尔。今以富者之所余均之贫乏,以族人之所殖畀诸族人,亦犹一门之中交相裒益、畛域胥泯,而何义之有?虽然,洞酌彼行,潦挹彼注,兹可以饎饎,名之曰润,其庶几乎?②

彭氏把族内富者所余均之贫乏、族人所殖畀诸族人之举视为一门之中骨肉之情分,认为用"润"字恰如其分。希冀后嗣子孙克广德心,日增岁益,将义田增殖到数千亩,"俾族人俯有拾仰有取,生理既充,善牙必达,涵泳乎诗书之泽,浸淫乎仁让之休,其为润也,岂有涯哉?"既如此,其庄也避用"义"字,"名曰谊庄,以示谊美恩明之意"。③

综上所述,义庄是传统宗法社会中,在血缘和地缘关系基础上,由家族中的士绅、商人或力田起家的庶民地主捐置田产和庄屋,以庄规为运作准绳,赡济教化族众,以达敬宗、收族、保族之目的,得到国家认可和支持的一种封建宗族赈恤组织。

(二) 近代"苏南"

今天的"苏南",从行政区划上而言是对江苏省长江以南地区的

---

① 孙雄:《无锡唐氏仁庄记》,《虞社》,1930 年第 161 期,第一张第 3 页。
② 彭绍升:《彭氏润族田记》,见宋如林、石韫玉:《苏州府志》卷 137《集文七》,清道光四年刻本。
③ 彭文杰、彭钟岱纂修:吴县《彭氏宗谱》卷 12《庄规》,民国十一年衣言庄刻本。

统称,包括南京市、镇江市、常州市、无锡市、苏州市及其所辖地区。本文所论及的近代"苏南",特指历史上的镇江府、常州府、苏州府、松江府及太仓州地区,即今天的镇江市、常州市、无锡市、苏州市、上海市及其所辖地区。

界定近代苏南的空间范围,须先弄清江苏省的建制及其辖制范围的变迁。清顺治二年(1645),设置江南省,辖区范围包括今安徽省、江苏省和上海市。顺治十八年(1661),江南省设左、右布政使,左布政使驻地江宁,管辖今安徽及苏北共九府四州,右布政使驻地苏州,领有江宁、镇江、常州、苏州、松江五府,这为后来江南分省而治奠定了基础。康熙六年(1667),分江南省为江苏、安徽两省,置江苏布政使,驻苏州府,专辖苏、松、常、镇四府及太仓一州。此后,江苏巡抚亦驻苏州。① 至乾隆二十五年,江苏因事务繁剧,又增设藩司一员,实行分治,"将江、淮、扬、徐、海、通六府州分隶江宁藩司管辖,苏、松、常、镇、太五府州分隶苏州藩司管辖"。② 苏州藩司辖区就是近代苏南的地理范围。一省两省会、两藩司,这种设置一直沿革到清末。这一独特现象足以说明清代苏南重要的政治经济地位。"这种政区的划分主要基于地理上的考虑,似乎也意味着文化上的联系。"③清人梁章钜也说:"苏、松邻壤,东接嘉、湖,西连常、镇,相去不出三四百里。其间年岁丰歉,雨旸旱溢,地方物产,人工勤惰,皆相等也。"④从康熙六年(1667)江苏建省制,至 1927 年,上海地区一直为江苏省所管辖。1927 年,南京国民政府析上海、宝山、嘉定、松江四县地置上海市,作为中央直辖市,才从江苏分离出来。解放战争后期,中共中央为了有

---

① 南京师范学院地理系江苏地理研究室编:《江苏城市历史地理》,南京:江苏科学技术出版社,1982 年,第 85 页。
② 《大清高宗纯皇帝实录》卷 619,乾隆二十五年八月下,第 12 页。
③ 江庆柏:《明清苏南望族文化研究》,南京:南京师范大学出版社,1999 年,第 3 页。
④ 梁章钜:《浪迹丛谈》卷五《均赋》,中华书局,1981 年,第 82—83 页。

效管辖江苏,在发动渡江战役前夕,中央决定将江苏省划为苏北和苏南两个行政区,南京为中央直辖市。苏南全区辖镇江、苏州、常州、松江四个专区及无锡、苏州两个苏南直辖市,共 27 个县,两个专署属市(镇江市、常州市)。[①] 解放后,又稍作调整,苏南设镇江、常州、苏州、松江四个专区,一个无锡直属市,二十七个县。[②] 考虑到本书涉及上海地区的义庄当时均属江苏辖制范围,故文中所论及的近代"苏南"包括历史上的松江府,即今天的上海市及其所辖地区。

三、研究思路与资料说明

(一) 研究思路

在传统的宗法社会里,家族是社会的基本细胞,同时从社会学的角度看,它也是一种意义深远的文化现象。明清以至近代,由于国家缺乏对基层社会的足够控制力,家族实际上是作为一种自治的权力系统在发挥作用,其在城乡社会的政治、经济、文化生活等方面都起到过重要作用。因此,考察家族在地域社会中的发展路径及影响,对于更好地理解中华文明和传统社会无疑具有重要价值。

明清以降,苏南不仅是经济发达之衢、文化昌盛之地、开风气之先所在,亦是世家大族团聚之中心。因此,长期为学者所关注,成为区域研究之显地。

作为传统社会的基层社会组织,义庄是近代苏南宗族生活的中枢。一是土地是传统社会中最重要的经济要素,义庄拥有大量土地,为族绅有力者所控制,制订健全的管理和分配机制,对族人不仅给予养,而且施以教,进行有序性管理,从而成为宗族生活的核心和实施

---

① 莫宏伟:《苏南土地改革研究》,合肥:合肥工业大学出版社,2007 年,第 6 页。
② 苏南人民行政公署土地改革委员会编:《土地改革前的苏南农村》,1951 年内部印行,第 11 页。

有效控制的力量所在。二是能建立义庄者多为士绅阶层或商业起家的成功转型家族,具有地域的代表性。而那些建庄者及其后裔在地域社会的政治、经济、文化活动中又处于绝对高端地位,成为介于政府与民众之间的权力通行桥梁,是进行基层社会控制的实际操作者。三是义庄通过对土地的租佃及租息的商业化经营运作,成为强大的地方经济集团,一定程度上掌握着地方社会的话语权。而其通过对佃户的管理、族群的控制、地方公益事业的参与以及租赋的收取和交纳等行为,又让它与地方政权发生了深刻的关系,成为地方政治生活的一部分。四是义庄热心家族文化建设,强调家族的宗法理念,认为家族的文化资源和宗法理念是强宗收族的重要手段,能起到以文化机制控制地域社会的作用。五是义庄在近代社会的转型之中,在保持家族自身理念和组织形态的前提下,积极融入和适应社会变迁,促进了社会的和谐与稳定。因此,以义庄为切入点,循此途辙门径透视地域社会,打破以往研究之古代、近代人为学术分界,将与之相关的诸多社会要素相互关照,给予长时段全区域的整体考量,进而解析苏南义庄宗族的社会结构和生活秩序,可谓是研究苏南基层社会的独特视角。

行文遵循经纬贯通点面结合的研究思路,即纵向以近代苏南义庄的发展变迁为经,梳理苏南义庄的兴废全貌,着力探讨近代苏南义庄演进轨迹、制度内核及其近代转型,寻找其勃兴及长期存续的内在原因,从而为其恰当定性;横向以近代苏南义庄与地方社会的互动为纬,通过对义庄的运行机制、地理分布、生产关系、族权与政权互动及其宏观社会场域的全面考察,关切近代苏南基层社会的政治、经济、文化生态;此外,还以庄祠为基本质点,将其作为“麻雀”解剖,管窥苏南义庄宗族生活的图景,并将与之相关的土地、租佃、庄规、教育、救济、族众、族绅、社会与国家等诸多要素穿连一体,作发散性透视,全面考察近代苏南宗族的社会结构及其发展变迁。

（二）资料说明

目前，多数学者对义庄的研究仍处于"副业"阶段。所谓"副业"，是指大家在研究宗族史或传统社会慈善过程中，涉及到义庄问题，或在文中略加交涉，或从某一角度专文论述，缺乏研究的系统性。因此，使用的资料也多是常见的几种，零散且单薄。有鉴于此，本书对研究中所运用的主要义庄资料载体加以说明，旨在为学界提供相关史料信息，进而促进义庄研究的进一步发展。

1. 方志

官方收录的义庄资料主要集中在方志中，包括各省通志、府州县志、乡镇志等，其中尤以府志、县志中相关资料最为集中。方志中的义庄资料分为以下几种：一是义庄简介，包括义庄名称、建立时间、捐建者情况、义庄规模、政府批文、义庄记等，此类资料一般集中在方志的"祠祀"、"公署"、"建置志"、"营建"、"祠宇"、"义局"、"碑碣"、"善堂"、"善举"等门类中；二是捐建者人物传记，主要分布在"孝友"、"尚义"、"孝义"、"义举"、"人物"等门类中；三是名人撰写的"义庄记"，主要集中在"集文"等门类中。

2. 谱牒

"家之有谱，犹国之有史。"族谱作为第一手资料已为学界高度重视。苏南多巨族，修谱成风，对家族所办义庄，族谱所记甚详。利用大量家谱入史是本研究的一大特色，借助国家图书馆、上海图书馆及苏南地方图书馆、档案馆收藏的家谱，共发掘出有丰富义庄资料的家谱及义庄全案80多个，其中多半以前未曾使用过。家谱中的义庄资料多自为一卷或多卷，有的列于祠宇类下，内容包括：义庄记、义庄规条、赡族规条、祭祀规条、家族议约、庄塾规条、官府公文、庄房图、义田数目及具体分布等。有的家族未将义庄资料附于谱中，而是汇集成册，或曰"义庄全案"，或曰"义庄汇录"、"义庄文存"等。

3. 文集

明清时期的文人,尤其是文化名流,多有替人撰写碑刻、铭文、义庄记等嗜好,一则颂人功德,二也彰显自己声名。这类文章为数不少,需要广为搜寻。如钱大昕的《潜研堂文集》、沈德潜的《归愚文钞余集》、俞樾的《春在堂杂文》、方苞的《方望溪先生文集》、李兆洛的《养一斋文集》、冯桂芬的《显志堂稿》等文集中,都有义庄记述类文章。

4. 报刊、档案、碑刻及地方文史资料

为弥补民国时期方志、家谱资料的不足,苏南地区的报刊、档案资料也是笔者着力找寻的史源之一,共收集到 30 多种录有义庄资料的地方期刊及档案,这对研究民国时期的苏南义庄颇有助益。如《申报》《东方杂志》《内务公报》《教育杂志》《政府公报》《人文月刊》以及各地的"县政公报"等,均有当时义庄的一些相关记载。同时,苏南的一些地方档案馆、博物馆中也藏有义庄历票、义庄碑刻、义庄学校以及土改期间有关义庄的调查报告等文献资料,十分珍贵。此外,苏南地方文史资料中的有关义庄记述类文章,亦可供研究时参考使用。

四、学术史回顾

目前学术界对义庄的研究,多为通论性或个案化论述,区域性研究并不多见,①专门性著作尚付阙如。多数文章是由论述族产而附及义庄,时间上多述及明清时期,空间上多集中于苏州一隅。以下对国

---

① 主要成果有:1. 刘铮云:《义庄与城镇——清代苏州府义庄之设立及分布》,《中央研究院历史语言研究所集刊》,1987 年第 58 卷 3 期;2. 冯尔康:《论清朝苏南义庄的性质与族权的关系》,《中华文史论丛》,1980 年第 3 辑;3. 范金民:《清代苏州宗族义田的发展》,《中国史研究》,1995 年第 3 期;4. 王日根:《明清福建与江南义田的比较》,《学术月刊》,1996 年第 1 期;等。

内外学术界相关研究成果做一回顾和总结。

（一）主要研究成果

对义庄的论述最早可追溯到明清一些文人的义庄记述中，但真正学术意义的研究最早见之于归堤的《常熟之义庄》①和田中萃一郎的《义庄の研究》②。总体而言，义庄研究国外学者起步较早，国内学者多是上世纪 80 年代后期才开始涉足，按照文章所涉年代，择其要者介绍如下：

1. 有关宋、元时期的研究成果

主要有：近藤秀树的《范氏义庄变迁》，《东洋史研究》1963 年第 21 卷第 4 号；伊原弘介的《范氏义庄租册の研究》，《史学研究》1965 年第 94 号；邢铁的《宋代的义庄》，《历史教学》1987 年第 5 期；陈荣照的《论范氏义庄》，《宋史研究集》第十七辑，台湾"国立"编译馆中华丛书编审委员会 1988 年版；廖志豪、李茂高的《略论范仲淹与范氏义庄》，《学术月刊》1991 年第 10 期；王日根的《宋以来义田发展述略》，《中国经济史研究》1992 年第 4 期；黄明理的《范仲淹入祀孔庙因缘蠡测—兼谈范氏义庄的收族功能》，《国文学报》1998 年 6 月；王善军的《范氏义庄与宋代范氏家族的发展》，《中国农史》2004 年第 2 期；豆霞、贾兵强的《论宋代义庄的特征与社会功能》，《华南农业大学学报》2007 年第 3 期；申万里的《元代江南民间义庄考述》，《中央民族大学学报》2009 年第 2 期。

2. 有关明清时期的研究成果

主要有：冯尔康的《论清朝苏南义庄的性质与族权的关系》，《中华文史论丛》1980 年第 3 辑；刘铮云的《义庄与城镇——清代苏州府

---

① 参见归堤：《常熟之义庄》，《复旦社会学系半月刊》，1931 年第 2 卷第 7 期。
② 参见田中萃一郎：《义庄の研究》，《田中萃一郎史学论文集》，三田史学会，1932 年。

义庄之设立及分布》,《中研院历史语言研究所集刊》1987 年第 58 卷第 3 期;张研的《清代族田经营初探》,《中国经济史研究》1987 年第 3 期、《关于清代族田分布的初步考察》,《中国经济史研究》1991 年第 1 期、专著《清代族田与基层社会结构》,中国人民大学出版社 1991 年版;王日根的《论清代义田的发展与成熟》,《清史研究》1992 年第 2 期、《义田及其在封建社会中后期之社会功能分析》,《社会学研究》1992 年第 6 期、《明清福建与江南义田的比较》,《学术月刊》1996 年第 1 期;范金民的《清代苏州宗族义田的发展》,《中国史研究》1995 年第 3 期;邓河的《浅论近代农村的族田经济》,《山西财经学院学报》1995 年第 3 期;余新忠的《清中后期乡绅的社会救济——苏州丰豫义庄研究》,《南开学报》1997 第 3 期;王卫平的《清代苏州的慈善事业》,《中国史研究》1997 年第 3 期;曹凤祥的《论明代族田》,《社会科学战线》1997 年第 2 期;李江、曹国庆的《明清时期中国乡村社会中宗族义田的发展》,《农业考古》2004 年第 3 期;李跃、高廷爱的《清代苏州非营利组织初探——以义庄为考察对象》,《世纪桥》2006 年第 11 期。

3. 通论性研究成果

主要有:[日]清水盛光的《中国族产制度考》,中华文化出版事业委员会 1956 年版;Dennerline,"*Qian Mu and the World of Seven Mansinas*",Yale University Press,1989;[韩]田炯权的《中国近代社会经济史研究——义田地主和生产关系》,中国社会科学出版社 1997 年版;李文治、江太新的《中国宗法宗族制和族田义庄》,社会科学文献出版社 2000 年版;张佩国的《近代江南乡村的族产分配与家庭伦理》,《江苏社会科学》2001 年第 4 期;王卫平的《从普遍福利到周贫济困——范氏义庄社会保障功能的演变》,《江苏社会科学》2009 年第 2 期;袁同成:《"义庄":创建现代农村家族邻里互助养老模式的重要参鉴——基于社会资本的视角》,《理论导刊》2009 年第 4 期。

(二) 研究涉及的主要内容

就研究内容而言,现有的义庄研究主要关涉以下几方面:

1. 义田、义庄的发展及其特征

清代族田义庄的发展及分布历来受到学者的关注。多数学者认为族田义庄在清中叶后发展迅速,清末达到高峰。

(1) 清末高潮论。冯尔康认为,宋、元两代,义庄偶尔出现,是其开创时期。到了明代义庄有所发展,数量增多,有的规模还比较大。明、清鼎革又使义庄发展中断。从整个清代看,清初义庄设立很少,中期的雍、乾、嘉、道(前二十年)是其发展时期,鸦片战争后继续发展,同、光时期达到高潮。冯尔康概括苏、松、常三府的义庄具有四个特点:一是数量多;二是非官僚地主建庄增多;三是清中叶是其发展期;四是义庄与宗祠、义塾融为一体。[①]

(2) 三个阶段论。王日根把义庄的发展历程分为"宋代的倡导与勃兴、明代的停滞与恢复、清代的发展与成熟三个阶段"。范仲淹倡办义田得到了宋时理学家们交口赞誉,"在理学家们大力宣扬和官宦们的积极实践中,以义田为经济基础、结合古代宗子法和当时盛行的大家庭组织的新的家族组织形态便取得了进一步发展"。到了元朝,统治者虽没有积极提倡义田,但对义田的发展采取了保护政策,因而义田事业并未因王朝的更替而中辍。明初采取了抑制义田的政策,使宋元蓬勃发展的义田事业陷于停滞状态。直到明中叶,为填补基层社会控制的真空,义田又得到恢复。到了清朝,由于清政府的大力提倡,兴办义田蔚成风气,义田发展日臻成熟。[②]

(3) 三个高峰说。范金民对苏州宗族义田的发展阶段、特征进

---

① 参见冯尔康:《论清朝苏南义庄的性质与族权的关系》,《中华文史论丛》,1980 年第 3 辑,第 205—207 页。

② 参见王日根:《义田及其在封建社会中后期之社会功能分析》,《社会学研究》,1992 年第 6 期,第 90—95 页。

行了深入探讨。他通过对清代苏州义庄的量化分析,提出就义庄设置年距而言,清代义庄的发展分别在乾隆年间、道光年间、太平天国运动失败后形成三个高峰期。并通过对苏州义田捐置人身份、义田大小、义田地区分布的统计分析,归纳出清代苏州宗族义田具有四个新特点:一是义田捐置人身份发生较大变化,商人平民等庶民地主纷纷加入到捐置队伍中,导致苏州义田的急剧增加;二是随着义田捐置人身份结构的变化和咸丰兵燹后单个地主实力的减弱,苏州地区每一义庄的义田规模也相应缩小;三是义田设置方向向下层宗族转移;四是清代义田捐置人身份的变化,就时间上来说,主要是太平天国失败后,就地点来说,主要是在常昭地区。[①]

(4)清末民初顶峰说。张研认为,族田在北宋范仲淹首创以后,经过相当一段时间的缓慢发展,于南宋形成了第一个发展高潮。高潮之后,是元代的停滞,接着在明代进入了起飞阶段。清代以后,族田发展进入前所未有的高潮阶段,并且还在继续形成新的高潮。越是后期发展得越迅速,清末民初,可说是登上了顶峰。[②]

(5)"清代的历史性现象"说。韩国学者田炯权提出:"道光以前,(苏州)义庄的设置只处于逐渐发展状态,而到了道光年间却成为契机,并得到显著的增多(是其以前的5至6倍),而且此趋势一直持续到了清末"。田炯权称其为为清代的"历史性现象"、"特征性现象"。[③]

(6)近代宗族组织弱化论。张佩国对清代族田义庄的发展程度持谨慎态度,他认为,"近代江南的功能性宗族组织和族田义庄并不

① 参见范金民:《清代苏州宗族义田的发展》,《中国史研究》,1995年第3期,第57—62页。
② 参见张研:《清代族田与基层社会结构》,北京:中国人民大学出版社,1991年,第21、38页。
③ 参见[韩]田炯权:《中国近代社会经济史研究——义田地主和生产关系》,北京:中国社会科学出版社,1997年,第227、234页。

像人们所误解的那样发达。地方志中的大量资料表明,江南地区的宗族组织近代以来呈现了某种程度的弱化。"①

2. 义庄兴起的原因

义田、义庄在清代得以长足发展已有充分数据证实,但自北宋肇始之事物何以到清中叶后才会迅速发展,个中原因尤值得玩味。

(1)范氏义庄影响说。清代各家义庄记多有仿效范氏义庄之表达。如冯桂芬《汪氏耕荫义庄记》中所言:"今义庄之设遍天下,吾吴为公故乡,闻风兴起者宜益众。"②王錱在《义田说》中则云:"昔范文正公置负郭常稔之田千亩,赡其族人。近日吴中士大夫多踵行之。"③陈奂的《济阳义庄记》也说:"盖在宋范氏设庄,以赡族之贫,至今吴人效法者颇众。"④日本学者清水盛光据此认为:"范氏义田,其创始者范文正公对族人之仁爱精神,以及经其手订之义田经管方法,不惟成为天下之楷模,且于其德行功业永为子孙所守、更为之继续发展之点言之,亦足永为天下之典范。"这些"固亦足以说明义田普及之原因","是即睦族、收族及保族,为中国最高道德之一,无论何人均常冀其实现,复以一般人见于见及睦族、收族与保族之最佳手段,业经范文正公所创始,故其先例一经开拓,模仿者迅即出现于各地,终至广为传播"。⑤

(2)维护宗法关系说。此说为许多清代文人所倡率。论者多谓清时宗法关系松弛,"自宗法不行,士大夫无以收其族,昭穆既远,视

① 参见张佩国:《近代江南乡村的族产分配与家庭伦理》,《江苏社会科学》,2001年第4期,第139页。
② 冯桂芬:《显志堂稿》卷4《汪氏耕荫义庄记》,沈云龙主编:《近代中国史料丛刊续编》第79辑,台北:文海出版社,第691页。
③ 王錱:《义田说》,盛康辑《皇朝经世文编续编》卷67《礼政七.宗法》,沈云龙主编:《近代中国史料丛刊》第85辑,台北:文海出版社,第691页。
④ 陈奂:《济阳义庄记》,李皖铭、冯桂芬:《苏州府志》卷24《公署四》,光绪九年江苏书局刻本,第35页。
⑤ [日]清水盛光著、宋念慈译:《中国族产制度考》,第37、50页。

为路人,角弓之反频闻,葛藟之庇安望?"①那么如何解决呢？王鏊认为,"居今日而言敬宗收族之事,其惟立义田。乎义田立则贤者不以谋衣食而荒其业,愚者不以迫饥寒而为不肖,鳏寡孤独得所养,婚嫁丧祭有所赖。"②沈德潜在强调义庄的作用时则说:"尊祖敬宗收族莫善于此。"③冯桂芬提出:"义庄虽一人一家之事乎,而实有合于三代圣人宗法遗意。"④清代义庄勃兴与复兴宗法之需直接关联的观点也为当今的一些学者所接受。冯尔康认为,在清代,宗族制度在衰败,宗祠不甚兴旺,宗法遭到冷遇。一些士大夫和大地主为了维护宗族制度,兴修祠堂,举办义塾,整饬族规家范,义庄也正是在这种情势与要求下较多出现的。"所以义庄是作为衰朽中的宗族制度的补剂而产生和发展的,两者之间有着密切关系。"⑤李文治、江太新也持类似观点,认为"明清时代官僚地主建置族田义庄,主要是企图通过经济手段延缓宗法宗族制的松懈"。⑥范金民对此不以为然,认为"这种看法意识到了当时宗族内部矛盾的日益尖锐,宗族共同体的不稳定趋势,却无法说明为什么苏州各地遍设义庄不是在提倡睦族恤贫的清前期,而是在经过战乱的清后期"。⑦

(3)地主自救行动说。日本学者目黑克彦注意到清末义庄的盛行现象并非苏州府所独有,而是江南地区普遍的情形,提出探究清末

① 钱大昕:《潜研堂文集》卷20《陆氏义庄记》,上海:商务印书馆,民国二十五年,第293页。
② 王鏊:《义田说》,盛康辑《皇朝经世文编续编》卷67《礼政七·宗法》,沈云龙主编:《近代中国史料丛刊》第85辑,691页。
③ 沈德潜:《归愚文钞余集》卷4《陶氏义庄记》,乾隆三十二年刻本。
④ 冯桂芬:《冯宫允拙园义庄记》,盛文颐主修:武进《龙溪盛氏宗谱》卷23《义庄录》,民国三十二年木活字本。
⑤ 参见冯尔康:《论清朝苏南义庄的性质与族权的关系》,第212页。
⑥ 李文治、江太新:《中国宗法宗族制和族田义庄》,北京:社会科学文献出版社,2000年,第71页。
⑦ 范金民:《清代苏州宗族义田的发展》,《中国史研究》,1995年第3期,第64页。

义庄盛行的原因,不能单从像实践儒家道德规范这样单纯的动机着手,而必须从清末的社会状况来考虑。他认为,清末义庄的纷纷设置,乃是地主阶层在清政府无法应付地方动乱频仍、抗租抗粮运动纷起的情况下,力求自救的行动,以求地主地位的保全,以及乡村支配权的确立。① 王卫平则从民间社会及工商业组织慈善活动的兴盛与清代人口的快速增长同步进行的视角出发,得出江南人口的快速增长造成了大量贫困失业人员,给社会的发展带来了巨大的压力,地方社会与工商业界的有力者面对日益加剧的社会矛盾,不得不设法补救。慈善活动的广泛开展即是其自救策略之一。②

(4) 统治者提倡动员说。王日根在《论清代义田的发展与成熟》一文中指出,清朝统治者作为一个新兴的地主阶级登上政治舞台,具有强烈的进取心,它很快地吸收了汉文化管理社会的一套机制,竭力革除了这套机制中存在的弊端,并把宋代即为统治者利用的宗族制度加以发扬光大,作为家族宗法制度的经济基础的义田就成为清政府致力提倡的对象。封建政府的大力提倡引起了各家族的积极响应,兴办义田由此便蔚成风气,义田发展日臻成熟。③ 唐力行、徐茂明也有类似提法,认为苏州义庄在清末有较大发展,是因为"战乱之后,苏州社会经济和社会秩序遭到严重破坏,政府急需重建而又力有不逮,于是积极动员民间力量,士绅阶级因此风云际会而迅速成为义庄的主要建立者"④。

(5) 改革失败说。台湾学者刘铮云认为,"清末义庄盛行的最重

---

① 参见刘铮云:《义庄与城镇——清代苏州府义庄之设立及分布》,《中央研究院历史语言研究所集刊》,1987 年第 58 卷 3 期,第 638 页。

② 参见王卫平:《清代苏州的慈善事业》,《中国史研究》,1997 年第 3 期,第 155 页。

③ 参见王日根:《论清代义田的发展与成熟》,《清史研究》,1992 年第 2 期,第 8 页。

④ 参见唐力行、徐茂明:《明清以来徽州与苏州社会保障的比较研究》,《江海学刊》,2004 年第 3 期,第 130 页。

要原因应是在改革失败,官方慈善机构日渐破败,社会情势日益混乱后,地方家族力行自恤的一种现象。"①

(6) 历史条件说。为什么清代苏州义庄林立? 范金民给出的答案是:近代苏州义庄义田的迅速增加,"是在新的历史条件下,特别是经过太平天国战争的涤荡,主佃关系日益紧张,阶级对立日益严重,地租拖欠为数日盛,地权变动日趋频繁,土地占有关系发生了很大的变化,为了夺回在战争年月中失去的土地,恢复对土地的所有权、支配权,并从土地上获取高额地租,将田产有效地代代相传,永远保有自身的产业,他们才竞相将田产捐为义田,以义田的名义,以宗族团体的力量,内以缓和族人之间的矛盾,维护宗族共同体的稳定,外以对付广大外姓外族佃户的反抗,维护一己一姓的统治"②。

3. 义田、义庄的作用及性质

关于义田、义庄的作用及性质,学术界存在截然两分的观点。一种认为义田是宗族共有财产,是敬宗、睦族、收族之手段,义庄是赡族之建筑或组织机构;另一则认为义田为地主土地所有制,义庄是借赡族之名而行一己之私利,目的为了控制族群,实为"伪善"。为行文方便,以下谓前者为正面观点后者为反面观点,进行概述。

(1) 正面观点说。清水盛光在《中国族产制度考》一书中提出:"所谓族产者,即族的产业也,乃指属于族所共有之一切财产而言","所有主体则为宗族之全体";"所谓义田即为赡养宗族或救恤宗族而设之田产"。义庄狭义上指"收贮义田米建筑物之名称",广义则指"赡养宗族组织之总括名称";然从其为族产之性质而言,义田、义庄及其他族产类别均属一样,都是为赡济族众之贫乏病弱者或祭祀祖

---

① 刘铮云:《义庄与城镇——清代苏州府义庄之设立及分布》,第 661 页。
② 范金民:《清代苏州宗族义田的发展》,第 67 页。

先而设。①

刘铮云反对把义庄看成是"地主制度的补完物",更反对视其为"地主土地所有的一种形态",认为"对大多数人而言,义庄自始至终就是家族的慈善事业"②。王卫平、周秋光等把对同族贫困者的救济、扶助行为也归入慈善事业的范畴。王卫平认为:"义庄是以义田为主体,以赡养贫困族人为宗旨的宗族共同体";"创建义庄的人往往具有深刻的同情心,对慈善事业怀有热情。以往研究义庄的学者,较多地强调了义庄的封建剥削本质,这种认识至少是失之于偏颇的"。他进而提出,财力充足是建立义庄的物质前提,基于人道的同情心则成为建立义庄的心理基础。他对义庄的价值评估是:"一种慈善性质的机构"、"在清代的慈善活动中发挥了重要作用"。③ 周秋光也指出:"以往的学者在研究义庄过程中,多偏重义庄的经济形态,因而过分地强调义庄的封建剥削性质,这种观点是有失偏颇的",义庄"也是属于民间慈善事业的重要组成部分的"。④

余新忠以苏州丰豫义庄为个案,深入探讨了清中后期乡绅领导的民间社会救济事业的发展。作者认为,丰豫义庄的创办,"既是时代的要求,也与乡绅个人及其家族的道德观念和社会、政治地位密切相关;反映了清中后期江南社会对救济由散赈向制度化发展的一种努力。乡绅的救济行为并不仅仅是一种慈善行为,还是一种比暴力更具道德内聚力和持久性的社会控制手段"。作者也强调,这种救助行为虽然对社会起到了一定的积极作用,但由于乡绅自身的思想局限,无法超越自身的社会历史条件,加之传统政治体制本身的弊病,

① [日]清水盛光著、宋念慈译:《中国族产制度考》,第1、5、9页。
② 刘铮云:《义庄与城镇——清代苏州府义庄之设立及分布》,第661页。
③ 参见王卫平:《清代苏州的慈善事业》,《中国史研究》,1997年第3期,第152、153页。
④ 周秋光、曾桂林:《中国慈善简史》,北京:人民出版社,2006年,第190、191页。

这种救济行为对社会整体、长远的发展难有作为。①

王日根认为，义田不仅发挥了多方面的功能，还经常超出家族范围作用于乡族以至各类行业集团，因而其稳定封建秩序的作用亦更加明显。主要作用有：用义田形式兴办了一系列社会救济事业、社会慈善事业和社会教化事业，维护了封建的自给自足的自然经济的稳定，延缓了社会的阶层分化和职业分化；用义田形式吸取了社会上富户的部分财产，缓和了社会两极的矛盾，因而防止了新因素的出现，抑制了新因素的成长；义田的发展可以补封建官府的不足，克服封建官府的弊端。②

洪璞提出，明清时期，义庄作为宗族的经济实体，已经超越了偶发的单纯的济贫性质，具备了初级形态的社会救助性质。③

李跃、高廷爱以清代苏州义庄为例，通过对其非营利性、非政府性、组织性及公益性等方面的评估，论证其具有非营利性组织的特征，同时指出，由于中国特定的政治、经济条件及公民社会发育迟缓等原因，使得其又具有一定的特殊性，是中国语境下的非营利组织。④

（2）反面观点说。冯尔康在《论清朝苏南义庄的性质与族权的关系》一文中提出，义庄"既是土地兼并的产物，也是土地兼并的表现形式之一"。他认为，"必须根据这种土地的真正支配者、经营方式、分配方式诸方面的状况"来确定义田的性质和作用，据此他判断"这种土地制度是地道的地主土地所有制"；清朝地主之所以热衷于义庄

---

① 参见余新忠：《清中后期乡绅的社会救济——苏州丰豫义庄研究》，《南开学报》，1997 年第 3 期，第 62 页。

② 参见王日根：《论清代义田的发展与成熟》，《清史研究》，1992 年第 2 期，第 11—13 页。

③ 参见洪璞：《试述明清以来宗族的社会救济功能》，《安徽史学》，1998 年第 4 期，第 38 页。

④ 参见李跃、高廷爱：《清代苏州非营利组织初探——以义庄为考察对象》，《世纪桥》，2006 年第 11 期，第 64 页。

义田建设,是因为它是"掩盖土地兼并、瓦解农民抗争的一种手段",即"地主、官僚以义田掩饰土地兼并","义田掩盖了地主土地所有制及地租剥削的本质","义田保障了义庄建立者对土地的长期占有"。所以"'义田'不义,它被地主利用为反对农民土地斗争、保持本身产业的手段"。①

李文治、江太新则认为,宋元时代尤其是明清数百年间发展起来的族田义庄制,它不是氏族公社的残余形态,乃是中国地主经济发展到一定阶段的历史产物。"它名义上是一个族姓的公产,具有经济共同体的形式,实际为少数地主所支配控制。"地主官僚建置族田义庄的目的和作用随时代推移发生了变化,"宋元时代,官僚创建义田祭田,主要着眼于尊祖敬宗和睦族收族"。明代稍有不同,人们在提倡尊祖敬宗睦族收族的同时,还同建祠修谱相配合,"力图通过族田义庄的经济功能控制族众,缓和阶级矛盾,以达到稳定封建秩序的目的"。在对义庄作用的评估方面,作者认为族田义庄对缓和族内的阶级矛盾起到了一些作用,"但就封建社会整体而言,这种作用是微乎其微的。因为它是作为地主经济的附属物而存在的,而且又以土地出租的形式剥削其他族姓的农民"。②范金民也认为,义田的本质只是"豪绅地主控制下的带有宗族血缘性质的封建土地所有制,由它形成更为落后的封建土地关系"。③

田炯权通过对苏州范氏义庄等的运营分析后提出,"由于规矩的制定可以被认为是收入和运营的决定权,所以认为规矩的制定与义田的私有的独占的性质有关系。""义庄不是以宗族的序列关系为中心的结成的宗族共同体,而是以土地的出捐关系为中心连接的地主

① 参见冯尔康:《论清朝苏南义庄的性质与族权的关系》,第208—211页。
② 李文治、江太新:《中国宗法宗族制和族田义庄》,第81、76、83页。
③ 范金民:《清代苏州宗族义田的发展》,第67页。

制的一种形态。"此外,"清代苏州义庄的分配机能和赡族活动不活跃,且仅为了它的名声"。由此,田氏的最终结论是:"清代尤其后期的义庄好像不具有族产共有的性质和宗族的赡恤机能,而且有的是同族地主的联合或者是个人的土地增殖的一种手段,是大土地所有的一种形态。"①

4. 义庄的家族教育

家族教育是传统社会基础教育的重要组成部分。由于建国后国家长期对民办教育的忽视,对义庄性质的否定,导致学界对义庄家族教育的叙述过分强调其政治教化功能,而淡化了教育本身的文化传承及社会服务功能。冯尔康把义庄、宗祠设立义塾,看成是维护、巩固宗族制度以及整个封建制度的一个措施。② 李文治、江太新也认为,以族田租入协济族人子孙读书应试,起着宣扬封建论理维护封建统治的作用。③ 张研则将义塾设立目的界定为培养封建统治人才和家族政治力量,即忠臣和孝子。④

多数学者将义庄教育同其他家族教育形式以族学的范畴加以整体论述。蒋明宏以无锡为中心,考察了以工商家族为主导的苏南家族教育的近代历程及其特点。⑤ 韩凝春认为,学制变革使江浙族学走上了文明日新的近代化道路,并带动了整个宗族文化、宗族组织机制的多向发展。⑥ 常建华从族学的历史变迁、学制、师资、生源、教育内容、管理等方面进行系统论述,强调宗族办学既是为了出人才光大宗

---

① [韩]田炯权:《中国近代社会经济史研究——义田地主和生产关系》,第257、261页。
② 参见冯尔康:《论清朝苏南义庄的性质与族权的关系》,第214页。
③ 李文治、江太新:《中国宗法宗族制和族田义庄》,第216页。
④ 张研:《清代族田与基层社会结构》,第235页。
⑤ 参见蒋明宏:《近代化视野中的苏南家族教育——以无锡为中心》,《社会科学战线》,2008年第3期。
⑥ 参见韩凝春:《清末民初学制变革中的江浙族学》,《天津师大学报》,1996年第6期。

族,又是普及教育以收族。①

陈勇、李学如从义庄的教育功能及投入、组织管理机制、家族教育的近代化递嬗等方面着眼,强调在官办教育资源极其匮乏的近代社会,苏南义庄为普及地方教育,尤其在资助贫穷族人接受文化教育方面发挥了重要作用,实质上部分地承担了政府的教育功能,成为推广教育、宣扬教化的重要组织。同时,苏南义庄家族教育的近代嬗变也有力地促进了地区教育的转型步伐,为苏南教育的近代化以及这一地区的近代初等教育打下一定的基础。②

(三) 对研究状况的评价

学界对义庄的研究已取得了丰硕的成果,为后来者进一步深入研究提供了一个较高的起点和广阔的视野。但已有研究也存在明显的不足,主要体现在以下几方面:

第一,长期以来,义庄研究的重心位于宗族政治层面。研究者过分强调义庄的政治功能和维护封建秩序的价值取向,而对其社会性功能的探讨,尚未引起足够的重视。事实上,明清以来,宗族组织庶民化的发展趋势日益显著,义庄的公共性、自治性、民主性不断增强,而宗法性却在不断削弱,至近代义庄的社会功能已逐步占据主要地位。尤其是义庄的互助保障功能大大加强,济贫、助学成为多数宗族立庄宗旨。除救助宗族成员外,义庄还协济姻亲,广泛参与地方社会慈善事业,兼具社会改良功能。因此,深入研究义庄的社会性功能,对于探讨和理解传统宗族社会的生活实态及其发展变迁,无疑具有重要的价值。

第二,对很多问题研究深入不够。义庄作为一种历史悠久制度完善的家族救助机构,学术界甚为关注其兴盛缘由及经营管理。但

---

① 参见常建华:《宗族志》,上海:上海人民出版社,1998年。
② 参见陈勇、李学如:《近代苏南义庄的家族教育》,《历史研究》,2011年第5期。

就义庄兴起的原因而言,学者们多持一端,未做多视角的考察,让人难以完全信服。义庄制度高度完善,其实质就是一个高效运转的家族社区的行政经济单位,其间体现的监察制衡原则、制度建设优先原则、管理模式、分配理念,值得学界从政治学、经济学、管理学角度做进一步深入考察。

第三,新中国成立后,义庄为行政化、法律化的方式所消解。作为一种独特的宗族救助方式,义庄在历史上曾发挥过重要的作用。但由于受到政治因素的影响,学界对义庄的性质及作用多以否定为主。在很长时间内,义庄只是被作为封建地主剥削农民的一种工具来看待。20世纪90年代以后,虽有研究慈善史的学者把义庄纳入宗族慈善的范畴,但声音微弱,且只有观点,未加论证。时至今日,究竟给义庄如何定性? 义庄主建庄目的到底何在? 亟待深入探讨。

第四,一些领域有待耕耘。义庄中的家族结构及生活秩序、义庄与地方政治经济的互动、民国时期的义庄、义庄对现代社会救助机制建设及基层社会治理的启示等领域的研究,目前仍属空白。因此,全面深化义庄研究,无疑具有重要的理论意义和现实借鉴价值。

可见,对传统宗族义庄的研究,尚有极大的拓展空间,需要更多的人做更细致、更踏实的工作。

第二章 近代苏南义庄的递嬗及衰熄

北宋仁宗皇祐元年(1049),范仲淹在家乡吴县置义田、建义庄、办义学、救恤族人,开义庄之滥觞。至新中国土改运动中被废止,义庄前后存续约 900 年左右的时间。这个起于官绅自发,得到政府支持,并逐步扩展到社会各阶层的宗族组织,在苏南宗族社会的舞台上曾长期占据中心地位。穿越漫长的历史时空,梳理其运动发展轨迹,即可管窥宗族生活面貌于一斑,也可见证社会的发展与变迁。

第一节 义庄的起源及缓慢发展(宋、元、明)

义庄的出现,并不是偶然的社会现象,而是有着深刻的政治、经济及文化背景。唐代以前,门阀士族占据着社会主导地位,他们不仅垄断文化教育,占有稳定的地权,而且还享有全族仕宦化的特权。进入唐代中叶以后,由于科举入仕逐渐成为人才选拔的主要方式,使得庶民地主凭借科考途径获得了上升的机会,从而使门阀士族势力遭到了极大的削弱。唐末农民战争及五代战乱,又给门阀士族带来了毁灭性打击。宦室无常,让地权分配发生了经常性变动。尤其在宋代,政府采取了"不抑兼并"、"田制不立"的政策,导致土地流转频繁,贫富分化严重,"田宅无定主"已是宋代社会普遍现象,以致有人慨叹:"古田千年八百主,如今一年换一家。"[1]此外,原有的宗族组织逐步瓦解,宗族离析,社会秩序混乱。如何加强宗族的血缘凝聚力,维持基层社会的统治秩序,确保后世子孙永享富贵,成为北宋士大夫们重建宗族制度所要解决的基本问题。

一、北宋义庄的出现

义庄的创立与范仲淹早年的人生经历也有一定的关系。范氏两岁而孤,其母谢氏为生活所迫,改嫁山东长白朱氏,范仲淹也随之改名朱说。及中进士后,即上表请复范姓。幼年的不幸遭遇促使范仲淹决心让族人免遭同样的厄运。皇祐元年,范仲淹知杭州府,准备在家乡置田赡族。有子弟劝他,应在洛阳营建别墅,为逸劳之所,遭其断然拒绝,且云:"人苟有道义之乐,形骸可外,况居家乎……俸赐之余,宜以赒宗族。"[2]再则,范氏创办义庄与其师戚同文的影响也是分不开的。宋时有四大书院,应天府书院为之首。戚氏曾在此聚徒讲学,"文正公亦依之以学。同文为人质直,尚信义。宗族贫乏则赒给之,丧则赈恤之。不积财,不营居室"。[3] 此外,范仲淹成为义庄的肇始者,还与其"益天下之心,垂千古之志"、"先忧后乐"的人生抱负分不开,与其锐意改革的精神紧密关联。在宗族涣散、亟待整饬的时代转换之际,范氏将历史上凝聚族人的诸多手段加以整合,以义田赡族、庄祠祭祖、义学化育子弟,并将诸种功能统一于义庄之内,寓古代宗法制于现实宗族福利之中,契合了宗族士绅教养族众的诉求,从而引发了宗族组织发展史上的重大变革。

在前人施物散财维系宗族网络的基础上,范仲淹对宗族组织进

---

[1] (宋)罗椅:《涧谷遗集》,《续修四库全书》第1320册,上海:上海古籍出版社,1995年影印本,第494页。

[2] 龚明之:《中吴纪闻》卷3,清知不足斋丛书本。

[3] 牟巘:《陵阳先生集》卷9《范文正公义学记》,民国吴兴刘氏嘉业堂刊吴兴丛书本。

行了制度化的设计实践,"自庆历、皇祐以来,节次于苏州吴、长两县置田亩,立义庄,赡同姓,创定规矩,刻之版牓,以贻后人";①使族之人"日有食,岁有衣,嫁娶凶葬皆有赡";②广其居,"以为义宅,聚族其中,义庄之收亦在焉";③"又设义学,教养咸备"。④ 范仲淹曾对自己建义庄的缘由作出过解释:

> 吾吴中宗族甚众,于吾故有亲疏,然吾祖宗视之,则均是子孙,固无亲疏也,吾安得不恤其饥寒哉!且自祖宗来积德百余年,始发于吾,得至大官。若富贵而不恤宗族,何颜以入家庙?⑤

范氏以祖宗之心为心,践行宗法遗意,收到了预期的收族、睦族功效。范直方曾亲闻祖父范纯仁(范仲淹子)所言:"先文正置义田,非谓以斗粟尺缣始能饱暖族人,盖有深意存焉。"然时因年少,未能领略其意。"(绍兴)丙辰春,(范直方)出使至淮上,始过平江,时义宅已焚毁,族人星居村落间。一旦汇集于坟山,散亡之余尚两千指,长幼聚拜,慈颜恭睦,皆若同居……然后见文正之用心,悟忠宣之知言也"。⑥

睦族、收族及保族为中国士大夫们所秉持的最高道德准则之一,也是他们孜孜以求的宗族建设目标。范氏义庄为后世宗族建设提供了可资借鉴的制度范式和践行路径,受到了士大夫们的极力推崇和

---

① 《清宪公绩定规矩》,参见《范仲淹全集》(中),成都:四川大学出版社,2002 年,第 1164 页。
② 李根源、曹允源:《吴县志》卷 31《公署四》,民国 22 年苏州文新公司铅印本,第 11 页。
③ 《范仲淹全集》(中),第 1171 页。
④ 牟𪩘:《陵阳先生集》卷 9《范文正公义学记》。
⑤ 刘榘:《范氏义庄申严规式记》,参见《范仲淹全集》(中),第 1174 页。
⑥ 参见《范仲淹全集》(中),第 1170 页。

效仿。如时人胡寅所云:"本朝文正范公置义庄于姑苏,最为缙绅所矜式。"①

　　紧随范氏义庄之后,在江西、山东等地也零星地出现了一些义庄。宋仁宗嘉佑年间,江西刘辉设立义庄。据王辟之《渑水燕谈录》记载:"铅山(江西)刘辉,俊美有辞学,嘉佑中,连冠国庠及天府进士。四年,崇政殿试,又为天下第一,得大理评事,签书建康军判官……哀族人之不能为生者,买田数百亩以养之……初,范文正公、吴文肃公皆有志置义田,及后登二府,禄赐丰厚,方能成其志,而辉于初仕,家无余资,能力为之,今士君子尤以为难。"②王辟之将刘辉和范、吴二人相比,褒奖之意甚为明显。清人俞樾说:"考义庄之设,人皆知其始于吴中范氏,而不知有铅山之刘辉,所谓刘氏义荣社者,其事在宋嘉佑年,与范氏同时也。"③比刘氏晚约十年,即宋神宗熙宁初年,官居青州知州、参知政事的山东潍州北海人吴奎也设置了义庄。《宋史》中载:"奎少时甚贫,既通贵,买田为义庄,以赒族党朋友,殁之日家无余资,诸子至无屋以居,当时称之。"④此外,山东齐州长山人韩贽,"登进士第,至殿中侍御史……推所得赐禄买田赡族党,赖以存活者殆百数";⑤江西临江人向子谭,"补假承奉郎,三迁知开封府咸平县","友爱诸弟,置义庄,赡宗族贫者";⑥浙江处州龙泉人何执中,"进士高第,调台、亳二州判官……虽居富贵,未尝忘贫贱时,斥缗钱万置义庄,以

① 胡寅撰:《斐然集》卷21《成都施氏义田记》,《景印文渊阁四库全书》第1137册,台北:台湾商务印书馆,1986年,第577页。
② (宋)王辟之:《渑水燕谈录》卷4《忠孝》,北京:中华书局,1981年,第34—35页。
③ 俞樾:《春在堂杂文》四编《永康应氏义田记》,参见沈云龙:《近代中国史料丛刊》第42辑,台北:文海出版社影印本,第802页。
④ (元)脱脱等撰:《宋史》卷316《列传》第75,北京:中华书局,1985年,第10321页。
⑤ (元)脱脱等撰:《宋史》卷331《列传》第90,第10666—10667页。
⑥ (元)脱脱等撰:《宋史》卷377《列传》第136,第11639、11642页。

赡宗族"。① 江阴丁思妻谢氏,夫亡,尝以家有余财,愿割己田二千亩、宅一区为义庄,以供祠祭,以赡族人。子弟从长管当,永为家规。元祐八年七月请于朝。② 湖南新化王南美,宋末隐居,以易学授徒乡里,又置义庄以给孤贫。③ 诸暨黄振,轻财好施。其妻刘氏贤惠有德,曾斥嫁资,置义庄,以岁入济族党之不能婚葬者。④ 北宋边将折可适,"置义庄于岢岚,以赡近亲,而为松楸洒扫之奉"。⑤ 山东楚丘人右司郎中李师中,"买田数千亩,刊名为表,给宗族贫乏者,至今号义庄"。⑥ 江西鄱阳人彭汝砺,弱冠时状元及第,居家孝友,以所得官俸,赈给族人之贫者。又置义庄,以赡不足。⑦

上述北宋 12 例义庄设置人中,已知有 9 人的身份均为有较高地位的官僚,江阴谢氏、湖南王氏、诸暨刘氏虽身份不太明确,但至少是殷实富足之家。义庄的分布,江苏 2 例,山东 3 例,江西 2 例,浙江 2 例,湖南 1 例,山西 2 例,说明当时设立义庄并非常人所能及,风气尚未大开,义庄数量很少。钱公辅《义田记》曾云:"公(范仲淹)之未显贵也,尝有志于是焉,而力未之逮者二十年。即而为西帅,以至于参大政,于是始有禄赐之入,而终其志"⑧。以范仲淹之身份地位建义庄尚且如此之难,其他人便可想而知了。诚如清人黄金振所言:"苟稍有仁心,语以文正高义,莫不闻风仰慕,愿奉文正为圭臬,及退省其所,行则真能师法文正者,实寥寥罕观。"⑨

① (元)脱脱等撰:《宋史》卷 351《列传》第 110,第 11101—11102 页。
② 参见嘉靖《江阴县志》卷 18《列传第十二下》,明嘉靖刻本。
③ 参见同治《新化县志》卷 18,清同治十一年刊本。
④ 参见万历《绍兴府志》卷 45,明万历刻本。
⑤ 李之仪:《姑溪居士集》卷 20《墓志铭》,清文渊阁四库全书本。
⑥ 刘挚:《忠肃集》卷十二《右司郎中李公墓志铭》,清文渊阁四库全书本
⑦ 廖用贤编:《尚友录》卷 11《彭汝砺》,明天启刻本
⑧ 李根源、曹允源:《吴县志》卷 31《公署四.义庄》,第 11 页。
⑨ 黄金振:《虞阳沈氏义庄碑记》,参见沈寿祺纂修:《虞阳沈氏宗谱》卷 11《义庄志》。

二、南宋义庄的较快发展

南宋时期,义庄得到进一步发展,分布较为广泛。依据相关资料制成下表:

表 2-1 南宋义庄建置分布情况简表

义庄	创建者	身份	地点	资料来源
熊氏义庄	熊如圭	力田起家	建阳	刘爚:《云庄刘文简公文集》8《熊氏义庄记》
刘氏义庄	刘渊	不详	建阳	游九言:《墨斋遗稿》卷下《建阳麻沙义庄记》
王氏义庄	王必正	官僚	漳州	嘉靖《延平府志》卷18《人物志·孝义》
陈氏义庄	陈居仁	官僚	莆田	楼钥:《攻媿集》卷89《华文阁直学士陈公行状》
林氏义庄	林国钧	不详	莆田	同治《福建通志》卷56
祝氏义庄	祝可久	官僚	铅山石塘	同治《铅山县志》卷18《人物·善士》
方氏义庄	方大琮	官僚	莆田	林希逸:《竹溪鬳斋十一稿续集》12《莆田方氏义庄规矩序》
江氏义庄	江埧	官僚	福建崇安	魏了翁:《鹤山先生大全文集》卷83《知南平军朝请江君埧墓志铭》
施氏义庄	施杨休	官僚	成都	胡寅:《斐然集》卷21《成都施氏义田记》
林氏义庄	林髦	官僚	莆田仙游	李俊甫:《莆阳比事》卷6
张氏义庄	张浚	官僚	四川绵竹	朱熹:《朱文公文集》卷95《少师保信军节制使魏国公致仕赠太保张公行状》

续 表

义庄	创建者	身份	地点	资料来源
赵氏义庄	赵葵	官僚	湖南衡山	刘克庄:《后村先生大全集》卷92《赵氏义学庄记》
孙氏义庄	孙仲卿	官僚	湖北荆州	魏了翁:《鹤山先生大全文集》卷79《孙仲卿墓志铭》
郭氏义庄	郭份	官僚	江西新淦	朱熹:《朱文公文集》卷92《岳州史君郭公墓碣铭》
王氏义庄	王刚中	官僚	江西乐平	孙觌:《鸿庆居士集》卷38《王刚中墓志铭》
罗氏义庄	罗忻	富厚者	江西吉州	罗椅:《涧谷遗集》卷6《族祖溪园府君传》
孙氏义庄	孙椿年	学者	浙江余姚	陆游:《渭南文集》卷39《孙君墓表》
陈氏义庄	陈德高	进士	浙江东阳	陆游:《渭南文集》卷21《东阳陈君义庄记》
胡氏义庄	胡助之父	不详	浙江东阳	胡助:《纯白斋类稿》卷20《胡氏族谱序》
楼氏义庄	楼璹	官员	鄞县	乾隆《鄞县志》卷23《金石》
汪氏义庄	汪大猷	官僚	鄞县	乾隆《鄞县志》卷23《金石》
吴氏义庄	吴明可	官僚	浙江仙居	朱熹:《朱文公文集》卷88《龙图阁直学士吴公神道碑》
石氏义庄	石允德	官僚	会稽剡人	陆游:《渭南文集》卷37《石君墓志铭》
赵氏义庄	赵希瀞	官僚	衢州	刘克庄:《后村先生大全集》卷155《安抚殿撰赵公》
郑氏义庄	郑兴裔	官僚	开封	《宋史》卷465《列传》第224
赵氏义庄	赵处温	不详	浙江太平	《太平县志》卷14

义庄	创建者	身份	地点	资料来源
胡氏义庄	胡佑之	不详	浙江东阳	道光《东阳县志》卷 8
吕氏义庄	吕皓	不详	浙江永康	万历《金华府志》卷 16
张氏义庄	张持甫	官僚	金坛	刘宰：《漫堂文集》卷 21《希墟张氏义庄记》
张氏义庄	张恪	不详	金坛	光绪《金坛县志》卷 9《孝义》
蒋氏义庄	蒋钧	官僚	丹阳	光绪《丹阳县志》卷 25《义举》
钟氏义庄	钟颖	官僚	丹阳	刘宰：《漫堂文集》卷 31
吴氏义庄	吴渊	官僚	溧水	张铉：至大《金陵新志》卷 13
毕氏义庄	毕叔兹	官僚	平江府	陈造：《江湖长翁集》卷 20《毕叔兹通判义庄记》
钱氏义庄	钱佃	官僚	常熟	光绪《常昭合志稿》卷 23《人物志二》
季氏义庄	季逢昌	官僚	常熟	光绪《苏州府志》卷 98《人物二十五》
糜氏义庄	糜弅	官僚	苏州	洪武《苏州府志》卷 35《人物·名宦》
郑氏义庄	郑准	官僚	昆山	嘉靖《昆山县志》卷 10《人物·节行》
汤氏义庄	汤克昭	官僚	镇江	至顺《镇江志》卷 19
陈氏义庄	陈稽古	官僚	镇江府	刘宰：《漫堂文集》卷 23《洮湖陈氏义庄记》
许氏义庄	不详	不详	休宁	康熙《徽州府志》卷 13
陈氏义庄	不详	不详	婺州	章懋：《枫山章先生集》卷 8《路西陈氏复义庄记》
李氏义庄	不详	官僚	山东须城	刘挚：《忠肃集》卷 12
虞氏义庄	虞夷简	官僚	四川仁寿	雍正《四川通志》卷 7 上《名宦》

续　表

义庄	创建者	身份	地点	资料来源
萧氏义庄	萧逢辰父子	官僚	江西泰和	同治《泰和县志》卷18
刘氏义庄	刘黻	官僚	温州乐清	嘉靖《宁波府志》卷2
项氏义庄	项公泽	官僚	瑞安县	嘉靖《瑞安县志》卷8
鲁氏义庄	鲁文谧	官僚	海盐	天启《海盐县图经》卷12
杨氏义庄	杨椿	官僚	四川眉州眉山	杜大珪：《名臣碑传琬琰集》中卷33《杨文安公椿墓志铭》
杨氏义庄	杨泰之	官僚	四川眉州青神	魏了翁：《鹤山全集》卷81《大理少卿直宝谟阁杨公墓志铭》
魏氏义庄	魏宪	官僚	苏州黎里	葛胜仲《丹阳集》卷12《故显谟阁直学士魏公墓志铭》
陈氏南园义庄	陈俊卿	官僚	莆田	李俊甫《莆阳比事》卷6《黄氏义学陈公义庄》
李氏义庄	李纲	官僚	邵武	李纶：《梁溪先生年谱》
张氏义庄	张松卿	不详	桂州	杨万里：《诚斋集》卷第42《寄题八桂张松卿义庄》
张氏义庄	张焘	官僚	江西饶州	周必大：《文忠集》卷64《资政殿大学士左大中大夫参知政事赠太师张忠定公焘神道碑》
钟氏义庄	钟鼎	不详	江西上犹	《古今万姓统谱》卷2，明万历刻本。
留氏义庄	留端	官僚	泉州	《古今万姓统谱》卷63，明万历刻本。
黄氏义庄	黄居仁	官僚	鄞人	《续文献通考》卷81，明万历三十年松江府刻本。

上表所列 58 例南宋义庄，分布在今江、浙、闽、赣、川、湘、鄂、皖、鲁、桂 10 个省份，说明义庄的影响已扩及较大的范围，为更多人所了

解和效仿。范氏义庄于范仲淹殁后不久即开始扩大,据清水盛光统计,至宋末已约达四千亩。[①] 范氏义庄的保族功效及模范宗族形象,令士大夫们向往不已。南宋刘宰由衷发出赞叹:"何近时名门,鲜克永世,而范公之后,独余二百年,绵十余世,而泽不斩也。"[②]当然,对于建置义庄,也有不同的声音。南宋袁采就提出了"建义庄不如办义学"的见解,[③]此处暂且不论袁氏持论的缘由,但从另外一面也说明其作品问世的南宋淳熙时代,义庄已非罕见现象。南宋教育家欧阳守道亦言:"昔者范文正公为族置义庄,今闻兴起者吾数见之矣。"[④]而在南宋官府遗产案件的判例里,竟然还出现了通过设置义庄处分遗产的判法。《明公书判清明集》中载有一段有关江氏遗产的判词:"将江齐戴见在应干田地屋业浮财等物,从公检校,抄札作三分均分,将一分命江瑞以继齐戴后,奉承祭祀,官司再为检校,置立簿历,择族长主其出入,官位稽考,候幼日给,江渊不得干预,将将一分附与诸女,法拨为义庄,以赡宗族之孤寡贫困者,仍择族长主收支,官为考核,余一分没官。"[⑤]藉此可见,在南宋设置义庄甚至已成为一种习俗了。

然而,南宋义庄建置者仍以官员居多,上表所列,除福建熊氏义庄捐建者熊如圭以"力田起家"及身份不详者外,其余均为官员所建。义庄的空间分布则以江、浙、福建为主,其中浙江占 15 例、苏南 13 例、福建 11 例。出现这种情况与少数民族入主中原、南方战乱较少及大族南迁等因素密切相关,而浙江为宋室偏安所在,大批官员移居于此,故义庄数量较其他区域为多。

---

① [日]清水盛光著、宋念慈译:《中国族产制度考》,第 65 页。

② 刘宰:《漫塘集》卷 21《希墟张氏义庄记》,《四库全书》第 1170 册,上海:上海古籍出版社,1987 年,第 580 页。

③ 参见袁采:《袁氏世范》卷上,《景印文渊阁四库全书·子部·儒家类》,第 698 册,台北:台湾商务印书馆,1986 年,第 611 页。

④ 欧阳守道:《巽斋文集》卷 22《跋·题莱山书院志》,清文渊阁四库全书本。

⑤ 参见[日]清水盛光著、宋念慈译:《中国族产制度考》,第 45 页。

同时,南宋义庄的发展还受到了士大夫、理学家们鼓吹的影响。南宋进士刘清之曾"尝序范仲淹《义庄规矩》,劝大家族众者随力行之。"①而理学家张载、朱熹等人的推崇,则让宗族、族田的发展掀起了一个小小的高潮。② 北宋张载(1020—1077)在极力鼓吹重建宗法宗族制度的重要性时说:"且如公卿,一日崛起于贫贱之中以至公相,宗法不立,既死遂族散,其家不传……止能为三四十年之计,造宅一区及其所有,既死则众子分裂,未几荡尽,则家遂不存,如此则家且不能保,又安能保国家。"③张载将立宗法与收族、保族紧密关联,实质上旨在以官僚作为宗族领袖,完善宗族制度,保障宗族的可持续发展,最终维护国家在基层社会的统治秩序。南宋朱熹(1130—1200)则为重建宗族制度设计了建祠堂、置祭田、墓祭始祖和先祖等详尽方案。④范氏义庄的实践与理学家们的宣传,为后世宗族制度建构了完备的运作模式。

三、缓慢发展的元、明义庄

元朝统治者虽没有积极倡办义田,却对义田的发展采取了保护政策,因而义田事业也并没有因王朝的更替而中辍。⑤ 就范氏义庄而言,义庄规模还得以扩大。至元丁丑(1277),义庄"主祭邦瑞、提管士贵,共议兴学","为屋三十楹","提管又搏节助济浮用,增田山仅百亩,备师资束修之礼,子弟笔札之费"。⑥ 一些地方官员也对民间义庄持支持态度。至元二十四年(1287),有史姓劝农使来到鄞县,楼氏义

① (元)脱脱等撰:《宋史》卷437《列传》第196,第12957页。
② 参见张研:《清代族田与基层社会结构》,第15页。
③ 《经学理窟·祭祀》,参见《张载集》,北京:中华书局,1978年,第259页。
④ 参见冯尔康等著:《中国宗族史》,上海:上海人民出版社,2009年,第167页。
⑤ 参见王日根:《明清民间社会的秩序》,长沙:岳麓书社,2003年,第112页。
⑥ 牟巇:《义学记》,《范仲淹全集》(下),成都:四川大学出版社,2002年,第1189页。

庄负责人楼仟"惧是庄与义役田俱没入,亟白之史君,君亦援范例,授仟执据,俾世其业"。楼氏义庄后来因经营不善,被"瓜分售之",也是在地方官的干预下,义庄最终得以恢复。[1] 大德戊戌(1298),"朝旨以(范氏)义庄、义学有补世教,申饬攸司,禁治烦扰,常加优恤"。[2] 申万里统计了元代江南义庄有 22 处,其中创立于元代的 17 处,占所统计总数的 72.2%,[3]这些数据在一定程度上可以说明元朝义庄在宋代基础上仍有所发展的情形。

表 2-2　元代义庄建置分布情况简表

义庄	创建者	地点	资料来源
韩氏义庄	韩元善	河南太康	《元史》卷 184《韩元善传》
沈氏义庄	沈野先	归安(浙江)	黄溍《金华黄先生文集》卷 10《沈氏义庄记》
陈氏义庄	陈志宁	诸暨	雍正《浙江通志》卷 188
陈氏义庄	陈嵩	诸暨	黄溍《金华黄先生文集》卷 39《诸暨陈君墓志铭》
陆氏义庄	陆垕	江阴	光绪《江阴县志》卷 16
章氏义庄	章梦贤	松江	崇祯《松江府志》卷 41《人物 6·笃行》
夏氏义庄	夏浚	华亭	贡师泰《玩斋集》卷 10《元故处士夏君墓志铭》
黄氏义庄	黄氏兄弟	庆元路城南	贡师泰《玩斋集》卷 7《黄氏义田记》
邵氏义庄	不详	华亭	白文固《宋元明清时期若干公共土地所有关系的探讨》

①　参见王元恭纂修:《(至正)四明续志》卷 8《画锦楼氏义田庄》,《续修四库全书》第 705 册,上海:上海古籍出版社,1995 年影印本,第 598 页。
②　牟𪩘:《义学记》,《范仲淹全集》(下),第 1189 页。
③　申万里:《元代江南民间义庄考述》,《中央民族大学学报》,2009 年第 2 期,第 78 页。

续　表

义庄	创建者	地点	资料来源
戴氏义庄	不详	嘉兴	白文固《宋元明清时期若干公共土地所有关系的探讨》
姚氏义庄	姚玉用	华亭	正德《松江府志》卷30《人物四》
朱氏义庄	朱氏	义乌	戴良元《九灵山房集》卷9《朱茂清哀辞并序》
盖氏义庄	盖苗	元城(河北)	《元史》卷185《列传》第72
嘉礼庄	郑氏	浦江	郑大和、郑玺《麟溪集》申卷《嘉礼庄记》
陈氏义庄	陈思礼	淮安路桃源县	陈高《不系舟渔集》卷12《义田记》
陈氏义庄	陈氏	婺州路东阳县	胡助《纯白斋类稿》卷20《胡氏族谱序》
胡氏赡族庄	胡氏	东阳县	胡助《纯白斋类稿》附录卷2《胡氏赡族庄记》
方氏义庄	方镒	诸暨州	宋濂《文献集》卷21《方府君墓志铭》
汪氏义庄	汪奉先	徽州路婺源州	《新安名族志·前卷·汪》,第222页。
汤氏义庄	汤铺	龙泉(浙江)	黄溍《金华黄先生文集》卷10《汤氏义田记》
杨氏义庄	杨麟伯	太仓沙头	嘉庆《直隶太仓州志》卷65《孝义》
郑氏义庄	郑开先、郑智先	江西泰和	同治《泰和县志》卷19
祝氏义庄	祝君翼	江山	雍正《浙江通志》卷189
雷氏义庄	雷德润	建瓯	民国《建瓯县志》卷32
童氏义庄	童金	宁波鸣鹤乡	嘉靖《宁波府志》卷16
应氏义庄	应本仁	鄞县	嘉靖《宁波府志》卷35《传11》

当然,也不能将元代义庄的数量给予过高估计,毕竟蒙古人入主中原后,传统儒家的价值观念遭到了削弱,以至于出现"民风之日凉

也。视利所在,辄仰拾俯取,不肯遗一毫于其所亲者,比比也"①的情形。此外,元代的赋役制度也不利于义庄的发展。浙江东阳胡氏在宋末建立义庄,到了元代"会因县道理亩造册,别立赡族庄一户,由是岁当差役之费,而租入不能以赡矣"。无奈之下,义庄召集族众商量对策,大家都说:"岁有役未有户也,无户斯无役矣。穷则变,变则通,无泥古,无执一,莫若计口分田以与之,均惠族人,而去其籍可也。"②商量的结果只能是分掉义庄。元人陈高曾说:"昔先哲范文正公置义田于姑苏,迨今数百年,遗业犹在,而鲜闻有继而行之者。"③清人钱禄泰也说,捐建义庄,"元、明二代踵行者不数观"。④ 应该说义庄的发展在经历南宋的小高潮后,元代趋向和缓。

明代族田义庄的发展出现了"停滞与恢复"两个阶段。据王日根的研究,明初朱元璋抑制义田发展的政策使宋元蓬勃发展的义田事业陷于停滞状态。朱元璋在进军浙西期间,屡屡"困于富室",富民土豪凭借义田凝成的地方势力,对抗朱元璋的军队,甚或有世家大族拥戴张士诚部拒朱。朱元璋得天下后,对苏、松、杭、嘉、湖地区的世家大族和富户采取了严厉的没产和迁徙政策,"力图取消义田这一基层社会控制机制"。⑤ 据吴宽《匏翁家藏集》记载:苏州府"以富庶被谪发者,盖数倍于他郡",凡"验丁产殷富者"及"田赢七顷者"均属被徙之户。⑥ 此外,朱元璋为加强对江南富户的控制力度,还实行江南重赋

---

① (元)陈旅:《安雅堂集》卷9《义庄记》,《景印文渊阁四库全书本》第1213册,台北:台湾商务印书馆,1986影印本,第122页。
② 胡助:《纯白斋类稿》卷20《胡氏族谱序》,上海:商务印书馆,民国二十四年,第189页。
③ (元)陈高:《不系舟渔集》卷12《义田记》,抄本。
④ 钱禄泰:《赵氏义庄记》,参见赵毅盦等纂修:江阴、常熟《暨阳章卿赵氏宗谱》卷20《义田录》,清光绪九年木活字本。
⑤ 参见王日根:《明清民间社会的秩序》,第113—114页。
⑥ 吴宽:《匏翁家藏集》卷42《伊氏重修族谱序》,民国影印本。

制度和推行粮长制,并通过里甲老人制度直接实现对社会基层的控制。朱元璋打击江南富户巨室的政策,无疑钳制了族田义庄的发展,这在范氏义庄身上也有所反映。明太祖洪武十七年(1384),范仲淹第十二世孙监簿房义庄主计范元厚,因违误秋粮纳期之罪,被罚没收义田两千亩入官。[①] 贻误秋粮应该不虚,若说官府借机打击恐也不无道理。

明初的里甲老人制度只延续到宣宗时期,尔后便遭毁坏,政府对基层社会的控制逐渐减弱,这为族田义庄的恢复创造了机遇。李文治对明代的族田进行了统计,大约有 200 宗左右,较之宋元时代,已有较大幅度的提升。其中有时间可查的,绝大多数建于明代中后期。但是单就义庄而言,数量还是十分有限。在李文治的统计中,明确为义庄的也不过 13 例,其中有 7 例分布在江苏(6 个位于苏南),2 例在浙江,3 例在福建,1 例地理位置不详,[②]开始呈现出以苏南为中心的发展态势。虽然统计者自己也说所查资料远非全部,但所反映出的明代义庄分布的大致情形应当不谬。笔者依据现有资料,将明代苏南义庄分布情况列表如下:

表 2-3　明代苏南义庄情况简表

义庄	地点	创建年代	创建者	身份	初建庄田(亩)	资料来源
范文正公义庄	禅兴寺桥西	北宋	范仲淹	官员	1000	民国《吴县志》卷 31《公署 4》
申文定公义庄	胥门外日晖桥	万历	申时行	官员	1140	民国《吴县志》卷 31《公署 4》
吴氏继志义庄	衮绣坊巷	万历	吴之良		600	民国《吴县志》卷 31《公署 4》

---

① 李根源、曹允源:《吴县志》卷 31《公署四．义庄》,第 12 页。
② 参见李文治、江太新:《中国宗法宗族制和族田义庄》,第 90—110 页。

义庄	地点	创建年代	创建者	身份	初建庄田(亩)	资料来源
沈氏义庄	黎里镇练字圩	万历	沈瓒	官员	430	乾隆《吴江县志》卷37《别录》
周氏义庄	昆山	具体不详	周在		800	光绪《苏州府志》卷92《人物19》
顾氏义庄	长洲	具体不详	顾存仁	官员	600	光绪《苏州府志》卷86《人物13》
陈文庄公义庄	虎邱望山桥	崇祯	陈仁锡	官员	300	民国《吴县志》卷31《公署4》
沈氏义庄	庄练塘	具体不详	沈德仁			乾隆《震泽县志》卷24《别录》
万氏义庄	吴江	嘉靖	万麟		360	乾隆《吴江县志》卷37《别录》
席氏义庄	吴县	崇祯	席本桢	官员		《古今图书集成》卷246《笃行部》
严文靖公义庄	常熟	具体不详	严讷	官员		朱国桢：《涌幢小品》卷10
吴氏义庄	无锡	明朝	吴情	官员		光绪《无锡金匮县志》卷30《义举》
华氏义庄	无锡	嘉靖	华云	官员	千余亩	光绪《无锡金匮县志》卷30《义举》
泾皋顾氏义庄	无锡	具体不详			公田租千余石	光绪《无锡金匮县志》卷30《义举》
恽氏义庄	武进	嘉靖			150	恽祖祁等：武进《恽氏家乘》卷5《祠庙》
钱氏义庄	溧阳	嘉靖	钱铎		2000	乾隆《镇江府志》卷38《孝义》

续　表

义庄	地点	创建年代	创建者	身份	初建庄田(亩)	资料来源
史氏义庄	溧阳	嘉靖	史际		400	嘉庆《溧阳县志》卷12《人物志·义行》
黄氏义庄	江阴	正德	黄澜	庠生		康熙《常州府志》卷25《孝友》
徐氏义庄	宜兴	弘治	徐溥	官员	800	康熙《常州府志》卷25《孝友》
王氏义庄	太仓		王倬	官员	1000	嘉靖《太仓州志》卷7
杨氏义庄	太仓沙头	明朝	杨麟伯			曹焯、陆龄:《沙头里记》卷3《义庄》
周氏义庄	三家市	正德			700	曹焯、陆龄:《沙头里记》卷3《义庄》
王氏义庄	沙溪	正德	王德显			曹焯、陆龄:《沙头里记》卷3《义田碑记》
毛氏义庄	武进昇西乡	不详	毛宪	官员		光绪《武进阳湖县志》卷30《杂事·摭遗》
徐氏义庄	华亭	明代	徐琳	知府		光绪《重修华亭县志》卷14《人物》
任氏义庄	宜兴	嘉靖	任卿	官员	1000	康熙《常州府志》卷25《人物》
姜氏义庄	丹阳	万历	姜宝	官员	1000	《古今图书集成》卷102《宗族部》

义庄	地点	创建年代	创建者	身份	初建庄田(亩)	资料来源
吴氏义庄	武进北渠	万历	吴咏行	官员	300	盛文颐主修:《龙溪盛氏宗谱》卷23《筹置产》
钱氏义庄	太仓	崇祯	钱增	官员	300	钱谦益:《钱牧斋全集》5《钱氏义庄记》
钱氏义庄	常熟	具体不详	钱仁夫	官员		乾隆《江南通志》卷165
吴氏义庄	武进	具体不详	吴亮	官员		康熙《常州府志》卷24
吴氏义庄	宜兴	具体不详	吴驭	官员	200	乾隆《江南通志》卷158
宋氏义庄	奉贤	嘉靖	宋贤	官员	300	光绪《松江府续志》卷9《建置志》

由上表所列 33 例义庄可知,明代义庄的建置主体仍然是官员,义田多在千亩以下,义庄规模较小,赡族能力有限。但是明代义庄已明显出现向苏南集中,尤其呈现出以苏州地区为中心的发展态势。

第二节　清代苏南宗族义庄的发展

义庄的快速发展是在清代。乾隆以降,在官方的推动下,官僚士绅乃至庶民地主逐渐掀起建置义庄的热潮,义庄的发展进入前所未有的高涨阶段,而且越到后期越是迅速,清末达到了顶峰。清人李兆洛说：义庄"自文正创之，后人慕而效之，至今而几遍天下"。① 但就全国范围来看，清代义庄分布极不平衡，主要集中在南方省份。学者张研对族田有着较为深入的研究，认为北方宗族组织远不如南方普及、健全和发达，族田的设置就更稀少了。② 不过，即便在南方地区，义庄的分布发展也是不平衡的，主要集中在江浙地区，尤以苏南地区最为集中。冯桂芬称义庄"自明以来，代有仿行之者，而江以南尤盛"。③ 俞樾也说："吴中为文正故里，义庄尤盛。余自侨寓姑苏，见搢绅之家，义庄林立。"④

　　清代苏南究竟有多少义庄？空间分布有何特征？迅速发展的原因是什么？此类问题虽已引起学界的关注，似乎并未定论。笔者借助族谱、方志、文集等史料，在前人基础上，进一步梳理义庄的数量，考察其空间分布，探讨其兴盛缘由，藉以管窥清代苏南社会的发展变迁及时代特征。

一、苏南义庄的数量及地理分布

　　清代苏南义庄因数量多且空间分布集中，倍受学界关注。张研依据江苏各县方志，统计出清代江苏有义庄 148 处，其中只有 1 例位于苏北通州，其余均位于苏南的松江府、太仓州、常州府等地，⑤统计虽有出入，但大致反映了江苏义庄的地理分布概况。李文治等对清代族田状况进行了全面考察，列出位于苏南地区的义庄约有 200 个

① 李兆洛：《养一斋文集》卷 9《六安晁氏义庄碑记》，光绪四年重刻本。
② 参见张研：《清代族田与基层社会结构》，第 55 页。
③ 冯桂芬：《显志堂稿》卷 4《武进盛氏义庄记》，沈云龙编：《近代中国史料丛刊续编》第 79 辑，第 406 页。
④ 俞樾：《春在堂杂文》三编卷 1《镇海李氏养正义庄记》，沈云龙编：《近代中国史料丛刊》第 42 辑，台北：文海出版社，1969 年，第 480 页。
⑤ 参见张研：《清代族田与基层社会结构》，第 56 页。

左右。① 据冯尔康的统计,从康熙到 19 世纪末 20 世纪初,苏、松、常
地区出现的大大小小义庄有 200 多个。② 刘铮云仅就清代苏州府一
地进行统计,得出义庄数为 167 个。③ 建国初,潘光旦等到义庄最为
集中的吴县、常熟进行调查,统计出清代两地共有义庄 162 个。④ 而
范金民则估计"清末苏州实有义庄当在 200 个之谱"。⑤ 笔者在前贤
研究的基础上,继续搜寻、发掘资料,对清代至民国时期苏南地区的
义庄进行统计,制成如下表格:

表 2 - 4　镇江府义庄概况一览表⑥

义庄	地点	建立或旌表时间	创建人	身份	创建时亩数	资料来源
吕氏义庄	丹徒	嘉庆二十三年	吕武聚	商人	500	光绪《丹徒县志》卷 36《尚义》
解氏义庄	丹徒	道光八年	解文		795	光绪《丹徒县志》卷 36《尚义》
支氏义庄	丹徒	道光三十年	支景山	官员		光绪《丹徒县志》卷 36《尚义》
重氏义庄	丹徒	道光甲申	重珍			民国《续丹徒县志》卷 14《人物》
焦氏义庄	丹徒	咸丰后	焦发昱			民国《续丹徒县志》卷 14《人物》

---

① 参见李文治、江太新:《中国宗法宗族制和族田义庄》,北京:社会科学文献出版
　社,2000 年,第 234—276 页。
② 参见冯尔康:《论清朝苏南义庄的性质与族权的关系》,第 206 页。
③ 参见刘铮云:《义庄与城镇——清代苏州府义庄之设立及分布》,第 638 页。
④ 参见潘光旦、全慰天:《苏南土地改革访问记》,北京:三联书店,1952 年,第 55—63
　页。
⑤ 范金民:《清代苏州宗族义田的发展》,第 56 页。
⑥ 表中空格即为具体情况不详,文中以下表格同。

续　表

义庄	地点	建立或旌表时间	创建人	身份	创建时亩数	资料来源
刘氏义庄	镇江	光绪二十五年	刘礼畊	官员	1046	刘志勤等纂修：《润东顺江洲刘氏重修族谱》卷3
倪氏义庄	丹徒	民国十二年	倪思宏	商人	2400	倪思宏修撰：《丹徒倪氏族谱》卷6
钱氏士青义庄	溧阳、广德	民国十七年	钱士青	官员	2000余亩	钱文选辑：《士青义庄录》，1948年版。

表2-5　常州府义庄概况一览表

义庄	地点	建立或旌表时间	创建人	身份	创建时亩数	资料来源
华氏义庄	荡口镇	乾隆十年	华进思、子公弼建庄	官员	1300	光绪《无锡金匮县志》卷30《义举》
过氏义庄	怀仁乡八字桥	乾隆十九年	过廷栋	官员	1000	光绪《无锡金匮县志》卷30《义举》
钱氏怀海义庄	南延乡啸傲泾	乾隆二十八年	钱瀛士继妻杨氏及子妇周氏		340	光绪《无锡金匮县志》卷30《义举》
钱氏清芬堂义庄	南延乡啸傲泾	乾隆年间				钱煜主编：《钱氏宗谱》，2010年续辑
钱氏宏远堂义庄	南延乡啸傲泾	乾隆年间				钱煜主编：《钱氏宗谱》，2010年续辑

义庄	地点	建立或旌表时间	创建人	身份	创建时亩数	资料来源
秦氏义庄	城中第六箭河	乾隆四十五年	秦春田等	官员	500	光绪《无锡金匮县志》卷30《义举》
孙氏义庄	万安乡洛社石塘湾	乾隆六十年	孙文伟等	官员	300	光绪《无锡金匮县志》卷30《义举》
邹氏义庄	北门外缸尖	嘉庆六年	邹容成妻吴氏		200	光绪《无锡金匮县志》卷30《义举》
安氏义庄	安镇	嘉庆八年	安汝谐	贡生	300	光绪《无锡金匮县志》卷30《义举》
陈氏义庄	南街剪金桥西	嘉庆八年	陈宏略		1191	光绪《江阴县志》卷1《建置》
周氏义庄	怀仁乡南桥	嘉庆九年	周宪武	国学生	1098	光绪《无锡金匮县志》卷30《义举》
陈氏义庄	芙蓉塘桥	嘉庆十三	陈实轮妻顾氏		900	光绪《无锡金匮县志》卷30《义举》
蒋氏义庄	武进大有乡岗角	嘉庆十四年	蒋台度		1160	光绪《武进阳湖县志》卷3《营建·义庄》
蔡氏义庄	北门外	嘉庆十五年	蔡承烈	国学生	1000	光绪《无锡金匮县志》卷30《义举》

义庄	地点	建立或旌表时间	创建人	身份	创建时亩数	资料来源
严氏义庄	怀仁乡寨门	嘉庆十六	严昭		600	光绪《无锡金匮县志》卷30《义举》
袁氏义庄	城中中市桥上塘	嘉庆十八年	袁钧	国学生	1000	光绪《无锡金匮县志》卷30《义举》
侯氏义庄	城中第八箭河	嘉庆二十三年	侯钎及族人凤藻		440	光绪《无锡金匮县志》卷30《义举》
钱氏义庄	北延乡蠡埄	道光六年	钱振铎		300	光绪《无锡金匮县志》卷30《义举》
余氏义庄	城中真应道院巷	道光八年	余达海		394	光绪《无锡金匮县志》卷30《义举》
薛氏义庄	礼社	道光九年	薛云从等		1015	光绪《无锡金匮县志》卷30《义举》
赵氏义庄	鹅子岸	道光九年	赵豫		300	光绪《无锡金匮县志》卷30《义举》
顾氏义庄	圣渎	道光十二年	顾觐光等		486	光绪《无锡金匮县志》卷30《义举》
须氏义庄	怀仁乡黄庄	道光十三	须宗周	国学生	1000	光绪《无锡金匮县志》卷30《义举》

义庄	地点	建立或旌表时间	创建人	身份	创建时亩数	资料来源
范氏义庄	怀仁乡兴塘	道光十三	节妇范过氏		490	光绪《无锡金匮县志》卷30《义举》
杨氏义庄	江溪桥	道光十四年	杨恕		1000	光绪《无锡金匮县志》卷30《义举》
周氏义庄	泰伯乡香山	道光十四年	周瑞清		700	光绪《无锡金匮县志》卷30《义举》
华氏义庄	城中道长巷	道光十四年	华起、华建		320	光绪《无锡金匮县志》卷30《义举》
丁氏义庄	张泾桥	道光十四年	丁云锦		1000	光绪《无锡金匮县志》卷30《义举》
邹氏分支义庄	啸傲泾	道光十五年	积五世而成		200	光绪《无锡金匮县志》卷30《义举》
许氏义庄	北延乡嵩山	道光十六年	节妇许蔡氏		430	光绪《无锡金匮县志》卷30《义举》
窦氏义祭田		道光十六年	窦廷楸		100	光绪《无锡金匮县志》卷30《义举》
邹氏东喜支义庄	无锡	道光十六年	邹应奎等		157	邹仁溥纂修：无锡《邹氏宗谱》卷5

续　表

义庄	地点	建立或旌表时间	创建人	身份	创建时亩数	资料来源
马氏义庄	万安乡仁里桥	道光十七年	马杲妻夏氏、凤鸣妻孙氏承夫志建		300	光绪《无锡金匮县志》卷30《义举》
乔氏义庄	怀宁乡乔巷	道光十八年	乔荣春		540	光绪《无锡金匮县志》卷30《义举》
浦氏义庄	北延乡安基里	道光十九年	浦汝霖妻吕氏建		1000	光绪《无锡金匮县志》卷30《义举》
胡氏义庄	天授乡村前	道光十九年	胡际昌		660	光绪《无锡金匮县志》卷30《义举》
浦氏分支义庄	北延乡厚桥	道光二十年	浦燮堂、朝钟等集捐		240	光绪《无锡金匮县志》卷30《义举》
华氏永喜支义庄	荡口镇	道光间	华汾、春坊、庭彪等		500	光绪《无锡金匮县志》卷30《义举》
张氏义庄	北门外黄泥桥	道光二十三年	张耀堃		1100	光绪《无锡金匮县志》卷30《义举》
张氏义庄	西门外丁烽里	道光二十三年	张耀埠		1000	光绪《无锡金匮县志》卷30《义举》
施氏义庄	北门外黄泥桥	道光二十六年	施会培		300	光绪《无锡金匮县志》卷30《义举》

义庄	地点	建立或旌表时间	创建人	身份	创建时亩数	资料来源
王氏义庄	北门外布行衖	道光三十年	王润芳等建		870	光绪《无锡金匮县志》卷30《义举》
江氏义庄	南门外谈渡桥	道光间	江树德等		400	光绪《无锡金匮县志》卷30《义举》
王氏义庄	南门外黄泥垾	咸丰六年	王耀堂等		300	光绪《无锡金匮县志》卷30《义举》
章氏义庄	东大街杨巷	咸丰八年	章士杰等		1102	光绪《江阴县志》卷1《建置》
吴氏义庄	顾山镇	咸丰九年	吴友堂		1256	光绪《江阴县志》卷1《建置》
孙氏义庄	祝塘镇陆家桥	咸丰十年	孙殿魁等		956	光绪《江阴县志》卷1《建置》
蔡氏义庄	北延乡西仓镇	同治五年	蔡锡蕃妻华氏、承恩妻华氏等		510	光绪《无锡金匮县志》卷30《义举》
盛氏义庄	武进河南厢铁市巷	同治七年	盛康	官员	1133	光绪《武进阳湖县志》卷3《营建·义庄》
黄氏义庄	无锡梁溪	同治八年	黄廷槐等	官员	372	无锡《梁溪黄氏续修宗谱》卷7《义田立案禀帖稿》
赵氏义庄		同治十一年	赵铭普		2308	光绪《江阴县志》卷1《建置·义局》

续　表

义庄	地点	建立或旌表时间	创建人	身份	创建时亩数	资料来源
华氏义庄	北延乡东浜	同治十三年	华兖		516	光绪《无锡金匮县志》卷30《义举》
周氏义庄	怀仁乡	同治十三年	周文江与妻父柳廷烈合捐		112	光绪《无锡金匮县志》卷30《义举》
倪氏义庄	景云乡坊前	同治十三年	倪陈氏		473	光绪《无锡金匮县志》卷30《义举》
树德堂义庄	宜兴	光绪年间	任鹤龄、任国铨父子		1000	李文治、江太新:《中国宗法宗族制》,第251页
王武愍公祠		光绪元年	王庭桢		300	光绪《无锡金匮县志》卷30《义举》
华氏三省支义庄	荡口镇许家桥	光绪元年	华存宽等		1000	光绪《无锡金匮县志》卷30《义举》
杨氏义庄	南延乡双板桥	光绪二年	节妇杨陆氏		220	光绪《无锡金匮县志》卷30《义举》
滕氏义庄	南延乡	光绪三年	滕庭钟等		316	光绪《无锡金匮县志》卷30《义举》
滕氏义庄	谢埭桥	光绪三年	滕鑫桂等		658	光绪《无锡金匮县志》卷30《义举》

义庄	地点	建立或旌表时间	创建人	身份	创建时亩数	资料来源
顾氏义庄	城南新开河	光绪四年	顾鸿逵等		800	光绪《无锡金匮县志》卷30《义举》
邵氏义庄	杨库东塘下	光绪十二年	邵鸿范等	武举	569	民国《江阴县续志》卷3《建置》
高义庄	西门外	光绪十八年	高念祖等	官员	503	高鼎业纂修:《高氏大统宗谱》卷首
毛氏义庄	璜塘镇	光绪二十七年	毛永龄	官员	1056	民国《江阴县续志》卷3《建置》
恽氏义庄	武进	光绪二十九年	恽毓荣等	官员	1339	恽毓荣辑:《恽氏义庄缘起》
张氏义庄	武进	光绪三十年	张彬	官员	310	张文郁等纂修:《武进张氏宗谱稿》
章氏义庄	南城内观桥旁	光绪三十年	章培庆、章锦涛	贡生、监生	1113	民国《江阴县续志》卷3《建置》
周氏义庄	无锡周新镇	光绪三十一年	周廷弼	三品衔候选道		《申报》1905年1月20日,第2版。
刘氏义庄	武进	光绪三十一年	刘度来等	官员	1167	《武进西营刘氏家谱》卷7《义庄录》
杨氏义庄	无锡	光绪三十一年	杨宗濂等	官员	1001	《无锡杨氏义庄赡族规条》
孙氏义庄	江阴	不详	孙镶	国学生		光绪《江阴县志》卷18《人物·行谊》

义庄	地点	建立或旌表时间	创建人	身份	创建时亩数	资料来源
陈氏义庄	宜兴	不详				陈荷莲主修:《陈氏宗谱》
吴氏义庄	武进北渠	不详	吴咏行	官员	300	盛文颐主修:《龙溪盛氏宗谱》卷23《筹置产》
卫氏义庄	刘仓乡卫家巷	不详		商人	103	《江苏省农村调查》,第250页
孙氏义庄		不详	孙秦氏	命妇	156	《锡金志外》卷1《补遗上》
郭氏义庄		不详	郭文渊	民人	328	《锡金志外》卷1《补遗上》
顾氏义庄	无锡	不详	顾宝	官员	千亩	光绪《无锡金匮县志》卷25《耆硕》
史氏义庄	宜兴	不详	史纬	监生		施惠、钱志澄:《宜兴荆溪县新志》卷8《人物·义行》
蒋氏义庄	宜兴	不详	蒋程			施惠、钱志澄:《宜兴荆溪县新志》卷8《人物·义行》
史氏义庄	宜兴	不详	史振			施惠、钱志澄:《宜兴荆溪县新志》卷8《人物·孝友》
吴氏义庄	武进	不详	吴名思	县学生		光绪《武进阳湖县志》卷23《人物》

义庄	地点	建立或旌表时间	创建人	身份	创建时亩数	资料来源
奚氏义庄	江阴	民国初	奚鄂铭	商人	数十万金	《申报》1919 年 4 月 11 日，第 11 版
华氏襄义庄	荡口	民国十三年	华锦远		300	华敦礼：《荡口华氏义庄概述》，无锡县文史资料 1986 年第 4 辑
萱荫堂义庄	宜兴	民国二十三年	贾士毅等	商人	1426	贾瑛淞等主修：《萧塘贾氏续修宗谱》卷 2

表 2-6　昆山、新阳县义庄概况简表

义庄	地点	建立或旌表时间	创建人	身份	大小(亩，创建时)	资料来源
顾氏义庄	黄泥田	康熙初年	顾登	官员	500	光绪《昆新两县续修合志》卷 10《义庄附》
孔氏义庄	昆山东南乡孔巷邨	乾隆十三年	孔传泗等		200	光绪《昆新两县续修合志》卷 10《义庄附》
许氏义庄	张浦镇	道光九年	许春藻	增贡生	364	光绪《昆新两县续修合志》卷 10《义庄附》
张氏义庄	夜区十图里泾邨	道光九年	张廷俊	国学生	506	光绪《昆新两县续修合志》卷 10《义庄附》

义庄	地点	建立或旌表时间	创建人	身份	大小(亩, 创建时)	资料来源
朱氏义庄	宇区六图西塘街	道光十三年	朱大松	职员	1000	光绪《昆新两县续修合志》卷10《义庄附》
徐氏义庄	天区二图西塘街	道光十五年	徐文奎	文生	500	光绪《昆新两县续修合志》卷10《义庄附》
汪氏义庄	吴县半十九都申衙前	道光二十七年	汪士锡	封员	2000	光绪《昆新两县续修合志》卷10《义庄附》
赵氏义庄	真义镇	光绪五年	赵之骧等	增贡生	1000	光绪《昆新两县续修合志》卷10《义庄附》
胡氏义庄	天区二图望山桥西	光绪六年	胡书云等	官员	518	光绪《昆新两县续修合志》卷10《义庄附》
俞氏义庄	天区二图北黄圩	光绪九年	俞国莹等	附贡生	510	光绪《昆新两县续修合志》卷10《义庄附》
安阳王氏义庄	柴王衖	光绪十六年	王德祥		500	民国《昆新两县续补合志》卷6《附义庄》
王氏义庄	宇区六图西塘街	光绪二十五年	王庆祉		1004	民国《昆新两县续补合志》卷6《附义庄》
殷氏义庄	信义镇	光绪二十六年	殷钟辉	官员	1000	民国《昆新两县续补合志》卷6《附义庄》

义庄	地点	建立或旌表时间	创建人	身份	大小(亩,创建时)	资料来源
洪氏义庄	宇区八图后浜	光绪二十九年	洪文蔚		500	民国《昆新两县续补合志》卷6《附义庄》
沈氏义庄	地区一图居巷村	光绪三十二年	沈汝塈等		1004	民国《昆新两县续补合志》卷6《附义庄》
李氏义庄	陈墓镇	光绪二十二年	李瑞霖	监生	500	民国《昆新两县续补合志》卷6《附义庄》
朱氏义庄	陈墓镇	光绪二十九年	朱梁等	官员	500	民国《昆新两县续补合志》卷6《附义庄》
季氏义庄	周墅乡三千湾村	宣统元年	季吴氏	官员	500	民国《昆新两县续补合志》卷6《附义庄》
马氏采芝义庄	罗汉桥东	不详	马士元		500	民国《昆新两县续补合志》卷6《附义庄》

表2-7 常熟、昭文县义庄概况一览表

义庄	地点	建立或旌表时间	创建人	庄田(亩,创建时)	资料来源
杨氏敦本义庄	田庄镇	乾隆五十四年题旌	杨继祖	1012亩有奇	《重修常昭合志》卷8《善举志·义庄》
临海屈氏义庄	翼京门外练墩浜	嘉庆十五年题旌	屈成霖	1300余	《重修常昭合志》卷8《善举志.义庄》

义庄	地点	建立或旌表时间	创建人	庄田(亩，创建时)	资料来源
归氏义庄	文昌街	嘉庆十五年题旌	归景泗	1000 有奇	《重修常昭合志》卷 8《善举志·义庄》
周氏义庄	支塘东蔡泾	嘉庆十九年建(光绪元年大风圮)			《重修常昭合志》卷 8《善举志·义庄》
张氏义庄	常熟	道光七年	张大镛	1002	《明清以来苏州社会史碑刻集》，第 616 页。
王氏义庄	东张市	道光九年题旌	王文澜	1000，书田 200	《重修常昭合志》卷 8《善举志·义庄》
俞氏义庄	翼京门外石逊步桥	道光十四年题旌	俞廷柏	1100 余，书田 200 有奇	《重修常昭合志》卷 8《善举志·义庄》
龚氏义庄	东塘市	道光十四年题旌	龚骏	1000 有奇	《重修常昭合志》卷 8《善举志·义庄》
董氏义庄	归家市	道光十八年题旌	董廷栋	1000，书田 200 余	《重修常昭合志》卷 8《善举志·义庄》
萧氏义庄	钱巷	道光二十年题旌	萧安福	500 余	《重修常昭合志》卷 8《善举志·义庄》
庞氏裕后义庄	塘桥镇	道光二十一年题旌	庞德辉	509 有奇	《重修常昭合志》卷 8《善举志·义庄》

义庄	地点	建立或旌表时间	创建人	庄田(亩,创建时)	资料来源
黄氏义庄	大墅桥	道光二十二年题旌	黄浩	500	《重修常昭合志》卷8《善举志·义庄》
姚氏义庄	阜成门外	道光二十二年题旌	姚文铺	若干	《重修常昭合志》卷8《善举志·义庄》
邹氏义庄	陈埭桥	道光二十三年题旌	邹沛霖	1070余,附祭田、书田2000有奇	《重修常昭合志》卷8《善举志·义庄》
周氏义庄	西徐市	道光二十四年题旌	周诰	510余	《重修常昭合志》卷8《善举志·义庄》
庞氏承裕义庄	塘桥	道光二十五年题旌	庞榕	728有奇	《重修常昭合志》卷8《善举志·义庄》
黄氏义庄	东徐市	咸丰元年题旌	黄金台	500	《重修常昭合志》卷8《善举志·义庄》
黄氏附庄	东徐市	咸丰元年题旌	黄承需	250	《重修常昭合志》卷8《善举志·义庄》
徐氏义庄	桂村	咸丰元年题旌	徐焕	1460	《重修常昭合志》卷8《善举志·义庄》
顾氏义庄	孟泾	咸丰三年(光绪元年大风圮)			《重修常昭合志》卷8《善举志·义庄》

续　表

义庄	地点	建立或旌表时间	创建人	庄田(亩,创建时)	资料来源
赵氏义庄	报慈桥	咸丰五年题旌	赵同汇及子元恺	1023	《重修常昭合志》卷8《善举志·义庄》
济阳丁氏义庄	丁市	咸丰六年题旌	丁锦峰	若干	《重修常昭合志》卷8《善举志·义庄》
卫氏义庄	卫家塘	咸丰六年题旌	卫肇吉	1000余,附祭田、义冢196,书塾田400余	《重修常昭合志》卷8《善举志·义庄》
蔡氏义庄	花园街	咸丰七年题旌	蔡景椿	500余	《重修常昭合志》卷8《善举志·义庄》
顾氏义庄	镇江门内大街	咸丰十年题旌	顾士奎	500余	《重修常昭合志》卷8《善举志·义庄》
胡氏廷鋬义庄	五渠镇	咸丰十一年题旌	胡天麒	500	《重修常昭合志》卷8《善举志·义庄》
瞿氏义庄	罟里村	咸丰十一年题旌	瞿绍基及子镛	500余	《重修常昭合志》卷8《善举志·义庄》
席氏义庄	钓渚渡北范河西	同治六年题旌	席祜智兄弟	570余,附设祭田、义冢200余。	《重修常昭合志》卷8《善举志·义庄》
蔡氏义庄	报本街	同治六年题旌	蔡廷烈	510余	《重修常昭合志》卷8《善举志·义庄》

义庄	地点	建立或旌表时间	创建人	庄田(亩,创建时)	资料来源
王氏义庄	董浜	同治六年题旌	王淮	580 余	《重修常昭合志》卷 8《善举志·义庄》
张氏孝友义庄	施家桥	同治十年题旌	张应祥	2670	《重修常昭合志》卷 8《善举志·义庄》
陆氏亦政义庄	文昌衖	同治十年题旌	陆谦	570 余	《重修常昭合志》卷 8《善举志·义庄》
毛氏义庄	毛家桥	光绪元年题旌	毛进文	500	《重修常昭合志》卷 8《善举志·义庄》
李氏义庄	广济桥	光绪元年题旌	李芳年	540 余	《重修常昭合志》卷 8《善举志·义庄》
赵氏义庄	山塘泾岸	光绪元年题旌	赵宗耀	500 有奇	《重修常昭合志》卷 8《善举志·义庄》
丁氏光裕义庄	六房湾	光绪二年题旌	丁燮	400 有奇	《重修常昭合志》卷 8《善举志·义庄》
陶氏义庄	醋库桥	光绪三年题旌	陶景澹	500 余	《重修常昭合志》卷 8《善举志·义庄》
王氏义庄	梅李镇	光绪四年题旌	王庐氏同子兆熊	510	《重修常昭合志》卷 8《善举志·义庄》

续　表

义庄	地点	建立或旌表时间	创建人	庄田(亩,创建时)	资料来源
钱氏承志义庄	报本街	光绪四年题旌	钱廷锦	500 余	《重修常昭合志》卷 8《善举志·义庄》
张氏承志义庄	杨尖荡归家坟	光绪四年题旌	张定珍、张诵芬	594	《重修常昭合志》卷 8《善举志·义庄》
钱氏义庄	平桥街	光绪六年题旌	钱文贵	600 有奇	《重修常昭合志》卷 8《善举志·义庄》
李氏义庄	九㳇	光绪六年题旌	李念和	500 有奇	《重修常昭合志》卷 8《善举志·义庄》
吴氏义庄	县南街	光绪六年题旌	吴湘	500 有奇	《重修常昭合志》卷 8《善举志·义庄》
周氏鹤记义庄	塔浜后	光绪六年题旌	周锡忠	500 余	《重修常昭合志》卷 8《善举志·义庄》
曾氏义庄	翁府	光绪七年题旌	曾熙文	1000 有奇	《重修常昭合志》卷 8《善举志·义庄》
恤寡义庄	五渠镇	光绪八年题旌	胡严氏同媳妇顾氏	510 余	《重修常昭合志》卷 8《善举志·义庄》
徐氏义庄	乌桥街	光绪八年题旌	徐鏘	500 余	《重修常昭合志》卷 8《善举志·义庄》

义庄	地点	建立或旌表时间	创建人	庄田(亩,创建时)	资料来源
龚氏义庄	迎恩桥	光绪八年题旌	龚严氏与子振梁	550 余	《重修常昭合志》卷 8《善举志·义庄》
谢氏义庄	宾汤门外吊桥北	光绪八年题旌	谢德基	500 余	《重修常昭合志》卷 8《善举志·义庄》
缪氏义庄	西徐市咸佳桥	光绪九年题旌	缪佩珩	500 余,书田 200 余	《重修常昭合志》卷 8《善举志·义庄》
朱氏义庄	翁家庄	光绪九年题旌	朱灿	1000 余	《重修常昭合志》卷 8《善举志·义庄》
王氏义庄	东徐市	光绪十年题旌	王仁基	510	《重修常昭合志》卷 8《善举志·义庄》
邹氏谷春义庄	南市街	光绪十一年题旌	邹廷珍	1000 余	《重修常昭合志》卷 8《善举志·义庄》
沈氏承志义庄	黄家巷门	光绪十一年题旌	沈钱氏	500 有奇	《重修常昭合志》卷 8《善举志·义庄》
钱氏义庄	翼京门外练墩浜	光绪十一年题旌	钱福棠	500 有奇	《重修常昭合志》卷 8《善举志·义庄》
周氏义庄	支塘	光绪十一年题旌	周文汭	510 余	《重修常昭合志》卷 8《善举志·义庄》

续　表

义庄	地点	建立或旌表时间	创建人	庄田(亩,创建时)	资料来源
郑氏义庄	东张市	光绪十二年题旌	郑光祖	500 余	《重修常昭合志》卷 8《善举志·义庄》
顾氏义庄	归家市	光绪十二年题旌	顾金鳌及子培	500 有奇,义塾田 200	《重修常昭合志》卷 8《善举志·义庄》
陈氏韫辉义庄	墩头坵	光绪十三年题旌	陈士英	540 有奇	《重修常昭合志》卷 8《善举志·义庄》
李氏义庄	北茆新市北严泾	光绪十四年题旌	李焘明	520 余	《重修常昭合志》卷 8《善举志·义庄》
王氏义庄	东殿巷	光绪十四年题旌	王锺	500 有奇	《重修常昭合志》卷 8《善举志·义庄》
王氏义庄	枫桥湾	光绪十五年题旌	王学伊	510 余	《重修常昭合志》卷 8《善举志·义庄》
李氏义庄	迎春门外小八字桥	光绪十六年题旌	李旭初	580 余	《重修常昭合志》卷 8《善举志·义庄》
李氏义庄	锺楼湾	光绪十六年题旌	李炘	500 有奇	《重修常昭合志》卷 8《善举志·义庄》
陆氏义庄	小步道巷	光绪十六年题旌	陆恒德	600 有奇	《重修常昭合志》卷 8《善举志·义庄》

义庄	地点	建立或旌表时间	创建人	庄田（亩，创建时）	资料来源
翁氏义庄	阜成门外	光绪十七年具题	翁同爵及子曾纯、曾荣等	1000 余	《重修常昭合志》卷 8《善举志·义庄》
季氏义庄	周沈巷	光绪十八年题旌	季德大及妻邹氏	500 有奇	《重修常昭合志》卷 8《善举志·义庄》
何氏余庆义庄	董浜	光绪十九年题旌	何大洲及侄鸿銮	640 余	《重修常昭合志》卷 8《善举志·义庄》
徐氏义庄	东塘市	光绪十九年题旌	徐朝荣	500 有奇	《重修常昭合志》卷 8《善举志·义庄》
陈氏义庄	翼京门外四丈湾	光绪十九年题旌	陈如松	580 余	《重修常昭合志》卷 8《善举志·义庄》
桑氏义庄	东始庄	光绪二十年题旌	桑文澎	600 有奇	《重修常昭合志》卷 8《善举志·义庄》
南浔张氏义庄	丰乐桥下塘乌程	光绪二十年题旌	张文照、宝善父子	1000 余	《重修常昭合志》卷 8《善举志·义庄》
邹氏义庄	周神庙衖	光绪二十年题旌	邹敬邦	530 余	《重修常昭合志》卷 8《善举志·义庄》
邵氏义庄	沙溪镇	光绪二十一年题旌	邵德溥及妻杜氏	500 余	《重修常昭合志》卷 8《善举志·义庄》

续　表

义庄	地点	建立或旌表时间	创建人	庄田(亩,创建时)	资料来源
徐氏义庄	先生桥	光绪二十一年题旌	徐志仁	510 余	《重修常昭合志》卷 8《善举志·义庄》
陈氏义庄	翼京门内大街	光绪二十一年题旌	陈元祺	500 余	《重修常昭合志》卷 8《善举志·义庄》
王氏义庄	顾家桥	光绪二十二年题旌	王涣	500 余	《重修常昭合志》卷 8《善举志·义庄》
王氏义庄	西徐市	光绪二十三年题旌	王谦福	500 有奇	《重修常昭合志》卷 8《善举志·义庄》
陆氏义庄	西徐市	光绪二十三年题旌	陆炳山	500 有奇	《重修常昭合志》卷 8《善举志·义庄》
陆氏吉卿义庄	白茆新市塘南街	光绪二十四年题旌	陆锡祺妻邹氏命嗣子潮源立	555	《重修常昭合志》卷 8《善举志·义庄》
朱氏义庄	田肚裹	光绪二十五年题旌	朱春荣	500 有奇	《重修常昭合志》卷 8《善举志·义庄》
徐氏义庄	山塘泾岸	光绪二十八年题旌	徐藻	500 有奇	《重修常昭合志》卷 8《善举志·义庄》
周氏义庄	秦三郎桥	光绪二十八年题旌	周鸿脴	1180 余	《重修常昭合志》卷 8《善举志·义庄》

义庄	地点	建立或旌表时间	创建人	庄田(亩,创建时)	资料来源
王氏义庄	九万圩	光绪二十九年题旌	王鎏	560 有奇	《重修常昭合志》卷 8《善举志·义庄》
邵氏义庄	迎春门内	光绪三十年具题	邵亨豫及子松年、椿年	1000 有奇	《重修常昭合志》卷 8《善举志·义庄》
沈氏义庄	大步道巷	光绪三十二年题旌	沈寿祺	502	《重修常昭合志》卷 8《善举志·义庄》
俞氏承志义庄	翼京门外大田岸	光绪三十二年题旌	俞锺颖	506 有奇	《重修常昭合志》卷 8《善举志·义庄》
咏芳支庄	陆巷	宣统二年	俞李氏	501	民国《吴县志》卷 31《公署四》
范氏义庄	钓渚渡南范		范可禹	500 余	《重修常昭合志》卷 8《善举志·义庄》
许氏义庄	钓渚渡西许巷		许巨法	500	《重修常昭合志》卷 8《善举志·义庄》
顾氏义庄	顾泾		顾镛	1000	《重修常昭合志》卷 8《善举志·义庄》
周氏义庄	窑镇东北				《重修常昭合志》卷 8《善举志·义庄》

续　表

义　庄	地点	建立或旌表时间	创建人	庄田(亩, 创建时)	资料来源
毛氏义庄	旺尔桥				《重修常昭合志》卷8《善举志·义庄》
徐宝善义庄	翼京门外西庄街		徐邦煜	500亩	《重修常昭合志》卷8《善举志·义庄》
曾氏义庄	昭文		曾熙文与子	1000	同治《苏州府志》卷103
徐氏义庄	常熟西庄	民国七年	徐大坤、徐元瑞	500	《明清以来苏州社会史碑刻集》,第275页。

表2-8　苏州(元和、长洲、吴县)义庄概况一览表

义　庄	地点	建立或旌表时间	创建人	身份	面积(亩, 创建时)	资料来源
娄关蒋氏义庄	甪直	康熙年间	蒋维城、蒋德埈	贡生、进士	130	民国《吴县志》卷31《公署4》
李氏义庄	黎里	雍正六年	李嘉英		50	乾隆《吴江县志》卷37
宋义庄	吴衙场	乾隆年间			700(1949年统计)	《苏州文史资料》1990年第115合辑。
浔阳义庄	因果巷	乾隆十一年	陶筱	候选官员	1150	民国《吴县志》卷31《公署4》
唐氏义庄	虎邱山塘	乾隆二十四年	唐文栋		600	民国《吴县志》卷31《公署4》

续　表

义庄	地点	建立或旌表时间	创建人	身份	面积(亩,创建时)	资料来源
临海义庄	枫桥	乾隆二十六年	戈黄鸿等	官员	1000	民国《吴县志》卷31《公署4》
翁氏义庄	东山	乾隆二十七年	翁大业		520	民国《吴县志》卷31《公署4》
周氏义庄	上津桥施家浜口	乾隆四十四年	周怀仁	官员	2000	民国《吴县志》卷31《公署4》
陆氏义庄	相城镇陆巷	乾隆四十八年	陆肇域		500	民国《吴县志》卷31《公署4》
萧江义庄	胥门外小日晖桥南	乾隆五十四年	江淞	监生	660	民国《吴县志》卷31《公署4》
袁氏义庄	闻德桥西	乾隆六十年	袁蒋氏	节妇	700	民国《吴县志》卷31《公署4》
潘氏荥阳义庄	混堂巷	嘉庆九年	潘文起		1243	民国《吴县志》卷31《公署4》
吴氏义庄	桃花坞	嘉庆十六年	吴振鏐		649	民国《吴县志》卷31《公署4》
包山蔡氏义庄		嘉庆年间			1500	叶耀元编:《洞庭王氏家谱》卷2《义田说》
董氏义庄	思婆桥西	道光四年	董秉玕			吴县县政府社会调查处编印:《吴县附刊》;《吴门表隐》
张氏义庄	悬桥巷	道光五年	张矞祖		1001	民国《吴县志》卷31《公署4》
汪氏义庄	山塘白姆桥东	道光七年	汪士钟		1068	民国《吴县志》卷31《公署4》

续　表

义庄	地点	建立或旌表时间	创建人	身份	面积(亩,创建时)	资料来源
周氏义庄	吴江发字圩	道光九年	周王氏	宦室	1481	《吴江县续志》卷5《营建4》
周氏义庄	黎里镇	道光九年	周光纬	员外郎	1281	光绪《黎里续志》卷2《善堂》
徐氏梓荫义庄	葑门内盛家带	道光十年	徐长庆	官员	1091	民国《吴县志》卷31《公署4》
潘氏松鳞义庄	悬桥巷	道光十五年	潘遵祁	官员	1004	民国《吴县志》卷31《公署4》
王氏义庄	百狮子桥	道光十七年	王有庆		1012	民国《吴县志》卷31《公署4》
丁氏济阳义庄	悬桥巷	道光十八年	丁锦心	官员	2000	民国《吴县志》卷31《公署4》
汪氏诵芬义庄	平江路魏家桥	道光二十二年	汪景纯等		1008	民国《吴县志》卷31《公署4》
迮氏义庄	吴江汾湖南传圩	道光二十三年	迮鹤寿	官员	270	《吴江县续志》卷5《营建4》
韩氏义庄	娄门大街	道光年间	韩叙堂	官员	2300	民国《吴县志》卷31《公署4》
资敬义庄	护龙街砂皮巷	道光二十五年	程桢义	官员	2400	民国《吴县志》卷31《公署4》
汪氏义庄	半十九图申衙前	道光二十七年	汪士锡	封员	2000	光绪《昆新两县续修合志》卷10《义庄附》
耕荫义庄	申衙前	道光二十九年	汪为仁		1000	民国《吴县志》卷31《公署4》
陈氏义庄	钮家巷	道光三十年	陈骏		1053	民国《吴县志》卷31《公署4》

义庄	地点	建立或旌表时间	创建人	身份	面积(亩,创建时)	资料来源
陆氏义庄	衮绣坊巷	咸丰五年	陆宗澄		1000	民国《吴县志》卷 31《公署 4》;《陆氏葑门支谱》卷 13
朱氏义庄	半十九都亨二图	同治九年	朱恩熙		524	民国《吴县志》卷 31《公署 4》
翁氏义庄	祥符寺巷	同治十年	翁荣义		502	民国《吴县志》卷 31《公署 4》
王氏怀新义庄	西花桥巷	同治十一年	王师晋	官员	1250	民国《吴县志》卷 31《公署 4》
王氏义庄	甪直镇	同治十一年	王朝庆		614	民国《吴县志》卷 31《公署 4》
张氏松荫义庄	相城镇南塘	同治十二年	张荫楷		1001	民国《吴县志》卷 31《公署 4》
沈氏义庄	东 13 都9 图	同治十二年	沈凤威		1002	民国《吴县志》卷 31《公署 4》
张氏荫余义庄	贞一上图曹胡徐巷	同治十二年	张永嘉	官员	1000	民国《吴县志》卷 31《公署 4》
沈氏义庄	甪直镇	同治十二年	沈国琛		754	民国《吴县志》卷 31《公署 4》
王惇裕义庄	潘儒巷	同治十二年	王笑山	进士		吴县县政府社会调查处编印:《吴县附刊》
殷氏义庄	甪直镇	同治十二年	殷柄初		558	民国《吴县志》卷 31《公署 4》
周氏松荫义庄	旧学前	同治十三年	周元怀		532	民国《吴县志》卷 31《公署 4》

义庄	地点	建立或旌表时间	创建人	身份	面积(亩,创建时)	资料来源
陆氏余庆义庄	中营基巷后徐家衖	同治十三年	陆乃普	官员	1003	民国《吴县志》卷31《公署4》
盛氏留园义庄	上津桥上塘	同治十三年	盛康	官员	2026	民国《吴县志》卷31《公署4》
贝留余义庄	狮林寺巷	光绪三年	贝晋安			吴县县政府社会调查处编印:《吴县附刊》
顾氏春荫义庄	护龙街尚书里	光绪三年	顾文彬	官员	2408	民国《吴县志》卷31《公署4》
彭氏义庄	葑门内十泉街	光绪四年	彭祖贤	官员	1634	民国《吴县志》卷31《公署4》
吴崇德义庄	十梓街	光绪五年	吴大根等	官员	1264	民国《吴县志》卷31《公署4》
徐氏石麟义庄	乔司空巷	光绪五年	徐佩荃		763	民国《吴县志》卷31《公署4》
程氏成训义庄	刘家浜	光绪六年	程廷桓	官员	1038	民国《吴县志》卷31《公署4》;《程氏支谱》卷1
顾氏颂文义庄	因果巷	光绪七年	顾来章等		1000	民国《吴县志》卷31《公署4》
张氏崇本支庄	相城镇王行浜	光绪七年	张毓庆	官员	1081	民国《吴县志》卷31《公署4》
蒋氏义庄	胡厢使巷	光绪九年	蒋兆烈	监生	1029	民国《吴县志》卷31《公署4》
谈义庄	黄埭	光绪十三年	谈立鳌	同知衔候选县丞	1390	《黄埭志》卷2《祠宇》

义庄	地点	建立或旌表时间	创建人	身份	面积(亩,创建时)	资料来源
杭氏义庄	西花桥巷	光绪十四年	杭安福		1010	民国《吴县志》卷31《公署4》
洪桂荫义庄	悬桥巷	光绪十七年	洪钧			吴县县政府社会调查处编印:《吴县附刊》
俞氏缵安义庄	相城镇陆巷	光绪十八年	俞文霍		505	民国《吴县志》卷31《公署4》
张氏义庄	迎春坊	光绪十九年	张履谦	官员	2003	民国《吴县志》卷31《公署4》
顾氏辅宜义庄	朱长巷	光绪二十年	顾廷贤		1090	民国《吴县志》卷31《公署4》
陈氏义庄	黄鹂坊巷	光绪二十二年	陈宗浩	官员	1093	民国《吴县志》卷31《公署4》
吴氏承志义庄	仁二图葑门内织造府署东首	光绪二十二年	吴大培	官员	1014	民国《吴县志》卷31《公署4》
陈宝善义庄	黄鹂坊	光绪二十三年			1090(1949年统计)	《苏州文史资料》1990年第115合辑
徐余荫义庄	东山庄莲镇	光绪二十五年			440(1949年统计)	《苏州文史资料》1990年第115合辑。
杨氏宏农义庄	混堂巷	光绪二十五年	杨廷杲	官员	1004	民国《吴县志》卷31《公署4》
潘氏天池义庄	城东水门桥	光绪二十五年	潘绍鹋等		2055	民国《吴县志》卷31《公署4》

续　表

义庄	地点	建立或旌表时间	创建人	身份	面积(亩,创建时)	资料来源
严氏慎远义庄	十梓街夏侯桥	光绪二十七年	严兆淦	官员	1089	民国《吴县志》卷31《公署4》
钱氏竹荫义庄	大郎桥巷内丁家巷	光绪二十八年	钱福年	官员	1018	民国《吴县志》卷31《公署4》
叶氏务本义庄	东山唐股村	光绪三十一年			1512(1949年统计)	《苏州文史资料》1990年第115合辑
张氏衡平义庄	护龙街砂皮巷	光绪三十三年	张茂铺	官员	528	民国《吴县志》卷31《公署4》
吴垂裕义庄	史家巷	光绪三十四年			912(1949年统计)	《苏州文史资料》1990年第115合辑
钱氏闻韶义庄	古市巷	宣统元年	钱立贤		1036	民国《吴县志》卷31《公署4》
徐氏春晖义庄	南石子街	宣统元年	徐淑英	孝女	1010	民国《吴县志》卷31《公署4》
凌耕莘义庄	吴江莘塔	宣统二年	职妇凌蒋氏		709	《吴江凌氏义庄案》(苏州图书馆藏)
荫余义庄	吴江	宣统二年	任兰生	官员		《吴江凌氏义庄案.凌耕莘义庄记》
世楷义庄	吴江	宣统二年	沈中坚	官员		《吴江凌氏义庄案.凌耕莘义庄记》
延陵义庄	滚绣坊巷	宣统二年	吴氏		2600(1949年统计)	《苏州文史资料》1990年第115合辑。

义庄	地点	建立或旌表时间	创建人	身份	面积(亩,创建时)	资料来源
娄关蒋氏义庄	虎邱山塘		蒋之逵	官员	300	民国《吴县志》卷31《公署4》
严氏义庄	甪直镇			节妇	538	民国《吴县志》卷31《公署4》
吴氏承荫义庄	黄埭		吴凤清	附贡生	537	民国《吴县志》卷31《公署4》
云津堂义庄					995	叶耀元编:《洞庭王氏家谱》卷2(下)
星余义庄	平江路		鲁星孙			吴县县政府社会调查处编印:《吴县附刊》
张清河义庄	悬桥巷		张佑人			吴县县政府社会调查处编印:《吴县附刊》
张亲仁义庄	娄门大街		张荫玉			吴县县政府社会调查处编印:《吴县附刊》
范氏义庄	严衙前		范叔和			吴县县政府社会调查处编印:《吴县附刊》
广肇义庄	山塘街		江慕云			吴县县政府社会调查处编印:《吴县附刊》
周氏义庄			周秉义		1000	民国《吴县志》卷70下《列传孝义》

续　表

义庄	地点	建立或旌表时间	创建人	身份	面积(亩，创建时)	资料来源
周义庄	黄埭					《黄埭志》卷2《祠宇》
范义庄	黄埭					《黄埭志》卷2《祠宇》
尤义庄	黄埭					《黄埭志》卷2《祠宇》
邹义庄	黄埭绞车里					《黄埭志》卷2《祠宇》
徐氏义庄	木渎		徐维撰			同治《苏州府志》卷83
徐氏义庄	东山		徐学巽		824	同治《苏州府志》卷84
朱氏义庄			朱大松			同治《苏州府志》卷96
赵氏义庄	报慈里		赵元凯			同治《苏州府志》卷101
王氏义庄	震泽		王之佐			同治《苏州府志》卷108《人物》
李氏义庄	长洲		李凤采			同治《苏州府志》卷120《列女》
施氏义庄	吴江	民国五年	施则敬等	官、商	1751	《吴江施氏义庄汇录》
裕德义庄	吴县	民国六年	徐乐氏	民妇	447	《内务公报》1917年第42期
鲍传德义庄	虎丘山塘	民国八年	鲍宗汉	众议院议员	506	《明清以来苏州社会史碑刻集》，第268页。

续　表

义庄	地点	建立或旌表时间	创建人	身份	面积(亩,创建时)	资料来源
贝承训义庄	潘儒巷	民国二十四年	贝润生			吴县县政府社会调查处编印:《吴县附刊》
徐寿亲义庄	东山	民国三十四年	徐敬等			《洞庭东山志》,上海人民出版社,1991年,第371页。

表 2-9　松江府、太仓州义庄建置一览表

义庄	地点	建立或旌表时间	创建人	身份	创建时面积(亩)	资料来源
张氏义庄	华亭	康熙				(清)蒋士铨:《忠雅堂集校笺》卷10《松江张氏义庄条碑书后》
张氏义庄	娄县	雍正七年	张汇	吏部左侍郎	1000	《义田规》(国图藏)
钱氏义庄	宝山	乾隆年间	钱溥义	三品封职	1500	《申报》,1888年10月31日,第12版。
陈氏义庄	奉贤	乾隆十八年	陈安仁	绅士	370	嘉庆《松江府志》卷16《建置志》
颍川续置义庄	奉贤	嘉庆四年	陈廷溥	内阁中书	400	嘉庆《松江府志》卷16《建置志》
庄氏义庄	奉贤	嘉庆六年	庄四得	职员	1000	嘉庆《松江府志》卷16《建置志》

义庄	地点	建立或旌表时间	创建人	身份	面积(亩,创建时)	资料来源
杨氏义庄	娄县枫泾	嘉庆	杨美江等		1000	光绪《重辑枫泾小志》卷 2《建置》
竹岗李氏义庄	南汇	嘉庆二十年	李林	贡生	503	嘉庆《松江府志》卷16《建置志》
沈氏义庄	华亭	嘉庆二十一年	沈敦儒	职员	1152	嘉庆《松江府志》卷16《建置志》
鹤沙吴氏义庄	南汇	嘉庆二十三年	吴李氏	宦室	1009	嘉庆《松江府志》卷16《建置志》
耿氏义庄	华亭	嘉庆二十三年	耿攀龙	议叙州判	700	光绪《松江府续志》卷9《建置志》
庞氏义庄	界沟沿	道光初年	庞金相		2621	民国《崇明县志》卷7《经政志．义局》
周氏义庄	奉贤	道光年间	周甸华	候选教谕	500	光绪《松江府续志》卷9《建置志》
朱氏义庄	上海县城内姚家衖	道光年间	朱朝元等		2158	民国《上海县续志》卷27《宗祠》
唐氏义庄	宝山大场	道光年间	唐世职	国学生	数百亩	(光绪)《宝山县志》卷10《人物志·德义》

义庄	地点	建立或旌表时间	创建人	身份	面积(亩,创建时)	资料来源
姜氏义庄	南门外襄贤港	道光八年	姜熙	华亭候选训导	500	光绪《青浦县志》卷3《建置》
朱氏义庄	南汇周浦镇	道光十三年	朱增楷	监生	1210	光绪《松江府续志》卷9《建置志》
张氏义庄	奉贤	道光十四年	张简	文生	570	光绪《松江府续志》卷9《建置志》
张氏义庄	娄县	道光十九年	张允垂		396	光绪《松江府续志》卷9《建置志》
胡氏义庄	嘉定	道光十九年	胡起凤	副贡署吴县教谕	2000	民国《嘉定县续志》卷附《前志补遗》
王氏义庄	嘉定莎泾	道光二十七年	王寿康	职员贡生	500	光绪《松江府续志》卷9《建置志》
汪氏义庄	娄县	道光二十八年	汪士瀛		490	光绪《松江府续志》卷9《建置志》
太原义庄	嘉定县泾莎	道光二十八年	王寿康		463	民国《上海县续志》卷27《宗祠》
张氏义庄	娄县	咸丰七年	张祥河	吏部侍郎	1000	光绪《松江府续志》卷9《建置志》

义庄	地点	建立或旌表时间	创建人	身份	面积(亩,创建时)	资料来源
苏氏义庄	外津桥	同治五年	苏攀龙		1198	民国《崇明县志》卷7《经政志》
吴氏义庄	华亭	同治十一年	吴启鹗	附贡生	210	光绪《松江府续志》卷9《建置志》
阮氏义庄	奉贤	同治十三年	阮本仁	职员	1000	光绪《松江府续志》卷9《建置志》
顾氏义庄	上海县华阳桥	光绪年间	顾仲庸	退休官员	500	民国《上海县志》卷2《政治下》
程氏义庄	娄县枫泾	光绪年间	程廷玙		1000	光绪《重辑枫泾小志》卷2《建置》
果恩义庄	上海县	光绪初年	李鸿纶妻		530	民国《上海县续志》卷18
张氏义庄	青浦	光绪七年	张世臣	廪生	521	民国《青浦县续志》卷3《建置》
王氏恭孝义庄	太仓	光绪九年	王家骥	候选县丞	1300	《申报》1883年2月14日,第11版。
金氏义庄	上海县荷巷桥	光绪中叶	金蒋氏等	嫠妇	1000	民国《上海县志》卷2《政治下》

义庄	地点	建立或旌表时间	创建人	身份	面积(亩,创建时)	资料来源
陆氏承先义庄	太仓	光绪十四年	陆应昌	官员	1000	《申报》1888年1月28日,第12版。
钱氏支庄	金山	光绪十六年	钱王氏	职妇	1337	《金山钱氏支庄全案》
许氏义庄	娄县枫泾	光绪十六年	许秉枢		800	光绪《重辑枫泾小志》卷2《建置》
二原义庄	太仓	光绪二十一年	陆寿慈	官员	517	王寿慈纂修:《太原王氏宗谱》卷6《庄祠录》
瑞芝义庄	西门外	光绪二十五年	曾铸	商人(曾任上海总商会总理)	1585	民国《嘉定县续志》卷2《营建志》
张氏景周义庄	北门外	光绪二十八年	张宗艺	州同衔监生	532	民国《青浦县续志》卷3《建置》
云荫义庄	大西门内	光绪二十九年	陈增瑞	候补县丞	613	民国《青浦县续志》卷3《建置》
龚氏义庄	鳌阶镇	光绪三十年	龚其皋等		810	民国《崇明县志》卷7《经政志》
胡氏义庄	上海县陆家浜	光绪三十年	胡琨得等		877	民国《上海县续志》卷27《宗祠》

续　表

义庄	地点	建立或旌表时间	创建人	身份	面积(亩,创建时)	资料来源
敦睦义庄	上海陆家浜	光绪三十一年	胡大柯		846	民国《南汇县续志》卷3《建置志》
承裕义庄	西门外	宣统元年	顾溶	分部郎中	2320	民国《嘉定县续志》卷2《营建志》
黄氏义庄	金山	宣统二年	黄增瑞	同知衔监生	500	黄玿：《金山黄氏族谱》《义田章程》
万裕义庄	金山钱圩镇	约宣统年间				《金山县教育月刊》1929第5卷第11期
陈氏义庄	娄县枫泾	清代,具体不详	陈孝泳	官员	1300	光绪《重辑枫泾小志》卷2《建置》
陆氏义庄	青浦金泽	清代,具体不详	陆见球		500	光绪《青浦县志》卷30《杂记·补遗》
姚氏义庄	奉贤	清代,具体不详	姚鸿焘		300余	光绪《重修奉贤县志》卷12《人物志三·行谊》
萧氏义庄	上海县漯水渡	民国初	萧王氏	嫠妇	300	民国《上海县志》卷2《政治下》
同本堂义庄	川沙	民国二年	陆清泽、张国模	商人	基本金5万元	民国《川沙县志》卷12《祠祀志》

义庄	地点	建立或旌表时间	创建人	身份	面积(亩,创建时)	资料来源
黄氏义庄	嘉定	民国三年			617	嘉定《练西黄氏宗谱》
闵氏义庄	太仓	民国三年	闵元燮	公民		《内务公报》1914年第13期
奚氏义庄	南汇召楼镇	民国四年	奚庄氏	寡妇	500	《申报》1915年6月24日,第7版
朱氏义庄	嘉定	民国七年	朱得传	商人	1064	《政府公报》1918年1008期
愚斋义庄	上海	民国八年	盛庄德华(盛宣怀妻)	实业、股票等		上海图书馆历史文献研究所编《历史文献》第3辑
陈氏义庄	嘉定	民国八年			507	陈家栋:嘉定《南翔陈氏宗谱》卷1
徐氏义庄	上海	民国十年	徐国士			《申报》1921年8月29日,第12版
宁远义庄	太仓	民国十二年	钱诗棣等	官员	502	《太仓钱氏宁远义庄文存》
傅祖荫堂义庄	南汇	民国二十四年	傅佐衡	商人	985	南汇《傅氏续修家谱》

　　将上表1-4至1-9所列苏南地区义庄进行整合,析出其中清代建置的义庄,制成表1-10。可以清楚地发现,清代苏南地区所建义庄,位于镇江府6个,常州府81个,苏州府210个,松江府、太仓州合

为 49 个,合计 346 个。当然,所列并非清代苏南义庄的全貌。比如,
建于宋代的范氏义庄、明代的申氏义庄、吴氏继志义庄、陈文庄公义
庄,延至清代尚存,这些义庄还有一定数量,未列入表中。加上以上
地区已知而不为志乘所载者,整个清代苏南地区所知义庄大约在 360
个左右。

表 2-10　清代苏南地区建置义庄数量表

朝代 地区	顺治	康熙	雍正	乾隆	嘉庆	道光	咸丰	同治	光绪	宣统	不详	总计 (个)
镇江府	0	0	0	0	1	3	0	1	1	0	0	6
常州府	0	0	0	7	10	26	4	7	16	0	11	81
苏州府	0	2	1	11	6	33	12	18	91	8	28	210
松江府、 太仓州	0	1	1	2	7	12	1	3	16	3	3	49

义庄资料多集中于方志、族谱中,方志中的义庄史料主要来源于
捐建者报官立案或为编辑方志者采访而得。由于义庄有 500 亩为半
庄、1000 亩为全庄的规定,不及规模未经立案者,以及未开庄或为方
志疏忽所未能采集者,大有所在。如清代无锡荡口一地就有义庄达
10 处之多,其中华氏一族就先后建立 5 个,分别为华老义庄、新义庄、
永义庄、襄义庄、春义庄等,[1]七房桥钱氏阖族也有怀海等三所义
庄。[2] 而上述义庄多半未见载于方志。位于太湖之滨的苏州东山地
区,明末清初一些官员晚年告退,或避免战乱,来此居住,并创办了 10

---

[1] 参见华教礼:《荡口华氏义庄概述》,《无锡县文史资料》第 4 辑,1986 年,第 54 页。
[2] 参见钱穆:《八十忆双亲·师友杂忆》,北京:生活·读书·新知三联书店,2005
年,第 15 页。另据钱煜主编:《钱氏宗谱》(2010 年续辑)中记载,七房桥钱氏三所
义庄分别是:怀海义庄、清芬堂义庄、宏远堂义庄。

所义庄。[①]查照方志,除翁氏义庄见于《吴县志》外,其他亦未见记载。相比方志,族谱中关于义庄的记载更详,多自为一卷或多卷,内容一般包括义庄的建立经过、庄规、奏咨立案公牍、名人记述、义庄田房的位置及数量等。由于建国初及"文革"时期,曾将族谱作为"封建流毒"付之一炬,导致很多义庄资料的埋灭。无疑,苏南义庄的实际数目肯定较上列数目为多。在志乘所载之外,尚有不少义庄埋没于民间的角落里,甚至不为后人所知。

表 2-11 太湖洞庭东山义庄简表

义庄	田亩	义庄	田亩
王氏义庄	2364	郑氏义庄	390
叶氏义庄	1850	金氏义庄	450
席氏义庄	926	周氏义庄	436
翁氏义庄	951	吴氏义庄	140
严氏义庄	509	席恒义庄	100

资料来源:《江苏省农村调查》,1952 年内部资料,第 254 页。

必须加以说明的是,上述 2-4 至 2-9 表所列的苏南义庄田亩大小只是初建时的亩数。作为阖族的公产,义庄产业原则上是不准析分典卖的,并且田亩的数量只可以增加,不能减少。因此,义庄在发展过程中的实际亩数普遍要比初建时大得多,在缺乏所有单个义庄详细增益数据的情况下,要准确估量苏南义庄的总量变得十分困难,或者说几乎不可能。如大阜潘氏松鳞义庄道光十五年创建时有田1005 亩,后经屡次增益,到同治中叶已达 2416 亩。[②] 建于嘉庆十六

---

① 参见华东军政委员会土地改革委员会:《江苏省农村调查》,1952 年内部资料,第524 页。
② 李根源、曹允源:《吴县志》卷 31《公署四·义庄》,第 22—23 页。

年的苏州吴氏义庄,起初置田 649 亩,嗣后历年添置,至宣统初,共核
实存田 3362 亩有奇。① 苏州范氏义庄初建时亦才千亩,后经历代不
断发展,见于民国《吴县志》中的记载已达 5300 多亩。② 实际规模还
不止此。道光年间同邑王鎏曾说:"余尝询诸范宗,文正义田今已增
至八千余亩。"③解放初期的官方统计数字是 5800 余亩,④而潘光旦
等人在亲临苏南土改现场的访问中,则"听说范氏'义田'的总亩数当
在二万亩以上,比方志所载高出四倍"。⑤

　　表 2 - 10 统计揭示,清代苏南义庄的空间分布特征十分明显,呈
现出由镇江府向常州府、苏州府逐步递增,然后再向太仓州、松江府
区域方向递减的态势,形成了以苏州府为中心的苏南义庄分布格局。

　　对于义庄为何呈现上述分布态势,理解的枢机应在于与之相关
的宗族组织、地域经济及宗法文化方面。"聚居之风,古代北盛于南,
近世南盛于北。"⑥由于北方多战乱,世家大族南迁成为宋代以后的常
见景象。到了清代,北方宗族组织远不如南方普及、健全和发达,族
田设置也以南方更为普遍。但同为南方的福建、广东等地,宗族组织
一样发达,甚至祠堂林立,缘何义庄并不十分流行。问题的关键在
于,义庄的分布密度还和区域经济发展水平以及宗族综合实力紧
密关联。祠堂规模小,多为族人共同出资兴建,一般为祭祀而设;而
义庄规模大,耗资多,且多为个人捐资而成,除担当祭祀外,还有救助
族中孤贫、扶助子弟成才的功能。因此,建立一所义庄,所费不赀,不

---

① 李根源、曹允源:《吴县志》卷 31《公署四. 义庄》,第 13 页。
② 李根源、曹允源:《吴县志》卷 31《公署四. 义庄》,第 12 页。
③ 王鎏《义田说》,见叶耀元编:吴县《洞庭王氏家谱》卷 2 下《祠宇类下编》,清宣统三
　　年木活字本。
④ 汪稼仓、尤建霞:《苏州的义庄》,《苏州文史资料》第 115 合辑,1990 年,第 375 页。
⑤ 潘光旦、全慰天:《苏南土地改革访问记》,北京:生活·读书·新知三联书店,
　　1952 年,第 60 页。
⑥ 吕思勉:《中国制度史》,上海:上海教育出版社,1985 年,第 395 页。

是一般家族所能承担。

表 2-12　苏南地区捐置义庄费用简表

义庄	建庄时间	庄田		庄房		合计耗资(银两)	资料来源
		亩数	契价银	房屋	契价银		
常熟归氏义庄	嘉庆十五年	1042	13150	一所	540	13690	归令望纂修:《归氏世谱》卷8《义庄志》
苏州济阳义庄	道光十八年	1000	15150	一所	10000	25150	李根源、曹允源:《吴县志》卷31《公署四》
苏州资敬义庄	道光二十五年	1000	18002	一所	8000	26002	程晫纂修:《程氏支谱》卷1《题准建庄录》
苏州丰裕义庄	咸丰五年	1001	10005	五所	不详	>10005	陆锦晭等纂修:《陆氏莳门支谱》卷13《义田记》
苏州吴氏义庄	光绪五年	1264	15912	一所	祖遗	15912	吴大赝纂修:《皋庑吴氏家乘》
苏州成训义庄	光绪六年	1038	10508	两所	9390	19898	程晫纂修:《程氏支谱》卷1《成训义庄田房捐数》
唯亭顾氏义庄	光绪七年	1000	10105	一所	不详	>10105	顾来章等纂修:《重修唯亭顾氏家谱》附卷《奏咨立案事》
苏州崇本义庄	光绪七年	1081	21763	一所	1200	22963	李根源、曹允源:《吴县志》卷31《公署四》

续　表

义庄	建庄时间	庄田		庄房		合计耗资(银两)	资料来源
		亩数	契价银	房屋	契价银		
金山钱氏支庄	光绪十六年	1337	13639	一所	700	14339	钱铭江、钱铭铨等纂修:《金山钱氏支庄全案》
无锡高氏义庄	光绪十八年	503	不详	一所	不详	10038	高鼎业纂修:《高氏大统宗谱》卷首《藩宪给帖》
镇江刘氏义庄	光绪二十五年	1040	15791	一所	4577	20368	刘志勤等纂修:《润东顺江洲刘氏重修族谱》卷3《义庄田亩坐落银两数目》
嘉定瑞芝义庄	光绪二十五年	1585	5104	二所	5993	11097	嘉定《曾氏瑞芝义庄全案》
常熟沈氏义庄	光绪三十二年	616	5800	一所	2608	8408	沈寿祺纂修:《虞阳沈氏宗谱》卷11《沈氏义庄详文》

　　上表13例义庄中,庄田面积最小者503亩,最大者1585亩,平均庄田面积在苏南义庄中只能算中等,花费则从8408两到26002两不等。虽土地等则不同,时价亦有差异,但就上表推知,嘉庆以降,在苏南地区建置一庄田面积在500亩以上的义庄,至少需银8000两以上,多的则需几万两。且庄祠祭器及日常用具的置办尚需不少花费,

如苏州程氏成训义庄购买"祭品家伙器具"就花去"银一千两",[1]嘉定曾氏瑞芝义庄"添修佃房车具计合库纹银四百五十六两","修茸屋宇、置办庄祠义塾器具物件共用银一千四百二十八两五钱六分三厘".[2] 而办庄塾、购书籍又是义庄一笔不小的隐形开支,尤其书籍多为捐建者所赠,是不计在开销费用之中的。如丹徒倪氏澹明义庄的捐建者倪思宏,"分其所藏(书籍)一部分为学塾所必需者一万一千余卷,藏之家塾,依四部之例综为一目"。[3] 苏州丁氏济阳义庄建于道光十八年,购买庄房、田土已花费银 25150 余两。咸丰四年,邻水县知县丁士良等又在"义庄旁舍建义塾屋十二楹,积书三万余卷,读书田三百一亩五分八厘,给族子弟修膳考费"。[4] 虽未统计花费,粗加估算即知不菲。因此,捐建义庄的主体只能是那些有着收族、保族意愿且具备相当经济实力的个体。如《济阳丁氏义庄碑记》中所说:"苏郡自宋范文正公建立义庄,六七百年,世家巨室踵其法而行者,指不胜屈。要皆赀力殷富,号称素封;或入朝登显秩,归而出其俸余,以赡支族,势分崇厚,故为之易成也"。[5] 可见,在传统社会,这种人只能由绅商阶层来担当,尤其缙绅士大夫们,传统的宗法文化赋予了他们敬宗、收族的职责。明代吏部尚书姜宝给皇帝的上疏中就说:"臣忝一族领袖,目击族人饥寒,不忍坐视不为之所欲",于是捐置义庄,"立法赈给庶民"。[6]

清代苏南地区商品经济相对发达,商贾云集,世家大族盘踞其

---

① 程晓纂修:《程氏支谱》卷1《成训义庄田房捐数》,清光绪三十一年木活字本。

② 嘉定《曾氏瑞芝义庄全案》卷下《田房细数》,清光绪二十六年义庄藏版。

③ 倪思九主修:《丹徒倪氏族谱》卷6《家塾藏书记》,民国十二年刻本。

④ 李根源、曹允源:《吴县志》卷31《公署4》,第23页。

⑤ 王国平、唐力行:《明清以来苏州社会史碑刻集》,苏州:苏州大学出版社,1998年,第257页。

⑥ 姜宝:《请建立义庄疏》,(清)陈梦雷编纂《古今图书集成·明伦汇编·家范典》卷102《宗族部》,成都:中华书局、巴蜀书社,1985年,第39599页。

间,科举鼎甲不绝,成为明清王朝的经济文化中心。据黄炎培统计,有清一代全国状元总数为 114 人,其中江苏 49 人,排名第一,而苏南竟占 41 人。科考的兴盛使得世代簪缨之族随处可见。宰辅督抚也数江苏最多,全省共有 144 人之多,占全国总数之 14.57%,排名第一,且宰辅、总督、巡抚分别排名也是全国第一。[①] 此外,明清苏南地区民间向善风气醇厚,善堂、善会遍布城乡。如冯桂芬所说:"今世善堂义学之法,意犹近古。能行之者,惟我江苏为备,江苏中又惟苏州、上海为备,虽都会如江宁、膏腴如扬州,弗逮也。"[②]与善堂的广泛出现相呼应,世家大族纷纷效法苏州范氏,置义田,设义庄,赡宗族。刘铮云对苏州义庄捐建者的身份进行了统计,其中以官宦之家居多,占总数的三分之一强;其次则为有功名者,占四分之一强;而捐官者亦复不少,占四分之一弱。[③] 可见,地区经济的发达,仕宦宗族的密集,宗法慈善文化的兴盛,范氏义庄的近距离感召,这些都是清代苏南义庄盛于他地的原因所在。

二、苏南义庄的快速发展及其原因

苏南义庄在清代中期进入快速发展期,并呈现出明显的阶段性特征。量化其空间、时间分布,探索其发展的内在动因和外部条件,对界定苏南宗族的建庄目的及义庄性质具有重要价值。

(一) 义庄的阶段性快速发展

表 2-5 统计的清代常州府 81 处义庄,除建置年代不详的 11 例外,将其按朝代年均建立的义庄数制成柱状图表,更加直观地反映出清代该地义庄的发展情况。

---

① 参见黄炎培:《清代各省人文统计之一斑》,《人文月刊》,1931 年第 2 卷第 6 期,第 1-8 页。
② 冯桂芬:《显志堂稿》卷 3《上海果育堂记》,城市文海出版社,1981 年,第 361 页。
③ 参见刘铮云:《义庄与城镇——清代苏州府义庄之设立及分布》,第 647 页。

图2-1所示,明清政权更迭后,常州府义庄经过长达近一个世纪的岑寂,乾隆时期开始零星出现,嘉庆时期逐步增加,道光朝迎来了第一个高峰,咸丰兵燹期间急剧衰落,同治时期义庄再度复苏并走向高涨。需要说明的是,由于无锡地区义庄资料主要来源于光绪《无锡金匮县志》,而该志刊行于光绪七年(1881),光绪后二十六年及宣统年间该地义庄资料在地方志中是缺失的,而就义庄发展的阶段性特征来说,这个时段是义庄出现的高峰期。不过,即便限于资料的不足,图中显示出同光年间常州府义庄走向高涨的趋势还是十分明显的。

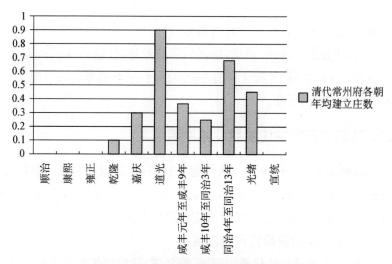

图2-1 清代常州府各朝年均建立义庄数据图

图2-2、图2-3所示,清代松江府、太仓州及苏州府地区的义庄也同样出现两个阶段性发展特征,即道光时出现第一个建庄高峰,太平天国运动结束至清末出现第二个高峰。鸦片战争的炮火,有力地触动了中国社会结构的近代变迁,却并未影响苏南宗族捐建义庄的热情。而咸丰兵燹时期,上述地区新建义庄显著下降,显示出农民运

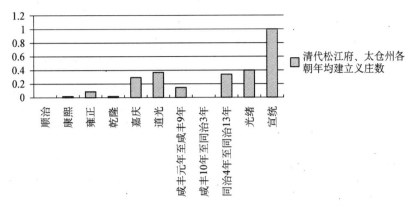

图2-2 清代松江府、太仓州各朝年均建立义庄数据图

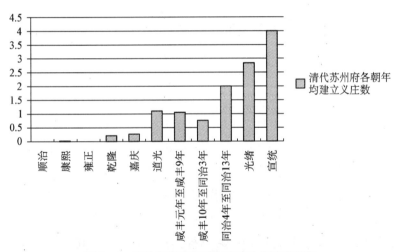

图2-3 清代苏州府各朝年均建立义庄数据图

动对世家大族的冲击力度之大。战乱年月,苏州、无锡、常州的世家大族多逃难上海,其中死于兵燹的也不是个小数目。据吴县《吴趋汪氏支谱》记载:该族死于庚申战乱得以旌表的男丁达 40 人、女性贞烈 44 人，加上被难子女人数，当不下 200 人，不谓不惨重。[1] 太平军经过地区，义庄财产毁于一旦，有钱人家逃命唯恐不及，捐建家族义庄的目标变得不可能，计划完全中辍。前建义庄毁于兵燹的也不鲜见。据民国《吴县志》记载，建于同治朝前的 26 个义庄，毁于咸丰兵燹的就有 7 例之多。[2] 然而，在太平天国运动结束后，整个苏南地区义庄建设均进入最快时段。有清一代 267 年，天平天国运动后仅有 46 年，约占 1/6 时段，而捐建义庄的比例竟占整个清代的大部分。即便材料缺乏的常州府，除去年代不详的之外，此时段的新建义庄也占 30%，松江府、太仓州占 46%，苏州府的长洲、元和、吴县达 60%，而常昭地区竟高达 69%。

（二）清代义庄长足发展的原因

清代义庄快速发展的原因是现有义庄研究中备受关注的问题之一，但论者往往各持一见，未能作多视角的考察，得出令人信服的结论。笔者认为，若想弄清楚清代义庄盛行的原因，既要分析义庄盛行的时代背景，还须弄清楚义庄建立的真正目的。

义庄究竟是为何而设？是否如主流观点所说的那样，义庄只是地主们为了维护自身利益而设立的一种"伪善的名目"，[3]是"掩盖土地兼并、瓦解农民抗争的一种手段"，"保障了地主对土地的长期占有"，"掩盖了地主土地所有制及地租剥削的本质"。[4] 其实，义庄并不"伪善"。伪善者往往虚有其表，不行其实。而义庄在其历史上确实起到了一定的赡养宗族作用，这恐怕是难以否认的事实。先看看义庄的创始人范仲淹建立义庄的情况。范氏幼年丧父，随母改嫁长山

---

[1] 参见汪彤宣纂修：《吴趋汪氏支谱·绵集旌表录》卷 2《庚申殉难册》、卷 4《庚申殉节册》，宣统二年木活字本。

[2] 李根源、曹允源：《吴县志》卷 31《公署四》，第 11—26 页。

[3] 参见田炯权：《中国近代社会经济史研究——义田地主和生产关系》，第 236 页。

[4] 参见冯尔康：《论清朝苏南义庄的性质与族权的关系》，第 210—211 页。

朱氏，"方贵显时，于其里中买附郭常稔之田千亩，号曰'义田'，以养济群族"。范氏"虽位充禄重，而贫终其身。没之日，身无以为殓，子无以为丧，惟一施贫活族之仁遗其子而已"[①]。看来怀抱"先天下之忧而忧，后天下之乐而乐"的范氏做法难以和"伪善"画上等号。荡口华老义庄的捐建者华进思在休宁县丞任上卒归，"其族男女老幼号哭拜迎，皆曰：'冉求活我'"，[②]想必这也绝非伪善者所能得到的礼遇和评价。

况且义庄的建立并非易事，即便官宦世家也往往需要几十年的"寸积铢累"，甚至是几代人前赴后继才能完成。刘铮云在统计清代苏州府义庄的建立周期时，发现义庄建成时间需两代人以上共同努力才能实现的竟占 77.7％。[③] 如无锡礼社望族薛氏"自景达至镇星，凡四世而义田之事始迄于成"。[④] 长洲彭氏科第相继，自"高祖尚书公捐田倡率，从曾祖二林公集资增置，共得三百余亩"，为"润族田"，到光绪丙子，彭慰高、彭祖贤继先志增田设庄，已历五世。[⑤] 普通家族欲建义庄，难度之大可想而知。用几世时间去构筑"伪善"的面孔，代价是否太大了。尤其近代以降，苏南义庄的捐建主体出现庶民化趋势，甚至普通民众也加入这一行列。如太仓县公民闵元燮捐建义庄家祠并附设小学，[⑥]无锡民人郭文渊"捐置义田三百二十八亩零"。[⑦] 道光二十四年（1845），荡口华氏永喜支华锡鳞捐田 243.15 亩，与三锡支华柱馨、翼望支华裕元等合捐义田 400 余亩为基础，并得近 20 户族

---

① 钱公辅：《义田记》，见李皖铭、冯桂芬：《苏州府志》卷 24《公署四》，江苏书局，光绪九年刻本，第 24 页。
② 秦瀛：《无锡金匮县志》卷 25《行义》，嘉庆十八年刻本，第 19 页。
③ 刘铮云：《义庄与城镇——清代苏州府义庄之设立及分布》，第 650 页。
④ 李兆洛：《养一斋文集》卷 9《薛氏义庄记》，光绪四年重刻本。
⑤ 参见彭文杰、彭钟岱纂修：吴县《彭氏宗谱》卷 12《庄规》。
⑥《咨复江苏巡按使公民闵元燮捐田建立义庄家祠附设小学应准归入第二届汇案请褒文》，《内务公报》1914 年第 13 期，第 25 页。
⑦ 华湛恩：《锡金志外》卷 1《补遗上》，道光二十三年刻本，第 8 页。

人的支持,共捐田 60 多起,华进思曾孙文标等续捐田 290 亩、祖墓田 8 亩,集得义田总数达 1174.22 亩。因捐田者农民较多,故美其名为 "农民义庄"。① 这些并非官宦甚至不算素封之家却孜孜以求捐建义庄,恐怕更难以用"伪善"、"瓦解农民抗争"、缓和阶级矛盾等词来涵盖其目的了。此外,近代以降,苏南工商业者纷纷加入义庄建设的队伍,此类人为"沽名钓誉"以及"缓和阶级矛盾"而购买土地捐建义庄,与其追求商业利润最大化的价值取向也不大合拍,于理似乎不通。

毋庸置疑,义庄主要施惠于一族,依然奉行传统的租佃制度,只不过是将田产只租佃给外族人耕种而已,义庄并不能掩盖地租剥削的实质。但问题是义庄地租所得并非落入捐建人的口袋,而是用以救助贫族、办家族教育、祭祀祖先等方面。看看下面荡口华老义庄在民国二十三年的租入分配情况,②将有助于我们理解这个问题。

表 2-13 荡口华老义庄在民国二十三年的租入分配表

项目	支出数(米)	百分比
公益事业	128.10 石	12.0%
慈善事业	9.90 石	0.9%
地方教育	50.00 石	4.7%
子孙学杂费	122.13 石	11.0%
恤佃	14.02 石	1.3%
赡米	628.80 石	58.5%
杂支费	122.04 石	11.6%
合计	1074.99 石	100%

---

① 参见华敦礼:《荡口华氏义庄概述》,《无锡县文史资料》第 4 辑,1986 年 8 月,第 55 页。

② 参见《无锡县荡口镇义庄田调查》,苏南人民行政公署土地改革委员会编:《土地改革前的苏南农村》,1951 年内部印行,第 73 页。

　　华老义庄的田租米主要用于四个方面的开支：第一，大部分用于本族十六房的赡米开支。其中，族内有鳏寡孤独者 30 人，每人每年补助生活救助粮三石六斗米，共需 108 石；其余则用于补助贫困近房和远房的生活粮，每年给予二石四斗补助的有 8 人，一石八斗的 12 人，一石二斗的 400 人，连同前面对鳏寡孤独者的补助，共需 628.8 石米。第二，教育支出。义庄重视对子孙的栽培，对求学的男性子孙供给学费，停学就业则供给铺盖钱。对于地方教育也有所贡献，此类开支用去 172.13 石。第三，地方公益事业。主要用于修桥补路等方面。第四，地方慈善事业。主要用于施棺施衣，购买义冢给无地者殡葬等。由华老义庄的租入分配方式来看，很难找出"伪善"的迹象来。

　　义庄救助贫乏，力行家族保障制度建设，对于和谐族群关系自然大有裨益，但这是否就等同于义庄捐建者的主观目的就是为缓和所谓的"阶级矛盾"呢？显然不能这样认为。如同日本学者井上彻所说的那样，如果通过"扶养"而缓和阶级矛盾是当时地主阶层首要任务的话，那为何仅把族人作为救助的对象？[1] 事实上，义庄是宗法文化的产物，其核心价值就是敬宗、收族，所谓"义庄之设为敬宗收族之良法"。[2] 清代学者大都以此颂歌义庄，顾炎武曾云："先王宗法之立，其所以养人之欲，而给人之求，为周且豫"，并盛赞范氏义庄："至今裔孙犹守其法，范氏无穷人。"[3]武进人李兆洛也说："义庄者，通宗法之穷者也。不必敛众昆弟之有余，出之于一人，存诸公，以资众人之不足，期无失乎收族之谊。"[4]冯桂芬更是高度赞扬义庄："事有创自晚近，不

① [日]井上彻著、钱杭译：《重新审视宗族的历史性特质》，会议录：《传统中国研究集刊（第一辑）》，2005 年，第 203 页。

② 宋肇珺：《虞东沈氏义庄碑记》，见沈寿祺纂修：《虞阳沈氏宗谱》卷 11《义庄志》。

③ 顾炎武：《日知录》卷 6《庶民安故财用足》，上海：商务印书馆，民国十八年，第 15 页。

④ 李兆洛：《养一斋文集》卷 9《六安晁氏义庄碑记》，清光绪四年重刻本。

必为三代之法,而转足以维三代之法之穷者,士大夫家之建义庄是也。"①实践证明,设立义庄是缙绅士大夫们在现实生活中回归宗法理想的最佳路径,用沈德潜的话来说:"尊祖敬宗收族莫善于此"。②

　　然而,在宗法文化的背后义庄还隐藏着士绅阶层对宗族利益的终极关怀,那就是谋求宗族的可持续发展,保障宗族的永续繁荣。如范之柔就曾说过:文正公"深念保族之难,欲为传远之计","立义庄,赡同族"。③ 清人李兆洛也说:"范文正公创立义庄,欲以一人之身为百世计。"④即希冀千载而下同族之人尚因其义庄之设而能血食不断,子孙绵衍不绝。范氏义庄的成功告诉了士大夫们一个通俗易懂的道理,为子孙遗留钱财不如捐建义庄更具可靠性。因为祖宗的荣耀光辉要想持续扩大,需要牢固的经济基础,而义庄作为宗族只增不减的不动产就具备切实的保族功能。如《学使林公关龄碑记》中所言:"人情莫不私其所亲,莫不思置美田宅以利其子孙,不数传荡然无存,而义庄之设往往可久,即其子孙亦往往能自树立,以表见于世,且往往继其先志,从而增益之。"⑤武进盛氏在建义庄之前也表达了这样的观点:"自北宋迄今阅七百余年,积厚资以遗子孙种福田以希利益者,皆已安在? 独义田至今存,又有贤孙曾踵起而增益之,斯可谓善建者不拔也。"⑥正是基于此种考虑,盛氏不仅在本籍常州建立拙园义庄,还在苏州建立留园义庄。建庄者盛康曾直言:"凡吾之子若孙若曾孙玄孙以至仍孙云孙而推之于无穷,不论贫富皆于焉。故自吾今日观之

---

① 李根源、曹允源:《吴县志》卷31《公署四·义庄》,第13页。

② 沈德潜:《归愚文钞余集》卷4《陶氏义田记》,乾隆三十二年刻本。

③ 《清宪公续定规矩》,《范仲淹全集》(中),第1164页。

④ 李兆洛:《养一斋文集》卷9《薛氏义庄记》。

⑤ 韩佩金张文虎:《重修奉贤县志》卷6《祠祀志·宗祠》,清光绪四年志书局刻本,第24页。

⑥ 盛文颐主修:《龙溪盛氏宗谱》卷23《筹置产》。

似涉于私,在子子孙孙世守之则仍大公而无私。"①清人俞钟銮在为虞阳沈氏作义庄记时也称:"公财与族之流泽长焉。夫人积铢累寸成富有之大业,孰不思贻其子孙,以保世而滋大,然或量十世,或量百世,终期于尽,独范氏义田自宋至今八百余年,其中不无侵削而尚延于世,极至元黄反复陵谷变迁,高义一园岿然犹在,人何不乐为范文正哉?"②武进恽氏则认为,捐建义庄则体现了祖宗爱惜子孙之意,以千亩之租息赡族,"厚惠不出一家,无异祖养其孙,父养其子,兄养其弟"。而"积金以遗子孙,未必能守。若用此法以遗子孙,则贤者必有所增,即不肖者亦不能有所损也"。"否则天理循环,变华屋为山邱,降世族于皂隶,子若孙思斗粟如玉料,视布缕如锦衣,称贷无门,呼吁末路……则曷若立百世不朽之业,保富于先,仍以济吾族人者,还济吾后嗣,贻谋之远,孰有善于此者?"③吴江施氏则从教育角度说出了义庄的保族目的,义庄"不仅以惠鲜鳏寡、养幼少、存诸孤,为一族得所计也。其深意所在,兴学育才实隐寓乎其中,盖上以树国桢下以培家干,有如是之宏且远焉"④。正是义庄具有切实的保族功效,那些世家大族才愿意为此付出长期的努力,乐此不疲。虞阳沈氏义庄"自少溪赠公首割膏腴田五百余亩,以之赡族。其子养斋赠公、媳周恭人、孙袭尉申之等复积赀拟建庄屋,未成。而陨孙价藩部郎仰体两世赠公暨母兄未竟之志,建庄屋于邑城之大步道巷,而部郎夫人庞又捐田百亩备祭扫,以辅庄之不足"⑤。东汇潘氏更是"人更四世,事垂百年",荣阳义庄始成。⑥

① 李根源、曹允源:《吴县志》卷31《公署四·义庄》,第25页。
② 俞钟銮:《虞阳沈氏义庄记》,参见沈寿祺纂修:《虞阳沈氏宗谱》卷11《义庄志》。
③ 《义庄成谨拟规条书后》,参见恽毓荣辑:《恽氏义庄缘起》,光绪二十八年活字印本。
④ 施则敬等编:《吴江施氏义庄汇录·序》,民国五年铅印本。
⑤ 俞钟銮:《虞阳沈氏义庄记》,参见沈寿祺纂修:《虞阳沈氏宗谱》卷11《义庄志》。
⑥ 潘绍赜纂修:苏州《东汇潘氏族谱》卷6《光绪十七年纂修族谱增入义庄事实记》,光绪十九年刻本。

　　有些义庄家族随着族姓繁衍,现有赡济能力不足,另建支庄的现象也不鲜闻。前文述及的荡口华氏先后建立 5 个义庄,七房桥钱氏也建有三个义庄。支庄由宗族分支所建,有些就以某某支庄命名,如清同治十二年,长洲望族张氏在相城镇南塘建有松荫义庄。光绪七年,分支族人张毓庆又在相城镇王行浜建立张氏崇本支庄,因"此系支族所建,故称之曰支庄"。[①] 暨阳章卿赵氏称其总庄为"全庄",探花公支义庄为"半庄"。[②] 也有义庄没有分、支庄的名称,但实质是支庄,如苏州程氏资敬义庄与成训义庄,苏州的俞氏缵安义庄与常熟的咏芳义庄,常熟陆氏的亦政义庄与吉卿义庄等。支庄的赡济范围一般小于总庄的范围,多以本支为限,目的是为本支子孙谋求最大利益。金山钱氏于光绪十三年援引"吴中范氏续设支庄之例,以为本支百世之基",钱氏支庄仅限赡助高祖以下族众,"以示与总庄有别"。[③] 苏州程氏在道光二十五年在郡城砂皮巷建立资敬义庄,"上治祖祢,下治子孙"。族人二品封职程廷桓考虑到老义庄"事虽成而泽犹未广也,加以克复之后,人数愈繁,田租所入辄不足以均惠……亦已千亩之田,于光绪五年购地于城西之刘家浜,建立成训新庄。"程廷桓为此解释道: 建立新庄并非是"先人之创立为不善","盖所以广先人之业而大后嗣之惠耳……若谓新庄之立将欲与先人争能,更非廷桓之志也"。义庄之所以"以成训名其额","此举所以成先人之训教耳"。[④] 由此看来,建立支庄并非是宗族支派矛盾的结果。支庄现象的大量出现,既说明了近代苏南义庄的兴盛,同时也从另外一个角度佐证了义庄的本质功能实为保族。

---

① 曹允源:《吴县志》卷 31《公署四·义庄》,第 19 页。
② 赵毅盦等纂修:江阴、常熟《暨阳章卿赵氏宗谱》卷 20《探花公支义庄规条》,光绪九年木活字本。
③ 钱铭江、钱铭铨纂修:《金山钱氏支庄全案·庄规》,光绪十六年木活字本。
④ 程晓纂修:苏州《程氏支谱》卷 1《建立成训义庄序》。

　　义庄初建时期主要是一个血缘组织,建庄者主要为了延续祖宗
血脉,维持族内的和谐发展,保障宗族的繁荣昌盛,从而致力于义庄
建设。不过,保族虽为义庄终极目的,但"剂有余不足而期之平"[①]的
赡族救贫措施也在客观上造成了和谐族际、稳定社会秩序的作用。
随着义庄的发展,为了实现其有效运行、世代相继,宗族士绅们在收
族、保族之余,还致力于宗族内部的伦常秩序建设,约束族众遵守族
规国法,按时完纳国家赋税,义庄的准基层政权色彩日益浓厚,在客
观上起到了维护封建社会秩序的作用,从而得到历朝政府的支持。
清代苏南义庄的极度兴盛与当时的国家鼓励保护性政策及时代背景
也是紧密关联。

　　自范氏建立义庄后,由于义庄的宗旨与宗法理念合拍,得到了地
方政府的支持,但历代政府真正去大力提倡官庶之家捐田立庄并给
与切实保护的却是在倡导孝治的清朝。雍正二年颁行的《圣谕广训》
是清朝以孝治天下的政治思想纲领,其中就倡导士民"立家庙"、"设
家塾"、"置义田"、"修族谱",[②]以敦宗睦族。其实这些手段的功能均
包含在义庄之内,雍正皇帝虽未明说,但设立义庄应是贯彻这一政策
的最好选择。然而我们从上述苏南地区清朝义庄发展概况简表中却
发现,明清鼎革之际,尚未发现有新建义庄出现,即便在乾隆朝以前
九十多年的清初期,该地所建义庄仍寥若晨星,只有康熙朝松江府华
亭县设立了张氏义庄,苏州府新阳县建立了顾氏义庄,苏州甪直设立
娄关蒋氏义庄,雍正朝松江府娄县设立了张氏义庄,苏州黎里设立李
氏义庄。这在某种程度上也说明,仅有皇帝的提倡尚不足以造成义
庄盛行之势。原因在于没有政府的强力保护,即便建立义庄也时时

---

① 倪思九主修:《丹徒倪氏族谱》卷 6《丹徒倪氏澹明义庄记》。
② 《圣谕广训》,台北:台湾商务印书馆,1986 年(文渊阁四库全书本),第 717 册,第
　594 页。

面临族人析分典卖的现实威胁。

乾隆以降,苏南地区新建义庄逐渐多起来,一直到咸丰兵燹前达到第一个高峰。考察其历史缘由,主要有两点值得关注:

一是清朝制定了对捐建义庄成绩突出的士绅给予奖励的措施,在社会上产生了一定的激励作用。王鸣盛在《陶氏义庄记》中说:"昔我圣祖首颁敦睦宗族之训。越若世宗,则乐善好施之旌。皇上御极以来,凡出票赈饥者,或给予职衔章服,或谓建坊,表其门闾。"①奖励分两种,一种是对捐官者给予即行提拔任用的奖励政策。如吴县候选员外郎陶筱奉先人遗命,独捐田千亩,又出银一千八百两,建义庄于长洲因果巷。"乾隆十五年,苏抚雅尔哈善疏闻。明年四月,奉旨依部议,照原衔即用,以示奖劝。"②荡口华进思,"以勤俭累积致丰裕,独置义田一千三百亩赡族,当事为请于朝,授休宁县丞"。③钱大昕《陆氏义庄记》中也有相关记载:"近岁立义庄,若吴县陶氏(即陶筱)、昆山顾氏,皆经大府题奏得邀优恤。"④上述材料表明,因捐建义庄得邀优恤的事迹已在社会上广为流传,不可能不对士绅阶层产生一定的影响。第二种是精神奖励,清康熙时开始对设义庄者正式加以旌表。捐建义庄的家族报官立案后,均可请旨建坊。旌表字样不限于"乐善好施",有的被赐以"敦本表俗"⑤,或"义浆仁粟"⑥,或"承先裕后"⑦等匾额。《大清会典事例》规定:

---

① 李铭皖、谭钧培、冯桂芬纂修:《苏州府志》卷24《公署四》,清光绪九年江苏书局刻本,第30页。
② 陈康祺:《陶筱奏建义庄得补实官》,参见陈康祺撰、晋石点校:《郎潜纪闻初笔二笔三笔》(上),北京:中华书局,1984年,第87页。
③ 秦瀛:《无锡金匮县志》卷25《行义》,清嘉庆十八年刻本,第18-19页。
④ 钱大昕:《潜研堂文集》卷20《陆氏义庄记》,第294页。
⑤ 佚名编:《华氏义庄事略. 给发匾式记》,清刻本。
⑥ 李根源、曹允源:《吴县志》卷31《义庄》,第25页。
⑦ 施则敬编:《吴江施氏义庄汇录》。

凡士民人等,或养恤孤寡,或捐资赡族,助赈荒歉,或捐修公
所及桥梁道路,或收瘗尸骨,实与地方有裨益者,八旗由该都统
具奏,直省由该督抚具题,均造册送部,其捐银至千两以上,或田
粟准值银千两以上者,均请旨建坊,遵照钦定乐善好施字样,由
地方官给银三十两,听本家自行建坊,若所捐不及千两者,请旨
交地方官给匾旌赏,仍给予乐善好施字样。①

道光二十八年,礼部"奏准各省乐善好施原系有力之户,今其自
行建坊,毋庸给与坊银"。②礼部的判断十分准确,义庄造册达部的目
的,并不在于三十两建坊银两,而在于给匾旌赏。因为建坊给匾的程
式不仅仅是义庄善举得到了政府的确认,对于建庄者而言,这更是一
次扩大家族社会影响力的有效途径。

二是乾隆朝时政府对义庄的保护已上升到法律的高度,义庄作
为家族的不动产泽被后人的可能性因此得到大幅度提升。由于义庄
制度与社会构造中最根本的家庭私有制相对立,义庄的生存发展必
须得到王权官府的保护。③而此前义庄能上报政府请求加以保护者
仅为少数显赫之家,清人潘绍澄对此评价说:"非财不赡也,非田舍无
可购求也,特以当日吾苏殷富谓建庄为大令名奏请不易,故自范氏、
申氏外建庄者仅数家,非若近代之伙。"④政府保护渠道的不畅导致义
田买卖事件层出不穷,不仅有违祖上建庄宗旨,徒生事端,对捐建义

---

① 光绪朝《钦定大清会典事例》卷403《礼部·风教·好义·旌表乐善好施》。
② 程晓纂修:《程氏支谱》卷1《题准建立新庄录》。
③ 参见林济:《长江流域的宗族与宗族生活》,武汉:湖北教育出版社,2004年,第151页。
④ 潘绍赓纂修:苏州《东汇潘氏族谱》卷6《光绪十七年纂修族谱增入义庄事实记》,清光绪十九年刻本。

庄的风气肯定影响不小。如康熙五十四年(1715),申氏义庄就发生了族孽申振之等侵伐先茔树木盗卖祭田的事件。[1] 到了乾隆年间,此风愈演愈烈。江苏巡抚庄有恭看到民间盗卖、盗买义田及祀产之风甚烈,有害风俗,于乾隆二十一年上书,要求保护义庄田产,禁止义田买卖,并获开准。乾隆二十四年的苏州唐氏义庄执帖里写道:

> 江南江苏等处承宣布政使司为请定盗卖盗买祀产祭田之例以厚风俗事,案奉苏抚部院庄宪行开准,刑部议复条奏:祖宗祀产倘有不肖子孙投献势要,私捏典卖及富室强宗谋吞受买各至五十亩以上者,悉依投献捏卖祖坟山地原例,问发充军,田产收回,卖价入官,不及前数者,即照盗卖官田律治罪,其盗卖历久宗祠者,亦计间数,一体办理。若盗卖义田,应仍照例罪止杖一百徒三年,谋买之人,各与同罪。仍令立有确据,分别勒石报官存案。[2]

庄氏的奏章得到皇帝的肯定,并将其纳入大清律例,颁行天下。此后建立义庄者报官立案之风逐步盛行,"朝廷著为令典,部司有案,志乘有文",渐成定例。"凡捐建义庄者,例由始事者具牍报县,县以上之于郡,郡以上之于司,司以上之于疆臣,疆臣露章入告天子,天子乃饬部存案而为之嘉奖焉。故义庄之产黠者勿敢擅售,强者勿敢私受也。"[3]政府执帖遂成为义庄存在的法律依据,倘遇"奸徒捏冒诡寄及不肖子孙私行盗卖,富室强宗谋吞受买,许即执帖首告,按例惩

---

① 《康熙五十四年吴县申氏义田祭田恪遵旧制碑》,参见洪焕椿编:《明清苏州农村经济资料》,南京:江苏古籍出版社,1988年,第78—79页。
② 唐轲等纂修:《苏州唐氏家谱》卷6《义庄志·执贴》,民国十六年石印本。
③ 参见恽毓荣辑:《恽氏义庄缘起·义庄成谨拟规条书后》。

治"。① 执帖的颁布有效地遏制了权豪的侵占与族人的私吞侵隐,使得义庄制度得以不断完善。这样,建立义庄惠及子孙后代的保险系数大为增加,有能力建庄的家族纷纷购田践行,继而出现了义庄快速发展的局面。有意思的是,道光二年江苏布政使司发布了《严禁盗卖盗买长洲元和等县义田祭田帖》,②并刻立碑石,观其内容实际上是乾隆二十一年律令的再确认。出现这种情况,有可能是社会上盗卖族产事件仍时有发生的缘故。如乾隆四十四年苏州周氏义庄条文里曾说:"乃晚近来,纪纲废弛,盗卖庄田之案曾见叠出。"③不过,此事同时也说明苏州地方政府保护族产的意识在不断强化。

对于义田的赋税征收,政府也有特殊规定。单就范氏义庄而言,屡经宋元明清各王朝优恤,不仅优免差徭,且经常蒙恩蠲免赋税。但在宋元明时期,蠲免之法对于其他义庄是否也同等对待,则不得而知。可以明确的是,从江苏巡抚庄有恭上书加强保护义田以后,优免差徭则成了给予所有义庄的一大优惠政策。如上述苏州唐氏义庄的执贴中就有"帖开缘由,勒石永遵,循例编立图后,秋成输赋优免差徭"的规定。④ 其他清代义庄记述中也均有此等表述。遇到荒歉年月,地方政府在赋税方面也优待义庄,"义田如岁逢歉收,一概停捐";"义田应完钱粮,州县官垫捐"。⑤ 应该说普遍优免差徭对清代义庄的盛行,客观上也起到了一定的推动作用。

然而推动清代同光年间义庄走向繁盛的最有力因素,则是太平天国农民运动的刺激。经过农民战争的涤荡,义庄的保族功能得到

① 唐轲等纂修:《苏州唐氏家谱》卷6《义庄志·执贴》。
② 《严禁盗卖盗买长洲元和等县义田祭田帖》,参见洪焕椿编:《明清苏州农村经济资料》,第79—80页。
③ 李根源、曹允源:《吴县志》卷31《公署四》,第16页。
④ 唐轲等纂修:《苏州唐氏家谱》卷6《义庄志·执帖》。
⑤ 参见潘光旦、全慰天:《苏南土地改革访问记》,第77页。

越来越多家族的认可。太平天国运动期间,太平军所到之处,豪门大族的房产钱财多毁于一旦,独有义田不动产得以保存下来。苏州彭氏在战乱后曾唏嘘感叹:"幸遗田尚在。"①咸丰兵燹后,多数义庄遭毁,甚至地契、执帖也散佚难寻,但政府依然给予了承认。此时政府发给新建义庄的执帖中均有以下字样:

> 自遭兵燹以后,司卷既已沦陷,民间旧帖亦多被毁无存,现当兴废整饬之时,自应循旧举办,合准给帖。②

很明显,只要义庄家族继续申报,官府就会重新发给义庄执帖,对旧有庄产加以保护。如蓉门陆氏丰裕义庄毁于兵火,"片瓦无存","家资罄尽"。十几年后,陆氏子孙重建义庄,在禀官时称:

> 故父承志捐田立庄赡族,前蒙详题奉旨允准建坊旌表有案。匪扰后,各宪衙署卷据尽皆毁失无存,为此谨将原捐田数都图字圩亩分规条事实各原案备录清册,禀呈备案,并请录册,通详各宪立案,并求分行三邑知照注册,求请给谕印册,发庄遵守。③

陆氏的请求很快得到了满足。不仅如此,即便原先尚未捐作义田的族产,虽然地契遗失,一旦战后捐为义田,政府也同样承认其地权的合法性。道咸年间虞阳沈氏置有常邑不等斗则粮田五百零二亩,祭田一百一十四亩,拟建义庄未果。光绪三十二年沈氏义庄在呈

---

① 彭文杰、彭钟岱纂修:吴县《彭氏宗谱》卷12《庄规》,光绪九年衣言庄刻本。
② 吴大赝纂修:苏州《皋庑吴氏家乘》卷10《执帖》,光绪七年刻本。
③ 陆锦暚等纂修:苏州《陆氏蓉门支谱》卷12《义田记上》,清光绪十四年丰裕义庄刻本。

稿中称:"田亩印契遭庚申兵燹,全行遗失,合并申明。"①苏州府正堂
何刚为此批文:"前据具禀,业经批准立案。"②义庄独有的保族功效此
时爆发出巨大的吸引力,原来那些对捐建义庄还心存疑虑的士绅,此
时不再犹豫,纷纷加入了这一行列,苏南家族以更高的热情掀起捐建
义庄的浪潮。安徽候补知府张茂镛家族自明季迁吴,"至康雍之代始
以商业振",其时支派未蕃,"而诸父昆弟又无不以多财善贾著名乡里
者,咸丰庚申粤寇陷苏城",举族"百数十万之赀丧失殆尽"。茂镛父
"为贫而仕,所任皆瘠区,因之家益落"。殆至茂镛,"成人授室,几贫
不能自存"。在茂镛七八岁时,亲闻其父其母相对愁叹曰:"使先时有
义庄田二三千亩,吾族犹有赖焉,必不至困悴如此。"因顾诏茂镛:"尔
他日幸而能成立者,必竟吾未竟之志,其毋忘。"张茂镛牢记父母之
训,自21岁起,历25年,"仅仅得膏火所积如(若)干、廉奉所积如
(若)干,节衣缩食权子母所赢余者如(若)干,陆续置元和县田五百十
亩有奇,悉举以隶义庄,订衡平义庄规则如(若)干条"。③惨痛的教训
使得张氏决心建立义庄。

　　综上言之,在宗法文化的背景下,敬宗、收族、保族是义庄的本始
目的,经过历代不断完善,义庄逐渐成为士绅们泽被后世强宗固族的
一个理想路径,而这也正是义庄存续900年不曾衰竭的原因所在。
同时义庄本身具备的现实政治功效,也为政府治理基层族群社会提
供了有利的渠道,从而得到清朝政府的切实支持和保护。此外,太平
天国运动引发的社会激变及清朝末世的混乱,进一步强化了宗族士
绅建庄保族的诉求,政府为重建战后秩序也极力倡导,进而促进了捐
建义庄活动的不断高涨。

---

① 沈寿祺纂修:《虞阳沈氏宗谱》卷11《宗族志·沈氏义庄呈稿》。
② 沈寿祺纂修:《虞阳沈氏宗谱》卷11《宗族志·声明义田无契呈稿》。
③ 李根源、曹允源:《吴县志》卷31《公署四》,第15页。

三、苏南义庄的发展特征

清代苏南义庄的发展变迁,不仅见证了建庄家族的兴衰递嬗,还折射出了苏南社会的时代特征。

(一)建庄者身份由官僚世家向庶民化方向拓展

近代苏南义庄的捐建队伍已不再是官僚士绅的一统天下,士农工商各阶层人员都纷纷加入了这一行列,形成了从官僚到素封地主、工商业者甚至民人、节妇的立体社会阶层的建置结构。

近代苏南是商品经济最为发达的地区,商人们不仅在追逐商业利润的舞台上大显身手,而且还成为清朝中后期以来捐建义庄主体的重要组成部分。无锡刘仓乡卫家巷村有卫姓兄弟三人合股经商,获利甚丰,便买田产,成为后来卫氏义庄的来源。[①] 长洲陶筱先世由凤阳迁吴,父世魁欲效范仲淹建义田赡族,而力不逮。"筱用计然术,往来南北二十年,积金购田成父志,又捐金造义庄,立为规条。"[②]吴县议员鲍宗汉祖、父两代"尝慕范文正建庄赡族","奢愿难偿",遗命宗汉说:"后家计稍裕,务须首先举办,勿坠先绪。"宗汉"厕身商界,稍有积蓄,因之置产",民国八年举办传德义庄。[③] 丹徒倪思宏"亟思置良田,师范文正之成规,用赡族中之贫者,以经商在外日不暇给,且屡求田之不奇零者不可得。迨岁庚申,乃就泰属安丰场购新垦田二千四百亩为义庄"[④]。显然,倪氏也是在经商获利丰厚后,得以实现建义庄

---

① 《无锡县张村区特殊土地调查》,参见华东军政委员会土地改革委员会编:《江苏省农村调查》(内部资料),1952年,第250页。

② 李铭皖、冯桂芬:《苏州府志》卷88《人物15》,清光绪九年江苏书局刻本,第18页。

③ 《吴县苏常道等请旌鲍氏捐置传德义庄碑》,参见王国平、唐力行主编:《明清以来苏州社会史碑刻集》,第269页。

④ 倪思九主修:《丹徒倪氏族谱》卷6《澹明义庄自序》。

的目标。上海曾铸"世业海商",光绪间购良田建瑞芝义庄。[①] 土改时期的《苏南族有土地调查》中亦显示,自清末以来,由于工商业逐步发展,义庄在某些地方亦随之起了变化,主持人已不尽是封建官僚地主,部分地主转化为商人或资本家后,另一批族内主要分子即来代替掌管义庄祠堂之大权。[②] 根据苏州东山区的调查,义庄组织管理人中商人所占比例显著。参见下表:

表 2-14　太湖东山义庄管理者中地主、商人成份表

义庄内身份	族长	支族长	庄正	监理	管理	委员会	总管	会计
总数(人)	9	6	4	1	12	6	3	41
地主					2	3		5
商人、工商业家	9	6	4		10	3	3	35
自由职业者				1				1

资料来源:《太湖东山义庄田情况调查》,《江苏省农村调查》,第258页。

　　太湖东山的 10 个义庄家族中的 9 个族长,全部是大商人、工商业家经理(是由地主转化成的),支族长 6 人、庄正 4 人全部是商人(大部是地主转化成的),总管 3 人也全部为工商业家和大商人,而委员会的 6 人中 3 人为地主、3 人为商人,41 个会计中大商人及工商业家竟占 35 人之多(大部是地主转化的),地主只有 5 人,从事自由职业者只有监理 1 人、会计 1 人。由此可见,东山义庄的 82 个管理人中,其中商人工商业者有 70 人,占 85%。东山地区出现这种情况固然于该地经商风气浓厚有关,但商人及工商业者多由地主转化而来,并积极参加到家族义庄的组织管理活动中去,说明了民国时期社会

---

① 参见吴馨、姚文枏:《上海县续志》卷 18《人物》,上海:南园志局刻本,民国七年,第47页。

② 《苏南族有土地调查》,参见华东军政委员会土地改革委员会编:《江苏省农村调查》,第235页。

阶层的转化,商人在捐建义庄活动中的地位在逐步上升,在某些地区甚至已走到了其他阶层的前列。

创办义庄并非为男人的专利,妻继夫志创建义庄,在清代苏南历史上也不乏其人。无锡荡口七房桥钱维镛、钱瀛士父子立志建义庄,未果而终。钱瀛士元配华孺人早逝,继室杨孺人在钱瀛士卒时年仅29岁,立志完成夫志。时钱瀛士次子世模亦早逝,其继室周孺人亦将160亩田产捐入族中,杨孺人遂将己之膳产四十亩合并于一,计两百亩,加上祖上遗产五百余亩,合于一处为义田,并于乾隆癸未(1763)在住宅之东构建义庄一所。时距钱维镛去世三十余年,几代人未竟之业,不期杨孺人和周孺人两姑媳同心成此义举。① 嘉庆二十三年四月,原署广东惠州府同知吴敬枢庶母、原任都察院左都御史吴省钦妾李氏捐置娄邑田506亩有奇,"以赡给五服内宗族",又置娄邑祭田501亩,"以奉蒸尝而修祠墓"。② 吴县徐兴裕念族姓之蕃滋,慕义田之赒恤,不料事未告成,于光绪三十年遽尔辞世。其妻民妇徐乐氏,"敬承旧志,惧坠贻谋,继垂成未竟之功,立永远遵守之事",遂将历年所积及变售首饰暨先夫所遗公积,"凑置元境田四百四十六亩七分一厘九毫,约值两万六千八百余元,又先夫建造吴境房屋两所,捐建义庄,定名裕德,约值一万一千六百余元,一并归入义庄",以赡贫族。③ 金山钱王氏虽然夫故,对于乡里各项慈善事业,无不慨捐巨资。钱氏原系大族,设有义庄,"氏以族人众多,不敷赡给,复捐田一千余亩,假(价)值银洋五万余元,别创支庄于县属钱圩镇,族中贫乏赖此"。④ 常熟胡天麒建廷鋆义庄赡族,后被裔孙盗卖尽废。天麒子妇节孝胡严氏同媳胡顾氏,"就住宅别建恤寡义庄,田五百十余亩,专给

① 参见钱煜主编:《钱氏宗谱》,2010年续辑,第20页。
② 金福曾、张文虎:光绪《南汇县志》卷3《建置志·义田》,光绪五年刻本。
③《内务公报》,1917年第42期,第39页。
④《内务公报》,1919年第75期,第51页。

支祖绥我以上分支之寡孤及嫡派下贫乏者"。[1] 以光绪《无锡金匮县志》为例,将寡妇建庄事例制成下表:

表 2-15　清代无锡女子建庄简表

义庄	建庄时间、地点	建庄者	亩数
邹氏义庄	嘉庆六年、北门外岗尖	邹吴氏	200
陈氏义庄	嘉庆十三年、芙蓉塘桥	陈顾氏	900
范氏义庄	道光十三年、怀仁乡兴塘	范过氏	490
许氏义庄	道光十六年、北延乡嵩山	许蔡氏	430
马氏义庄	道光十七年、万安乡仁里桥	马夏氏、马孙氏	300
浦氏义庄	道光十九年、北延乡安基里	浦昌氏	1000
蔡氏义庄	同治五年、北延乡西仓镇	蔡华氏(两人)、蔡毕氏等	510
倪氏义庄	同治十三年、景云乡坊前	倪陈氏	473
杨氏义庄	光绪二年、南延乡双板桥	杨陆氏	220

资料来源:光绪《无锡金匮县志》卷30《善举》。

　　见于光绪《无锡金匮县志》的清代无锡义庄为 49 例,其中寡妇建庄者就有 9 例之多,占建庄总数的 18.4%,这些现象的出现并非偶然,寡妇们前赴后继地继承夫志甚至翁志创建义庄,则反映了近代苏南义庄的庶民化趋势及普及状况。

(二) 义庄地理分布的城镇化

　　在清代苏南地区,义庄的地理分布呈现出城市化的共同趋向,折射出了近代苏南社会的发展变迁及时代特征。选取清代苏南义庄最为集中的无锡、苏州、常熟三地,仅就县志所载的义庄进行量化分析。

――――――――――

[1] 张镜寰、丁祖荫、徐兆玮:《重修常昭合志》卷8《善举志》,民国三十八年铅印本,第16页。

表 2-16　近代苏南义庄分布情况图

县域	城市	市镇	乡村	合计	城镇义庄百分比
无锡、金匮	13	13	20	46	57％
常熟、昭文	39	20	31	90	66％
吴县、元和、长洲	45	10	8	63	87％

资料来源：光绪《无锡金匮县志》、民国《重修常昭合志》、民国《吴县志》

　　显而易见，苏南义庄多分布在城镇，而乡村居少。虽然无锡方志中缺少光绪七年后义庄资料，但城镇义庄仍在半数以上，达57％，常熟地区达66％，苏州府的吴县、元和、长洲三地城镇义庄最为集中，达87％。单就市镇义庄来看，无锡地区所占比重最大，占28％，其次为常昭地区为22％，吴县、元和、长洲地区最低，仅为16％。台湾学者刘铮云曾比较过清代苏州府义庄在清初、清中及晚期的地理分布情况，发现城市义庄所占比例有逐渐增加的趋势，清初城市义庄仅占当时总数的25％，清中占39.5％，而到了清末其比例已达到53.2％。[①]

　　义庄是家族经济实力的象征，能建成义庄的家族非富即贵。因此，义庄集中在城市现象则反映出乡村财富的主体——地主向城市迁徙集结的态势。

　　明代以降，地主城居现象日益凸显，特别在商品经济发达的苏南地区更为普遍，以至出现《吴郡甫里志》中所描述的"土著安业者田不满百亩，余皆佃农也，上田半归于郡城之富户"的景象。[②]清代苏南已成为全国的经济中心，不仅城市繁荣，市镇经济亦日益勃兴，城乡交流越来越密切，更多地主由乡村迁居城镇。潘光旦等人在苏南土地改革时期的访问资料显示，苏州全市30万人口中，有4000户地主；

① 刘铮云：《义庄与城镇——清代苏州府义庄之设立及分布》，第653—654页。
② 彭方周纂修：《吴郡甫里志》卷5《风俗》，南京：江苏古籍出版社，1992年影印本，第32页。

常熟县城 10 万人口中,有 3000 户是地主;吴江县城 6000 人口中,有 300 户是地主。假定地主每户平均以 6 人计,则苏州市共有地主人口 24000 人,占总人口的百分之八;常熟县城共有地主人口 18000 人,占总人口的百分之十八;吴江县城共有地主人口 1800 人,占总人口的百分之三十。潘氏还通过考察苏南 23 个县中 39 个乡的佃入地与出租地情况,发现没有一个乡的出租地是超过其佃入的,其中佃入地超过出租地一倍以上者有 23 个乡,超过 10 倍以上者有 9 个乡,最多的竟然超过 154 倍,潘氏据此得出:"地主是的确进了城市了"。[1]

　　就苏南而言,乡村地主城居化除了与城市商业发达、生活环境优越及治安状况较好以外,还与经营式农业萎缩及特殊的租佃制度有关。曹辛穗通过研究发现,苏南地主离乡的经济背景是工商业的发展和经营式农业的逐渐萎缩。沪宁铁路沿线和长江两岸一批新式工商城市的兴起以及星罗棋布的地方市镇的出现,使握有钱财的地主富商有了许多农业外获利的机会。与此同时,经营式农业的逐渐萎缩又成了推动地主离乡的内在力量。当地主们发现,经营农业还不如出租土地的收益高时,就干脆出租土地到城镇从事工商业或"坐享收租清福"。[2]

　　而苏南特殊的租佃制度又为地主进城提供了便利。苏南的地权多数分裂成"田面权"和"田底权"两部分,"田面权"为土地的使用权,属于农民;"田底权"是土地的所有权,属于地主。[3] 对于地主来说,并不需要关心土地的具体经营情况,所关心的只是能足额收取地租而已。地权的分裂进一步促进了乡村地主向城市迁移的步伐。在学

---

① 潘光旦、全慰天:《苏南土地改革访问记》,第 24—25 页。
② 曹辛穗:《旧中国苏南农家经济研究》,北京:中央编译出版社,1996 年,第 64—65 页。
③ 陈翰笙、薛暮桥、冯和法编:《解放前的中国农村》,北京:中国展望出版社,1989 年,第 334 页。

界,关于近代地主逐步城居化的论点基本达成共识,而近代苏南义庄的城镇化空间分布实况恰好又为其提供了一个颇具说服力的注脚。

近代苏南义庄的地理分布多在城镇,这与传统人类学家认为传统家族多聚居于乡村,而少见于城市的观念有些不合拍。事实上,随着商品经济的发展,近代苏南由乡村徙居城镇并繁衍成望族大户的并不鲜见。如无锡荣氏、唐氏皆属此类。还有因祖上到苏南做官,定居城市,多世繁衍,蔚为大族的也比比皆是。如长洲彭氏祖籍江西,始迁祖彭学一在元末倡义兵以卫乡里。江西平定后,洪武四年(1371)随军来江南,定居于苏州葑门十全街。彭氏世代习武,迁苏后,提出“吾家世习武,子孙当以文显”①的家族发展思路。有清一代,彭氏家族人才辈出,共出了两位状元,一名探花,14名进士,36名举人,4名副榜,贡生、秀才、国学生共171人,成为“昭代科名第一家”,位居苏州“彭、宋、潘、韩”四大望族之首。②此外,祖上到苏州经商,逐渐发达,走上官商并行之路的望族也不少见,吴趋汪氏即为一代表。汪氏原籍徽州,始迁祖汪尚贤,经商苏州,清初定居在阊门内吴趋坊,其后科举簪缨,成为吴门著姓望族之一。义庄家族多为地位显赫财富丰盈之族,义庄本身就是世家大族的标志性组织机构。苏南义庄多在城镇的事实,说明传统的家族在城镇中也是普遍存在的现象,单就其社会影响力而言,恐怕还是乡村家族难以企及的。

当然,义庄在城镇,并不一定代表其家族的所有成员都聚居在城镇一地,这从一些义庄的赡族对象有一定地域范围即可看出,如嘉定曾氏瑞芝义庄以上海、嘉定两地族众为限,③葑门陆氏丰裕义庄则以现居吴中者为限。④这些义庄之所以位于城市,是因为建庄者或其子

---

① 彭文杰、彭钟岱纂修:吴县《彭氏宗谱》卷3《彭氏家传》。
② 张学群等编:《苏州名门望族》,扬州:广陵书社,2006年,第232页。
③ 参见嘉定《曾氏瑞芝义庄全案》卷下《赡族规条》。
④ 参见陆锦瞒等纂修:苏州《陆氏葑门支谱》卷13《赡族规条》。

孙居住在城市,将义庄建在身边便于管理。如荡口华老义庄原址在甘露镇东北二里之茅庄,后因庄房在农村不便,迁至荡口镇。① 长洲吴氏承志义庄"初置庄屋在元和县境虎丘山塘绿水桥,因离城窎远,按月给放赡米不便",于宣统三年移建于葑门内织造府署东。② 松江府娄县张氏义庄,庄主"先封公后人皆居郡城,收租完税以城为便,而领米族人居郡城近地少,居浦东三林塘多,离郡城几及百里,不能逐月支请也"③。可见,张氏虽然设庄于城,族众却分布乡间。

第三节　义庄的衰熄

清代义庄的发展历史已清楚地表明:社会稳定,义庄发展就快;一遇战乱,义庄就会遭到极大破坏,出现停滞甚至倒退局面。辛亥革命后,朝制鼎革,国体变更,社会一直处于风雨飘摇之中。北洋军阀混战、三次国内革命战争及抗日战争等此起彼伏,连绵不绝。苏南地区虽间或有新义庄零星出现,但已盛况不再。建于前代的义庄也逐步走向破败析分,苏南义庄由此走向衰熄。

一、民国苏南义庄的概况

从目前所掌握的资料来看,整个民国时期,苏南新增义庄只有屈指可数的 33 例。就建立时间而言,多在抗日战争全面爆发之前。详见下表:

① 《无锡县荡口镇义庄田情况调查》,参见华东军政委员会土地改革委员会编:《江苏省农村调查》,第 260 页。
② 参见李根源、曹允源:《吴县志》卷 31《公署四·义庄》,第 20 页。
③ 《张氏义田规》,清抄暨刻本,国家图书馆藏。

表 2 - 17 民国时期苏南新增义庄简表

义庄	建立时间	地点	面积(亩)或本金等	资料来源
席恒义庄	民国初年	太湖东山		《江苏省农村调查》第235页
叶义庄	民国初年	太湖东山		《江苏省农村调查》第235页
萧氏义庄	民国初	上海县漯水渡	300	民国《上海县志》卷2《政治下》
奚氏义庄	民国初	江阴	数十万金	《申报》1919年4月11日,第11版
同本堂义庄	民国二年	川沙北门外	本金5万元	民国《川沙县志》卷12《祠祀志》
朱溪赖氏义庄	民国三年	青浦朱溪镇	500	赖仁寿:《朱溪赖氏义庄规条》
黄氏义庄	民国三年	嘉定	617	嘉定《练西黄氏宗谱》
闵氏义庄	民国三年	太仓		《内务公报》1914年第13期
奚氏义庄	民国四年	南汇召楼镇	500	《申报》1915年6月24日,第7版
施氏义庄	民国五年	震泽镇西圩	1751	《吴江施氏义庄汇录》
荣氏新义庄	民国五年	荣巷	10万银元	荣勉韧:《无锡荣氏前族长荣福龄传稿》
胡氏仁厚义庄	民国五年	吴县	500亩零	《政府公报》1916年第108期
范氏承志义庄	民国五年	吴县	1051亩	《政府公报》1916年第108期
沈氏义庄	民国五年	昆山	1000亩有余	《政府公报》1916年第108期

续　表

义庄	建立时间	地点	面积(亩)或本金等	资料来源
王氏清晖支庆元义庄	民国六年	常熟	500	常熟《太原王氏家乘》卷7
裕德义庄	民国六年	吴县	447	《内务公报》1917年第42期
徐氏义庄	民国七年	常熟西庄	500	王国平、唐力行：《明清以来苏州社会史碑刻集》，第275页。
朱氏义庄	民国七年	嘉定	1064	《政府公报》1918年1008期
盛愚斋义庄	民国八年	上海	实业、股票等	上海图书馆历史文献研究所编《历史文献第3辑》
陈氏义庄	民国八年	嘉定	507	陈家栋：嘉定《南翔陈氏宗谱》卷1
鲍氏传德义庄	民国八年	虎丘山塘	506	《明清以来苏州社会史碑刻集》，第268—269页。
徐氏义庄	民国十年	上海		《申报》1921年8月29日，第12版
松荫义庄	民国十一年	吴县	1078	《江苏省公报》1922年第3166号
庄氏义庄	民国十一年	常熟张墅	500	庄士祯等：常熟《虞山庄氏续修世谱》卷2
钱氏宁远义庄	民国十二年	太仓长春铺	502	《太仓钱氏宁远义庄文存》
倪氏澹明义庄	民国十二年	丹徒城北	2400	倪思九主修：《丹徒倪氏族谱》
华氏襄义庄	民国十三年	荡口	300	华敦礼：《荡口华氏义庄概述》，无锡县文史资料1986年第4辑

续　表

义庄	建立时间	地点	面积(亩)或本金等	资料来源
钱氏士青义庄	民国十七年	广德、溧阳	2150	钱文选:《士青义庄录》
唐氏仁庄	民国十八年	无锡		孙师郑:《无锡唐氏仁庄记》,《虞社》1930 年第161 号
贾氏萱荫堂义庄	民国二十三年	宜兴	1426	贾瑛淞等主修:宜兴《萧塘贾氏续修宗谱》
傅祖荫堂义庄	民国二十四年	南汇	985	傅恭弼续修:南汇《傅氏续修家谱》
贝承训义庄	民国二十四年	潘儒巷		吴县县政府社会调查处编印:《吴县附刊》
徐寿亲义庄	民国三十四年	东山		《洞庭东山志》,上海人民出版社,1991 年,第 371 页。

　　建于前代的苏南义庄民国时期也逐步走向破败析分。1949 年无锡存有义庄 47 处。[1]苏州更少,据 1949 年解放初期的调查,城乡义庄仅存 23 家,将其有关情况列成下表。

表 2－18　1949 年苏州存有义庄一览表

义庄	所在地	立案年月	管理人	田亩
范义庄	范庄前 39 号	宋皇佑年间	范承昌	5800 余亩
陶义庄	因果巷	乾隆年间	陶谋模、陶令彝	4900 余亩
潘荥阳义庄	混堂巷	嘉庆九年	潘诵明	3700 余亩

---

[1] 汪春劼:《义庄、善堂与社会救济——基于 20 世纪上半叶无锡的分析》,《宁夏大学学报》,2010 年第 6 期,第 93 页。

续　表

义庄	所在地	立案年月	管理人	田亩
潘松麟义庄	悬桥巷 69 号	道光十五年	潘睦先	2409.96 亩
延陵义庄	滚绣坊巷	宣统二年	吴守同	2600 余亩
天池义庄	新学前	光绪二十五年	潘诵林	2050 余亩
彭衣言义庄	十全街 43 号	光绪四年	彭东孙	1950 亩
叶务本义庄	东山唐股村	光绪三十一年	叶振民	1511.6 亩
贝承训义庄	潘儒巷神道街 5 号	民国二十四年	贝贞甫、贝星楼	1373 亩
汪平阳义庄	山塘街白姆桥塝	道光七年	汪家采、汪家基	1320 亩
王怀新义庄	西花桥巷 37 号	同治十一年	王韶九、王子宪、王瀚东	1200 余亩
崇德义庄	十梓街 109 号	光绪五年	吴湖帆	1200 余亩
顾春荫义庄	铁瓶巷 64 号	光绪三年	顾公有	1200 余亩
顾颂文义庄	因果巷	光绪七年	顾渊若	1202.895 亩
蒋淞荫义庄	胡想思巷	同治十年	蒋畏三	1103 亩
陈宝善义庄	黄鹂坊 126 号	光绪二十三年	陈镜清	1090 亩
蒋义庄	虎丘山塘	乾隆年间	蒋毓泉、景濂、仲川	990 余亩又附庄 200 亩祭田
唐晋昌义庄	虎丘山塘	乾隆二十四年	唐福元	700 余亩
宋义庄	吴衙场	乾隆年间	宋选之	700 余亩

续　表

义庄	所在地	立案年月	管理人	田亩
贝留余义庄	狮林寺巷 1 号	光绪三年	贝哉安、念圣、佐符	622 亩
鲍传德义庄	虎丘山塘	民国八年	鲍泰来	440 余亩
徐余荫义庄	东山庄莲镇	光绪二十五年	徐大绅、绍熊	440 亩
吴垂裕义庄	史家巷 59 号	光绪三十四年	吴子深	911.906 亩

资料来源：汪稼仓、尤建霞：《苏州的义庄》，《苏州文史资料》，1990 年第 115 合辑。

　　除表中所列外，洞庭东山王氏义庄解放初仍有田 2364 亩，土改后义庄才结束。[①] 统计疏漏可能还有，但为数不会太多。

　　在此之前，苏州则有更多的义庄，据 1931 年吴县县政府社会调查处编印的《吴县附刊》记载，当时仅城区尚有义庄 32 处，[②]据唐力行先生估计，"如加上郊县当不下百所"。[③] 上个世纪 30 年代无锡梅村土地的集中情形也反映出当时苏南义庄仍具有相当的势力，据《东方杂志》记载："（梅村）镇上和它附近的收租地主，合计起来也很可观，五十亩至百亩约有百余家，百亩至五百亩者约有二十家，五百亩以上的，也有五六家，这大宗土地特别的集中在义庄和庙宇方面。单单泰伯庙的田亩数，就在一千亩以上。经理义庄和庙产的，就是顶括括的大地主。"[④]

---

① 张学群等编着：《苏州名门望族》，第 217 页。

② 参见吴县县政府社会调查处编印：《吴县城区附刊》，民国二十年铅印本，第 3—5 页。

③ 唐力行：《从碑刻看明清以来苏州社会的变迁》，《历史研究》，2000 年第 1 期，第 63 页。

④ 倪养如：《无锡梅村镇及其附近的农村》，《东方杂志》，1935 年第 32 卷第 2 号，第 89 页。

表 2-19　1931 年吴县义庄调查表

义庄	地址	负责人
汪耕荫义庄	申衙前	汪雨春
陈氏义庄	黄鹂坊	陈仲泉、鲍伯衡
程成训义庄	刘家浜	程绍安、王漱石
吴氏义庄	桃花坞	吴剑浏
诵芬义庄	平江路	汪增礼
星余义庄	平江路	鲁星孙
淞荫义庄	大胡想思巷	蒋敏叔
荥阳义庄	混堂巷	潘诵鹗
贝承训义庄	潘儒巷	贝润生
王惇裕义庄	潘儒巷	王鹤虎
贝留余义庄	狮林寺巷	贝哉安
张荫余义庄	曹胡徐巷	张仲复
潘松麟义庄	悬桥巷	潘轶仲
丁氏义庄	悬桥巷	丁春之
张清河义庄	悬桥巷	张佑人
洪桂林义庄	悬桥巷	洪润民
徐春辉义庄	南石子街	徐叔英
南阳义庄	娄门大街	韩韦铎
张亲仁义庄	娄门大街	张荫玉
陆氏义庄	滚绣坊巷	陆心毅
吴氏义庄	滚绣坊巷	吴伯元
彭氏义庄	相王庙弄	彭荣孙
吴氏义庄	十梓街	吴湘帆
范氏义庄	范衙前	范叔和

义庄	地址	负责人
董氏义庄	思婆巷	董家福
顾氏义庄	尚书里	顾鹤逸
申氏义庄	郡庙前	申彬苞
陶氏义庄	因果巷	陶谋范
范氏义庄	范庄前	范伯英
蒋氏义庄	山塘街	蒋贤斋
广肇义庄	山塘街	江慕云
汪氏义庄	山塘街	汪甫生

资料来源：吴县县政府社会调查处编印：《吴县城区附刊》，第3—5页。

　　上表所列的吴县城区义庄32所，与1949年的统计相比，只有7例重合，这说明至少有25个义庄在1931年至1949年前这段时间中消失，义庄解体速度是很快的。如表中的程氏成训义庄至1938年解散，所余田亩分给各户。[①] 但解放初期苏州还存有24处义庄，并且规模还不算小，从另外一个角度也说明这种宗族组织有着极其顽强的生命力。

　　就民国政府而言，对义庄仍持肯定态度，予以支持和保护。我们从各级政府在义庄立案的批复公文中，可以清楚地看到这一点。民国八年川沙县知事在批复同本堂义庄咨请立案的公文中说："该公民等建造祠宇，购置义庄，并捐资设立莲溪学校……所订章程，均属妥洽。应准连同款产清册，一并存案。至各项单据存折等项，均经验明发还。仍照所请，给示保护。"[②]丹徒倪氏于民国十二年建立澹明义

[①] 张学群等编着：《苏州名门望族》，第350页。
[②] 方鸿铠、陆炳麟、黄炎培纂修：《川沙县志》卷12《祠祀志·家庙》，民国二十六年上海国光书局铅印本，第14页。

庄,为请示保护宗祠并义庄、家塾,呈文督军、省长、道尹,江苏督军、省长随即发文批复:"令丹徒县知事查明给示保护",道尹也批复"据情发给布告保护"等语。但倪氏再次呈文,希望督军、省长能会衔出示严禁示文,使义庄以垂久远。为此,江苏时任督军齐燮元、省长韩国钧联名发布第十四号布告,其中云:"诸色人等知悉,自示之后,不得任意侵占,藉端骚扰,及一切意外之妨害。如敢违抗,准由该祠裔等随时指禀地方官,立予究办不贷"。[1]

民国初年,地方自治思潮日渐高涨。义庄由于庄规严密,管理规范,救助有方,俨然为一地方独立自治单位。时人从义庄的运作中看到了自治的因子,因而加以提倡者大有人在。唐文治在为太仓钱氏宁远义庄所作的碑记中说:"矧迩者地方自治方在萌芽,古圣贤敦睦九族,而后能平章百姓,今之宗族不敦,尚安望其自治?"但若能像钱氏一样捐建义庄,敦睦宗族,"地方自治亦庶几得所藉乎"。[2] 言下之意,义庄敬宗睦族,是地方走向自治的途径。嘉定陈家栋也称:"义庄之养老怀幼诸举,与国家之慈善事业同一旨趣,国家为全民族之总枢,敷施政治,经纬万端,或有未能兼顾者,若以族为单位之自治团体,每一家族各有一义庄,则全国之慈善机关几若恒河沙数,岂复有无告之民乎? 是义庄者,代国家养老怀幼也。"[3]民国政府也将提倡义庄与养成自治风气结合起来。1916 年内务部通咨各省云:

查义庄之设所以敬宗而睦族,其制始于宋范文正公,后世多有仿行之者。吾国家族制度之良规,实赖以相维于不坠。况收养鳏寡存恤孤贫,虽各限于宗支而为慈善事业则一。现在自治

① 倪思九主修:《丹徒倪氏族谱》卷5《江苏督军、省长公署布告第十四号》。
② 唐文治:《钱氏宁远义庄碑记》,参见《太仓钱氏宁远义庄文存》卷下,民国十五年刻本。
③ 陈家栋:嘉定《南翔陈氏宗谱》卷1《义庄汇录序》,民国二十三年铅印本。

制度方将筹备励行,各处义庄均订规条,恪相遵守。本含有自然自治性质,诚能藉此提倡,养成风气与将来,推行自治,不无裨益。①

对于捐建义庄者,政府依旧奉行褒奖政策。民国七年,浙江绍兴耆民夏宗彝、江苏嘉定商人朱得传捐建义庄热心公益,捐资数额均达四万元左右。内务总长钱能训特向大总统呈请,请求按照民国政府的褒奖条例,"加给褒祠,又照章给予金色褒章,以资激劝所有"。②民国时期,战乱不已,政府财政匮乏,教育经费不足,对于义庄办学,政府寄予厚望。1916 年内务部通咨各省要求捐建义庄时请注重教育,以补政府之不逮。③对于办学成绩出色的义庄,政府给予褒奖。如无锡村前胡氏义庄、寨门严氏义庄均因办学出众获得教育部颁发的一等奖章,④常熟张氏孝友义庄也因此获得大总统颁发的特奖匾额一方。⑤

对于新建义庄,民国政府依然要求捐建者要向政府报准立案,便于保护。1928 年,有人还向国民政府提出议案,要求规范义庄、公

---

① 《学事一束:内务部通咨各省捐建义庄请注重教育》,《教育杂志》,1916 年第 8 卷第 5 号,第 33 页。
② 《内务总长钱能训呈大总统浙江绍兴耆民夏宗彝江苏嘉定商人朱得传捐建义庄并热心公益特请褒扬文》,《政府公报》,1918 年 11 月 16 日第 1008 号。
③ 《学事一束:内务部通咨各省捐建义庄请注重教育》,《教育杂志》,1916 年第 8 卷第 5 号,第 33 页。
④ 参见《教育部褒奖捐资兴学者》,《湖北教育厅公报》,1931 年第 9 期,第 6 页;《无锡严氏私立学校二十周年纪念册》,1922 年,吴县教育局档案 I05－001－0574,苏州档案馆藏。
⑤ 参见《呈大总统请奖张氏孝友义庄匾额文并指令》,《教育公报》,1922 年第 5 期,第 4 页。

所、会馆的管理,切实给以保护。将其提议的条例草案摘录如下：①

第一条,凡义庄公所会馆由所隶属之县或市政府监督保护之。

第二条,凡久经成立之义庄公所会馆,不得无故解散,基本财产除按照所定章程举办各种事业外,不得动用。

第三条,凡久经成立之义庄公所会馆,于本条例颁布后三月以内,应将其名称及所在地、章程原本、以前成绩、财产状况、管理方法、呈报者之姓名年岁籍贯住址及呈报之年月日呈报监督政府。

第四条,本条例颁布后,发起组织义庄公所会馆,应按照下列各款：名称及所在地、集资方法、发起人姓名、所办事业之大纲、管理方法、呈报之年月日,经由监督政府呈报内政部批准立案。

第五条,凡义庄管理人得称庄正庄副,公所得称管事副管事,会馆得称会长副会长,但其资格任期及推选方法,得各依章程自定之。

第六条,凡义庄公所会馆,每年五月底应将上年办事经过情形及收支状况列表制册,经由监督政府呈报内政部备案。

第七条,内政部收受前条呈报后认为有调查之必要时,得派员分诣考察,但该员川资旅费,不得由义庄公所会馆供给。

第八条,本条例由内政部呈准国民政府颁布施行。

上述提案得到了政府的重视,各地均下达了要求义庄立案的行

---

① 王孝赉：《请政府保护义庄公所会馆以维持公共救济事业案》,经济会议秘书处编：《全国经济会议专刊》,1928 年,第 518—519 页。

政令。1934年内政部部长黄绍雄还发布了如下训令："查各地义庄之设,以捐置田产周恤寒族为主,虽其救济范围,限于一族之寒寡故旧,对于整个社会福利之增进,裨益甚巨。兹查义庄设立性质,系属财团法人,自应依照监督慈善团体法第三条暨第十三条之规定,暨部颁各地方慈善团体立案办法,饬其呈请立案,并饬部备案,以便保护,而重善举。"[1]此训令不仅强调了义庄对发展社会福利之重要作用,更为重要的是政府已将义庄作为慈善性质的财团法人来对待,并加以保护。

二、民国义庄衰落的原因

政府的重视和保护固然不可或缺,但义庄作为赡济组织的存在还需一个先决条件,即一个家族内必须同时存在富人和穷人两种人群。很明显,族人皆富就不需要救助;反之,族人皆穷则无能力相救。民国时期苏南义庄的衰败除受战争的直接破坏外,最主要的因素还应是家族衰落导致的析分结果。随着建庄年代的久远,义庄族群逐渐枝繁叶茂,待济人数逐年增加,需要义庄不断扩大规模。民国年间,尤其是30年代以后,经济凋敝,岁月动荡,人心浮动,增置田亩谈何容易。一遇灾荒,生活无着的族人首先想到的就是析产典地,虽然这违背庄规祖训,但一旦成为族人的共识,义庄的破产就不可避免了。如无锡荡口殷义庄是在1935年间分掉的。分的原因是穷户太多,义庄租米不够分配,在大多数族人要分的情况下账房无法,就分掉了。庄也同样按房份分配。该庄原有田三百二十亩,因按老房辈份分配,如人口兴旺分支多,田亩分得就少,田亩好坏是拈阄决定,最

---

[1] 《附抄内政部训令(民字第十八号)》,《广东省政府公报》,1934年第257期,第35页。

多一家三十亩,少的十几亩。[①] 苏州也以吴趋汪氏耕荫义庄为首倡,析分义庄,接踵仿行者甚多。[②] 耕荫义庄在民初曾遭到驻军破坏,但更致命的破坏来自宗族内部。据 1937 年 1 月 22 日、24 日《苏州明报》报道:"庄中门窗器具盗卖尽净,在没法之下乃宣告破产,将田押出……实丧于不肖子孙之手,勾结坏蛋干其不法之事,以致庄款逐渐消磨。"1939 年 7 月 20 日、21 日《苏州新报》则载,7 月 12 日下午飓风将义庄东部围墙十多丈吹倒,并波及环秀山庄厅堂全部坍塌,庄正汪晴初呈请"警察局派警看守该庄已卸下砖瓦另星件,以免被族人搬运移动"。1940 年 1 月 6 日《苏州新报》又报道:某公拟买下环秀山庄作别墅,"订定代价为六万元,先付定金七千元,在去年八月间,定洋付出后,住在庄内的汪姓贫苦族民遂一律开始搬出"。[③] 自此汪义庄彻底解体。一般而言,庄产分析后多被变卖。由于义庄为家族公产,收买者担心产生纠纷,存有顾虑。此种情况之下,义庄田产一般售价较低,实际上给兼并者提供了很好的机遇。

义庄本是自然经济的产物。民国初年,随着交通设施的进一步发展,都市工业品逐步侵入苏南乡村腹地,致使家庭手工业及农村副业逐渐破产。这对以土地为经济支撑,以地租为生活来源的中小地主而言,打击也是致命的。伴随着地主的没落、农民的破产,义庄的衰落亦是不可避免。薛暮桥在 1932 年对其家乡礼社的记述可资佐证,认为它是"江南农村衰落的一个索引"。礼社是无锡西北乡小镇,上个世纪 30 年代,水陆交通已十分便捷,离京沪铁路的横林站只有八里,有小火轮直达城市,往来城乡间日达五六十人。此外还有航船通锡城、常州、苏州、上海等地,运送货物。镇上有邮政代办所一处,

---

① 《无锡县荡口镇义庄田调查》,参见苏南人民行政公署土地改革委员会编:《土地改革前的苏南农村》,1951 年,第 69 页。

② 汪稼仓、尤建霞:《苏州的义庄》,《苏州文史资料》第 115 合辑,1990 年,第 375 页。

③ 转引自张学群等编着:《苏州名门望族》,第 324 页。

民国十二年又开办电厂,电话也于民国十四年接线,可与京沪各处通话。在沪宁铁路通车以前,礼社经济尚逗留于自然经济之中,"开明地主每年亦仅入城一次,农民更墨守乡土,终生未尝一睹都市文明者十之八九。""因交通发达而使自足经济迅速破坏,都市工业品长驱直入,首当其冲者为纺织等家庭手工业。近年来农业之机器化亦逐渐发达,电力亦已开始引用。最近都市高利贷资本更假手于乡村地主而侵入农村——农村对都市之依赖,遂日深一日,自足经济之断垣残壁,扫荡一空。"家庭手工业的破产及农业机器化,使农村中产生大量过剩劳动力,兼以主要副业蚕桑的衰落及连年灾荒,使农民不得不打破墨守乡土的故习,群集都市,成为产业工人、商铺店员或劳动后备军。据民国二十年户口调查统计,礼社全镇人口共 710 户,计 3665 人,依然保持着聚族而居的传统。镇中为街,为薛姓聚居之所,本街住户 313 户,共 1611 口人,其中薛姓占 201 户,人口有 1097 人,已占总数的三分之二。街南为前巷,多唐姓。街北为后巷,多吕姓。街东之杨巷及街西之桥西为诸族杂居。

表 2-20　民国二十年礼社外出人口情况简表

	外省	外县	本县	合计
本街	13	200	89	302
前巷	8	114	18	140
后巷	9	131	1	141
杨巷	2	80	26	108
桥西	2	44	18	64
合计	34	569	152	755

资料来源:陈翰笙、薛暮桥、冯和法编:《解放前的中国农村》第三辑。

上表所列礼社外出谋生的人口已占总人数的 21%,农民离村之势已难以阻隔。外出人口以外县最多,占他往总数的四分之三,此

569 人中尤以赴上海者为最多,约在 400 左右,其次苏州。作为贫穷族人最后依恃的薛氏义庄,此时也已衰败不堪不胜重负了。薛氏义庄拥良田一千三百五十亩,每年收租米约一千石,麦两百石左右。凡贫苦子孙不分男女年满十六岁者,每年每人领米二石,不满十六岁者一石二斗。婚丧大事,均有资助。此外又津贴学费,小学每人每年四元,中学六元,大学十元。但此时农村的破败,让更多的族人加入到待济行列。薛姓二百余户中,有十亩以上土地的地主及农民各占四分之一。其余半数,即稍有土地,亦已不能糊口。但赖义庄之豢养,仍多坐食乡间,从事微末工作,度其半寄生生活。此等半地主每值灾荒或婚丧疾病等意外事故,常致举债做会,永陷困境。近年因中小地主没落,要求义庄救济者日多,因此义庄收支,失其平衡。民国十年受水灾影响,义庄已濒临破产,每人所给口粮,骤自二石降至一斗,更与此等半地主以致命打击。[1] 薛氏义庄何时解体,不得而知。但此时苏南义庄的大致境遇应相差无几,在商品经济的猛烈冲击下,支撑义庄的主体阶层正日益整体性衰败,义庄的解体只待时日,所谓"皮之不存,毛将焉附"。

　　管理混乱也会导致义庄的典卖析分。义庄的管理者只图一己之私,混乱账目,甚至无可稽考,因而引起族中纠纷者,也大有人在。土改时的江苏农村调查材料中也反映出这个问题。如无锡村前胡氏义庄早期管理得很好,收支账目也比较清楚。到后来渐渐发生贪污中饱现象。在胡有山、胡有祥合管时期,他两人一个吃白面,一个酒糊涂,家里没有什么产业,在管理时大吃大喝,义庄收的租,大都被他们吃掉。抗战胜利后,胡守贞依靠国民党势力夺取了义庄管理权,从中

---

① 陈翰笙、薛暮桥、冯和法编:《解放前的中国农村》第三辑,北京:中国展望出版社,1989 年,第 158—166 页。

贪污榨取,以肥私囊。甚至有为争夺管理权而涉讼的。[1] 辛亥革命后,政体变更,有些族众对旧有管理体制,即嫡长子孙垄断义庄大权,表示不满者日益增多,也成为庄裔析分庄产的一个因素。

民国年间主佃关系日益对立,苏南农民抗租浪潮风生水起,导致义庄租入日益减少,促使庄裔析分庄产。民国二十七年,无锡县堰桥镇民胡彬甚至将"义庄、公堂、仓厅田主擅订租例苛取农众"控诉至省政府,要求减轻租额。然无锡县县长呈称:"胡义庄等仓厅所拟恢复五十年前旧例,按之现在收租习惯,实已减轻,业佃均无异言,似未便因一人反对,遽令取消,胡彬所呈,应毋庸议。"[2]江苏省政府维持了无锡县政府的查核结论,但佃农们所发出的抗议声音已不容忽视。

常熟、吴县、无锡三地本是苏南义庄的三大中心,仅就数目而言,常熟更甚。但在 20 世纪 20 年代末 30 年代初的常熟也出现了析分义庄的浪潮。时人归堤为我们分析了其中的缘由:"惜乎年来世风日下,争以华奢为尚闲居为乐,日惟与茶寮赌相伍,于是昔之足以自给或富有者,渐多无以自供矣。"更重要的是,是时"国民政府之初创于南京,大事未定,份子复杂,以义庄为家族主义之表现也,有收为公有之谣传。于是一般昔日富有,而今无以自食者,或不顾族谊,但有私利之辈,纷纷创议以义田收回,由庄裔子孙依房分取义庄之因是而析散者,盖十之六七矣"。归氏之言应当不虚,不但其人为常熟土著,了解的情况应当不谬。而且,其时他正准备写作《常熟之义庄》,打算向邻里亲友借阅族谱资料,不料却遇到了麻烦。"余作常熟之义庄,本拟多集材料。起稿之初,遍向亲朋借用,乃因义庄收为公有之谣,不肯出借,以备庄田实数为人所泄,虽经解释不顾也。而已析分之旧

----

[1]《无锡县张村区特殊土地调查》,参见华东军政委员会土地改革委员会编:《江苏省农村调查》,1952年,第249页。

[2]《农矿公报》,1928年第3期,江苏省政府农矿厅发行,第26页。

庄,更秘不示人,结果所得不过现存义庄中之七,然已占存在义庄之
什九矣。并以不泄田数相约,故下述均无田数,盖为此也。费尽心
力,结果如是,能不令人爽然若失。"[1] 既为亲朋,若在平时仅为著文去
借阅材料应该不成问题,而此时已经析分或尚未析分义庄的庄裔们,
最大的担心就是别人知晓义庄详情,尤其是义庄田亩实数。因为按
照义庄立案时官府出示的执帖,规定子孙均不得析分典卖庄产,否则
买价归官,田产归庄,卖者依法处置。最后归氏虽只借到了 7 家义庄
材料,却已占现存义庄数量之"什九"了,足见此次析分之烈。由此推
想,谣传之言想必不单会对常熟产生影响,苏南其他地区恐怕也难逃
其冲击。

　　1927 年国共合作的国民大革命失败以后,中共在湘、鄂、赣等地
建立革命根据地,举起了土地革命的大旗。"打土豪,分田地"等口
号,对宗族士绅捐建义庄或发展义庄的信念冲击极大。此后,苏南新
建义庄仅为 6 例,解散之风更甚往日。1927 年 5 月,中共在"五大"上
第一次明确提出了消灭家族祠堂的"公田",认为这些"公田"是"乡村
中宗法社会政权之基础","必须取消绅士对于所谓公有的祠堂寺庙
的田产的管理权"。[2] 此后,为了赢得农民对革命的支持,中共将包括
义庄在内的宗族土地作为封建地主土地对待,并加以处置。1930 年
8 月,中国共产党革命军事委员会颁布了《苏维埃土地法》,其中规
定:"暴动推翻豪绅地主阶级政权后,须立即没收一切私人的或团体
的——豪绅、地主、祠堂、庙宇、会社、富农——田地、山林、池塘、房
屋,归苏维埃政府公有,分配给无地、少地的农民及其他需要的贫民

---

① 归堤:《常熟之义庄》,《复旦社会学系半月刊》,1931 年第 2 卷第 7 期,第 6—7 页。
② 中央档案馆编:《中共中央文件选集》第 3 册《中国共产党第五次全国代表大会土
　　地问题决议案》,北京:中共中央党校出版社,1989 年,第 61 页。

使用。"①1931 年 11 月,中华工农兵苏维埃第一次全国代表大会通过的《中华苏维埃共和国土地法令》中再次规定:"一切祠堂庙宇及其他公共土地,苏维埃政府必须力求无条件地交给农民。"②中共土地政策的实施对苏区宗族义庄的发展影响自不待言,即便国统区也不可能不受影响。早在 1928 年的全国经济会议上,有人就提出了《请政府保护义庄公所会馆以维持公共救济事业案》,并给出了如下提案理由:

> 查义庄公所会馆对于同族、同业、同乡规定种种救济方法,使社会减少贫苦之生活,扶助愁惨之环境,固有赒恤施舍等条款,中国数百年来人民蒙其恩惠,地方赖以粗安,其法至良,其功匪细,直接保社会之安宁,即间接维持国家之秩序,国民经济赖以调节,实为善良风俗之一。去年共产嚣张,此种团体恐受其害,颇多解散者,今虽驱除共党,而一般不良份(分)子,仍复恣愿胁迫觊觎分润,主其事者稍为所动,即不免将基本财产私自朋分,此种情状时有所闻,不独社会呈不安之象,而救济事业无法维持,国家地方定受其害,不得不吁请政府迅速颁布保护条例,以保善政。③

三、义庄的消弭

族谱、族田、祠堂、族长被称为中国宗族制度的核心要素,尤其族

---

① 中央档案馆编:《中共中央文件选集》第 6 册《苏维埃土地法》,北京:中共中央党校出版社,1989 年,第 656 页。

② 中央档案馆编:《中共中央文件选集》第 7 册《中华苏维埃共和国土地法令》,中共中央党校出版社,1991 年,第 778 页。

③ 王孝赉:《请政府保护义庄公所会馆以维持公共救济事业案》,经济会议秘书处编:《全国经济会议专刊》,1928 年,第 517—518 页。

田被认为是宗族制度赖以存在的经济基础。《苏南族有土地调查》报告中称:"义庄、祠堂的土地来源,大多是由封建官僚捐赠,或藉其统治势力,乘灾荒严重,农民生活困难之际,用极低的代价大量掠夺农民的土地而创办的",故"这种土地,都是带着严重的封建性的",义庄、祠堂"是以封建代表人物为核心的一种封建宗族组织"。[①] 正是基于这样的判断,新中国成立后,中共延续了土地革命时期没收族田、瓦解宗族势力和摧毁宗族制度的基本宗族政策。

整个苏南土地改革的进行,分为三个阶段:1950 年 9 月以前为典型试验阶段,1950 年 11 月以前为局部展开阶段,1950 年 12 月以后至 1951 年 3 月初旬为全面展开阶段。[②] 为了彻底摧毁封建宗族势力,《中华人民共和国土地改革法》于 1950 年 6 月颁布,其中第 3 条规定:"征收祠堂、庙宇、寺院、教堂、学校和团体在农村中的土地和其他公地。"[③]鉴于苏南宗族公产的典型性,苏南土改委员会制定的《苏南土地改革实施办法》中对此还进行了细化,规定义庄田、义仓田、公堂田、祭田等宗族公地,予以征收。祠堂、义庄等在农村中的庄房,不在其本建筑以内者,亦应予以征收。[④]

然而,相比私家地主的土地而言,义庄田具有相对独特性的一面。首先,在家族范围内它是"公田",族内贫民受惠其中,所施善举也惠及乡邻。其次,义庄学校与社会存在诸多联系,是乡村社会基础教育中的一支重要力量,得到一般民众的认可。再者,祭田牵涉阖族成员的宗族情怀。由于苏南是族产集中的地区,长期接受宗法文化

---

① 《苏南族有土地调查》,参见华东军政委员会土地改革委员会编:《江苏省农村调查》,第 235 页。

② 潘光旦、全慰天:《苏南土地改革访问记》,第 92 页。

③ 中央文献研究室编:《建国以来重要文献选编》第 1 册,北京:中央文献出版社,1992 年,第 336 页。

④ 苏南行署:《苏南土地改革实施办法》(1950 年 11 月),江苏省档案馆藏,全宗号:3070,案卷号:482。

的熏陶,农民的宗族观念较强,土改中没收族产的土地政策受到了一些基层群众一定程度上的抵触。为了配合土改的进行,各地政府对农民进行了"诉苦"教育,唤起农民对地主的阶级仇恨。但在运动之初,一些农民囿于家族观念,对同宗地主斗争并不积极,"群众对地主仇恨心不高,而对顽干、二流子反痛恨,贫雇中农间闹小纠纷,诉苦对象多非地主"。① 即便对异姓地主也存在同样情形,据苏南区党委农村工作委员会对无锡胡氏义庄田的调查发现,"现在一般群众对土地分不分,都抱着无所谓的态度,认为缴租与完粮反正差不多"。② 在中共和人民政府的不断宣传和启发下,农民的宗族观念开始逐渐淡薄,"亲不亲一家人"的口号,开始被"天下穷人是一家"的口号所取代。③

义庄作为一种宗族的赈恤组织,在完全阶级斗争化的历史阐释语境中,其政治功效被无限放大,最终被作为宗族的"封建堡垒",在轰轰烈烈的土改运动中为行政化、法律化的方式所彻底消解。但在新中国的发展进程中,并非像有些人所期待得那样,"只要封建剥削一去,农民便无需乎什么广泛的赒济制度;在农民翻了身的新社会里,只要他们能够组织起来,发展生产,一般的赒济问题也就根本不再发生了"。④ 实际上的情形却是随着经济社会的发展,民间社会慈善的存在更有它重要的意义,它不仅彰显着一个健康社会的公德意识,还是社会和谐发展的一种必要途径。

---

① 葛剑雄编:《谭其骧日记》,上海:文汇出版社,1998年,第3页。
② 中共苏南区党委农村工作委员会:《无锡张村堰桥乡胡氏义庄田调查报告》,江苏省档案馆藏:3006—长期—252卷。
③ 参见王瑞芳:《土地制度变动与中国乡村社会变革——以新中国成立初期土改运动为中心的考察》,北京:社会科学文献出版社,2010年,第129页。
④ 潘光旦、全慰天:《苏南土地改革访问记》,第87页。

第三章　近代苏南义庄的经营管理制度

义庄得以长期存续并不断发展,自有其内在的历史因素及社会根源。但是不容否认,依托浓厚的宗法伦理文化,制定较为完善的经营管理制度,也是其富有生命力的一个重要因素。

第一节　义庄的管理

义庄作为家族的政治、经济、文化中心,捐建者们为保证其有效运行,世代相继,成为家族永续繁荣的助推器,在义庄的管理上下足了功夫。在义庄规条中,管理条款占据了较大份额,力求在制度层面保障义庄功能的持续发挥和义庄本身的不断发展。

一、义庄管理的制度化建设

对于官宦大族而言,义庄建易,守成则不易;对于中等殷实之族而言,建也不易,守成尤难。义庄落成之后,若管理经营不善,难免会落得"几世心力适启争端,半生经营亦归蠹橐"的结局。① 如昭文县胡

---

① 王师曾纂修:上海《续修王氏家谱》卷 5《世产·义庄原呈》,民国十三年铅印本。

氏义庄就被"裔孙盗卖尽废"。[①]"盖义庄之弊也,有相私而因以渐析者矣;有相竞而因以肇衅者矣;甚或恃其豪强肆侈而犯令矣;此其显焉者。而隐微之病莫甚于子姓,恃不败之产谓可以悠游以偷息,而豪儁之气反以无忧于衣食,黯然日消,庸后嗣而坏人才。"[②]因此,建庄者在开庄之前,倾力所为的就是制定庄规制度,来规避潜在的风险和弊病。他们参酌众家规则,取长补短,尽量将经营管理制度化,将制度严密化,并因时制宜,递加损益,期于尽善。

建庄难难在需要巨额经费,不是一般家族所能承担;而守庄难则难在管理不易,常常半途而废。诚如吴县陆氏所言:"义田赡族肇自范文正公,厥后吴中慕义仿行者代不乏其人,乃考其所存,半寝而莫可究诘,仅借故老传闻谓某姓曾建义庄,今则田产已归他族,独范氏自宋迄今不废,余则推至二百年以前,存者无几用,是叹创立固难,继志良不易,盖积久则玩生。"[③]张氏将义庄的废替全部归结于"积久玩生",未必正确,但管理制度的完善与否对于义庄存废而言,肯定是至关重要的,所谓"纪纲不饬,孰于维持,条教未宣,难垂久远"。[④] 清人吴县洪钧认为,义田的独到之处就在于,"公其产使子孙不得私,谨其约使岁久不能紊","循而行之,百世可也"。[⑤] 为此,各家义庄"悉心酌核具立规条,靡不至详且尽,总期永远遵循,历久勿替,以垂之后世"[⑥]。可见,一个义庄的建成不仅要具备义田、庄祠、义塾等物质基础,还必须具备完善的实施管理细则——庄规,即制度基础。

---

① 郑钟祥、张瀛、庞鸿文等纂修:《常昭合志稿》卷17《善举·义庄》,光绪三十年木活字本,第14页。
② 华翼纶辑:无锡《华氏新义庄事略》卷下《新义庄记》,光绪二十七年鹅湖存裕堂活字本。
③ 陆增炜纂修:吴县《平原陆氏宗谱》卷20《义庄》,光绪三十二年刻本。
④ 刘志勤等纂修:《润东顺江洲刘氏重修族谱》卷3《义庄规则》,民国四年木活字本。
⑤ 洪钧:《吴氏义庄记》,吴大赓纂修:《皋庑吴氏家乘》卷10《义庄汇记》。
⑥ 蔡樾纂修:无锡《蔡氏蓉湖支谱》卷9《义庄叙略》,民国二十年念修堂铅印本。

二、义庄的组织管理形式

苏南义庄在其长期的发展过程中,主要形成了三种管理形式:捐设庄产的家族自管、义庄嫡裔轮管及义庄专管。其中,前两种形式为少数,最为普遍的是义庄专管形式。

家族自管的义庄,被称为"不开庄","即由建庄家族自行管理,并未经官公立为公产,建庄家族垄断义田利权,仅拨义庄收入赡济同族,其义庄财产权归建庄者家族私有"。① 该类义庄与其他义庄最大的区别,在于义庄产业的所有权和处分权上。"不开庄"义庄的所有权并未发生流变,还在捐建者及其嫡裔的手里,以后如何处分庄产与其他受济族群没有任何关系。总体来说,近代苏南义庄绝大多数为开庄义庄,不开庄者为极少数。归堤在上个世纪 30 年代研究常熟义庄时也得出:"义庄之设亦不下三四十姓,其中已开庄者十之六七。"② 其实,即使有些义庄建初未开,后来还是选择开庄,步入"正规"。如昆山赵氏所言:"自有义庄以来不能悉数矣,有立而即开者,有立而不即开者,开之迟早不同,同归于开则一也。"赵氏本身就属于后者,其家建立义庄后,二十余年未开庄。族党、亲友无不关注此事,众皆期其即开,或不时"隐然垂询"。赵氏对此有些不以为然,认为那些急于开庄的人,"岂不以开则祖宗建庄之志始竟,不开则子孙赡族之道容有未符哉?"且赡族之道,重在规条。"按规条以赡族则莫急于开庄","族既赡也,庄之开与不开何异焉?"但赵氏又说,其叔父主持庄政十几年,"夙夜操心,殆无日不为开庄计",而事几就绪,却天不假年。③ 据此推测,大概不开庄还是名不正言不顺,不符合当时的社会定例。

---

① 参见林济:《长江流域的宗族与宗族生活》,第 168 页。
② 归堤:《常熟之义庄》,《复旦社会学系半月刊》,1931 年第 2 卷第 7 期,第 6 页。
③ 赵诒榖:《义庄后记》,赵诒翼纂修:《赵氏家乘》卷 9《艺文》,民国八年刻本。

义庄既为合族公产,取得法律保护则更为妥当,建庄者毕竟担心家族自管形式最终难逃析分流弊。况且,义庄之设虽为赡族,又何尝不为彰显家族的社会威望呢?一旦义庄设定,报官给帖,勒石执守,达官贵人名人雅士题咏的义田、义庄记,"足以光家乘,为宗盟掌故焉",① 而最高执政者颁发的"乐善好施"等旌表匾额,更令宗族荣耀之至。

值得注意的是,清代设置义庄还有一定规模要求,即"义庄之制千亩为全庄,五百亩为半庄"②。按照潘光旦的说法,一个宗族动议设立义庄,要向政府备案,或请准题旌,至少必须具备义田五百亩,否则办是可以的,但政府不加准许,不予保护。③ 这种说法如果成立,很可能也是一些义庄规模不够标准,导致一时未能开庄的原因。

义庄嫡裔轮管的方式,在苏南义庄中也不多见。出现轮管的情况,多在建庄者去世以后,其嫡裔各房限时轮管。轮管者称"轮年"、"轮董"等,负责管理期间的收租、输赋、祭祀、教育及保管义庄田产、器皿物件等事宜。常熟邹氏义庄建于道光癸卯年,咸丰兵燹遭破坏。同治甲子"寇退",义庄开始实行轮管。邹氏担心轮管者"予智自雄刚愎,固难济事;即优柔寡断,亦必浪掷花销,以致败坏决裂",因此,要求轮管之人"遇事当邀本支族众公议之,公允之,而后施,轮年者不得专擅"。④ 无锡蔡氏义庄建于嘉庆十三年(1808),起初亦实行义庄专管。至民国十三年,义庄实行轮管制,"义庄事务永归绍周公暨晋康公后两房子孙依次轮值管理,轮值管理之人为现年轮董",每届"轮董任期一年"。除值年、轮董外,另推一人为庄董,"综理庄事",又于老六房外,另推族中一人为监理,"协理庄事"。每年支出各款由现年轮

---

① 屈轶辑:《临海屈氏世谱》卷11《义庄志》,清光绪九年刻本。
② 沈砚铭:《虞山沈氏义庄碑记》,沈寿祺纂修:《虞阳沈氏宗谱》卷11《义庄志》。
③ 潘光旦、全慰天:《苏南土地改革访问记》,第65页。
④ 邹文瀚:《经理义庄公产述祖德以训子孙篇》,参见王国平、唐力行主编:《明清以来苏州社会史碑刻集》,第226页。

董知照次年庄董,书条支取,各董不得自由往付。"每年收支于交替时编刊详细清册,公布以昭信实"。[1] 长洲徐氏梓荫义庄建于道光十年(1830),咸丰十年(1860)毁于兵火,光绪二十九年(1903)重建。因原定庄规在兵燹中毁失,新庄又复为轮管章程取造册结奏咨立案。对于义庄为何实行轮管制,继建者徐芬在申报时云:"为敦宗睦族经久维持并杜专擅偏任起见",义庄由"支裔五房轮管"。[2] 但嘉定曾氏对此却持相反意见,认为义庄设立专管人员,以建庄子孙之贤者为之,"须凭公议,较诸轮管尤为妥恰"。[3]

义庄专管也就是"开庄",这是近代苏南义庄的主流管理形式。"所谓开庄即是义庄财产呈官注册,正式立为义庄公产,并建立一套与义庄公产相适应的义庄管理机构,建者子孙也不得处分义庄公产"。[4] 宗族建庄的根本目的是为子孙后代谋福利,如何保护庄产不被侵蚀,是建庄者们首当考虑的问题。同家族自管相比,将庄产报官立案给帖执守,无疑是最佳选择。此举既可使义庄获得法律保护、优免差徭,又可获得政府旌表,光耀门楣,可谓名利双收。上文所及的昆山赵氏最后还是选择了开庄。在主庄政的叔父殁后,赵诒縠、赵诒翼兄弟担当起庄务。接手不到三年,即"迫欲开庄"。赵诒縠解释说,这样做也是迫不得已,"世道日衰一日,人心日险一日,过此以往不知作何景象。夏秋之交,北匪闹事(作者注:义和团运动),尚隔重洋而风鹤遥惊,几难安堵(作者注:八国联军入侵),倘稍邻近何堪设想。刻闻和局将会议矣,议而成仍得苟延旦夕矣,且雨旸时若或者有秋可望矣,是乃绝无机会中未始非一小机会,如复错过,庄将永无开期耶,

① 蔡樾纂修:无锡《蔡氏蓉湖支谱》卷9《义庄续定规约》。
② 徐芬辑:《徐氏梓荫义庄汇录》,光绪三十四年抄本。
③ 嘉定《曾氏瑞芝义庄全案》卷下《经理规条》,光绪二十六年义庄藏版。
④ 参见林济:《长江流域的宗族与宗族生活》,第168页。

此穀与余弟所以反复思维而决意开庄者也"。① 赵氏的话前后存在矛盾,但致其"决意开庄"的原因是"内忧外患"的动荡时局,这是可信的。在那样风雨飘摇的时代,所有的产业都有可能随着战争的爆发,一夜之间化为乌有。太平天国运动即是前车之鉴,许多世家大族的财产毁于战火之中。但是作为赡族的公产,义庄是得到清政府大力保护的。在咸丰兵燹中遭到严重破坏的义庄公产,即便契据遗失,政府也会予以承认,并重新给帖执守。赵氏的"反复思维"和最终"决意开庄",不能不说就在此处。而这也正是众多义庄捐建者们"立而即开"及清末大量义庄涌现的重要原因所在。

作为一种宗族形态,义庄历经几百年岁月的洗涤,到近代逐渐形成一套完善的组织管理体系,但也存在个体的差异。伴随西风东渐,苏南地区为其熏染尤深,西方的经营管理理念也被引入其中,尤其民国时期出现的董事会制、董监事联席会议制及委员会制等义庄管理形式,具有明显的近代公司运作理念,颇富创意和管理智慧。兹将具有代表性的义庄组织管理模式介绍如下:

1. 庄正负责制

此为传统的义庄组织管理形式,为绝大多数近代苏南义庄所沿用,并加以完善。掌庄或庄正综理庄务,"为一庄之望",在行使职务时,"族人虽是尊长不得干预侵扰"。庄正一般在庄裔中公举产生,或以建庄嫡系长子孙任之。设一庄副辅助庄正,也多在庄裔中推举有才干殷实者任之。义庄具体事务则由司事负责处理,为杜弊窦,司事多用异姓。如长洲彭氏谊庄由庄正一人总其大成,庄副二人会办庄务,另订司事两人常川办事,冬季一人赴乡收租,一人在庄照料。②

---

① 赵诒穀:《义庄后记》,赵诒翼纂修:《赵氏家乘》卷9《艺文》。
② 彭文杰、彭钟岱纂修:吴县《彭氏宗谱》卷12《庄规》。

2. 董监事联席会议制

义庄以董事、监事的联席会议作为管理义庄事务的最高权力机构,每年定期开会,决定义庄的发展大计,规划义庄的管理运作,审核并公布义庄的经费开支。在日常的管理中,董事负责日常庄务,监察负责监督董事的执行情况,二者各司其职,相互制约。如建于民国二十三年的宜兴贾氏萱荫堂义庄,设董事三人,监察一人,成员均在庄裔和族众中用投票方法选举产生。其中,董事任期三年,监察任期一年。董事有扶助庄务使臻繁荣之责,监察有盘查租息银钱总核收支各款之责。于董事中互推一人为常务董事,作为义庄日常管理的实际操纵者,总司银钱出纳及账目。①

3. 董事会制

作为义庄的管理机构,董事会以开常会和例会的形式,议决庄务。义庄设董事若干人,从中选拔常务董事一人,负责义庄的日常管理事宜,董事、常务董事均对董事会负责,受它监督。如建于民国二十四年的南汇傅祖荫堂义庄,设董事11人,核议常年预决算,并监督进行事宜。董事以本邑公正人士1人、行政人员1人、族及本支庄系7人、亲友2人组成。另设理事1人,综理本堂一切事务。庄田产业悉由董事兼管理基金11人共同照章保管。② 傅氏祖荫堂义庄的组织管理特色在于管理人均为义务职,且延请地方名流及亲友充任董事,既扩大了义庄的社会影响力,又能避免庄裔因利益分歧而产生决策纠纷。锡山秦氏义庄也于民国十五年始实行董事会制,董事会由庄董1人、董事8人组成。庄董负责本庄田务与族中公有祠墓祭扫等各事宜,由二十四房推举产生。董事会设出纳、会计、保管三部,由董

---

① 参见贾瑛淞等主修:宜兴《萧塘贾氏续修宗谱》卷2《萱荫堂义庄条规》,民国二十四年木活字本。

② 傅恭弼续修:南汇《傅氏续修家谱》不分卷"傅祖荫堂义庄绪言"、"傅祖荫堂义庄章程",民国二十八年油印本。

事分任。每年开常会时,得设临时审查会,以资考核,而昭大公。庄董对于田租等收入及经常支出应司考核,而收支之责则与董事会共同负担。凡属义庄范围内之事,如遇祠墓修理等处,应于每年开例会前估工开单知照会计董事,以便开会时列入议案,通过后再行举办。庄董每年收受董事会之收支各项清册,应即核明付审查会审查,再行公布。庄董及董事会"实行经济公开为主义"。义庄董事会每年开例会一次,除报告全年收支情形外,将收支清单悬挂本庄,以备公阅。[①]

4. 义庄委员会制

民国年间,广德、溧阳钱氏士青义庄设立保管义庄委员会实施组织管理事宜。对为何不用董事制,钱氏的看法是委员会比董事会更"合乎潮流"。义庄保管委员会设常务委员 6 人,监察委员 3 人,6 人中除推主任委员(即庄长)1 人外,其余 8 人溧阳 4 人广德 4 人,各半分配,任期两年。会中设会计 1 人(即庄正),由常务委员兼任,专司登记户口支发银钱等事。委员两年一任。会计支付马费,委员均义务职,不支薪水。每年保管委员会开常会两次,于清明、冬至时举行。届时由会计报告半年收支数目,并将存折交委员会审查,如有提议事项亦可交会讨论。常会之外,如遇特别事件随时得经主任委员决定,或本会常务委员 2 人之提议均可召开,随时会议。[②]钱氏义庄与傅祖荫堂义庄相比,所有委员均系钱氏亲支,他人不得加入。

除上述几种管理模式外,也有义庄实行族长负责制,以苏州东山地区为多。具体分为:族长统一领导,由一个支族长兼庄正,另设监理,管理人分工负责的,如席义庄;支族长完全一人负责的,如席恒义庄;族长下设庄正、代管人的,如翁、金、严、叶四义庄;族长领导下只

---

① 秦涌涛等修:《锡山秦氏宗谱》卷首下《义庄董事会会章》、《组织大纲》,1928 年木活字印本。

② 钱文选撰:《士青义庄录》"士青义庄成立之经过"、"士青义庄产业保管办法",1948 年版。

设代管人的,如吴义庄。①

三、义庄管理者的选拔及监管

在传统的农业社会,义庄田产少则数百亩,多则数千亩,是个庞大的经济实体。义庄经营管理事务十分繁杂,涉及收租出粜、给发钱米、供祭办粮、修理祠墓、办学助读、修谱造册、管理族众及其他赡济事宜,需要多名专职管理人员全身心地投入。为此,义庄选拔家族精英,组成一个完整的专门经营管理机构。

"义庄之兴废全系经管之贤否",②管理者的贤愚才识历来被视为义庄能否得以世守勿替的重要因素。临海屈氏将义庄"经理得人",视为"首重"。③荡口华氏更是强调义庄拥有秉公办事的管理者比规条法度更重要,称"天下事创之固难,守之亦不易。垂之永久,不惟其法,惟其人耳"。④无锡蓉湖蔡氏以实例说明义庄的兴废与"经理得人"的直接联系,其《义庄叙略》中云:"义田之设始于宋范文正公,敬宗收族法至善也。吾邑好义之士多效之、特行之,不得其人,往往久而遂废。如前明华云建华氏义庄、吴情建吴氏义庄、泾皋建顾氏义庄,近并无存焉。"⑤可见,选拔优秀的管理人员并对其施行有效的监管,已成为义庄家族的头等大事。义庄的捐建者们及其后裔对此颇费心力,用心良苦。从管理层的人员构成、任职条件、产生方式、任期,到管理者的职权范围、义务、待遇,再到义庄对管理者的监管渠道,以及义庄对违规者的制裁措施,庄规可谓条分缕析考列缜密。

---

① 华东军政委员会土地改革委员会编:《江苏省农村调查》,第257—258页。
② 盛文颐主修:《龙溪盛氏宗谱》卷23《义庄录．筹经管》。
③ 屈轶辑:常熟《临海屈氏世谱》卷11《屈氏义庄规条》。
④ 华翼纶辑:无锡《华氏新义庄事略》卷首《叙》。
⑤ 蔡樾纂修:无锡《蔡氏蓉湖支谱》卷9《义庄叙略》。

(一) 人员构成及任职条件

义庄管理者及职员的多寡,因庄而异,主要根据义庄规模的大小、庄务的繁简而定,但至少在两人以上。大致由"领导班子"、"办事班子"①及监察班子组成。义庄事务的综理者多称庄正,也有叫主奉、掌庄、总管、司正、董事、总理的,襄理者多称庄副,各家称谓也不一。如太仓钱氏宁远义庄称其总全庄之纲领者为"庄长",设"庄正"专司登记户口发放银钱等事。② 庄正、庄副组成义庄的领导班子,经营族产,施济教化族众。从事义庄具体事务的管理者称为司事,或根据业务性质另有专门称谓,不拘同族异姓。收租繁忙时期,各庄可能还会临时雇用人员。此为义庄的办事班子。如莘门陆氏丰裕庄设掌庄1人、稽庄2人、主奉1人、司账2人,各支下设司事,协力合作,共谋庄事。③ 苏州唐氏义庄的管理层由庄正、庄副、司记、监纳、司事(2人)6人组成。④ 无锡蔡氏义庄设总理1人,所有义田悉听掌管,再设司事2人,共司出入,扇人两名分任催租,斜脚一名专任收米。⑤ 长洲彭氏谊庄由庄正一人总其大成,庄副二人会办庄务,另订司事两人常川办事,冬季一人赴乡收租,一人在庄照料。⑥ 无锡泾里顾氏义庄举经董二人,综理庄务;经管二人,一正一副,四房轮值;司理二人,延请异姓。⑦ 作为庞大的经济实体,义庄寄寓家族永续繁荣的希冀,对其管理者给以有力监管,事关义庄兴废及阖族利益。因此,在管理者背后,义庄还有一支监管班子,主要是建庄者的嫡系子孙们,"他们有权

---

① 参见张研:《清代族田与基层社会结构》,第94页。
② 参加《太仓钱氏宁远义庄文存》卷下《宁远义庄规条》,民国十五年刻本。
③ 陆锦瞩等纂修:苏州《陆氏莘门支谱》卷13《义庄规条》。
④ 唐轲等纂修:苏州《唐氏家谱》卷6《义庄规条》。
⑤ 蔡樾纂修:无锡《蔡氏蓉湖支谱》卷9《原定义庄规条》。
⑥ 彭文杰、彭钟岱纂修:吴县《彭氏宗谱》卷12《庄规》。
⑦ 顾宝钰、顾宝琛纂修:无锡《顾氏分编(泾里)支谱》卷1《泾里顾氏义庄规条》,民国癸酉续修。

审核批准庄正庄副的任职;有权审核批准义庄出入并保存收支细册、交接细册的正本,有权参与义庄重大决策并起最后决定和监察作用"。[1]

义庄初建时,管理人员一般较少,随着田产规模的扩大,人数多有增加。苏州潘遵祈、潘希甫兄弟勉承先志,于道光辛卯(1832)创建松鳞义庄,二人同担掌庄之任。道光十七年(1837),庄内增设司事二人分任其事。希甫于咸丰八年去世,遵祈仍谨守掌庄,"惟念久远之谋务在勿替,一人耳目恐有未周",乃定嗣后设庄正、副各一人。民国丙寅(1926),义庄因田亩日增,事务日繁,又"酌添一二人助理收租发款及学校一切庶务"。[2] 荡口华老义庄清时庄内设董事一人、司事二人、仆役数人,至民国年间已增至主管二人、内外账房六人、厨司一人、工人和看门四人。[3] 由于世家大族支派繁衍居地不一,义庄及时掌握整个宗族的情况存在困难,为此还在每个支派设立支总或房长,由他们帮助稽查族人各方面信息,作为义庄是否给予赡助的基本依据,义庄每年给予一定的酬劳。此外,义庄还雇有专司洒扫晾晒的庄丁、厨师等辅助人员。但不管义庄管理结构如何,掌庄或庄正负总责,庄副襄理,司事及支总等则分任其事,各司其职,各庄之间只是人数不等名目不同而已。

义庄选拔管理者的标准主要有四方面:才能出众、德行高尚、建庄后裔、家底殷实。前两项标准不难理解,是对任职者能力和品行方面的要求,即德才兼备。如润州刘氏义庄遴选贤族为庄正副,二者

① 参见张研:《清代族田与基层社会结构》,第94页。
② 潘家元纂修:苏州《大阜潘氏支谱》附编卷2《松鳞庄增订规条》、附编卷3《松鳞庄续订规条》,民国十六年铅印本。
③ 苏南人民行政公署土地改革委员会编:《土地改革前的苏南农村》,1951年版,第70页。

"须公正廉明人兼谙田务,方能胜任"。① 无锡高氏义庄经管庄事者"须择嫡裔中之才识兼优干练诚实者为之"②。此外,义庄还要求管理者不准嫖赌、吸食鸦片等,具有洁身自好的品性。像嘉定曾氏就规定:"如庄长、庄戳有吸食洋烟者,即有才能,亦应撤退,凭公另举。"③义庄选拔职员均要求"以公正族人任之",但职位不同任职条件的侧重点也不一样,如嘉定黄氏义庄司总以身家殷实者,司事以才具干练者,稽查以心思精密者为合格。④ 而义庄决策者出自庄裔的任职条件,实际上是在明白宣布义庄的控制权将永远保留在捐建者嫡系子孙的手里。如葑门陆氏丰裕庄的"掌庄、稽庄永远归建庄后裔三房后各长房,每当三年,递相轮换承当,主奉则归建庄后裔之最长者,均世守勿替"。⑤ 苏州徐氏梓荫义庄"庄正、庄副永归嫡支承当,长房当庄正,次房择贤能者当庄副"。⑥ 龙溪盛氏"掌庄人如有更替,议于庄裔中,择其有德有才或殷实可托者,公举接掌,与别支无涉"。⑦ 苏州程氏资敬义庄"庄正以建庄者之嫡长子孙世世相继为之","另举本房公正廉明才识干练者为庄副",一切庄务听两人会同办理。⑧ 苏州杨氏宏农义庄的"庄正以建庄子姓之长者专其任,庄副则于建庄子孙中择其贤能公正者为之"。⑨ 义庄既为阖族公产,按理说族人均有权参与管理,但纵览近代苏南各家庄规,其决策者出自庄裔的规定,实际上已阻断了建庄支外的族人掌管义庄大权的机会。也有少数义庄聘用

---

① 刘志勤等纂修:润州《润东顺江洲刘氏重修族谱》卷3《刘氏义庄条规》。
② 高鼎业纂修:《高氏大统宗谱》卷首1《义庄规条》,民国十五年铅印本。
③ 嘉定《曾氏瑞芝义庄全案》卷下《经理规条》。
④ 参见黄守恒纂修:嘉定《练西黄氏宗谱》卷13《义田经管规程》,民国四年铅印本。
⑤ 陆锦晌等纂修:苏州《陆氏葑门支谱》卷13《义庄规条》。
⑥ 徐芬辑:《徐氏梓荫义庄汇录.庄规》,光绪三十四年抄本。
⑦ 盛文颐主修:《龙溪盛氏宗谱》23《拙园义庄规条》。
⑧ 程晓纂修:苏州《程氏支谱》卷1《资敬义庄规条》。
⑨ 杨廷杲纂修:吴郡《杨氏家谱》不分卷"宏农义庄规条",光绪三十年刻本。

外族人管理经营义庄，主要担心族人自管义庄，"或擅自夺管，为肥己计；或换次轮值，为沾润计；甚至分割各收"，以公济私，有碍于义举。"而延请外人，既有宾东之分，又有众东稽查，俾免侵蚀，并可杜族众觊觎。且不限于同族，必择公正勤能者，由族公议，以此人可否多寡为定，由族长出为订延。如经理得力，不可挟嫌辞去。倘不得力亦勿徇情回护，总以循规则留，违规则去"。① 很明显，任用外族人来管理义庄，目的在于避免族人参与经营管理存在的潜在侵渔弊害，但义庄实际权力还是由"众东"掌握。不过，这种将义庄所有权与经营管理权相分离的做法，在当时很有新意。此外，义庄在选拔管理者时还有资产方面的要求，"必择廉明公正身家殷实者"。② 如无锡荡口华老义庄"董其事者，必公举族中之品行端方家业殷实者为之"。③ 常熟席氏司正"必殷实谨厚者公举经理"。④ 锡山徐氏义庄的总理"选举老成持重殷实有才者为之"。⑤ 义庄此举寄寓了创建者的深意，一是家底殷实者不会耽于生计，能全身心地投入到宗族事业中去；二则主要担心贫寒之士觊觎义庄财富，存在侵渔蠹蚀之患，义庄难垂久远。三是保证义庄的控制权始终掌握在庄绅手中。

义庄司事的任职条件一般不论同宗异姓，且直接规定异姓任之的占多数。如无锡高氏义庄"其司事议用外姓，正副各一人"⑥。东山叶氏务本义庄延请"外姓司事一人，非诚朴稳练者不用"。⑦ 无锡泾里

① 顾璜撰修：《华亭顾氏宗谱》卷 7《义庄规条》，光绪二十年刊本。
② 汪体椿等纂修：吴县《吴趋汪氏支谱》卷末《平阳汪氏耕荫义庄规条》，清宣统二年木活字本。
③ （清）佚名编：《华氏义庄事略》"义庄条约"，清刻本。
④ 席彬纂修：常熟《席氏世谱载记》卷 12《义庄规条》，清光绪七年木活字本。
⑤ 作者不详：无锡《锡山徐氏支谱》不分卷"义庄条约"，清咸丰七年刻本。
⑥ 高鼎业纂修：《高氏大统宗谱》卷首 1《义庄规条》。
⑦ 叶德辉等纂修：《吴中叶氏宗谱》卷 63《赡族规条》，清宣统三年东洞庭逮公宗祠木活字本。

顾氏义庄设司理二人,一正一副,"收支出入,延请异姓为之"。[1] 苏州成训义庄延请司事数人,"概用外姓经理庄务"。[2] 润州刘氏"经收义庄租谷一席,仿照苏属各大族章程,延用外姓管理,以免纷争,而杜私见。"[3]吴趋汪氏、武进盛氏的"司事等概用外姓,以避嫌疑"。[4] 对于义庄为何多雇用外姓司事处理日常具体事务,常州恽氏给出的解释是:"义庄原为济族而设,一切钱募人力本当雇用族人,然族人不能任事而必用族人,则坏事紊法,其害非浅,只得募异姓经理。"[5]这个理由不能说没有道理,但深层用意可能还在于上述汪、盛、刘三氏的"以避嫌疑"、"以免纷争"上,怕滋生家族腐败,防患于未然。对此,苏州葑门陆氏庄规中讲得较为透彻,认为庄中司账悉用外姓,一有不合随时可以斥退,比较合宜。"若用本家,则子姓繁多难于去取,一病也;倘生觊觎之心转有倾轧之弊,与敦睦二字大相背谬,二病也;抑或有账目不清等事,既难徇情面而误要公,复难因钱财而转伤族谊,三病也。"[6]

总之,在传统的宗族体制内,限定管理者的任职条件,对义庄的存续和发展有一定的价值。但作为宗法遗意的产物,义庄管理者多为建庄者及其后裔所担任,人才选择范围还是受到了很大的局限。

(二) 产生方式、任期及薪水

义庄的首任庄正一般由建庄者直接出任。如武进盛氏建庄伊

---

[1] 顾宝钰、顾宝琛纂修:无锡《顾氏分编(泾里)支谱》卷 1《泾里顾氏义庄规条》。

[2] 程晚纂修:苏州《程氏支谱》卷 1《成训义庄规条》。

[3] 刘志勤等纂修:《润东顺江洲刘氏重修族谱》卷 3《义庄规则》。

[4] 盛文颐主修:《龙溪盛氏宗谱》23《拙园义庄增订规条》;汪休椿等纂修:吴县《吴趋汪氏支谱》卷末《平阳汪氏耕荫义庄规条》。

[5] 恽毓荣辑:《恽氏义庄缘起·恽氏义庄规条》。

[6] 陆锦瑚等纂修:苏州《陆氏葑门支谱》卷 13《义庄规条》。

始,由捐建者盛康、盛赓、盛宇怀经始一切,"爰避正副之名,谨守掌庄之实"。① 苏州程廷桓于光绪五年(1879)创办成训义庄,自任庄正之职。② 而义庄的接续者多在庄裔中通过选举产生,为避免长期任职,滋生腐败,多数义庄还有任期规定。临海屈氏义庄董事"必通族共推廉干老成毫无疑义者,公举报官,传知庄裔,延请任事"。③无锡荡口华老义庄"公举"董事一人,司事两人,"三年一调,倘才力不及,或有侵挪情弊,不拘年数,即议更换"。④ 常熟张氏孝友义庄的司正、司副由庄裔公举产生,均以三年为一任,可连举连任。⑤ 锡山秦氏义庄的庄董、董事则"由二十四房推举力堪付托者任之",任期三年,连举者得连任。⑥ 金山黄氏义庄"管理人由族人公举,以年满二十五岁有地方自治选民权者为合格"。⑦ 润州刘氏对义庄管理人员的选拔任用极为重视,规定细致入微,颇具近代管理水准。光绪二十八年庄规里有"遴选贤族为庄正副"的规定,"以六年一换"。民国三年该族又制定义庄规则十二条,其中五条同选举、任期有关。庄正、副的任期改为五年,"每届任期内第四年应当预选备补";"管理财政者公举廉能可靠之人任之,亦五年为一任期";"族中公举二人轮流会同收管,以二年为期,预于前一年选定备补"。刘氏义庄的候补制有利于实现管理者的新老顺利交接,尤其"庄正副及管理财政者,如办事公正并无贻误,得由公举连任一次,但不得连续第三任期",⑧

① 盛文颐主修:《龙溪盛氏宗谱》卷23《义庄录.拙园义庄规条》。
② 程晓纂修:苏州《程氏支谱》卷1《建立成训新庄序》。
③ 屈轶辑:常熟《临海屈氏世谱》卷11《屈氏义庄规条》。
④ (清)佚名编:《华氏义庄事略.义庄条约》,清刻本。
⑤ 参见张汝南纂修:常熟《清河张氏支谱》(不分卷)"常熟张氏孝友义庄现行庄规"。
⑥ 秦涌涛等修:《锡山秦氏宗谱》卷首下《义庄董事会会章》《组织大纲》。
⑦ 黄玶纂修:《金山黄氏族谱》(不分卷)《义田章程》,清宣统二年铅印本。
⑧ 刘志勤等纂修:润州《润东顺江洲刘氏重修族谱》卷3《刘氏义庄规条》、《义庄规则》。

从制度上终止了义庄管理者任职终身的可能。嘉定黄氏义庄管理者的每届任期仅为一年，连被推举者，只"得连任一次"。[①]这在苏南义庄中十分少见。宜兴贾氏萱荫堂义庄的选举程序具有近代民主的意味，董事、监察"均用投票方法选举"，"凡捐建庄裔年满二十岁者，皆有选举权"。董事任期三年，监察任期一年，但均得连任。[②]太仓王氏为了发展家族义庄事业，设立了具备任职资格的家族人才储备库，随时可为义庄所用。"凡也江公子孙，孝友谨饬、人无间言、取予不苟者，汇注一册，轮流经理。以一人为庄正，管理祭修支发租赋出入。一人为庄副，会同办理，稽查用款，毋使克扣浮滥，五年无过，升调庄副为庄正。另于册内挨举一人充庄副，五年升调如前。册开数人，互相轮毕，幼者已壮，再择不染浇风克敦庸行者，注册候调。其办事有功无过者，仍复轮管，周而复始，用收得人之效。"[③]

近代苏南义庄实行公推公举的选拔方式，目的是让优秀子弟走上宗族治理的前台，为宗族服务。而义庄的任期制实质上也将考评机制蕴含其中，既起到对任职人员嘉优去庸的作用，也能在一定程度上遏制腐败的发生。

多数义庄都会按月或按年给管理者支发丰厚薪水，职务不同所发薪资也不等。如武进恽氏义庄的掌庄总管年支米二十四石，司仓、司账年各支薪水银七十二元，总管"如十年无弊，处置得宜"，义庄还"奖赠米三十石，合族赠匾一方，以荣之"。[④]

---

① 黄守恒纂修：嘉定《练西黄氏宗谱》卷13《义田经管规程》。
② 贾瑛淞等主修：宜兴《萧塘贾氏续修宗谱》卷2《萱荫堂义庄条规》。
③ 王寿慈纂修：太仓《太原王氏宗谱》卷6《二原庄祠规条》，民国六年稿本。
④ 恽毓荣辑：《恽氏义庄缘起·恽氏义庄规条》，清光绪二十八年活字印本。

表 3-1 部分苏南义庄管理人员年薪酬劳简表

义庄	庄正(米或钱/年)	庄副(米或钱/年)	资料来源
唐氏义庄	30 石	15 石	苏州《唐氏家谱》卷 6《庄规变通备考》
陆氏丰裕庄	20 石	10 石	《陆氏葑门支谱》卷 13《义庄规条》
蔡氏义庄	20 石	10 石	无锡《蔡氏蓉湖支谱》卷 9《义庄原定规条》
潘氏荥阳义庄	12 石	6 石	《东汇潘氏族谱》卷 6《荥阳义庄规条》
资敬义庄	12 石	8 石	苏州《程氏支谱》卷 1《资敬义庄赡族规条》
汪氏耕荫义庄	12 石	8 石	《吴趋汪氏支谱》卷末《平阳汪氏耕荫义庄》
徐氏梓荫义庄	10 石	6 石	徐芬辑:《徐氏梓荫义庄汇录》
丁氏济阳义庄	10 石	5 石	王国平、唐力行主编:《明清以来苏州社会史碑刻集》,第 262 页。
成训义庄	8 石	6 石	苏州《程氏支谱》卷 1《成训义庄规条》
彭氏谊庄	60 千文	30 千文	苏州《彭氏谊庄》卷 12《庄规》
顾氏义庄	60 千文	30 千文	长洲《重修唯亭顾氏家谱》附卷《庄规》
潘氏松鳞庄	60 千文	30 千文	《大阜潘氏支谱》附编卷 2《松鳞庄增定规条》
叶氏务本义庄	48 千文	48 千文	《吴中叶氏宗谱》卷 63《赡族规条》
钱氏宁远义庄	48 元	36 元	《太仓宁远义庄文存》卷下《规条》
华老义庄	60 两	30 两	无锡《华氏义庄事略》
高氏义庄	60 两	40 两	武进《高氏大统宗谱》卷首《规条》
张氏孝友义庄	72 两	36 两	常熟《清河张氏支谱》"开办庄规"
华氏新义庄	60 两	40 两	无锡《华氏新义庄事略》
赵氏义庄	40 两	30 两	《暨阳章卿赵氏宗谱》卷 20《规条》

虽然义庄的管理人员多为家道殷实者,但义庄还是希望用优厚的待遇让他们心无旁骛,实有高薪养廉的意味。苏州唐氏义庄有田仅五百亩有奇,规模只够半庄,但庄正每年支米三十石,庄副支米十五石,"以期实力办事"。[①] 长洲彭氏认为"庄正、副修金却宜从厚,俾寒士足以自给,免致奔走谋生抛荒庄务"。[②] 清人范必英在范氏续订庄规中明确提出:"祖规主奉酬劳六十石,三执事酬劳八十石,以子孙而理先业,劳何有酬? 而祖规设此项者,盖仿国家养廉之道,期其秉公任事耳"。[③]

当然,也并非所有义庄的管理人员都从义庄领取薪俸。[④] 对于庄正副情愿不支薪金者,义庄算作个人捐项,庄中注册勒石,"用彰廉让之风"。[⑤] 也有少数义庄认为,捐建义庄本为赡恤族人,由庄裔充任的领导者应为义务职,以示公心为族。如吴江施氏义庄"庄董总持庄务,系为族中尽义务,不给薪俸"。[⑥] 宜兴贾氏萱荫堂义庄庄董事、监察,"均为无给职"。[⑦]

(三) 义庄管理者的权责

义庄是作为家族的公产而产生和存在的,因此作为管理者,其权力是家族赋予的公权力,它既具有强制性和权威性,也有限定性。庄规就是义庄家族对这种公权力法制化的表达,使管理者必须在其框架内行为,越权和不作为都将受到相应的惩戒。管理者权责的明确,对苏南义庄的长期有序运行起到了重要作用。

---

① 唐轲等纂修:苏州《唐氏家谱》卷 6《庄规变通备考》,民国十六年石印本。
② 彭文杰、彭钟岱纂修:吴县《彭氏宗谱》卷 12《庄规》。
③ 范宏金等续修:苏州《范氏》卷 16《义庄岁记》,清道光三十年刻本。
④ 张研曾提出"无论是领导成员还是具体办事成员,都从义庄领取薪俸"的整体性判断。参见张研《清代族田基层社会结构》,第 95 页。
⑤ 潘绍贶纂修:苏州《东汇潘氏族谱》卷 6《荣阳义庄规条》。
⑥ 施则敬等编:《吴江施氏义庄汇录·施氏义庄赡族规条》。
⑦ 贾瑛淞等主修:宜兴《萧塘贾氏续修宗谱》卷 2《萱荫堂义庄条规》。

作为义庄的领导核心,掌庄子弟综理义庄事务,负有总责。概括而言,掌庄子弟的权力主要体现在七个方面:一是对义庄事务的决策权。"庄正统理庄务大纲,主裁出入,收贮银钱洋数,核对各项出入簿籍,理察勤惰,分别去留"。[1] 二是对其他管理人员的监督权。"庄董为一族之望,义庄各项事宜应负监察责任,凡义庄之账目是否详实,贫族之赡给有无弊混,以及执事人等之勤惰,均须随时考察质问,如有错误,尽可纠正。"[2]三是保管义庄契据、银钱及家族资料等。胶山安氏义庄设总理一人,"所有义庄租银悉归管理"。[3] 武进恽氏"庄内一切田房单契历年条漕印串及现存银钱均归掌庄总管谨慎执管"。[4] 吴江施氏义庄"所有契据注明施氏义田永禁侵卖典押字样,并盖一本堂施氏义庄图记,永归庄董保存"[5]。苏州申氏"先代墨宝诰敕等项交主奉收藏"。[6] 四是分配钱粮。贫族申报义庄救助,须得"主奉覆查的确,照例给票开支"。[7] 五是组织家族祭祀。"食德服畴礼隆报本,庄祠祭祀实为先务。"[8]每逢春秋祭期,掌庄子弟择定祭日,安排祭仪及祭毕食馂事宜。吴趋汪氏"每年三月春祭九月秋祭,庄正选定祭期"[9]。长洲彭氏"庄祠春秋特祀,庄正主祭"。[10] 六是督促义庄和族人按时纳税。"义庄办事宜先公后私,虽遇歉收,不得迟缓输赋。"[11]"凡地丁银两以及冬季漕粮,务必依限输纳,庶几国课早完,世业永

① 唐轲等纂修:苏州《唐氏家谱》卷6《义庄规条》。
② 施则敬等编:《吴江施氏义庄汇录·义庄章程》。
③ 安荣光纂修:无锡《胶山安黄氏宗谱》卷11《义庄规条》,民国间活字本。
④ 恽毓荣辑:《恽氏义庄缘起·恽氏义庄规条》。
⑤ 施则敬等编:《吴江施氏义庄汇录·义庄赡族规条》。
⑥ 申祖磻:苏州《申氏世谱》卷8《义庄规条》,道光二十一年刻本。
⑦ 申祖磻:苏州《申氏世谱》卷8《义庄规条》。
⑧ 彭文杰、彭钟岱纂修:吴县《彭氏宗谱》卷12《庄祭规条》。
⑨ 汪体椿等纂修:吴县《吴趋汪氏支谱》卷末《平阳汪氏耕荫义庄祭祀规条》。
⑩ 彭文杰、彭钟岱纂修:吴县《彭氏宗谱》卷12《庄祭规条》。
⑪ 王师曾纂修:《续修王氏家谱》卷5《世产·义庄规条》。

守，司庄人等毋得懈忽。"①七是维护家族秩序。义庄宗族枝大叶茂，族群之间出现纠纷在所难免。由于本身的威权，义庄成为天然而合法的调解处理机构，使得"族有争讼，不准越义庄各讼官司"②。

庄副一般为辅助庄正而设。庄正综理诸事，庄副"和衷理理"，③"咨请而行"④。苏州唐氏"庄副襄理庄务大纲，斟酌出入，查察银钱洋米等项，参核各项出入簿籍"。⑤ 也有庄副从事义庄具体事务的管理，实质上充当了司事角色。武进恽氏义庄设有三执事，一正二副。其副一曰司仓，专管收租贮廒、籴粜、舂白、完纳条漕兼司给发钱米等事；一曰司账，专管给发钱米、祭祀、修理祠墓庄仓、捡点家伙什物等。每遇发米之期，一专司验据加用付讫戳记，一专司查看给发米数。此二人必须常年在庄住宿。⑥

司事是义庄具体事务的执行者，专司收租纳赋、给发义米钱粮、一切出入登记、年终结算造册、庄籍登记等。苏州唐氏义庄设司记一人，监纳一人，司事二人，"司记专司各项出入一切银钱洋米等账，监纳专司收纳银钱洋米等项，司事掌管收租出账办理祭扫给发膳米完纳条漕诸色杂项等事"。⑦ 吴江施氏义庄的司账"经管庄内银钱及一切庶务，常川住庄，事务繁琐"。⑧ 无锡高氏义庄司事正副各一人，"专管租事，凡庄内田租银钱册籍悉归掌管"。⑨ 汪氏耕荫义庄设司事二人，"一管收租贮廒完纳条漕，一管登记钱米出入细数。遇发米之期，

① 杨廷杲纂修：苏州《吴郡杨氏家谱》(不分卷)"宏农义庄规条"，清光绪三十年刻本。
② 曹允源、李根源：民国《吴县志》卷31《公署四·义庄》，第14页。
③ 汪体椿等纂修：吴县《吴趋汪氏支谱》卷末《平阳汪氏耕荫义庄规条》。
④ 恽毓荣辑：武进《恽氏义庄缘起·恽氏义庄规条》。
⑤ 唐轲等纂修：苏州《唐氏家谱》卷6《义庄规条》。
⑥ 参见恽毓荣辑：武进《恽氏义庄缘起·恽氏义庄规条》。
⑦ 唐轲等纂修：苏州《唐氏家谱》卷6《义庄规条》。
⑧ 施则敬等编：《吴江施氏义庄汇录·义庄章程》。
⑨ 高鼎业纂修：武进《高氏大统宗谱》卷1《义庄规条》。

一司验据,加用印记,一司查看米数。平日庄内事件公同照管"。① 由于经管敏感的经济事宜,为避嫌疑,司事多用异姓。为防止司事在发放义米钱粮时,在斤两、米质或折价等项上作弊,各家义庄多有"义庄给米俱照部颁斗斛,所给米色即随本租米舂白碓存应用,或有时折钱须随当日市价,以杜抬高克扣等弊"的规定。②

　　义庄家族多为枝大叶茂之望族,居地不一,仅凭庄正副、司事等人,力难胜任。义庄多在各支下选拔支总或房长一人,管理稽查本支族众。若每支族众人数过多,再设一支副襄助。作为义庄的基层管理者,③支总事务繁琐,涉及婚丧嫁娶、子弟教育、清查人口、勘校支谱及一切救济事宜。支总既是本支族众信息的收集者,也是族众申请义庄赡助的最初审核者,同时还是本支族众一定意义上的管束教化者。大阜潘氏认为,欲议赡族之事,必先详定支谱,方足以资区别。"但子姓既繁周知非易,兹拟每派支下专属一人分司详校,名曰支总,以专责成。"④长洲彭氏考虑到"子姓既繁,所居远近不一,难以遍加询察,应由庄正副慎订支总"。⑤ 无锡杨氏自七世祖鸿森公以下,每支公举房长一人,"凡遇各支贫乏之子孙例合请给,即由各房长核实,具册报庄,复由掌庄详细复查确实,方准支给,以杜冒滥"。⑥ 莳门陆氏由掌庄"派各支房长作为司事",管理各房请支事宜。⑦ 吴趋汪氏乃巨族,人丁繁盛,每支派一人为支总,统司支下事故。具体而言,汪氏支总的职责主要有:第一,支总支副于朔望日赴庄,候庄正庄副办事,

① 汪体椿等纂修:吴县《吴趋汪氏支谱》卷末《平阳汪氏耕荫义庄规条》。
② 恽毓荣辑:武进《恽氏义庄缘起·恽氏义庄赡族规条》。
③ 日本学者清水盛光认为,司事、支总、房长并非义庄职员。所论缺乏依据,值得商榷。参见清水盛光:《中国族产制度考》,第176页。
④ 潘家元纂修:苏州《大阜潘氏支谱》附编卷2《松鳞庄赡族规条》。
⑤ 彭文杰、彭钟岱纂修:吴县《彭氏宗谱》卷12《庄规》。
⑥ 《无锡杨氏义庄赡族规条》,清末稿本。
⑦ 陆锦晭等纂修:苏州《陆氏莳门支谱》卷13《赡族规条》。

以备询问。第二,支总支副于庄中祖先神位升座前一月,携带丁口册,亲赴各房,查对有舛错者,即行更正,并散发规条,咸知遵守。第三,支下忠臣孝子儒林文苑及贞烈节孝等事应请旌表或宪奖者,俱备造事实册,开具报单呈支总转报。第四,支下婚嫁生卒移居安葬,俱随时开具报单,呈支总注册,以凭汇报。支总于每月望日将上月支下婚嫁生卒移居安葬六项除自行注册外,具启汇报义庄注册。第五,支下请考试费者,开具报单呈支总转报。[①]在义庄管理层中,支总地位虽微,却极其重要。大阜潘氏第一任掌庄潘遵祁特意提到,“自掌庄以来,时惧弗克胜任,赖各支总相助为理”。[②]苏州杨氏也说:“支总为一支表率,务须秉公查核,俾义泽永绵家声勿替。”[③]正因如此,吴趋汪氏强调,“支总、支副得人而任,义庄方收襄事之益”。[④]

(四) 对管理者的监管

建庄者们希望通过发展义庄事业,世代相继,既振家声,又达敬宗、睦族、保族的目的。但义庄能否有序运行,除与管理者的管理能力有关外,最大威胁就在于管理层的贪腐侵蚀,所以反腐倡廉成为义庄家族的重要任务。历代各家庄规都把对管理者的监管放在一个重要的位置,不厌其详,上升到制度化的高度。监管措施主要包括管理者上级对下级的督察、管理层内部的相互制衡、设立专门监察人员、义庄庄裔及族众的外围监督,以及制定严密的账目审核程序等,其特点在于职责明晰,权不专一,厉行追责。

在义庄管理层中,上级对下级实施严密监管,建立责任追究机制。常熟席氏义庄设有司正、司副,“一切出入,副者登注清册,正者

---

① 参见汪体椿等纂修:吴县《吴趋汪氏支谱》卷末《平阳汪氏耕荫义庄规条》、《平阳汪氏耕荫义庄续定规条》。

② 潘家元纂修:苏州《大阜潘氏支谱》附编卷1《义庄纪事·掌庄庄正庄副支总题名》。

③ 杨廷杲纂修:吴郡《杨氏家谱》(不分卷)“宏农义庄规条”。

④ 汪体椿等纂修:吴县《吴趋汪氏支谱》卷末《平阳汪氏耕荫义庄续定规条》。

按月查对,春秋二祭日合族公看查核,如有差讹,司正罚赔"。① 润州刘氏义庄"管理财政者应受庄正、副监督,凡出入各款除额定列入预算外,如有活支,非得庄正、副许可,不得擅主"。无论何人若有侵蚀、挪用亏欠弊端,"除追缴外,应照破坏义庄论,剥夺公权,不得与闻族中公事,不得列入议事席,以为惩戒"。② 吴江施氏将庄董视为一族之望,"义庄各项事宜应负监察责任,凡义庄之账目是否详实、贫族之赡给有无弊混以及执事人等之勤惰,均须随时考察质问,如有错误尽可纠正"。庄中司账经管经济事项,最为敏感,"庄董随时监察"。③ 嘉定曾氏"庄长主一庄之大纲,察验庄正、司事,量材进退,事无大小悉资筹划"。但曾氏同时设庄戡一人,"应办事宜与庄长同,并得谏止庄长行有未合之处"。庄中设庄正一人,"专司稽查司事、仓夫等勤惰、利弊,访核户口,给发钱米,掌管账籍、仓廒门户锁鑰,责任既严,管事亦繁"。很明显曾氏的庄长、庄戡位高权重,但只掌管人事或监察,真正掌管经济大权的是庄正。"如庄正有徇私废公,庄长、庄戡不及觉察,任其盗取契据移押挪用,冒销公款,侵吞渔利,因而败坏庄务者,除随时撤换并责令抵偿外,仍将其姓名及侵渔亏空数目刻之于石,以为后来鉴戒。庄长、戡失察,议罚修膳半年,重或全年。"④民国六年(1917),常熟张氏制定的现行庄规中,实行严格问责制,对司正副应担负的责任有明确的规定。兹录如下:

　　义庄房屋族人不得借住,司正不禁者应负其责;庄中器皿对象不得借用,司正徇情借出,如有损失,司正赔偿或于酬金内扣除;族人有违犯第六十一条至六十九条(庄规)不给项下之条目者,

---

① 席彬纂修:常熟《席氏世谱载记》卷12《义庄规条》。
② 刘志勤等纂修:《润东顺江洲刘氏重修族谱》卷3《义庄规则》。
③ 施则敬编:《吴江施氏义庄汇录·施氏义庄赡族规条》。
④ 嘉定《曾氏瑞芝义庄全案》卷下《经理规条》。

司正失察滥给，照数赔偿或于酬金内扣除；庄中暂存之银钱如有例外亏缺，由司正赔偿；知数承司正之命经理收支事项，如有作弊，由司正负责；庄内仆役均由司正监督负责；庄中款项统存司副处，除存银行之款司副不负责任外，其余一切款项均由司副负完全之责，如有亏短，由庄裔责令赔偿；每年存款银行时，所有款项由司副存交指定之中交两银行，在未交银行之前，仍由司副担负责任。①

吴趋汪氏耕荫义庄同样厉行连带问责制。若因核查不严，导致的滥支、误支事件，责令支下追缴。"倘逾限不缴及缴不足数，或病故而无米可扣者，均作十成摊赔归款，该管支总赔二成八分，庄副两人共赔五成，庄正赔二成二分。有支副者，支总、支副共赔四成二分，庄副二人共赔四成，庄正赔一成八分，以清庄款。"若因"支总启内漏叙紧要字样而庄正、庄副亦未核出以致误给钱米者，按其误给之数亦均十成摊赔。支总赔三成，庄副二人共赔五成，庄正赔二成。有支副者，支总、支副共赔四成四分，庄副二人共赔三成九分，庄正赔一成七分。其虽经批准旋即核出，或支总自行检举尚未给发者，即行更正。（以上二款赔项，均于酬米内扣赔。）"对于"支总、支副于婚嫁生卒移居安葬支下已报而漏未注册者，积至五事以上，各罚去酬米一成。支总、支副沽名钓誉，凡事率行转报，一年之中经庄正、庄副批驳积至三事以上，各记过一次，积至记过三次，各罚去酬米二成"。②

分权与制衡是近代民主政治发展的一个体现，苏南义庄在管理中也有朴素的运用，使得"职有攸归，权难独擅"。③"各义庄庄务俱有襄办之人，不独事易举，且私难徇也。"④金山钱氏庄正、庄副"三人各

① 张汝南纂修：常熟《清河张氏支谱》（不分卷）"张氏孝友义庄现行庄规"。
② 汪体椿等纂修：吴县《吴趋汪氏支谱》卷末《平阳汪氏耕荫义庄续定赡族规条》。
③ 王庆芝：常熟《太原王氏家乘》卷7《王氏怀义堂义庄规条》，民国八年木活字本。
④ 唐轲等纂修：苏州《唐氏家谱》卷6《义庄规条》。

须秉公,互相纠察,毋得徇情舞弊,以昭信实"①。常熟张氏孝友义庄
"司正总办庄中诸事,不得稍有错误,司副专存庄中银钱,不得私行移
用,两人各有专责,无得搀越"。②东汇潘氏庄务例归庄正秉公办理,
"惟银钱存款须合族中公举齿长品优身家殷实者两人协同经管,以免
庄正专持利权之嫌"。③苏州汪氏"庄正或有侵亏,庄副催追归款;庄
副或有侵亏,庄正催追归款";"庄正酬米由庄副发支票,其庄副、支
总、支副酬米及支总、支副奖给米并支下各项奖给钱文概由庄正发支
票,年月上均盖用篆记"。④汪氏的目的使庄正、庄副之间就形成了一
种连带的监督制约机制,让其难渎其职;即使渎职,也难逃其咎。张
氏孝友义庄每年所收租息除去开支外,余款由司副存入中、交两行,
所得利息统行入账。为防止出现经济问题,"银行存单由司正保管,
单上所盖图章由司副保管,遇有正当支出应行提取时,由庄裔议决方
准提取",⑤一定程度上避免了权利过分集中,起到了相互制约的作
用。吴趋汪氏耕荫义庄的支总、支副倘有过失,必须互相纠举。"如
徇情容隐,别经庄正、庄副查出,除有过者量事之大小分别议罚外,徇
隐者亦记过一次。务各和衷共济,义庄收指臂之助,亦不得藉词纠举
率意攻讦"。⑥锡山秦氏义庄则是通过对办事流程的监控,使得任何
一桩义庄的收支款项,均经过多道程序审批和监管,大大减少了管理
者侵渔的可能性。义庄的出纳董事"专司稽核田租与本庄附产之收
入及每年经常之支出",凡收入款项应随时交会计部登记,其支用各
款须开具事由、款额清单交会计部查核,依时向保管部支付,若遇临

① 钱铭江、钱铭铨纂修:《金山钱氏支庄全案·庄规》。
② 张汝南纂修:常熟《清河张氏支谱》(不分卷)"常熟张氏孝友义庄开办庄规"。
③ 潘绍贤纂修:苏州《东汇潘氏族谱》卷6《续增规约》。
④ 汪体椿等纂修:吴县《吴趋汪氏支谱》卷末《平阳汪氏耕荫义庄规条》、《平阳汪氏耕
荫义庄续定规条》。
⑤ 张汝南纂修:常熟《清河张氏支谱》(不分卷)"张氏孝友义庄现行庄规"。
⑥ 汪体椿等纂修:吴县《吴趋汪氏支谱》卷末《平阳汪氏耕荫义庄续定赡族规条》。

时支出,须经董事会公决,方可照支。每年春迫后于立秋前,编制全年收支清册,交会计部查核,转交庄董核明,以便审查公布。会计董事"专司登记收支各款,并掌接受出纳董事之收款,交保管部储存生息"。每年春迫后,除查核出纳董事之清册外,须将全年临时收支各款编造清册交庄董核明,以便审查公布。保管董事"凡本庄田单契据存折等负责保管并担任存款生息之事",惟储存何处须由董事会公决,收入会计簿之款项后应临时交予指定之处储存生息。凡本庄有应支之款,由会计部凭出纳部的支条照付,每年开例会时,将保管各件交董事会核明,以便受审查会之审查。庄中所雇外姓司账,专司田租、祭扫、额米等费。如有收入应随时交纳,董事掣取收条。凡遇支用,须开具事由、清单,向支出董事处领取支条,至会计董事处登记,再向保管董事处领款。①

　　义庄设立专职监察人员,严厉打击贪腐行为。临海屈氏义庄"聘司正以纠违失"。屈氏认为,"义庄定有章程,善后已为完备,然各司各事而无统纪相维,任劳则易涉纷更,分谤则随同附和,成规废坠"。于是"于族中遴择品行端方者,公聘为司正,专司申明约束,每年查盘钱谷,每月监放口粮,凡董事以下耳目所未周,经理所未善者,是属违失,司正纠之。凡庄裔有越分殊求,族众有冒支弊混者,是属违失,司正纠之。凡义庄损益更改事宜,俱系董事同庄裔议定,未经司正参决者,不得擅自举行。凡外亲本族尊长有干预义庄阻挠公事者,并许司正鸣官饬究"②。嘉定练西黄氏义庄设稽查两人至四人,专司"稽核账目,并得解决关于款项出入之疑难事件"。黄氏的稽查"无津贴费",③也寄寓了义庄家族的深意,既然不拿义庄的薪水,说话做事时腰板直,有底气,更具震慑性。常熟邹氏隆志堂义庄设立司监一人,"专司

① 秦涌涛等修:《锡山秦氏宗谱》卷首下《组织大纲》。
② 屈轶辑:常熟《临海屈氏世谱》卷11《屈氏义庄规条》。
③ 黄守恒纂修:嘉定《练西黄氏宗谱》卷13《义田经管规程》。

申明条约,稽核出入"。"倘司正副经画未周,听情容隐,或庄裔越分诛求,族众妄希冒混,一应庄中要务,皆由司监纠之。虽族中尊长,不得干预阻挠。"若出现监管不力情形,司监也要承担相应的责任,"如司正副舞弊,司监失察,以致亏缺,即着司监理偿。"①

建庄者的嫡系子孙即为庄裔,他们实质上是义庄权力的主体。不仅义庄主要管理者从中产生,即便延聘异姓参与管理,决策、监督大权还是掌握在他们的手里。一旦"庄中有事,凡属庄裔俱宜到庄妥议……不得遇有事故妄行推诿"②。在义庄的权力结构中,掌庄子弟位高权重,居于权力的顶端,明显具有代族行政的意味。对其监管一旦失控,义庄命运可想而知。义庄族群中能监控掌庄子弟的唯有庄裔,查账和参与决策是主要途径。荡口华氏要求庄中每年钱谷出入,逐一开明,"各司事及董事公同盘查无讹,各庄裔亦须于每年正月内到庄,将清册查看一次"③。无锡高氏义庄每年冬至日,由庄董设席,邀请庄裔到庄查看四柱清册,如有盈余公同议择妥善公处存储采息,积成巨款,备置田产,不得徇隐藉事挪移。④ 掌庄子弟一旦违规,庄裔有权处置。无锡蔡氏义庄诸事悉听董司事照规处置,族人不得干预致有侵扰。但"经管人即有欺蔽之弊,宗族但报承裕堂,会同宗族老成长者理断"⑤。松江张氏"掌管人有欺弊处,宗族但公具实状同申世泽堂宅,会同先封公后各房理断"。⑥ 武进恽氏的总管或有不公致滋物议的,"各户长务须互相觉察,秉公理论"。⑦

---

① 《常熟邹氏隆志堂义庄规条》,参见王国平、唐力行主编:《明清以来苏州社会史碑刻集》,第 235 页。

② 华翼纶辑:无锡《华氏新义庄事略》卷上《议约十八则》。

③ 华翼纶辑:无锡《华氏新义庄事略》卷上《议约十八则》。

④ 高鼎业纂修:武进《高氏大统宗谱》卷首《义庄规条》、《续议义庄规则》。

⑤ 蔡樾纂修:无锡《蔡氏蓉湖支谱》卷 9《义庄原定规条》。

⑥ 《义田规·张氏义庄条例》,清抄暨刻本。

⑦ 恽毓荣辑:《恽氏义庄缘起·恽氏义庄规条》。

既然义庄为阖族公产,从理论上而言,族众亦有参与管理的权利。实际上,一般族众的权力只是有限的建议权、收支知情权、选举权及所谓的监督权。族众设有见闻所及,或陈设宗族公益之事,准向主奉主管商酌,但"仍听主奉裁定"。① 这种建议权的效用有多大,可想而知。义庄每年会造具收支四柱清册,于庄祠中备族人公阅。这种做法有两个目的:一是"俾昭信守,以示大众";二为防止管理人蒙混,让族人监督。如太仓钱氏"每年七月初一日宗祠交账后,将本庄出入大略宣告族众,以便周知"②。苏州唐氏在家祠秋祭时,"庄正将清册带至祠中凭公检阅"。③ 苏州吴氏义庄"年终造具详细报销清册,族中公同核对"。④ 吴江施氏义庄每年正月底司账将上年账目结清,"俟春祭之时,族人聚会当众布告,俾庄中款项盈亏咸使闻之"。⑤ 丹徒倪氏义庄"另开简明报销清单揭贴庄内,俾族众公阅"⑥。对于义庄管理人员的贪腐行为,族众是可以揭发检举的,"倘办理之人有徇私等情,听合族据实检举议罚"。⑦ 吴中叶氏"如主奉等确有侵欺实据,许族人诣庄理论"。⑧ 大阜潘氏"掌庄人果有侵欺确据,许族中公同据实申官理断,责令偿纳"。⑨ 金山黄氏义庄管理人"有不称职之处,族人均有纠察权"。⑩ 但由于害怕有些族人借机兴讼,紊乱庄规,各家义庄也有对无据健讼者给予严惩的规定。苏州程氏对捏诈兴词意存干

① 唐轲等纂修:苏州《唐氏家谱》卷6《义庄规条》。
②《太仓钱氏宁远义庄文存》卷下《义庄规条》。
③ 唐轲等纂修:苏州《唐氏家谱》卷6《义庄规条》。
④ 吴大赜纂修:《皋庑吴氏家乘》卷10《义庄规条》。
⑤ 施则敬等编:《吴江施氏义庄汇录·施氏义庄赡族规条》。
⑥ 倪思九主修:《丹徒倪氏族谱》卷6《瀹明义庄规条》。
⑦ 唐轲等纂修:苏州《唐氏家谱》卷6《义庄规条》。
⑧ 叶德辉等纂修:《吴中叶氏宗谱》卷63《赡族规条》。
⑨ 潘家元纂修:苏州《大阜潘氏支谱》附编卷2《松鳞庄规条》。
⑩ 黄玠纂修:《金山黄氏族谱》(不分卷)《义田章程》,清宣统二年铅印本。

扰者，由"庄正副邀集族人公同诘责，治以家法"。① 更多的义庄则像武进恽氏一样，对"捏诈兴词紊烦官府者，照大概庄例官为惩儆"。② 也有少数义庄给予族众较大的管理参与权，如嘉定黄氏司总掌义庄的预决算大权，但司总编制预算后仍须交"同族会议议决之"；③润州刘氏义庄"如有大工作，庄正须邀同族众估计，不得擅自举动致形支绌"。④

　　义庄贪腐行为的发生多和收支账目不清有关。账目监管是经济监督的主要途径。对于账目出入繁杂的义庄而言，任何收支都要求载录详实，以便核查。如临海屈氏所言，义庄"经理以册籍为凭，稽查以册籍为据，最关紧要，不厌周详"。⑤ 无锡高氏义庄岁租所入，以及各项开支，"随时登簿"。⑥ 葑门陆氏"庄内条漕、公用、春秋祭享及给发银米并零星杂用，俱分计簿，逐年结算核实"⑦。苏州程氏"钱粮祭扫修葺工食春秋祭享及给发钱米诸项，均立簿籍稽查"。⑧ "勤结算以示至公"，⑨为了便于相关人员的定期核查，义庄会按月结算，并汇造总册。东汇潘氏"庄中出入之款由司账逐项详开，按月结算，于每月朔日交庄正副查核，年终汇造四柱清册，交庄正副核销，盖以图记"。⑩ 苏州唐氏义庄按月造册，以示公正。庄中一应出入逐项账目由司记分别项款详明登簿外，每届月底，另置月结一册，将一月出入之数登

① 程眈纂修：苏州《程氏支谱》卷1《成训义庄规条》。
② 恽毓荣辑：《恽氏义庄缘起·恽氏义庄规条》。
③ 黄守恒纂修：嘉定《练西黄氏宗谱》卷13《义田经管规程》。
④ 刘志勤等纂修：《润东顺江洲刘氏重修族谱》卷3《刘氏义庄规条》。
⑤ 屈轶辑：常熟《临海屈氏世谱》卷11《屈氏义庄规条》。
⑥ 高鼎业纂修：武进《高氏大统宗谱》卷首《义庄规条》。
⑦ 陆锦晫等纂修：苏州《陆氏葑门支谱》卷13《义庄规条》。
⑧ 程眈纂修：苏州《程氏支谱》卷1《成训义庄规条》。
⑨ 作者不详：《锡山徐氏支谱》（不分卷）"义庄条约"。
⑩ 潘绍赜纂修：苏州《东汇潘氏族谱》卷6《续增规约》。

记结算报明庄正。每届一年,将一年出入盈亏之数同各司事汇造清册,并将各项底簿及月结簿一并送交庄正副核对。[①] 临海屈氏义庄的账目工作做得更为细致,凡分管出入财用,日有日结,月有月结,积至季终,管收纳者有入账,管支销者有出账,并送董事考核,汇造出入简明底册,同分管原帐存贮义庄,"此一季之清册也"。每年岁终,攒造会计四柱册两套,一存值年,一贮义庄,"此一年之清册也"。三年期满,交卸攒造交盘四柱册三套,一存值年,一存旧董事,一贮义庄即付新董事收受,内套册尾填注年月日、新董某旧董某交代字样,会集司正、司事及庄裔,俱各画押存照,"此三年交代之清册也"。[②] 常熟张氏孝友义庄实行月查、年检、卸任审查制度。义庄每于月朔须将前月出入细数另造一册,定于十日内送庄裔查核。至陈租毕新租出,汇造一年总册两套,一套存庄中司事检核,一套送庄裔备查。此外,在司正三年期满卸任时,仍须将三年经手一切田租钱粮、出入账目、支给人数、原交各册、图戳、现存钱米器皿、装修等项,无论巨细汇造总册三套,以一套交接办者照数点收,一套存卸任者备查,一套送庄裔收存备查。司正所收账册虽年远不得遗失。[③]

苏南义庄在运行中逐步形成一套严密的运作法则,并不断加以完善和补充。但密网也有疏漏,庄裔、义庄管理人利用身份及职务上的便利,耍无赖或巧立名目欺骗族众,从中谋利的现象仍时有发生。民国时期,荡口华老义庄就出现族众及管理人侵渔庄产现象。有的族人向义庄借兑,结果有借无还,特别是二流子、白面鬼经常去强借。族中少数子弟曾一度要求分拆义庄而未果。把持庄政者皆为族中有钱有势者,账目亦不公开,常贪污中饱,故分配赡养费时颇不公平,有

---

① 参见唐轲等纂修:苏州《唐氏家谱》卷 6《义庄规条》。
② 参见屈轶辑:常熟《临海屈氏世谱》卷 11《屈氏义庄规条》。
③ 参见张汝南纂修:常熟《清河张氏支谱》(不分卷)"常熟张氏孝友义庄开办庄规"。

面子就有办法,懦弱者则可欺。该族华宗佑母亲说:"义庄像一只米窝,旁边小虫将米窝钻空了;或像个饭碗,碗边大家吃,碗中主管人吃。"选举主管人,亦是明里选,暗里通,事先勾结拉拢好,选举是官样文章,因有利可图,无有不发财。[1] 据华东军政委员会的调查,无锡村前胡氏义庄后期也发生管理人贪污中饱现象,如胡有山、胡有祥合管时期,他两人一个吃白面,一个酒糊涂,家里没有什么产业,在管理时大吃大喝,义庄收的租,大都被他们吃掉。抗战胜利后,区长胡守贞掌管义庄,从中贪污榨取,以肥私囊。[2]

四、义庄不动产的经营管理

庄产是义庄赖以存在的经济基础,主要包括庄祠和庄田两部分。庄产管理得当与否直接关系着义庄的兴衰存废。为防止侵蚀现象发生,各家义庄均制定严密的条规,实施严格管理。

(一) 庄祠结构及管理

庄祠是家族活动的中心舞台,义庄办公、家族集会、春秋祭典、发放钱粮、家族教育及修纂族谱等均在这里举行。庄祠规模宏大,建筑气派,对合族子民彰显着威权,对外则展示着家族的繁盛。因此,义庄家族对庄祠及其设施的管理、保护事宜格外重视。

庄祠可以划分为五大功能区:办公议事区(账房)、粮食储藏区(仓房)、祭祀区(飨堂)、文化教育区(谱局、书房或族学)、休闲娱乐区(花园、茶厅等)。义庄家族的庄房与祠堂往往是一体化的,有的义庄就是由祠堂改造而来,象征着义庄以祖宗之心,庇佑着子孙后代。长

---

[1] 苏南人民行政公署土地改革委员会编:《土地改革前的苏南农村》,1951 年,第73 页。

[2] 华东军政委员会土地改革委员会编:《江苏省农村调查》,第 249 页。

洲彭氏"以宗祠为庄祠"。① 南汇竹岗李氏"宗祠也,即义庄也"。② 常熟席氏"将祠屋修葺扩充即作庄房"。③ 更多的家族则将宗祠附设于义庄,常熟归氏置屋"七厦三十楹为义庄,设宗祠于中,义塾附之"。④ 吴县人浙江宁绍台道顾文彬于光绪三年(1877)捐建春荫义庄,"并于庄内建设祠堂"。⑤ 庄塾也往往设于义庄之中,丹徒倪氏祠堂"中门之右为义庄,以赡贫乏之族众,左为家塾,以教族中之子弟"。⑥ 财力雄厚的义庄还设有茶厅、花园等休闲场所,如顾氏春荫义庄"东首园林,名曰怡园";⑦盛氏义庄就设在留园中,"园中庭榭池沼咸隶义庄"。⑧ 俞氏缵安义庄后面所建小园,"颇具花木之胜"。⑨

义庄器物不准借出,要求经管人员精心保管,并置簿册详细记录数量种类,以免被侵蚀。丹徒倪氏义庄"人力器用之类概不借出"。⑩ 吴江施氏将家塾书籍、器具等庄中公产逐件录簿,新置者随时添入,由司账经管保存,"本族及邻居无论何人概不借用,并不得任意弃毁。倘因年久破损不堪用者,亦应交庄董验明另置,注明簿内,以便查考","不得有变卖损坏等事"。⑪ 吴趋汪氏为防止器物遗失,另缮祭器册一本,各项器皿册一本,骑缝俱盖用庄正、庄副篆记,永存庄中,以昭敬守。"其祭器册及各项器皿册倘日后有修理及添置者,均于册内

① 彭文杰、彭钟岱纂修:吴县《彭氏宗谱》卷12《庄祭规条》。

② 金福曾、张文虎:《光绪南汇县志》卷3《建置志·义田》,清光绪五年刻本,第41页。

③ 席彬纂修:常熟《席氏世谱载记》卷12《义庄规条》。

④ 阮元:《昭文归氏义庄记》,见归令望纂修:常熟《归氏世谱》卷8《义庄志》,清光绪十四年刻本。

⑤ 李根源、曹允源:《吴县志》卷31《公署四·义庄》,第15页。

⑥ 倪思九主修:《丹徒倪氏族谱》卷5《宗祠呈请示禁文卷》。

⑦ 李根源、曹允源:《吴县志》卷31《公署四·义庄》,第15页。

⑧ 李根源、曹允源:《吴县志》卷31《公署四·义庄》,第25页。

⑨ 李根源、曹允源:《吴县志》卷31《公署四·义庄》,第19页。

⑩ 倪思九主修:《丹徒倪氏族谱》卷6《澹明义庄规条》。

⑪ 施则敬等编:《吴江施氏义庄汇录·义庄赡族规条》。

注明某年月修理、添置或改造字样"。① 荡口华氏新义庄要求"仓用器
具随时置办,足用不可过多,以致废弃,司事亦随时检点不致遗失"②。
为确保庄祠公产不受损失,张氏孝友义庄实行了管理责任制,"倘司
事徇情借出,即照所借物价议罚十分之一,以作充公,原物即行归整。
如有因借而致损失者,司事罚赔,俱于酬金内扣除"。③

　　义庄关乎合族形象,庄房不准族人堆放杂物,并安排专人定期打
扫,每年修葺宜勤。嘉定曾氏认为,"庄祠外肃门仪,中供神位,傍设
义塾,兼为祭毕饮福办公之所,自宜洒扫洁净,不准堆积杂物。"④长洲
彭氏"庄祠朔望及祭祀前期启户洒扫洁净,祭毕阖户不得为穿堂过
路。非祭器不得庋存,以安灵爽而昭严肃。或因年久有渗漏损坏之
处,务须及时修葺,不得因循贻误"。⑤ 荡口华氏要求"庄内仓厫房屋
每年修葺宜勤,庶几先事预防,补苴渗漏,不致仓货霉湿"⑥。

　　庄祠供奉着祖宗神位,不准族人借住、宴会、存物、寄存棺柩,严
禁聚众赌博、吸食鸦片,以昭严肃,违者议罚。南汇傅氏祖荫堂义庄
"堂中不得有烟酒赌博等行为,如违究罚"。⑦ 吴江施氏规定:"义庄房
屋为族中公共之所,无论何人均不得在内赌博,以及有违禁令之举。
有犯立即逐出。倘庄内执事之人犯此者立退,并宣布其违犯情由,以
昭儆戒。"⑧嘉定曾氏"除祭祀饮福外,毋许在庄宴会,凡公事与庄无涉
者,不准借庄会议";"赌博戏具并不准携入庄内"。⑨ 润州刘氏义庄族

① 汪体椿等纂修:吴县《吴趋汪氏支谱》卷末《平阳汪氏耕荫义庄续定规条》。
② 华翼纶辑:无锡《华氏新义庄事略》卷上《议约十八则》。
③ 张汝南纂修:常熟《清河张氏支谱》(不分卷)"常熟张氏孝友义庄开办庄规"。
④ 嘉定《曾氏瑞芝义庄全案》卷下《经理规条》。
⑤ 彭文杰、彭钟岱纂修:吴县《彭氏宗谱》卷12《庄祭规条》。
⑥ 华翼纶辑:无锡《华氏新义庄事略》卷上《议约十八则》。
⑦ 傅恭弼续修:南汇《傅氏续修家谱》(不分卷)"傅祖荫堂义庄章程"。
⑧ 施则敬等编:《吴江施氏义庄汇录·义庄赡族规条》。
⑨ 嘉定《曾氏瑞芝义庄全案》卷下《经理规条》。

人"擅自借住借用物件,查出罚赔庄正副"。①

作为经济重地,义庄除设置门役外,还要求司事或庄正、副常川住庄,照管庄祠。长洲彭氏"司事轮班住宿"。② 吴江施氏义庄所延司账经管庄内银钱及一切庶务,"常川住庄"。③ 嘉定曾氏瑞芝义庄除"庄正当常川住庄照管"外,"庄长即应挈眷住庄,以便常川照料,如不能住庄,亦须请人自代"。④ 丹徒倪氏"庄正副不得无故同时离庄,若有婚丧大事许其请假,惟必须有一人在庄办事"⑤。虞阳沈氏义庄司正"如欲告假及有事出外,须预为关照","勿得擅自离庄"。⑥

近代苏南庄规中均有"庄祠不得寄存棺木"的规定。但与苏南不同的是广州市义庄在民国年间却出现了屡禁不止的停厝现象。1931年《广州市政公报》上发布了一则"取缔庄房义庄停厝棺柩"的通告,内容摘录如下:

> 市第二卫生区昨十八日发出布告,申告市民周知云:为布告事,照得取缔庄房义庄停厝棺柩规则,前经卫生局布告,暨分令本市各庄房义庄遵守在案。兹查本区段内各庄房义庄,对于取缔规则,日久玩生,多不遵照奉行,至棺木渗漏,及过期仍不迁出,似此对于市民卫生,实属危险。兹再重申禁令,严予取缔,仰各义庄房,切实遵行取缔各庄房义庄停厝棺柩规则办理,是为至要,切切此布。⑦

广州义庄出现上述现象可能与当地民俗有关,更有可能是因义

① 刘志勤等纂修:《润东顺江洲刘氏重修族谱》卷3《刘氏义庄规条》。
② 彭文杰、彭钟岱纂修:吴县《彭氏宗谱》卷12《庄规》。
③ 施则敬等编:《吴江施氏义庄汇录·义庄赡族规条》。
④ 嘉定《曾氏瑞芝义庄全案》卷下《经理规条》。
⑤ 倪思九主修:《丹徒倪氏族谱》卷6《澹明义庄规条》。
⑥ 沈寿祺等修撰:《虞山沈氏宗谱》卷11《义庄志》。
⑦ 《广州市市政公报》,1931年第389—390期合刊,第66页。

庄衰败停办,庄房逐渐沦落成了家族停厝棺柩的地方。

(二) 庄田管理

庄田和庄房是义庄存在的物质基础,尤其庄田为家族一切赡济事宜的经济来源,更是苏南宗族制度得以维系的经济支柱,对其精心管理的重要性不言而喻。庄田按其用途一般可分为赡族的义田、祭祀的祭田、教育的书田、安葬的墓田(有的义庄除族墓外还置有义冢)。义庄家族的祭田、书田及墓田,有的从义田中析出,有的另为购置,如无锡钱氏义庄除义田外,族人又另捐"祭田二百八十亩"。[①] 但绝大多数的义庄祭、墓、书田与义田实际合一,不区划功能用途,统一支配使用,由义庄统一管理。义庄田产主要实行租佃经营,对义庄家族而言,保证义田不受侵蚀或防止族人的盗卖是管理中的要点。苏南义庄管理义田的措施主要有如下四条:

第一,严禁庄产和族人私产发生瓜葛混淆。

1. 庄田不准租与族人耕种。义庄田一般只招租外族人耕种,禁止族人租佃。早在北宋元丰六年(1083)的范氏续订《义庄规矩》中就有"族人不得租佃义田,诈立名字同"[②]的规定。后世义庄也都继承了这一传统。如太仓钱氏"族姓无论何人不得租种庄田,违者得由同族秉公处治"[③]。莘门陆氏"族人无论支米与不支米者,照各庄定例,不得租种庄田"[④]。丹徒倪氏不仅将庄田租与外姓佃户耕种,还规定"族人不得侵扰其生业,强夺其居止(址),尤不得虚捏名字,暗图佃作,违

① 汪大中、倪咸生、秦缃业等纂修:光绪《无锡金匮县志》卷30《善举》,光绪七年刻本,第10页。
② 李勇先、王蓉贵校点:《范仲淹全集》(中)附录6《历代义庄义田记·续定义庄规矩》,第1160页。
③ 《太仓钱氏宁远义庄文存》卷下《义庄规条》。
④ 陆锦瞤等纂修:苏州《陆氏莘门支谱》卷13《义庄规条》。

者议罚,强悍者则呈官处治".① 不准族人租佃义庄土地,曾是义庄遭
人诟病的一种理由,认为族人无地可耕,义庄却将土地租佃他姓,有
违道义。但义庄家族之所以在庄规中写明此条,不受动摇,还是有其
深意所在的。有人给出了如下解释:"义田本赡亲支,然亲支不得承
种,恐他日有擅行侵扣者,纵则非义,惩则伤恩,谨之于初,可以无
弊。"②也就是说,义庄担心族人租种义田,会引起族内纠纷,违背义庄
赡族、睦宗的初衷。这样的解释不无道理,历史上就出现过这样的先
例。宣德年间,范氏义庄就因族人违规耕种义田,导致义庄出现难以
为继的现象。《宣德间清理范氏义田记》中记载:

> 又因族人违规耕种,不纳租米,及佃户庄干埋没欺隐,故每
> 岁所收租利,止将输纳夏秋二税,供给马站等项支用,尚犹不敷,
> 并无升合赡及宗族。③

在家族的兴衰史中,人们经常发现一些世家大族曾经富甲一方,
荣耀乡里,动辄以万金或数顷膏腴之地遗其子孙,但多不数世皆因家
产不断析分而归于岑寂无闻。对于那些"以祖宗之心"俯视族人的人
而言,学习范氏建立不可典卖析分的义庄公产,激励后嗣子孙"克广
德心,日增岁益","俾族人俯有拾仰有取",④是达到保障后世子孙生
存发展的最佳选择。诚如丹徒倪氏坦言:"因念遗财于子孙徒为患害
而堕其志气,乃汲汲于宗祠、义庄、家塾诸端"。⑤ 一旦允许族人耕种

---

① 倪思九主修:《丹徒倪氏族谱》卷6《澹明义庄规条》。
② 《陈龙正家矩》,见陈梦雷编纂、蒋廷锡校订:《古今图书集成·明伦汇编·家范典》
卷101《宗族部》,第39588页。
③ 洪焕椿编:《明清苏州农村经济资料》,第76页。
④ 彭文杰、彭钟岱纂修:吴县《彭氏宗谱》卷12《庄规》。
⑤ 倪思九主修:《丹徒倪氏族谱》卷6《澹明义庄自序》。

义庄田地,建庄者不仅怕难于管理,"久佃近业主"或"久佃成业主"的事件就有可能发生,此举何异于分财析产? 若此,一遇不肖子弟,义庄最终难逃解体的命运。

不过,还是有少数义庄存在族人佃种庄田的现象,据华东军政委员会的调查,洞庭东山区本族人种义庄田的只有一户,种田 1.08 亩,原因是田离家近,本人又无职业之故,其他均为外地外族农民租种。[1]即便庄田租与族人,与租与异姓相比,并不存在任何优惠。常熟席氏义庄规定:"族中如有耕种庄田者,应照额清还,灾歉照边方减成,不得拖欠,即有应给口粮,亦不得扣划,如不遵照,庄上出赀开追。"[2]此外,近代苏南地区人多地少,土地流转频繁,义庄所置土地往往与宗族聚居地相距甚远,甚至分布在外乡、外县,这类土地族人耕种也是不现实的。如武进恽氏的庄田就分布在武进、阳湖、丹阳三县。[3]综上而言,苏南义庄之所以禁止族人耕种庄田,主要是为了防止子孙凭借血亲关系拖欠田租,甚至不缴田租,霸占田亩,形成恶性循环,破坏义庄体制。

2. 不准寄庄收租或将私产挂靠在义庄名下。由于义庄受官府保护,按时足量收租的保障性显然较私家地主为优,且官府优免义田的差役、徭役。为避免有些族人为少输赋税便于收租计,将个人私产蒙混家族公产名目,寄庄收租,从而导致公私混淆之弊,最终产生侵蚀庄产的现象,义庄多有相关禁例。荡口华氏新义庄"不准寄仓收租","亦不得将庄主私产混入,以杜捏冒诡寄之弊"。[4] 长洲彭氏"子姓有田产者,凡出由、收租、完粮等事,均不得借用谊庄名目,违者将田归庄,永为庄产"[5]。

然而,近代苏南还是有将个人私产充入庄中的事例。南汇傅祖

① 华东军政委员会土地改革委员会编:《江苏省农村调查》,1952 年内部资料,第 256 页。
② 席彬纂修:《席氏世谱载记》卷 12《义庄规条》。
③ 恽毓荣辑:《恽氏义庄缘起·恽氏义庄规条》。
④ 华翼纶辑:无锡《华氏新义庄事略》卷上《议约十八则》。
⑤ 彭文杰、彭钟岱纂修:吴县《彭氏宗谱》卷 12《庄规》。

荫堂义庄建于 1935 年,其当年十月呈县案文中说,将"田滩计一千零三亩三厘拨充义庄基金",其中包括"指拨五女奁赠田滩每人各三十亩,合计一百五十亩",是项田产悉由义庄保管,"永远不准变卖抵押顶佃永佃,俾垂永久"。其时傅氏四女已婚,一女尚未成年,妆田划入义庄保管,其真正用意莫非就是使此奁田享受义田待遇。呈文遭到了县府的批驳,认为"所呈章则未尽妥善,况出嫁女子之田产应在义庄原章程第三条田亩总额除去,不必并入义庄内"。傅氏不得不于再次呈县府文中说:"奉此遵将发还原呈章程登记清册登记田产册一并改正,计义庄田滩共八百五十三亩九分四厘,所有拨给五女田滩一百五十亩,已遵批划出,附入义庄代为保管,指定为各该氏祭扫田,连同义庄田滩一并永远不准变卖抵押顶佃永佃,俾垂永久。"呈文最终得到了县政府"所请备案及给示勒碑分别照准"[1]的批示,但仍留下了不少疑问。一是,此一百五十亩田已划出义庄,政府还给不给优免差徭的优惠? 二是,既然此田"赋由本(傅祖荫)堂代完",其租息如何处理? 是归各该氏拥有,还是由义庄支配? 三是,傅氏第五女尚幼,推测其他诸女虽婚年龄也不会太大,傅氏因指拨义庄田给五女作奁赠田不成,才以祭扫田的名义附入义庄保管,且与义庄田单同时存案,推理是为优免目的,结果应该得到了满足。这从傅氏义庄如下规定得到印证:"亲族邻友之田愿附入义庄而自种者,准其附入备案,每年每亩还租洋一元而赋税即由本堂代完,若赋税增至一元以外时,租额亦应酌增之。"傅氏的另一举措也颇值玩味,即庄裔可以种义庄田,且只需完纳国赋,这与其他义庄的规定截然不合。《傅祖荫堂义庄章程》第十六条云:"恭弼(庄主)自种田二十亩,每年还本堂租洋每亩一元。恭弼子孙佃种房数多时,至多不得过义庄田十分之一,仍应请由

---

① 傅恭弼续修:南汇《傅氏续修家谱》(不分卷)"呈南汇县政府……保护由"、"呈南汇县政府……发还由"、"附南汇县政府第 651 号批示原文"。

董事会时公决行之。"①虽然我们不能因此条款就断然否定傅氏的赡族情怀,但至少可以说它有偏离义庄公产宗旨的倾向。其他苏南义庄是否还存在同样情况,答案应该是肯定的,因为任何禁例产生的前提是它已有先例存在,并产生了危害性后果。

3. 义庄亦不准典买族人田房。吴趋汪氏"义庄不得典买族人田土"。② 苏州东汇潘氏"庄中不得典买族人田房"③。义庄此举固有怕担不义之名的顾虑,也害怕引起族内经济纠纷。但最主要的是,对于宗族整体而言,无论公产还是私产,都是宗族产业的一部分,义庄购买族人的田房,只是宗族内部的财产流动,对于加强宗族自身建设并没有实际意义。所以宗族扩张实力,只能在族外进行。

第二,义庄只买绝产之田。清代苏南,商品经济进一步发展,田房买卖十分频繁。这种买卖主要有两种方式,一是卖出之后,不准赎回,对买家而言称之为绝买;一种是对卖出去的田房,卖主仍在一定时间内保留赎回的权利,主要通过不动产典押的形式来进行,对买家而言称之为活买。不断增置田产是义庄家族的经营发展目标,义庄对所买之田房,只准绝买,不准活买,目的在于避免纠纷,保证产权的稳定性。如太原王氏"凡田俱买绝产,不准擅买佃产"④。吴江施氏"凡乡间习惯如典押等项产业概不收受,俾免纠葛"⑤。长洲彭氏"凡置田,只许买绝,不得典押,以断瓜藤"。⑥

第三,禁止族人私自析分典卖庄产。义庄的目的就是为子孙提供一个生存发展的依托,本为宗族公益而建,如果允许子孙分割典卖

---

① 傅恭弼续修:南汇《傅氏续修家谱》(不分卷)"傅祖荫堂义庄章程"。
② 汪体椿等纂修:《吴趋汪氏支谱》卷末《平阳汪氏耕荫义庄规条》。
③ 潘绍赜纂修:苏州《东汇潘氏族谱》卷6《续增规约》。
④ 王庆芝:《太原王氏家乘》卷7《怀义堂义庄规条》,民国八年木活字本。
⑤ 施则敬等编:《吴江施氏义庄汇录》。
⑥ 彭文杰、彭钟岱纂修:吴县《彭氏宗谱》卷12《庄规》。

庄产,又何必建庄。祖宗们正是发现为子孙遗留万金或数顷膏腴之地,经过几世析分或不肖子孙的挥霍,最终化为乌有,不如建立义庄,只增不减,更为可靠。所以族产的流动从原则来说是单向的,即只能买进不能卖出,亦不准私自分割。无锡蔡氏"无论族人外人均不得擅行买卖"义庄公产,违者即建庄子孙"亦以盗卖论"。[①] 吴江施氏"义庄房屋田亩以及器具对象,施氏子孙世世永当保守,不得有变卖损坏等事"[②]。荡口华氏子姓捐置田房,"永为义庄公产,不得通情拨出"。[③] 润州刘氏"义庄仓屋田地不准典卖",并为此制定了保护性措施。"凡义田印墨各契佃领粮串公件,均归庄正、副执管。每届祭祠时将契据检出公阅,以杜转售,并将契据钤印红色戳记,名曰刘氏义庄,尤宜多钤数处,以防挖补之虞。倘年久有盗典盗卖情事,禀官按律究治"。[④] 华东军政委员会的调查也说明,义庄土地私人均无所有权,不能随便卖卖。[⑤] 但是如日本学者清水盛光所言,祭田与义田均为公共产业,此等产业例应永远传之子孙,至如分割典卖等情,既非设立或增置之人可以想象,亦非可以预想之事。然只要基于公共意志而处分公共产业,此种处分乃为一种自己财产之处分,无论在以禁止族产之分割与典卖为原则的任何时代,亦必将其列为一种例外而加以容许,或至少亦为不得不予容许之事。[⑥] 事实上,基于建庄后裔全体或大部分的主张,义庄还是可以分掉的,这在历史上有许多案例。无锡泾里顾氏清初所建义庄,后因"族姓繁衍,家道中落,赡族义田分析已尽"。[⑦] 荡

---

① 蔡樾纂修:无锡《蔡氏蓉湖支谱》卷9《建庄公牍》。
② 施则敬等编:《吴江施氏义庄汇录. 赡族规条》。
③ 无锡《华氏新义庄事略》卷上《议约十八则》。
④ 刘志勤等纂修:《润东顺江洲刘氏重修族谱》卷3《刘氏义庄规条》。
⑤ 华东军政委员会土地改革委员会编:《江苏省农村调查》,1952年内部资料,第255页。
⑥ 清水盛光著、宋念慈译:《中国族产制度考》,第187页。
⑦ 顾宝钰、顾宝琛纂修:无锡《顾氏分编(泾里)支谱》卷1《十二公捐资复义庄议单》。

口殷义庄也在民国二十四年,在大多数族人要分的情况下,被分掉了。[①]

　　第四,将义庄田产呈官立案给帖勒石执守。历代政府对义庄公产均持保护态度,不仅优免差徭等役,且对盗卖、盗买行为,予以严厉打击。为防止族人及义庄管理者盗卖义庄田房产业,义庄告成后,创建者或其后裔多会申报官府,勒石存案,立有确据。这既是义庄存在的法律基础,也是义庄家族实施管理的强大后盾。如吴县吴氏所言,义庄事关阖族资赖,诚恐日久废弛,除将赡族规条及田亩号数清册呈由县核明详咨外,呈求抚宪"奏咨立案,一面饬司给帖遵守,俾垂久远,而免废坠"。[②] 大阜潘氏松鳞义庄"将官给方单以次黏连成册,注明潘氏义庄田单字样,并详造都图字圩坵号佃名租额条漕清册,一并呈官逐纸钤印发还执守,以昭慎重"[③]。武进恽氏也"谨援范庄成例,详定规条,呈官钤印遵行"。[④] 民国时期,义庄仍然奉行呈官立案请予保护的方式。南汇傅祖荫堂"义庄不动产田单部照契据逐一盖用'永远不准变卖抵押顶佃'字样印,将单照呈县验讫钤印发还保管,并请备案布告勒石,以杜流弊"。[⑤] 义庄建成后,后世子孙多有续捐行为,义庄对续捐的田房仍采取呈官钤印执守的方法。嘉定曾氏续捐"田地上百亩,房产上千两,由庄随时造册,注明义田字样,呈官钤印执守,不得任意存贮,致有私行典卖等弊"[⑥]。

---

① 苏南人民行政公署土地改革委员会编:《土地改革前的苏南农村》,1951 年,第 69 页。
② 吴大贗纂修:《皋庑吴氏家乘》卷 10《抚宪呈稿》。
③ 潘家元纂修:苏州《大阜潘氏支谱》附编卷 2《松鳞庄规条》。
④ 恽毓荣辑:《恽氏义庄缘起·恽氏义庄规条》。
⑤ 傅恭弼续修:南汇《傅氏续修家谱》"傅祖荫堂义庄章程",不分卷。
⑥ 嘉定《曾氏瑞芝义庄全案》卷下《经理规条》。

第二节 义庄的租佃制度

同苏南地形的自然状况及地权分割严重的特征相适应,商品经济发达的近代苏南并未走上经营式农场的发展道路,而是实行租佃式经营模式。义庄和佃户之间是严格的契约关系,地租是契约双方权利与义务的核心要素。为了保证这种契约关系不受破坏,义庄制定了严密的租佃制度。

一、租佃式经营

按照社会发展逻辑,经营式农业是伴随农业商品化而发生的,在商品经济发达的地区,它会随着社会经济的发展而成长起来。然而近代长三角地区"商品化进程所带来的不是以雇佣劳动为基础的经营式农业的兴盛,而恰是它的衰亡"。[①] 农史专家曹幸穗以苏南地区为中心,对此进行了深入探讨。他认为,对于地主而言,地租所得高于经营性农业的收益;对于雇农而言,做长工所得显然不如在附近城镇打工或在乡间从事手工业、商贩等农业外的职业收入高。由于商品经济的发展,经营式农业无论对地主或者长工都失去了足够的吸引力。于是,农村阶级分化的两极——地主和无地者都转入城镇。地主原先从农业中积累起来的财富成为工商业资本,而从阶级分化中被挤出来的无地游民就成为替这些资本创造剩余价值的工人或店员。这样的变化一旦在农村普遍出现,农村中以雇佣劳动为动力的经营式农业也就随之消失了。[②]

---

① 黄宗智:《长江三角洲小农家庭与乡村发展》,北京:中华书局,2000 年,第 58 页。
② 曹幸穗:《旧中国苏南农家经济研究》,北京:中央编译出版社,1996 年,第 63、67 页。

曹先生的分析不无道理。但在梳理苏南义庄资料时，笔者还发现了一条可能为其所忽视的重要因素，那就是苏南大土地所有者的土地在空间分布上十分分散，且地权分割严重，在技术层面难以提供经营式农业现实可行性的操作条件。

表 3-2　近代苏南义庄田产地区分布情况表

义庄	庄址	庄田分布	资料来源
盛氏拙园义庄	武进	武进、阳湖	《龙溪盛氏宗谱》卷23《拙园义庄规条》
恽氏义庄	武进	武进、阳湖、丹阳	《恽氏义庄缘起》
杨氏义庄	无锡	无锡、金匮	《无锡杨氏义庄赡族规条》
施氏义庄	震泽	震泽各乡	《吴江施氏义庄汇录》
潘氏松麟义庄	元和	长洲、元和、吴县	《大阜品潘氏支谱》附编卷1《义庄纪事》
高氏义庄	无锡	无锡、金匮	《高氏大统支谱》卷首《开办义庄呈文》
倪氏澹明义庄	丹徒	泰属安丰场	《丹徒倪氏族谱》卷6澹明义庄自序
吴氏义庄	吴县	长洲、吴县	《皋庑吴氏家乘》卷10《抚宪呈稿》
鲍氏传德义庄	吴县	吴县、太仓	《明清以来苏州社会史碑刻集》，第271页
临海屈氏义庄	常熟	常熟、昭文	《临海屈氏世谱》第11卷《义庄志》
王氏义庄	吴县	吴县、昭文	《莫厘王氏家谱》卷21《祠宇》
资敬义庄	吴县	长洲、元和、吴县	民国《吴县志》卷31
陈氏义庄	吴县	长洲、元和	民国《吴县志》卷31
张氏义庄	吴县	元和、吴县	民国《吴县志》卷31
周氏义庄	长洲	长洲、元和、吴县	民国《吴县志》卷31
王氏怀新义庄	长洲	长洲、元和	民国《吴县志》卷31
杭氏义庄	长洲	长洲、元和	民国《吴县志》卷31

义庄	庄址	庄田分布	资料来源
张氏义庄	长洲	长洲、元和、吴县	民国《吴县志》卷31
严氏慎远义庄	长洲	长洲、元和	民国《吴县志》卷31
钱氏竹荫义庄	长洲	长洲、元和、吴县	民国《吴县志》卷31
钱氏闻韶义庄	长洲	长洲、元和、吴县	民国《吴县志》卷31
徐氏梓荫义庄	元和	长洲、元和、吴县	民国《吴县志》卷31
丁氏济阳义庄	元和	长洲、元和、吴县	民国《吴县志》卷31
严氏义庄	元和	元和、昆山	民国《吴县志》卷31
沈氏义庄	元和	元和、昆山	民国《吴县志》卷31
殷氏义庄	元和	元和、昆山、新阳	民国《吴县志》卷31
陆氏余庆义庄	元和	元和、吴江	民国《吴县志》卷31
彭氏义庄	元和	长洲、元和、吴县	民国《吴县志》卷31
顾氏辅宜义庄	元和	长洲、元和	民国《吴县志》卷31
潘氏天池义庄	元和	长洲、元和	民国《吴县志》卷31

　　由上表民国《吴县志》中所载部分义庄和一些家谱中注明的庄田分布情况，可以清楚地发现，苏南义庄土地分布范围非常广泛，有的跨二三个县，像潘氏松麟义庄的庄田就分布在吴县、元和、长洲三县；还有的跨越府界延伸到周边地区，如武进恽氏义庄的庄田分布在常州府的武进、阳湖和镇江府的丹阳境内。即便有的义庄土地只分布在本县境内，但也多是遍布各乡，仅在义庄所在的周边区域置买田产的家族为数很少。根据土改前调查，荡口镇上的义庄土地主要分布在荡口、甘露及其他各乡镇，梅村区和查桥区也有一部分。[1] 太湖东山的义庄土地分布在外县或外乡的有：昆山700亩，常熟1500（棉田），

① 《无锡县荡口镇义庄田调查》，苏南人民行政公署土地改革委员会编：《土地改革前的苏南农村》，1951年，第68页。

苏州 160 亩,横泾 1500 亩,木渎 334 亩,合计 4194 亩,占该区全部义庄
土地 8119.8 亩的 51.7%。[①] 在交通不甚发达、耕作技术落后的时代,
就义庄土地的分布情形而言,实行农场式经营是很难办到的。而义庄
地块的小型化特征更是阻碍了农场式经营模式的推行。下面以虞阳沈
氏义庄、武进盛氏拙园义庄和太湖东山莫厘王氏义庄为例,加以考察和
说明。

表 3-3　沈氏义庄、拙园义庄、王氏义庄庄田地块亩数分布表

义庄	亩数	块数	占总地块数比例	地块累进百分比
沈氏义庄	1 亩以下	3	7.7%	7.7%
	1—2	3	7.7%	15.4%
	2—5	12	31%	46.4%
	5—10	7	18%	64.4%
	10—20	7	18%	82.4%
	20—50	6	15%	97.4%
	50 亩以上	1	2.6%	100%
拙园义庄	1 亩以下	363	40%	40%
	1—2	367	40.1%	80.1%
	2—5	181	19.8%	99.9%
	5—10	5	0.01%	100%
	10—20	0		
	20—50	0		
	50 亩以上	0		

① 《太湖东山义庄庄田情况调查》,华东军政委员会土地改革委员会编:《江苏省农村调
查》,第 254 页。

义庄	亩数	块数	占总地块数比例	地块累进百分比
王氏义庄	1 亩以下	70	15.7%	15.7%
	1—2	182	40.9%	56.6%
	2—5	159	35.7%	92.3%
	5—10	27	6.1%	98.4%
	10—20	7	1.6%	100%
	20—50	0		
	50 亩以上	0		

资料来源：沈寿祺纂修：常熟《虞阳沈氏宗谱》卷 11《沈氏庄田都图字号银米底数考》；盛文颐主修：武进《龙溪盛氏宗谱》卷 24《拙园义庄祠基祠田墓田祭田读书田赡族义田字号亩数清册》（上）；王季烈等：《莫厘王氏家谱》卷 21《义庄田产坐落亩数》。

　　苏南地权分割的严重性事实，在上表中有着清晰的体现。沈氏、盛氏、王氏三家义庄的土地多以零碎的小块地为主，沈氏义庄地块总数较少，但 5 亩以下的地块也占到了 46.4%，莫厘王氏义庄 2 亩以下的地块就占到总数的 56.6%，盛氏拙园义庄共有义田、祭田、读书田共一千四百亩有奇，分布在武进、阳湖的 916 块田号中，2 亩以下的地块竟占到总数的 80%，最小的地块仅以厘计，最大的也在 10 亩以下。其他一些义庄的土地分布情形也大致如此。出现这种情况既与苏南地貌特征有关，更多的则反映了近代苏南土地兼并的剧烈。众多的小块土地，"田底权"与"田面权"的分裂，使苏南义庄实行租佃经营成为必然的选择。

二、义庄的"田底权"与"田面权"

　　近代苏南农村流行一种特殊的地权制度，主要特点在于土地所有权分裂为"田面权"和"田底权"，"田底权"为地主所有，佃户花钱购得"田面权"，实际上拥有土地的永佃权（使用权）。"田面权"同"田底权"一样，也有独立的市场价格，成为产权的一种。有"田面权"的佃户可以将"田面权"出卖、出典、转租。但是若佃户三年不交租,地主就要抽回"田面权",抵作地租,另行招佃。此种土地的租额较一般租田略低,在抗日战争前一般租额为"八米二麦"或"六米二麦"(即一年缴八斗或六斗米,二斗麦)。"田底"、"田面"的比价是变化的,据吴县、无锡、常熟的调查,抗战前一般是一比一(即"田底""田面"同等价值);抗战后"田面"价值较"田底"为贵。据常熟三个乡的调查,抗战前每亩"田底"五石至十石,"田面"五石至十石;抗战后每亩"田底"三石至四石,"田面"五石至八石。[①] 苏南义庄田分为有"田面"权和无"田面"权两种,后者所占比例较大。如苏州洞庭东山的义庄田在本地的 3925.8 亩(内有 1085.8 亩坟地为非耕地),全无"田面"权,占义庄总田亩 8119.8 亩的 48.3%。在外地的土地中有 1500 亩田无"田面"权,占义庄总田亩的 18.5%,另有 2694 亩有"田面"权,占义庄田总数的 33.2%。[②] 无锡村前胡氏义庄有田一千五百多亩,佃户共有一千多户,租种最多的每户三亩,最少的只有二分多。佃户大都系贫农,均有田面权,义庄只有田底权。[③]

　　地权的分裂,使得传统的主佃之间的依附关系发生明显变化。近代苏南地区的地权流转十分频繁,但当地主交易"田底权"时,佃户所拥有的"田面权"并非跟着一起流动,对于佃户而言,只是换一个地方去交租而已,土地耕种权没有发生变化。而且一般农民只有通过长期的辛勤积累,才能拥有为数不多的"田面权",并作为财产世代继承,除非遇到特殊困难,否则不会轻易出卖这份耕种权。苏南义庄的地产分布较广,有很多义庄需要雇用二掌柜即所谓"经租账房",以及一大批的催丁,代为下乡催收租米。佃户往往只认识这些二掌柜及

---

① 陈翰笙、薛暮桥、冯和法编:《解放前的中国农村》,第 334 页。
② 华东军政委员会土地改革委员会编:《江苏省农村调查》,第 255 页。
③ 华东军政委员会土地改革委员会编:《江苏省农村调查》,第 250 页。

催丁,而地主本人的身材相貌如何,究竟脑满肠肥到如何程度,农民心中连印象都没有。[①] 在这种情形下,地主和佃农的关系比较松散,他们的关系已接近现代意义上的经济契约关系。[②] 曹幸穗也认为,由于社会商品经济的发展,近代苏南地区带有人身依附关系的封建土地租佃关系已在弱化,地主与佃农的关系逐渐变为单纯的经济契约关系。[③]

三、义庄的租制

义庄是苏南大土地所有的一种形式。义庄土地不准族人耕种,绝大部分都是对外出租的,一般占庄田总数的 90%以上。无锡荡口华老义庄占有土地 3598.67 亩,除坟垾屋基 203.75 亩外,其余 3394.92亩全部出租,占该义庄全部土地的 94.3%。[④] 而无锡刘仓乡卫氏义庄田全部用来出租。[⑤] 租入是义庄主要经济来源,能否按时足数收租,关系到义庄完纳国课、赒济贫族、祭祀祖先、培植子弟等项事业的能否顺利开展。

(一) 租限

为保证收租的正常化,苏南庄规中均有以下严厉规定:"义田与私产不同,私产供一家之用,租缺尚可别挪,若义田缺租,钱粮赒给公用何从支给。嗣后,收租定限,年清年款,不准拖欠,玩(顽)抗者立即呈官根追,毋任短交。"[⑥]这一规定的核心思想有三层:一是义田为阖族公产,租息事关阖族福利及救助事业,佃户一旦违规就成为整个宗

---

① 潘光旦、全慰天:《苏南土地改革访问记》,第 26 页。

② 杨珉、盛邦跃:《民国时期的苏南乡村秩序》,《广西社会科学》,2008 年第 10 期,第 109 页。

③ 曹幸穗:《旧中国苏南农家经济研究》,第 67 页。

④ 苏南人民行政公署土地改革委员会编:《土地改革前的苏南农村》,1951 年,第 68 页。

⑤ 华东军政委员会土地改革委员会编:《江苏省农村土地调查》,第 250 页。

⑥ 汪体椿等纂修:《吴趋汪氏支谱》卷末《平阳汪氏耕荫义庄规条》。

族的对立面,目的是将对佃户的管理置于宗族集体力量之下。面对一个强大的宗族,敢于顽抗的佃户恐怕不多。二是对于顽抗佃户,义庄会联合官府进行追租。三是收租定限,过期加租,务必年清年款,不准拖欠。

义庄鼓励佃户提前缴租,给予优惠。宜兴陈氏义庄"田地租米限冬至前半个月内佃户自行送到庄内,给以茶饭,每亩照例让三升,所以劝其踊跃也"。① 一旦期满未缴,义庄就会加重租额。佃农缴租,在苏南向有"三限"的定例。所谓"三限"就是:头限是佃户应缴而照缴的期限;二限是已经过期,但时间不长;三限是二限之后又一时间段。缴租愈迟,租额愈重。如在头限之前缴纳,可以打九折,头限照实缴纳,二限照实加一成,三限照实加两成。如荡口华氏新义庄"每年收租定例三限,额外让收,庶几各佃踊跃争先。倘顽佃抗欠,即行送官严追,如或扇人串吞,亦即一并究治"②。华老义庄于 1946 年 10 月 18 日贴出的收租布告上就写有:"头限:开仓日至 11 月 2 日,半出、圩田每亩收净米五斗五升(0.55 石)。二限:11 月 3 日至 23 日,平田、圩田每亩收净米六斗(0.6 石)。三限:11 月 24 日至 12 月 20 日,平田、圩田每亩收净米六斗五升(0.65 石)。超过三限,每亩便须缴租七斗五升(0.75 石)。"华老义庄的三限之间大约每限约为三星期。少数义庄还有五天为一限的,如太湖东山区的各义庄。荡口镇华老义庄所在地的村子,因为义庄催租紧,赢得了"老虎村"的浑名。③

(二) 收租方式

早期的义庄收租都是由义庄自己进行,由账房、催丁专司其事。收租前,义庄将本年租额、缴租日期、时限、地点等开写清楚,雇佣催

---

① 陈荷莲主修:《陈氏宗谱》卷 3《义庄规条》,清光绪二十四年木活字本。
② 无锡《华氏新义庄事略》卷上《议约十八则》。
③ 潘光旦、全慰天:《苏南土地改革访问记》,第 84—85 页。

租(催丁)送达佃户,按限催收。一般而言义庄收租"依限冬至结账,倘佃户顽梗或扇人串吞者,一并送官严追"。[1] 为了激励催租卖力工作,荡口华氏新义庄将其待遇与收租数额挂钩,"催租、扇仆每人每岁饭米三石六斗,另赏脚米照收租数每石给糙米一升"。[2] 同时为防止收租人员在收租时克扣数量,从中渔利,义庄一般都规定度量器具要用部颁斗斛,以杜克扣等弊。如武进盛氏"义庄收租给米俱照官仓斗斛出入"[3]。嘉定曾氏认为,"收租秤重则损佃户,给米斗小则损贫丁,俱非立庄本意。"为防止司事人等收租发米时作弊,庄中秤斗照式制造两具,一存庄长处,一存本庄,以备校准。要求收租务照校定庄斛。[4]

近代前期义庄收租主要有两种方式:一是义庄下乡收租,如毗陵唐氏"至夏麦则管年人入乡就收,每岁酌定盘费银一两,因时值农忙,恐妨佃业也"。[5] 二是由佃户自己按期将租粮送庄,这种形式更为普遍。如武进盛氏拙园义庄收租援照常郡育婴堂例,"令各佃户依期送庄,年清年款,不准拖欠,顽抗者分限根追"。[6] 但同治九年拙园义庄却在禀词中称:"奉行两年以来,各佃遵照依期送庄,而其中顽抗不完者亦复不少,节经禀准饬差严追,尚未能一律完纳。"以盛氏家族的显赫势力,义庄收租尚不太顺畅,其他义庄的情况也可想而知。难怪苏州府各县每年都张贴"严禁顽佃结党抗租,如违立刻严拿究办"的告示。[7] 由此可见,近代苏南佃农抗租确已成为一大严重性社会问题。在此情形下,盛氏向武进、阳湖两县提出申请,请求政府饬乡差

① 作者不详:无锡《锡山徐氏支谱》(不分卷)"义庄条约"。
② 无锡《华氏新义庄事略》卷上《议约十八则》。
③ 盛文颐主修:《龙溪盛氏宗谱》卷 23《拙园义庄规条》。
④ 参见嘉定《曾氏瑞芝义庄全案》卷下《经理规条》。
⑤ 唐宗海修:《昆陵唐氏家谱》(不分卷)《唐氏宗规》,民国三十七年铅印本。
⑥ 盛文颐主修:《龙溪盛氏宗谱》卷 23《拙园义庄规条》。
⑦ 潘光旦、全慰天:《苏南土地改革访问记》,第 29 页。

帮助义庄催租。其在《禀词》中云："兹查育婴堂向章,凡有欠租各户,
俱系谕饬押乡差就近催完,著有成效。在押乡差深知各乡情形,催完
较易为力。且该差既系坐乡,趁便带催,亦可免需索滋扰之弊。"盛氏
的请求得到了武、阳两县"准照育婴堂章程,凡有租欠,谕饬押乡差就
进催完"的批示,①成为近代早期义庄和官府联合收租的典型案例。

　　民国时期,社会更加动荡,地主足额按时收租更加不易,主佃矛
盾进一步激化。这时苏南地主普遍印有一种收租用的"限票",要求
农民将"干圆洁净好米,依限交纳,不得拖欠","倘敢恃顽抗欠,立即
送官究治不贷"。同时国民政府对待抗租农民也持高压态势,1948
年秋出版的常熟《新生报》上竟登有"鼓动抗租者,格杀勿论"的文
字。② 根据无锡荡口区的调查,解放前义庄主管人主要采取以下三种
方法收租:一是勾结政府官员,在农历冬至前后,派警察下乡向农民
催收地租,动辄拘捕逼交。例如华老义庄华少正经管时,与国民党的
县政府官员陈宏凡勾结,就用此种手段向农民收租。二是雇用地方
上的一批地痞流氓,到过期不交租的佃户家中,翻坛倒瓮,见东西就
拿,充抵所欠租额。如甘露镇二三保农民徐其根,种三亩义庄田,欠
租六斗,就曾被流氓"小聋盲"背过大门和脚炉(烤火用具)。荡口安
介巷的佃户阿二,因欠租,家中的大门曾连续被背去三年。三是敌伪
时期和解放前,由个别收租改为集体收租,其方式即所有地主们联合
组织成一个收租办事处,并聘区、乡、镇长参加,同时联合当地驻军,
对农民施以压力,且扬言"欠租者送去当壮丁"。故每当夏冬两季,农
民交不出租,常被逼得逃走,躲到旷野,平时亦是提心吊胆的,如果一
旦被捕,则卖地卖屋亦得把租交清,否则就不得出来。出来时还得出

---

① 盛文颐主修:《龙溪盛氏宗谱》卷23《拙园义庄禀词》。
② 潘光旦、全慰天:《苏南土地改革访问记》,第30页。

额外花费,如开销费、门岗费、出差费等等。①

义庄本来是不允许他人借仓收租混淆"公"私的。抗战以后,农民抗租风潮甚烈,为了保障收租的便利,地主们便联合起来,成立了一种新的收租机构——联合租栈或收租局。由于义庄本来就是一个有组织的收租机构,于是一部分义庄就同时成为本族或他族普通地主的租栈。土地改革期间的调查发现太湖东山区的席氏义庄、严氏义庄"为地主代收租米,带来了租栈的性质"。无锡荡口镇的若干义庄似乎也有同样的行为。② 参加了租栈或收租局的地主,便不再分别直接向农民收租,而由租栈或收租局统一负责,代为催收。对于地主们来说,这样既省事又有效果。他们只须把多少亩土地的收租权利交给租栈或收租局,便每年向租栈或收租局拿取规定数额的租米。这时,租栈或收租局多少变得像"公司",而地主本人多少变得像"股东"了。③

对于不能依限缴租的佃户,宜兴陈氏认为"义庄因恤贫而设,当为祖宗培养本源。佃户租米倘不如数,须劝其下年补还,不必鸣官追究,流于凉薄"。④ 但绝大多数义庄就没有陈氏那么手软,对于顽抗不交者,义庄就会设限追租,甚至让官府出面追交。武进恽氏对于顽抗者"分限根追,呈官立与准行"。⑤ 荨门陆氏"顽抗者送官从严比追,勿稍任其短欠"⑥。大阜潘氏"收租例限年清年款,不准颗粒拖欠,顽抗者分限根追"⑦。太湖东山区的义庄在收租时期还要另雇账房、催甲,

① 华东军政委员会土地改革委员会编:《江苏省农村土地调查》,第237—238页。
② 潘光旦、全慰天:《苏南土地改革访问记》,第85页。
③ 潘光旦、全慰天:《苏南土地改革访问记》,第26—27页。
④ 陈荷莲主修:《陈氏宗谱》卷3《义庄规条》。
⑤ 恽毓荣辑:《恽氏义庄缘起·恽氏义庄规条》。
⑥ 陆锦晡等纂修:苏州《陆氏荨门支谱》卷13《义庄规条》。
⑦ 潘家元撰修:苏州《大阜潘氏支谱》附编卷2《松鳞庄庄规条》。

一年雇三四个月。[①]

　　义庄均制有详细的田图册,注明每一块土地所处的区乡都图、租种者姓名、形状四至等。为了收租的方便,有的义庄制有几个账簿。据潘光旦等的调查,江阴横塘乡地主毛敬伯,为了向其广大佃农收租的方便,特别创制了三种账簿:一种是"坐簿",掌握在自己手里;一种是"追簿",交账房管理;一种是"追折",由催丁带在身边随时催索。在坐簿和追簿中,都把所有佃户按东南西北分为四路,每路又按《百家姓》上赵钱孙李的次序,一个一个登记得清清楚楚。[②] 一旦到限,租额不齐,义庄就会报告官府,由账房代领差人比追。尤其解放前数年,个人收租已改为集体收租,租栈或收租局聘请地方官员参加,甚至联合地方驻军,进行武装收租。收不到租就会抓人,关进庄房,交清释放。[③]

(三) 地租形态及租额

　　近代苏南义庄一般是以实物地租为主,交租多是夏季交麦、秋季交米。如润东刘氏义庄庄田夏熟纳麦,秋熟纳籼稻。[④] 无锡荡口华老义庄在抗日战争前,也是米麦兼收。[⑤] 也有少数义庄因不具备仓廒储藏条件,实行货币地租。长洲彭氏因"目前仓廒无隙地可设,田租只收折色,放款照折色放钱,月米概用通足制钱,洋银照市价。南园开辟庄门,添建仓廒,然后米折并收"[⑥]。大阜潘氏在光绪三十二年的义庄规条中提到,"田租早经改收折色",[⑦]这应该不是普遍现象。光绪

---

① 华东军政委员会土地改革委员会编:《江苏省农村调查》,第 258 页。
② 潘光旦、全慰天:《苏南土地改革访问记》,第 10 页。
③ 苏南人民行政公署土地改革委员会编:《土地改革前的苏南农村》,1951 年,第 72 页。
④ 刘志勤等纂修:《润东顺江洲刘氏重修族谱》卷 3《收租项下》。
⑤ 华东军政委员会土地改革委员会编:《江苏省农村调查》,第 261 页。
⑥ 彭文杰、彭钟岱纂修:吴县《彭氏宗谱》卷 12《庄规》。
⑦ 潘家元撰修:苏州《大阜潘氏支谱》附编卷 2《松鳞庄续定规条》。

《常昭合志稿》中载有该地 23 个义庄的租额情况,其中接收实物地租的义庄有 14 个,接收货币地租的 4 个,实物、货币都收的 5 个,[①]总体上义庄还是以实物地租为主。

苏南地区的土地租佃情况比较复杂,地租名目繁多。就义庄而言,租制主要有以下三种:第一,活租,即按每年产量确定租额。最高 1.8 石米,一般 1.5 石至 1.6 石米,最低是 1.4 石米。第二,板租,即有压板的(大约一石米左右)。最高 0.9 石,一般 0.5 石至 0.6 石米,最低是 0.4 石,实收时有时可打七折(大都是坏田、荡田)。第三,包租。一般租额为 0.15 石(均系棉田、坏田),不管年成丰歉,一律在春季收 0.05 石,秋季收 0.1 石。[②] 义庄田一般都有压租,过去一亩田由义庄统一规定鹰洋一元,解放前一亩田交米一石半,佃户不交租则摘田并扣其押金。[③]

当然,义庄租额的高低与土地肥瘠、年成丰歉、社会环境好坏等因素密切关联,各地租额也不一。一般来说,近代苏南地区义庄的租额平均在 0.8 石左右,也有地方租额高达 1 石以上。不过各地义庄在实收过程中均会"丰歉循例听折"。常熟席氏义庄在同治五年的《报建义庄详稿》中提到,义庄共有"不等平则粮田五百七十二亩三分四厘九毫,岁收租米五百十五石二斗五升七合,租麦四十三石二斗七升五合",[④]平均每亩租额约合米麦一石。虞阳沈氏义庄有田五百零二亩九毫,租米五百二十八石五斗二升二合,[⑤]田租已超过一石。无锡以荡口华老义庄租额为高,一般地主及义庄每年开租时,都要先等

---

① 参见郑钟祥、张瀛、庞鸿文等纂修:《常昭合志稿》卷 17《善举·义庄》,光绪三十年木活字本,第 11—22 页。

② 华东军政委员会土地改革委员会编:《江苏省农村调查》,第 256 页。

③ 薛暮桥:《江南农村衰落的一个索引》,陈翰笙、薛暮桥、冯和法编:《解放前的中国农村》(第三辑),1989 年,第 338 页。

④ 席彬纂修:常熟《席氏世谱载记》卷 12《报建义庄详稿》。

⑤ 沈寿祺纂修:《虞阳沈氏宗谱》卷 11《沈氏庄田都图字号银米底数考》。

华老义庄行动，以便效法。华老义庄租额定为每亩田米一石，实收时稍有折扣，战前每亩收糙米六斗五升及麦二斗，战后收稻 120 斤，水旱荒年略有折扣。① 若遇荒歉年岁，在扇人开报后，义庄会派人实地勘察，确定信息虚实及荒歉程度，视情况打折收租或免租。华老义庄要求董事等"必亲自查勘田之确实荒熟，不可专听扇人开报，妄行减租"。② 华老义庄的荒年标准是：旱荒要华老义庄庄房门前河内石头人出现（最低地），水荒要陈大圩淹没（最高地），方可免租。民国二十三年石头人虽未出现，而旱荒确甚严重，可是因有规定在前，除少数确实无法缴出外，一般均仍预先留好租米于限前缴纳。③ 战争是对租佃影响最大的因素，战后人口大量锐减，义庄只得降低租额，招佃耕种。如咸丰兵燹后，武进盛氏称："常郡自遭兵燹，田多荒芜，现经挨次招垦，目前租息未能全收。"④无锡村前胡氏义庄抗战前每亩租米缴七斗至八斗（没有麦租），而且需佃户送上门；抗战时期只缴四斗至五斗，由义庄自己去收；抗战胜利后一般是缴三斗，缴二斗的也有。⑤

表3-4　常昭地区义庄租米情况简表

义庄	庄田（亩数）	额租米（石）	每亩租额（石）
归氏义庄	1000	980	0.98
周氏义庄	510	479	0.94

① 《无锡荡口镇义庄田调查》，参见苏南人民行政公署土地改革委员会编：《土地改革前的苏南农村》，第71页。
② 佚名：《华氏义庄事略·义庄条约》，清刻本。
③ 《无锡荡口镇义庄田调查》，参见苏南人民行政公署土地改革委员会编：《土地改革前的苏南农村》，第71页。
④ 盛文颐主修：《龙溪盛氏宗谱》卷23《拙园义庄规条》。
⑤ 华东军政委员会土地改革委员会编：《江苏省农村调查》，第250页。

义庄	庄田(亩数)	额租米(石)	每亩租额(石)
庞氏承裕义庄	728	546	0.75
卫氏义庄	1000	880	0.88
胡氏义庄	510	430	0.84
瞿氏义庄	500	530	1.06
席氏义庄	570	400	0.70
张氏孝友义庄	2670	2630	0.99
毛氏义庄	500	500	1.00
钱氏承志义庄	500	490	0.98
周氏义庄	500	490	0.98
沈氏承志义庄	500	500	1.00
陈氏韫辉义庄	540	500	0.93
范氏义庄	500	400	0.80
合计(平均)	10528	9755	0.93

资料来源：郑钟祥、张瀛、庞鸿文等纂修：《常昭合志稿》卷17《善举·义庄》。

表3-5 20世纪30年代苏南农村地租额

地名	实物地租(斗. 米/亩)		
	最高	最低	一般
无锡荣巷3村	9	5	7
松江华阳桥4村	16.0	9	10
常熟虞山1村	12.0	5	10

资料来源：曹幸穗：《旧中国苏南农家经济研究》，第78页。

　　表3-4所列义庄均为光绪朝及其以前所建，大致可以展现清朝后期常昭地区的义庄租额情况，最高每亩为1.06石租米，最低为0.75石租米，平均约0.92石。由于义庄收租时多打折扣，若以九折

算,实收租米大概也在每亩 8 斗左右。若再综合前文所及的无锡华
氏、胡氏义庄在抗战前所收地租额,晚晴乃至民国时期苏南义庄的平
均租额约在 8 斗至 1 石的范围内,与普通地主的租额情况大致相仿
(参见表 3 - 5)。潘光旦通过实地考察也承认,"'义田'的租额与实收
数量,视普通的租额与实收数量,不相上下,甚至好像还低得一些。"[1]

　　无锡礼社薛氏义庄民国十六年至民国二十年连续五年收租折扣
率的有关数据,则为我们了解近代苏南义庄的租额折扣情况提供了
一定帮助。

表 3 - 6　薛氏义庄民国收租折扣简表(1927—1931)

年代	平田	低田
民国十六年	8 折半	8 折
民国十七年	9 折	7 折
民国十八年	7 折	5 折
民国十九年	9 折	7 折
民国二十年	半数全荒,二三折者三成,对折者二成。	

资料来源:陈翰笙、薛暮桥、冯和法编:《解放前的中国农村》第三辑,第 164 页。

　　表中的平田因田况较好,抗水灾能力较强,租米折扣率就低;反
之,低田因容易水涝,租米折扣率就较高。但五年中租额最低也打九
折,没有全额收租。民国十八年,该地受虫灾损失,间有全荒者,平均
收获仅有五折。民国二十年水灾中堤岸滋决,全镇几近成泽国,稍
有收获者,十仅二三。综计五年之中,全荒一次,半荒一次,十足丰
年,未尝一见。平均收获,不及六折。每一农民每年平均收获,约

――――――――――

[1] 潘光旦、全慰天:《苏南土地改革访问记》,第 10 页。

仅六石,佃农纳租二石四斗,尚余三石六斗,两口之家,已难免冻馁。[1]

四、佃户成分与义庄恤佃

租种义庄土地的大都是贫民,自不待言。但其他阶层的也有。如租种无锡刘仓乡卫氏义庄 103.16 亩田的共有 83 户,大部分为贫农,部分为中农,此外,尚有少数的富裕中农、自由职业者及工人、地主等。其户数及田亩列表如下:

表 3-7　无锡刘仓乡卫氏义庄田租佃情况

成分	户数	占总户数的百分比	租入义庄田亩数	占义庄田亩总数的百分比
地主	4	4.82	5.20	5.04
富裕中农	5	6.02	9.50	9.21
中农	26	31.33	29.48	28.58
贫农	43	51.81	50.03	48.50
自由职业者及工人	5	6.02	8.95	8.67
合计	83	100.00	103.16	100.00

资料来源:华东军政委员会土地改革委员会编:《江苏省农村调查》,第 250 页。

苏州东山区的义庄租佃情况也大致以中农、贫农居多数,一般约占佃种总户数的 40%—70%,个别乡村有达 90% 以上的。如东山区广桥乡第一行政村共 190 户,758 人,农业户口 83 户(其余为非农业户口),计 358 人,共有土地 1173 亩。全村使用义庄田者 27 户,115 人,27 户的总使用土地是 252.6 亩,内有义庄田 102 亩,占其总使用土地 252.6 亩的 40%,占全村土地总数 1173 亩的 8.7%。其中佃富

---

[1] 陈翰笙、薛暮桥、冯和法编:《解放前的中国农村》,第 164 页。

农租种者计 3.56 亩,占全部义庄田 102 亩的 3.5%,中农(包括佃中农)租种者为 39.6 亩,占 38.8%,贫农租种者为 58.8 亩,占 57.6%(中农、贫农佃种土地共占总数的 96.5%)。又杨湾乡共租种义庄田174.8 亩,内地主租种者为 42 亩,占 24.03%,佃富农租种者计 56.9亩,占 32.55%,中农租种者(包括佃中农)为 75.9 亩,占 43.42%。[①]富农或在乡地主租种土地,大多以雇佣长工的方式进行耕作,也有进行转租的现象存在,即人们常说的"二地主"。

　　义庄与佃户是主佃契约关系,义庄收租、佃户缴租是二者的权利与义务。有些义庄除严格按限收租外,也有恤佃的举措,其目的为了建立良好的主佃关系,利于收租及管理,从而更好地服务于宗族。上海王氏即称:"义庄佃户所当优恤,使之安业,为子孙永远计,不得挟业主宗族之势欺侮之。"[②]荡口华老义庄的《续申规条》中则有"周恤佃农以足岁收"条款,其间云:

　　　　义田千亩虽系俱属肥饶,而犹赖农夫踊跃力作可以常稔,故另捐恤佃田一百二十亩,附入义庄。每年所收租米碓白归廒,俟五月插秧时给赏,各佃每亩黄米一斗,稍资饭食,以励农工。如有旧欠未清者不准给发。[③]

　　华氏认识到主佃之间的利益连带关系,并在庄田中专设"恤佃田",专款专用,希望通过"恤佃"的举措来激励佃农精心耕耘,达到既熟农田,且利收租的目的。华老义庄的这一措施似乎一直在进行,其1934 年的支出明细中,"恤佃"一项支米 14.02 石,占当年支出的

① 华东军政委员会土地改革委员会编:《江苏省农村调查》,第 256 页。
② 王师曾纂修:上海《续修王氏家谱》卷 5《世产·义庄规条》。
③ 佚名:《华氏义庄事略·续申规条十二则》,清刻本。

1.3%。① 建于光绪元年(1875)的华氏新义庄,《规条十二则》里同样有"恤农工"一条,只是把老义庄的"各佃每亩黄米一斗"改为"各佃每亩白米一斗"。② 华氏义庄遇到荒年还会代佃户付一些种子费用,逢春季青黄不接时借给春耕费用,遇蝗虫灾害发给救济款。一般义庄每亩田租按票面规定租额的七折收租,新义庄则按六折半收租。对年底还清租子的佃户每亩发给喜米五升,因此农民对新义庄的看法比其他义庄好,还租率也高。③ 与华氏不同,嘉定曾氏的恤佃是通过推广教育的方式进行的,义庄"于各田庄分设蒙学堂五六所,延师授读,凡佃户子弟来读者,愿贴修金多寡不计,无力不出者听,如子弟中有资质可造者,由师挑送本庄中西义塾,以示鼓励,而培人材"④。曾氏优顾佃户使之安业之举,客观上为普及地方教育起到了一定的推动作用。此外,曾氏还要求义庄收租,"不许呈样淋尖踢斛以及斛头诸役分外需索,有一于此,佃户受累不少,切宜戒之,概优恤于今日,正所以责望于将来,毋得多收升合,取快一时,致犯竭泽之戒"。⑤ 当然,义庄对佃农的优恤是建立在其按期纳租的基础上。常熟邹氏对"每年租额全清之佃,每石赏给白米三升。稍有丝毫拖欠,立即送官追究,勿稍姑宽"⑥,究其实质,还是以些微优惠激励佃户缴租罢了。

第三节　庄产来源及其增殖

庄产的物质形态主要包括庄祠及附属设施器具、庄田(包括义

---

① 苏南人民行政公署土地改革委员会编:《土地改革前的苏南农村》,第73页。
② 无锡《华氏新义庄事略》卷上《规条十二则》。
③ 华敦礼:《荡口华氏义庄概述》,《无锡县文史资料》第4辑,1986年,第59页。
④ 嘉定《曾氏瑞芝义庄全案》卷下《义塾规条》。
⑤ 嘉定《曾氏瑞芝义庄全案》卷下《经理规条》。
⑥ 《常熟邹氏隆志堂义庄规条》,参见王国平、唐力行主编:《明清以来苏州社会史碑刻集》,第234页。

田、祭田、学田、墓田等)及市房等,其形成方式多种多样。义庄作为家族的传世产业,使其可持续发展是建庄者的愿望所在,义庄在经营过程中会采取多种措施以增殖庄产。

一、庄产的来源

义庄的最初来源主要有族人捐置、祖遗建庄、归并绝嗣田等几种方式。

(一) 族人捐置

从捐置主体来看,义庄通常有个人独捐和族众合捐两种方式。

义庄是一个庞大的经济实体,凭借个人力量实在不易置办。因此,历史上以个体实力捐置义庄者多为达官显要。当然,也有普通之家独捐义庄的事例,如苏州"清旌表孝女徐淑英承其父佩藻遗志",创建徐氏春晖义庄,计庄房 61 间,田 1010 亩有奇。[①]

个休财力不足的家族,则只能以族众合捐的形式来完成建庄意愿。这种类型的义庄往往也能以众人的合力积聚成较大的规模,其捐置者与增广合作者之间多存在以下几种关系:

一是兄弟之间。长洲浔阳陶氏,"其以勤俭起家者,曰学诗、曰筱等兄弟十二人……咸宅心仁厚,以族中有贫穷者,思法先贤范文正公义田事。雍正九年始为敦族会,至乾隆八年公捐良田百亩,又协力续置田五十亩。十一年筱奉先人遗命独捐田千亩,通前所置总千二百余亩",建浔阳义庄于长洲县因果巷。[②] 虽然陶筱是义庄的主要捐建者,而起始者却是众兄弟的合力推动。相比陶氏,无锡王氏义庄完全是四兄弟通力合作的结果。道光三十年,"王润芳、滋芳承父锦及已故兄弟沐芳、漱芳志"建立义庄。其中,"润芳捐田四十亩,滋芳四百

---

① 参见李根源、曹允源:《吴县志》卷 31《公署四·义庄》,第 26 页。
② 李根源、曹允源:《吴县志》卷 31《公署四·义庄》,第 15 页。

五亩,沐芳二十亩,漱芳四百五亩"。①

二是从父兄弟之间。较之同胞兄弟,从父兄弟关系则远一层,但这样的合作建庄者也不乏其例。光绪三十二年,候选主事苏州人陈宗浩承曾祖以下三代之遗志,创建义庄。"其祖叔父国光,族兄弟清绶、清熙、秉哲及从子世标、恩梓、恩泽等又襄助之,续置祭田若干亩,市屋若干区。"②陈氏义庄初建虽为陈宗浩的独捐行为,续置中却得到了从父兄弟们的大力支持。而奉贤阮氏义庄的开建就在从父兄弟们的手中展开,时人林天龄有记:"阮氏义庄者,松江阮本仁承其父志,率侄凤江、洪泰置产以赡其族,以奉其先,以教其乡之子弟也。"③

三是族人之间。族人合捐义庄,一般是由宗族中有地位的人首倡,族中其他富裕者响应,集合众人之资而成。无锡秦氏义庄由"秦春田和族人镛泰钧等人捐田五百余亩,嘉庆初春田子震钧创建庄舍"④。常熟庞氏裕后义庄在塘桥,里人庞德辉创,子联奎建,捐田509亩有奇。另有族人庞裕、庞裕明附捐田二百余亩有奇。⑤嘉庆二十三年,无锡人侯轩捐田300亩,族人凤藻捐田140亩,合建侯氏义庄。道光中凤藻子咸及族人昕、之翰等续捐田186亩。⑥圣渎顾氏义庄由顾树本捐田426亩,族人廷梁、沣等又集捐田60亩。⑦

此外,还有其他特殊的合捐事例,如无锡周氏义庄则是由"周文

① 汪大中、倪咸生、秦绪业:光绪《无锡金匮县志》卷30《善举》,第14页。
② 李根源、曹允源:《吴县志》卷31《公署四·义庄》,第14页。
③ 韩佩金修、张文虎等纂:《重修奉贤县志》卷6《祠祀志·宗祠附》,清光绪四年志书局刻本,第24页。
④ 汪大中、倪咸生、秦绪业:光绪《无锡金匮县志》卷30《善举》,第10页。
⑤ 张镜寰修,丁祖荫、徐兆玮纂:《重修常昭合志》卷8《善举志·义庄》,民国三十八年铅印本,第14页。
⑥ 汪大中、倪咸生、秦绪业:光绪《无锡金匮县志》卷30《善举》,第11页。
⑦ 汪大中、倪咸生、秦绪业:光绪《无锡金匮县志》卷30《善举》,第12页。

江与妻父柳廷烈合捐田 120 亩"而成。①

有趣的是，长洲彭绍升曾将自家合捐义田与木渎朱氏独捐义田的难易做了比较。"予方为宗族谋义田，家大人首捐田以倡，遂请于族父昆弟出金，权子母，计十余年可置田二百亩，而窃喜朱君之有同志也。虽然予之为此也以众力，而朱君以独力，独与众，其难易较然矣。"②彭氏的言下之意，独捐义田难，众捐义田易。

就捐置或增广义庄的手段而言，通常有捐资和捐产两种形式。

捐资即指族人直接捐钱入庄，或以钱购产，增广义庄。这种情形多存在于以下三种场景：一是个体有建庄意愿，而又力有所不逮时，先捐钱生息或购田扩展。如长洲彭氏义庄的建设始于乾隆时兵部尚书彭启丰"捐田十亩以倡，族父兄弟继捐金百五十两，买田十余亩。遂再举千金之会，收其岁息还诸族人，而以其余置田，十余年间积至二百亩。尚书公既即世，绍升积数年所得之息，复增置田一百余亩，请于有司造册立案"③。二是家族义庄在建或已建，族人添钱注资，以期扩大。吴趋汪氏耕荫义庄由汪祥炯、祥芝等兄弟十一人及诸侄合力所建，"从侄世锡、世丰等亦各奉祖父遗命共捐洋银一万两千元，以资建庄之费"④。道光十二年，苏州大阜潘氏建松鳞义庄于郡城之东。此庄由榕皋公支下翰林院编修潘遵祁与弟潘希甫所建。另外，云浦公支下捐田二百亩，畏堂公支下捐番银二千，资其费用。⑤ 三是多数义庄都有族人捐钱为身后袝祀庄祠的规定，这也是义庄集资增广的一个途径。如吴趋汪氏耕荫义庄规定："凡捐田百亩捐银千两者，皆

① 汪大中、倪咸生、秦缃业：光绪《无锡金匮县志》卷30《善举》，第15页。

② 彭绍升：《木渎朱氏义田记》，宋如林石韫玉：《苏州府志》卷137《集文七·义庄》，清道光四年刻本，第53页。

③ 彭绍升：《彭氏润族田记》，宋如林石韫玉：《苏州府志》卷137《集文七·义庄》，第52页。

④ 汪体椿等纂修：《吴趋汪氏支谱》卷末《平阳汪氏耕荫义庄规条》。

⑤ 陈奂：《松鳞义庄记》，潘家元纂修：苏州《大阜潘氏支谱》附编卷1《义庄纪事》。

有公德与庄,准其袝祀。"①

捐产,即捐建者直接把自己的土地、房屋等分割为义庄公产,这种方式最为常见。如宋代的陈稽古"拨良田以为义庄"。② 元代华亭的姚玉用"循理乐善,至治间割田立义庄"。③ 清代常熟的邹沛霖,"性勤俭,数十年间,扩先人遗业,共积良田七千余亩,四子各授田千亩,余承先志,悉归义、祭、书公田,设庄建祠"。④ 值得关切的是,多数家族割产建庄,并非是在坐拥大量田产之后的一时冲动,而是先人立志在先,后人承志其后,几代人前后相继铢积寸累的结果,继志建庄在近代苏南成为一种普遍现象。可见,义庄之于苏南士绅既是一种对宗族有所担当的责任,在某种程度上也已成为他们的人生情结和价值目标。

(二) 祖遗充公

将祖宗先人遗留下来的产业充作庄产主要有三种情况。

一是先人生前即有建庄之志而赍志以殁,子孙在前人已置产业的基础上,遵嘱完成未竟之志。此类义庄数量众多,既反映了苏南家族子孙相继而不辍的建庄热情,也充分说明建立义庄的艰难程度。吴县戈东原"先置腴田四百亩,俟数足建义庄",事未竟而殁。其子戈黄鸿等遵遗训,"又续置六百亩,合成千亩",并购屋四十楹,建立义庄。⑤ 与戈氏相似,清光绪二十年,顾廷贤承其祖颐庆父克昌遗命,创建辅宜义庄。"先是克昌时,已置田五百余亩,至是而踵成之,合原有

① 汪体椿等纂修:《吴趋汪氏支谱》卷末《平阳汪氏耕荫义庄续定祭祀规条》。
② 刘宰:《漫塘集》卷23《洮湖陈氏义庄记》,见《四库全书》第1170册,上海:上海古籍出版社,1987年,第602页。
③ 宋如林、孙星衍、莫晋纂修:《嘉庆松江府志》卷50《古今人传二》,上海:上海书店,1991年影印本,第172页。
④ 李兆洛:《华西邹君记》,王国平、唐力行主编:《明清以来苏州社会史碑刻集》,第218页。
⑤ 李根源、曹允源:《吴县志》卷31《公署四·义庄》,第13页。

及续置共长洲县元和县一千九十亩一厘一毫。"①

　　二是子孙将所继承的祖上遗产捐建为义庄。道光十四年,锡山徐氏析产,将祖遗田六百余亩,"令征与纲对股均分,各得田三百余亩"。道光二十三年,"征悉捐承分田绝置者二百三十余亩为义祭田,自置住宅十二间为义庄"。② 长洲"(陆)豫斋之尊人彤贻公,至性淳备,行善于乡,闻高平之遗风,心向往之。豫斋起而成厥志,割遗产五百亩,为赡族之资,设义庄于陆巷"③。很显然,陆氏义庄的五百亩田产即来源于彤贻公的遗产。咸丰年间,苏州陆宗澄承其父应铨志捐建义庄。"先是应铨在时,析田三百亩、市屋两所,为宗澄弟兄三分祭产。及是,宗澄与兄宗涛侄凤棰议,归并入义庄,并呈官立案。"④

　　三是归并绝嗣田,即将没有子嗣族人的遗产收归义庄公产。一般而言,族中嗣绝之产,例归宗族所有。根据华东军政委员会土改委员会的调查,高淳县薛城乡第一村的恺一公祠,其所有土地133.2亩中,即有73.2亩是因族人绝嗣后献给祠堂的。⑤ 无子嗣的族人由于担心身后无人祭扫,有的身前就将自己的土地捐为庄产,身后由义庄每年代为祭扫和修葺坟墓,这也是苏南义庄田产来源或增殖的一种途径。丹徒倪氏澹明义庄对"年老无嗣愿将产业捐入义庄者,许祔祀崇德报功祠,并代任扫墓"。⑥

二、义庄殖产

　　义庄建立后,如何扩充增殖成为经营管理者们所面临的新问题。

① 李根源、曹允源:《吴县志》卷31《公署四·义庄》,第25页。
② 杜绍祁:《徐氏义田记》,作者不详:无锡《锡山徐氏支谱》。
③ 钱大昕:《潜研堂文集》卷20《陆氏义庄记》,第293页。
④ 李根源、曹允源:《吴县志》卷31《公署四·义庄》,第24页。
⑤ 《高淳县薛城乡祠堂、神会土地情况调查》,参见华东军政委员会土地改革委员会编:《江苏省农村调查》,第239页。
⑥ 倪思九主修:《丹徒倪氏族谱》卷6《澹明义庄规条》。

随着宗族人口不断繁衍,义庄只有保持一定的增长速率,才能满足教养子弟的需要。对于奉行只增不减法则的义庄来说,土地增殖主要来源于族人的捐赠、袝祀输银、租息和商业利润的再投入等。

(一) 子姓续捐

义庄是家族发展史上一项前赴后继的事业,它既为庇佑子孙兴旺发达之资,又寄希望于成立子孙的反哺,做大做强,成为家族永不败落的强力支撑。因而,鼓励子姓续捐成为义庄不断扩充的主要途径。常熟邹氏隆志堂"劝请族中尚义者量力各助,俾支放不拙"。[①] 南汇傅祖荫堂义庄建成后,庄主傅佐衡寄希望"族人就家祠方面多多捐助,合成义庄,则施与族中贫苦者更可普遍也"。[②] 润州刘氏呼吁族人,"捐置庄田尤冀续附也","庶几日见推广,俾得源愈远而流愈长"。[③] 长洲徐氏梓荫义庄为武举徐长庆所建,统共捐置吴、长、元三县庄田 1091 亩有奇。迨咸丰庚申兵燹,庄祠鞠为茂草,坊表犹存。光绪二十九年,其曾孙漱文、广文、芬续捐田四百九十亩有奇,市房五所,复新祠宇,复位规条。[④] 荡口华老义庄立庄之初仅有庄田 1340 亩,历经几代人的捐赠,到民国时已有土地 3598.67 亩。[⑤]

义庄土地多多益善,宗族鼓励子姓踊跃续捐,给予褒奖。义庄对捐田、捐款入庄者,会给予勒石、请奖、袝祀等表彰或待遇。苏州吴氏义庄建立之初,经云公曾附捐土地 500 亩有零,义庄议定其名下可"另设奉祀一人",每年支俸钱若干。以后"续捐田产至五百亩者,亦

---

① 《常熟邹氏隆志堂义庄规条》,参见王国平、唐力行主编:《明清以来苏州社会史碑刻集》,第 231 页。

② 傅佐衡:《傅祖荫堂义庄记》,傅恭弼续修:《傅氏续修家谱》(不分卷)。

③ 刘志勤等纂修:《润东顺江洲刘氏重修族谱》卷 3《刘氏义庄规条》。

④ 徐芬辑:《徐氏梓荫义庄汇录》。

⑤ 苏南人民行政公署土地改革委员会编:《土地改革前的苏南农村》,1951 年版,第 70 页。

得援以为例"。① 吴江施氏对族中"情愿捐款或捐产业加入义庄者",
一面"将事实禀县详请给奖,一面在义庄立碑为记,俾垂久远"②。莘
门陆氏对"族中有自愿捐田入庄者,无论多寡日后概行照捐勒石"。③
武进恽氏对"捐田在百亩之外、捐银在千两以上,均得祔祀于庄,以昭
报功之谊,其余乐善好施无拘多寡,概行勒石,令后人知之"。④

在鼓励子姓续捐的同时,义庄也明确规定,族人不得将中下之田
捐入,冀免赔累,更不得借捐田干预庄务。武进恽氏要求所捐之田必
须为上等好田,"若以中下之田托名捐设义产实则冀免赔累者,断断
不可"。且"所捐田亩一体归掌庄子弟经管,捐田之子姓不得藉此干
预庄务"。⑤ 苏州程氏对续捐的田房,不仅要求"不得以瘠田破屋"捐
赠,还规定不得以"刁佃顽租之户充捐"。⑥

囿于本身的宗法性,义庄接受续捐的范围被严格控制在受赡族
群的界限内。武进恽氏赡族断自"赠光禄公高祖支下子姓",该支下
子姓"有自愿捐田入庄者,不论多寡均足以征好义",其非光禄公支下
者,"不准捐田附入"。⑦ 苏州汪氏"信玉公支下有愿捐田房入庄者,不
论多寡概行照捐勒石","其非信玉公支下子姓,不准捐入,以昭限
制"。⑧ 在义庄家族看来,若允许其他支下捐田附入,势必会打破宗法
定制,为不可之举。

总之,建庄子弟既希望族众踊跃续捐,成就家族伟业,又牢牢把
握义庄大权不愿旁落。即便这样,义庄的勒石表彰,乃至身后祔祀的

① 吴大赝纂修:《皋庑吴氏家乘》卷 10《义庄规条》。
② 施则敬等编:《吴江施氏义庄汇录·义庄赡族规条》。
③ 陆锦瞵等纂修:苏州《陆氏莘门支谱》卷 13《义庄规条》。
④ 恽毓荣辑:《恽氏义庄缘起·恽氏义庄规条》。
⑤ 恽毓荣辑:《恽氏义庄缘起·恽氏义庄规条》。
⑥ 程晼纂修:苏州《程氏支谱》卷 1《成训义庄规条》。
⑦ 恽毓荣辑:《恽氏义庄缘起·恽氏义庄规条》。
⑧ 汪体椿等纂修:《吴趋汪氏支谱》卷末《平阳汪氏耕荫义庄规条》。

规定,对于族人而言,还是有着强大的感召力。

(二) 租息续置

在苏南庄绅们看来,"岁有羡余应随置产裕后,庶不负先人建庄久远之意"①。用盈余租息续置田房,成为苏南义庄的又一主要增殖方法。义庄每年盈余,或交庄正锁柜保管,或存典生息,但积累的一定数额,就会增置田产。咸丰十年,荡口华氏召开创建新义庄的"家议",当时仅有公产375石田租,会议决定:"每年租息除办赋外,续置田亩、祠堂、公屋,俟田满500亩,即行通详达部,改立义田"。② 华氏相信"十年之后,谅可成就。"③光绪元年义庄落成,计有田产1023亩有奇,庄房一所60余楹。建庄后,华氏仍然推行"如有赢余,即续置田亩,以广善举"的发展思路。④ 可以看出,用租息购置田产成为华氏建立或扩大义庄的主要途径。

有清一代,垂范后世的范氏义庄的主奉们始终致力于扩大义庄的规模。乾隆五十九年(1794)二十二世监簿房休野主奉以公余银两续置田二十亩零,六十年二十四世监簿房孙塘桥支太史芝严公接办主奉后,以公余银续置田1711亩零;嘉庆二十四年,监簿房漱泉主奉以公余银续置田287亩零;道光年间,监簿房监齐支西庚主奉以公余银续置田160亩零;同治初年,监簿房监齐支宝卿主奉续置田199亩零;光绪年间,监簿房监齐支厚甫主奉又以公余银续置田24亩,又督率在庄执事逐年查荒复熟田215亩零,此时范氏义庄共有义田5888

---

① 程晥纂修:苏州《程氏支谱》卷1《成训义庄规条》。
② 无锡《华氏新义庄事略》卷上《创建义庄家议》。
③ 无锡《华氏新义庄事略》卷上《创建义庄合同公议》。
④ 无锡《华氏新义庄事略》卷上《给帖投县禀稿》《议约十八则》。

亩零。① 与范庄相似，苏州大阜潘氏建庄后也是"岁有增置"。②

　　盈余租息选择何时置产，不同义庄有不同的见解和规定。华亭顾氏义庄"其米除完漕备发外，余米即粜，其钱除完上下忙银约数备发外，即添置田产，均不得多存久存册上"③。苏州程氏资敬义庄"积有盈余即置田产，不得存放生息，以免亏折"。④ 东山叶氏除义庄各项开支外，"再有余资只可增置田产，不准放债取利，亦不准收入存款，致生枝节"。⑤ 看来义庄是担心保留银钱易遭侵蚀，还是早置土地不动产为稳妥。但也有一些义庄规定只有盈余累积三年或一定数目时方可置产，可能更多地是基于备荒角度的考虑。如葑门陆氏"俟积有三年之蓄，方可增置田产"；⑥吴趋汪氏耕荫义庄"须积三年之蓄，方可增置田房，勒石呈明立案"；⑦王氏怀义堂义庄租钱一旦"数满六千以上，即会同本堂当面注册封贮，以待增置绝产"⑧。不过义庄在续置庄产上也有共同主张，即"续置田亩然须择膏腴美产，毋许置活契及次瘠等田，以致遗累"。⑨

（三）祔祀输银

　　入主输银，是清代祠堂增殖的项目之一。义庄亦是如此，且数额要求更大。如葑门陆氏庄祠的"西楹奉续捐田亩及有功于庄者栗主"。⑩ 不过，各家义庄规定的祔祀续捐最低数额不一。太仓钱氏"族

① 参见《关于给付郎中房来凤寡妇吴氏之义庄历票》，苏州档案馆藏，档号：I24 - 001 - 0011 - 010.。

② 陈奂：《松鳞义庄记》，潘家元纂修：《大阜潘氏支谱》附编卷 1《义庄纪事》。

③ 顾璜：《华亭顾氏宗谱》卷 7《义庄规条》，清光绪二十年刊本。

④ 程晓纂修：苏州《程氏支谱》卷 1《资敬义庄规条》。

⑤ 叶德辉等纂修：《吴中叶氏宗谱》卷 63《赡族规条》。

⑥ 陆锦晭等纂修：苏州《陆氏葑门支谱》卷 13《义庄规条》。

⑦ 汪体椿等纂修：《吴趋汪氏支谱》卷末《平阳汪氏耕荫义庄规条》。

⑧ 王庆芝：《太原王氏家乘》卷 7《怀义堂义庄规条》。

⑨ 沈寿祺纂修：《虞阳沈氏宗谱》卷 11《沈氏义庄奏定规条》。

⑩ 陆锦晭等纂修：苏州《陆氏葑门支谱》卷 13《祭祀规条》。

中有在本庄捐田 50 亩以上者,得将其祖若父另龛祔祀"。① 吴中叶氏务本义庄族人"捐田在百亩外捐银至千两以上者祔祀于庄,以昭崇报之意。如欲捐钱奉位入祠,仍照曩例,每代捐钱五十千文"②。

近代以降,义庄所规定的输银数目尚有增加的趋势。乾隆年间,苏州唐氏族人"自行捐田至五十亩,或捐银至五百两,或捐米至三百石者,俱在有功德之例,不论祖父、本身,准其一主入祠祔祀"。③ 而道光、咸丰年间的常熟邹氏隆志堂义庄"必捐良田百亩以上,或银二千两以上,方准祔祀"④。建于光绪二十五年的嘉定曾氏瑞芝义庄则规定:子姓中有捐田五百亩或捐银五千两者,准其入庄祔祀西楹。⑤ 民国时期,丹徒倪氏族人有捐助田产银币"合计其值在五千元以上者,许入祀崇德报功祠"。⑥ 由上可见,捐资得以祔祀庄祠的数目不为小数,一般族人并非轻易能做到。长洲彭氏则想出一个好办法,族人"捐田五十亩者得祔祀一世,以昭善则归亲之义,捐资五百千者同,或志存敦睦力有未逮,所捐不及应行祔祀之数,由庄存记,如有续捐先后积算"。⑦ 彭氏允许族人续捐积算,制度较为灵活。据彭氏《庄祭规条》记载的族人祔祀情况制成下表。

表 3-8　彭氏祔祀庄祠续捐田产一览表

捐田者	捐田亩数	祔祀对象
艾生	50	又山公

---

① 《太仓钱氏宁远义庄文存》卷下《义庄规条》。
② 叶德辉等纂修:《吴中叶氏宗谱》卷 63《赡族规条》。
③ 唐轲等纂修:苏州《唐氏家谱》卷 6《义庄规条》。
④ 《常熟邹氏隆志堂义庄规条》,王国平、唐力行主编:《明清以来苏州社会史碑刻集》,第 233 页。
⑤ 参见嘉定《曾氏瑞芝义庄全案》卷下《祭祀规条》。
⑥ 倪思九主修:《丹徒倪氏族谱》卷 6《澹明义庄规条》。
⑦ 彭文杰、彭钟岱纂修:吴县《彭氏宗谱》卷 12《庄祭规条》。

续　表

捐田者	捐田亩数	袝祀对象
慰高	100	简缘公、远峰公
祖贤	100	应山公、兰台公
仁沾	150	赋蓉公、南蔬公、蔚林公
奎	50	时峰公
惠高	50	圃香公
毓荣	150	修田公、楚翘公、稼泉公
祖钱	50	仲山公
禄	50	银轩公
祖润	68	文敬公
同福	50	少卿公
翰孙	50	秋岳公
虞孙	50	苇间公
	合计 968 亩	

资料来源：彭文杰、彭钟岱纂修：吴县《彭氏宗谱》卷 12《庄祭规条》。

　　身后或奉先人神主入祠是每个族人的一大心愿，也是衡量后人能否成立并答孝先人的标尺。孝子贤孙自然不甘落后，踊跃捐献，奉主入祠，以安先灵。上表所计，彭氏族众为袝祀先人先后捐田达 968亩，数目实在不菲。可见，袝祀输银或捐田入主也成了庄产增置的重要手段。

（四）出仕者捐资

　　对于昔日曾受义庄恩惠，他日读书成立或子孙兴隆，愿将前领米数修金照数归偿或加倍归偿者，义庄表示欢迎。嘉定曾氏遇此情形，会备"礼宴一席,以昭奖劝,并慰创造者教养有成之心"①。

义庄对读书成立子弟,多有捐资入庄祠的规定。宜兴陈氏言明:"在塾生徒后来如有登高第列显仕者,当劝其捐助俸银,以充公费,以励后生,以报先德也。"②武进盛氏拙园义庄设有人范书院,盛氏鼓励子弟踊跃认捐,希望"将来读书田捐足千亩"。义庄要求"海宁公以下子孙,实缺署缺任内岁捐廉俸一成中之二成,候补候选有差使者岁捐薪水一成中之一成,其退归林下游幕在外及读书子弟,如有赡养修脯膏火余资,均可随愿乐助"③。苏州申氏"以科甲出身在官食禄者,乡科出田二十亩,甲科出田三十亩,承荫出仕者出田四十亩,并入义庄内帮贴公用。不如例者倍数罚之"④。常熟归氏"其有登仕版膺外任者,酌量廉俸厚薄,捐银置产"。⑤ 毗陵唐氏要求入士籍者按岁捐奉,"现任京官六品以上,岁捐奉银三两;四品以上,捐银五两;在外七品以上正印官,岁捐奉银十两;佐贰官岁捐三两。各入祠中公用,以酬祖宗之恩,以广子孙之惠"。⑥ 长洲彭氏将出仕子弟分为京官、外官及不同品阶,要求捐银不等。"凡仕宦京官学差捐银一百两,试差五十两,一品一百两,二品五十两,三品三十两,四品以下量为捐助。外官督抚藩运司各二百两,臬司五十两,道府州县三十两,优缺加倍。"⑦

三、义庄市廛的租赁经营

传统义庄一般凭借租佃经营方式,依靠租息的积累,不断增殖土地,从而扩大再生产的规模。近代以降,受苏南浓厚的商业风气的熏

---

① 嘉定《曾氏瑞芝义庄全案》卷下《经理规条》。
② 陈荷莲主修:宜兴《陈氏宗谱》卷3《义塾规条》。
③ 盛文颐主修:《龙溪盛氏宗谱》卷23《人范书院捐启》。
④ 申祖璠:苏州《申氏世谱》卷8《义庄规条》。
⑤ 归衔:《书田规条后记》,归令望纂修:常熟《归氏世谱》卷8《义庄志附》。
⑥ 唐宗海修:《毗陵唐氏家谱》(不分卷)《唐氏宗规》,民国三十七年铅印本。
⑦ 彭文杰、彭钟岱纂修:吴县《彭氏宗谱》卷12《庄规》。

染,部分义庄出现将资产向商业领域拓殖的趋向。

义庄租赁市廛现象,近代以前所见甚少。乾隆乙未进士范来宗担任范氏义庄主奉时,义庄"有市廛百余所,岁可息万金"。① 之后,此类现象渐为普遍。一则因近代苏南义庄多建在城镇,一般规模宏大,其多余房屋往往出租;二是有的义庄为扩大财源,专门购置街市门面房用于出租获息。如无锡杨氏"沿海楼屋一造,向系出租,所得租息一并归义庄经收"②。大阜潘氏松鳞庄伙同通恕堂合股契买孙合茂房屋一所,计上下楼房 39 间,厢房 15 个,"招租收息"。③ 庄中余屋也"招有租户","历年所收各户房租款目并归义田项下"。④ 葑门陆氏在阊门外有"市房两所"。⑤ 锡山秦氏在"北门外对吊桥市房两间半"。⑥ 陆氏、秦氏虽未言明市房用途,用于商业目的必定无疑。武进盛氏旧置市屋两所,毁于兵燹,同治十二年(1873)又捐资起造,"月收租钱,一并归入义庄备支"。⑦ 苏州徐氏梓荫义庄在光绪二十九年(1903)置市廛间出赁屋五所。⑧ 苏州陈氏义庄创建者陈宗浩于元和县境内"购得市房一区",其族叔、族兄等又在吴县、元和县捐市房两所,永远归义庄执管。⑨ 义庄购置市房门面用于自己经营的较少,一般将其租给商家做店铺之类,获取租息。东汇潘氏荥阳义庄房产租赁经营规模十分庞大,其《义房记》对此记载详实,将其列表如下:

① 钱泳:《履园丛话六·芝严太史》,沈云龙主编:《近代中国史料丛刊续编》第82辑,文海出版社,第156页。
② 《无锡杨氏义庄瞻族规条》,清末稿本。
③ 参见潘家元撰修:《大阜潘氏支谱》附编卷1《义庄纪事·增置义产》。
④ 潘家元撰修:《大阜潘氏支谱》附编卷1《松鳞庄增定规条》。
⑤ 陆锦瞗等纂修:苏州《陆氏葑门支谱》卷13《续增规条》。
⑥ 秦涌涛等修:《锡山秦氏宗谱》卷首下《公学产业》。
⑦ 盛文颐主修:《龙溪盛氏宗谱》卷23《拙园义庄增定规条》。
⑧ 参见钱福年:《徐氏梓荫义庄碑记》,见徐芬辑:《徐氏梓荫义庄汇录》。
⑨ 曹允源、李根源纂:民国《吴县志》卷31《公署四·义庄》,第14页。

表 3-9　苏州潘氏荥阳义庄市房情况一览表

市房位置	房屋类别	间数	备注或用途
元邑正叁上图混堂巷义庄对门朝南	平屋	3	
元邑正叁上图混堂巷义庄对门朝西	平屋	4	
元邑正叁上图平江路混堂巷口	平屋	3	
元邑利壹上图大儒巷仁孝里	平屋	2	另有披厢一个
元邑利壹下图水门桥	平屋	6	另有披厢两个
元邑半十九都仁叁图吴衙场德余栈仓房门面		56	披厢在外
吴邑十九都阊四图丁家巷	平屋	5	过路两个
吴邑十一都阊四图普安桥西首		5	披厢一个,向租杜福仁锡箔庄
吴邑积善桥西首	上下房屋	24	披厢六个,向租永发药材栈
吴邑信心巷内	上下房屋	42	披厢在外,向租实有茶叶栈
吴邑施家浜	上下楼房	2	向租袜店
吴邑西沿塘	平屋	5	向租豆饼行
吴邑汲水桥	平屋	18	向租吴姓居住
吴邑寺浜宋家桥	平屋	3	
吴邑梅家浜	平屋	9	
吴邑来凤桥下塘	上下楼房	250	向租潘日新典当
吴邑寺浜内	上下楼房	140	向租倪益茂酒作

资料来源:潘绍贶纂修:苏州《东汇潘氏族谱》卷6《义房记》。

荥阳义庄共有市房 577 间,在当时而言,算得上房产大鳄。其中 486 间明确了租与对象,另外 91 间分布在 9 处,出租还是自营商业则不得而知。但既然为义庄公产,用于商业盈利的目的是确定的。义庄出租市屋,虽然还算不上直接经营工商业,但至少可以看出,义庄的盈余除投向土地外,逐步在向工商业过渡。

四、义庄租余的商业性经营

义庄租入主要来源于田租,除去每年的国课、祭祀、赡族、教育、修葺祠墓等项开支,租余仍作本金,或存贮生息,或投资于工商业,或购买股票,继而谋求义庄的发展壮大。

(一)存典生息

多数义庄租余最主要的用途是增置土地,但必须达到一定数目,才可购置。期间或存柜封存,不准挪借;更多的则是存典生息,追求利润的最大化。莳门陆氏丰裕义庄"如有盈余,亦须存储,勿稍暂为挪借"。① 吴江施氏义庄余款"存放生息,积至五年,添置田产一次,平时不得移作他用"。② 南汇傅祖荫堂义庄初办时,每年挹注数目尚少,将租息作三项支配,其中"一为积聚金存典生息"。③

义庄租余要么存在妥善公处(银行、公典等),要么存在殷实商贾处,以保证资金安全。每年冬至日,无锡高氏将盈余租息"公同议择妥善公处存储采息,积成巨款,备置田产,不得徇隐,藉事挪移"。④ 长洲彭氏在成熟之年留存租入十分之三,"由庄正副公商发交殷实商贾妥存生息"。⑤ 太仓钱氏每岁岁终,"除各项支发及修理房屋外,净余若干存典生息,周年应用息金若干,仍并入正本生息。如遇歉岁或有特别支出溢入所出时,应于存典款内提支弥补,其存典款积至千元,

---

① 陆锦瞗等纂修:《陆氏莳门支谱》卷13《义庄规条》。
② 施则敬等编:《吴江施氏义庄汇录·施氏义庄赡族规条》。
③ 傅佐衡:《傅祖荫堂义庄绪言》,见傅恭弼续修:《傅氏续修家谱》,不分卷。
④ 高鼎业纂修:武进《高氏大统宗谱》卷1《义庄规条》。
⑤ 彭文杰、彭钟岱纂修:吴县《彭氏宗谱》卷12《庄规》。

即行购置绝田扩充基本"。① 润州刘氏"设有盈余存放殷实之铺生息，立据存庄，若能盈积整款，可置田产"。②

但须明了，义庄的租息一般是不准放高利贷的。③ 吴县陈氏义庄岁入所余，封藏铁柜，"不得借贷取息"。④ 大阜潘氏松鳞义庄蓄有余羡，只准添置田产，"不得放债取利"。⑤ 丹徒倪氏庄内积谷如敷次年之赒给时，才将陈谷粜出，"所得价银存储殷实银行钱庄生息，俟积有成数，即增置田亩"，"不得贪利他放"。⑥ 荡口华氏新义庄的米麦钱粮"不得贪觅微利通融出贷。"⑦苏州吴氏庄中余款"不得放债生息，致开侵蚀之端。"⑧义庄的上述种种规定，是否怕担不义之名，不得而知。但预防族人或管理者的侵蚀，肯定是应有之意。

（二）经营实体或购买股票

苏南为近代中国商品经济发达之衢，商业繁盛。义庄租息盈余除扩充庄田外，有的还投资商业或经营商栈，利润充入义庄，使义庄资金周转更加灵活，实力更为雄厚。

荡口华氏新义庄拓展了传统义庄的经营理念，由靠单一的田租收入运作模式发展成多元化经营实体。华青莲是新义庄的创议者，1840 年去世时遗命存恭等四子置田赡族。该支华氏不是读书人，为当地商贾，开作坊酿酒做酱油。⑨ 存恭、存宽等四兄弟团结协力，利用

---

① 《太仓钱氏宁远义庄文存》卷下《义庄规条》。

② 刘志勤等纂修：《润东顺江洲刘氏重修族谱》卷 3《刘氏义庄规条》。

③ 学者张研认为："几乎所有的宗族组织都用族田租人进行高利贷活动，以息买田成了族田增殖的重要手段，被写入各种义庄规条、宗规族规"。参见张研《清代族田与基层社会结构》，第 120 页。

④ 曹允源、李根源纂：民国《吴县志》卷 31《公署四·义庄》，第 14 页。

⑤ 潘家元纂修：《大阜潘氏支谱》附编卷 2《松鳞庄规条》，民国十六年铅印本。

⑥ 倪思九主修：《丹徒倪氏族谱》卷 6《澹明义庄规条》。

⑦ 无锡《华氏新义庄事略》卷上《议约十八则》。

⑧ 吴大赠纂修：《皋庑吴氏家乘》卷 10《义庄规条》。

⑨ ［美］邓尔麟：《钱穆与七房桥世界》，北京：社会科学文献出版社，1998 年，第 87 页。

田产租息、商业利润"置田建庄"。光绪元年(1875),新义庄宣告建成。建庄之初,华氏就捐置堆货栈房一所七十余楹,"计基地粮四亩七分四厘五毫,岁收租钱四百八十千文"。后又在锡城北郭"置市廛一所"。① 此外,义庄还广泛参与酿酒、碾米、商铺、运输、房产等领域的投资,以盈利扩充义庄,成为江南地区实力雄厚的义庄。尤其华鸿模在无锡城里开的粮栈,是当年经济新浪潮中的第一家,使得无锡成了华东地区最大的粮食交易市场。内地商人运粮往上海,也由他们转手,其中获利都归入华氏在荡口各行业的总收入。② 1911年华鸿模去世后,新义庄由其孙华绎之接管。华绎之是一位善于经营的实业家,他"习英文,通科学养鸡养蜂术,创办华氏农场,并附设养蜂训练班",还"东渡日本,亲考察养蜂及他农事,并资遣学生赴美深究。时华氏养蜂事业,蜚声江浙太湖流域,闻风慕效者踵起"。③ 华氏新义庄多元化经营模式,使资金增殖率大为增速。当周边地区一些义庄陷于收入微薄难以维系的困境时,华氏新义庄却以雄厚的经济实力保障了义庄的正常运转,并拓展了慈善事业的规模。

而荡口华襄义庄本身就是依靠经营工商业的利润来添购的。④ 义庄的创建者华锦远在上海以缝纫成衣业起家,开办了华纶绸缎皮货庄。随着营业的扩展,又在上海城隍庙附近开办了钱庄。发迹后在荡口购置田产,经过若干年积累,于1924年捐田300余亩创办襄义庄。

股票作为有价证券,既可储存,又有升值可能,民国时期亦成为义庄盈余投资的一个方向。苏州东山区席义庄每年开支后,剩余则

① 无锡《华氏新义庄事略》卷上《给帖投县禀稿》、《建庄原始记略》。
② [美]邓尔麟:《钱穆与七房桥世界》,第89页。
③ 钱穆:《华君绎之家传》,《钱宾四先生全集》第53册《素书楼余渖》,台北:台湾联经出版事业公司,1998年,第169页。
④ 苏南人民行政公署土地改革委员会编:《土地改革前的苏南农村》,1951年,第68页。

交庄正或存银行生息,或购股票,准备将来添购义田及修葺祠堂之用。① 武进盛文颐在民国年间捐拙园义庄国币 100 万元,用其购买中亚银行股票,作为义庄基金。② 无锡荣氏本有老义庄,荣福龄认为义庄以土地收租已不敷开支,因此把用义庄名义募集的资金入股于振新,靠股金加利来发展新义庄。③ 盛氏愚斋义庄是盛宣怀之妻盛庄德华遵照先夫遗训,率儿孙们创办于民国初年的慈善机构。愚斋义庄的经营模式已完全走出传统义庄依靠地租的老路子,而是以近代化资本运作为其发展路径,广泛参与实业投资,经营股票、房地产,形成了一个资金产业链,成为一个实力雄厚投资多元化的专业投资公司。

表 3-10　愚斋义庄资产清单表

项目	所在地或投放公司名称	数目	估价
房地产	静安寺路 110 住宅	25.225 亩	规元 261577 两正
	静安寺路东宅房产	9.25 亩	规元 104771 两正
	黄浦滩 6 号	4.541 亩	规元 584920 两正
	北成都路广仁里房屋	5.992 亩	规元 83803 两正
	新闸路辛家花园	4.002 亩	规元 30000 两正
	白克路修德里空地	3.744 亩	规元 28080 两正
	杭州空地	81.9845 亩	规元 71328.15 两正
	白克路老修德里	14.741 亩	规元 150403 两
	苏州房产		规元 46800 两
	静安寺路愚斋里	11.437 亩	规元 165500 两
	百老汇路	3.76 亩	规元 130000 两

---

① 参见陈翰笙、薛暮桥、冯和法编:《解放前的中国农村》,第 339 页。
② 盛文颐主修:《龙溪盛氏宗谱》卷 23《续捐拙园义庄田亩及捐款附记》。
③ 参见荣勉韧:《无锡荣氏前族长荣福龄传稿》,赵永良、蔡增基主编:《无锡望族与名人传记》,哈尔滨:黑龙江人民出版社,2003 年,第 397 页。

续　表

项目	所在地或投放公司名称	数目	估价
公典存款	协济	洋 31000 元（原为元 22475 两），元 7000 两	合计：洋 31000 元，元 11732.278 两
	济美	元 2900 两	
	肇大	元 1832.278 两	
股票	招商局	22000 股	规元 1903000 两正
	汉冶萍	133990 股	规元 2698387.92 两
	仁济和	4817 股	规元 153616 两
公典股本	肇大	元 48803.546 两	合计 146996 两
	协济	元 21750 两	
	济美	元 14736.11 两	
	大正	元 23333.233 两	
	亦济	元 3625 两	
	均大	元 21381.996 两	
	济丰	元 7666.666 两	
	公顺	元 5700.249 两	
合计资产		洋 31000 元，元 6570914.348 两	

资料来源：王宏整理：《愚斋义庄资产簿》，上海图书馆历史文献研究所编《历史文献》第 4 辑，上海科学技术文献出版社，2001 年，第 327—334 页。

《愚斋义庄资产簿》是上个世纪 20 年代民国政府派叶琢堂委员清查该义庄时，愚斋义庄董事会提供的资产清册。清册完整地记录了愚斋义庄的资产，主要包括上海、杭州、苏州的房地产，轮船招商局、汉冶萍公司的股票，以及在公典里的存款和股票，合计竟达 657 万两有余。在所有资产中，股票份额最大，占到了 74.6%，其次是房地产占 25%，而存典生息则不足 1%。透过此表，我们可以清楚地看到愚斋义庄主要以股票的形式参与到近代工商业中去,以获取商业利润作为义庄有效运转的资金来源,完全颠覆了传统义庄的土地增殖模式,成为苏南义庄走向近代化的先驱。

第四章　近代苏南义庄的家族教育

家族教育作为传统社会一种教育形式,是以本族子弟为主要教育对象,旨在进行破蒙扫盲、伦理化育、应试科举或升学为目的的教育。近代苏南地区家族教育十分发达,成为当时基础教育的重要组成部分。家族教育一般由宗祠或义庄负责组织管理,尤其因义庄具有较强的经济能力,庄规严密,管理规范,更具有典型性。深入考察义庄家族教育的运作路径、发展状况及近代嬗变,对于管窥近代苏南家族的生活图像,进而透视苏南社会的发展变迁,无疑具有一定的价值。

第一节　义庄的教育功能与投入

近代以来,苏南地区义庄林立。除承担祭祀、救济族中孤贫外,义庄还有一个重要职能就是设庄塾,兴义学,开展家族教育,培养家族人才。

一、苏南义庄普遍重视家族教育

义庄奉祭祀、赡孤贫、兴教育,旨在为家族发展担当起承继过去、改变现状和创造未来的责任。然而三者相较,其深意所在,仍在"兴学育才"。

义庄兴学肇始于范仲淹,"范文正公尝建义宅,置义田、义庄,以收其宗族。又设义学以教,教养咸备,意最近古"。[1] 范氏义庄、义学对后世家族的兴教模式及宗族制度的发展影响深远。已有研究成果表明,宋元明时期的宗族学校以宋代范氏义学为始,伴随义庄、义田的设置而进行,主要作为新宗族制度形态的一部分存在。[2] 清代推行孝治的宗族政策,《圣谕广训》倡导士民"立家庙以荐蒸尝,设家塾以课子弟,置义田以赡贫乏,修族谱以联疏远",[3]将"设家塾"、"置义田"作为敦睦族群社会的重要手段,进一步推动了义庄宗族制度和家族教育的发展。林济考察明清苏州地区的宗族社会,发现在其独特的社会发展与文化发展条件下,出现以义庄宗族为特色的宗族形态与宗族文化。[4] 其实,这种现象在近代苏南地区是普遍存在的。清朝中后期,义庄的广泛普及已成为"江南宗族社会中引人注目的现象",而"作为义庄事业的一部分,常设庄塾于其中,尤其在江苏的江南地区,更是成为风尚"。[5] 当时无论是家资未丰的素族之门,还是财力雄富的望姓巨族,都把建义庄、办教育看成家族发展的大事,是振兴家族、保持家族长盛不衰的重要手段。无锡邹鸣鹤记述苏南家族置义田、办义塾的盛况:"人文渊薮之地,士兴于学,民兴于业,义田义塾之设,比比皆是。"[6]

　明清两朝苏南地区不仅经济发达,且素以科名鼎盛,人才辈出,学风昌盛而闻于世。明人徐有贞说:"吾苏也,郡甲天下之郡,学甲天

---

[1] 牟巘:《义学记》,《范仲淹全集》(下),第 1188 页。

[2] 参见常建华:《宗族志》,第 388、394 页。

[3] 《圣谕广训》,《景印文渊阁四库全书》,台北:台湾商务印书馆,1986 年,第 717 册,第 594 页。

[4] 参见林济:《长江流域的宗族与宗族生活》,第 118 页。

[5] 韩凝春:《清代江浙族学研究》,张国刚主编:《中国社会史评论》第 1 卷,天津:天津古籍出版社,1999 年,第 80 页。

[6] 邹鸣鹤:《世忠堂文集》卷 3《鹅湖华氏家塾文钞序》,同治二年刻本。

下之学,人才甲天下之人才"。① 清人陈夔龙也有"冠盖京师,凡登揆
席而跻九列者,半属江南人士"②的感叹。崇文兴教成为东南一隅浸
濡历久的社会风尚,而经济雄厚的苏南义庄家族更是劝学尤勤,助学
不息,重教条规俯拾皆是。苏州大阜潘氏、武进盛氏及恽氏的义庄均
有"子姓读书最为训族第一事"③的条文。丹徒倪氏称其族"右义庄而
左家塾,养必有教也"。④ 无锡蔡氏也在庄规中殷殷劝诫族众:"凡人
谋生之计,基始成童。兹之置田赡给,非欲侍此果腹,遂可暴弃不思
树立也。族中居住远近不同,未能悉入家塾,各宜就便从师。"⑤常熟
《沈氏义庄记》更是道出了义庄家族教养相济的价值理念:"今沈氏义
庄一循范氏之旧,养以开其先,教以加于后……夫既有养以保守宗
祊,复有教以裁成子弟,行见世德,作求人才辈出,承先启后之谟,孰
有大于此者。"⑥

　　对塾师的礼遇,也体现了义庄家族的重教之情。庄规中对塾师
的饮食、节敬、束修、礼仪等方面都有专门规定。宜兴陈氏号称"盛
族","惟学是务"。"尊长于每月朔望入祠拈香,退即入塾拜见先生。
子弟在塾,其父兄亦于朔望具衣冠拜见先生,倘有轻慢者,尊长辄责
之"。为了表示对师长的尊敬,陈氏会在来年冬至前就将纳盟书送
到。束修节仪的致送也特别讲究,"分清明、端阳、中秋、冬至四季,经

---

① 徐有贞:《苏郡儒学兴修记》,李根源、曹允源:《吴县志》卷 26(下)《舆地考·文
　庙》,第 10 页。
② 陈夔龙:《梦蕉亭杂记》卷 2,北京:中华书局,2007 年,第 107 页。
③ 潘家元纂修:苏州《大阜潘氏支谱》附编卷 2《松鳞庄增订规条》;盛文颐主修:《龙
　溪盛氏宗谱》卷 23《拙园义庄规条》;恽毓荣辑:《恽氏义庄缘起·恽氏义庄本支加
　惠规条》。
④ 倪思宏:《澹明义庄自序》,见倪思九主修:《丹徒倪氏族谱》卷 6。
⑤ 蔡樾纂修:无锡《蔡氏蓉湖支谱》卷 9《义庄规条》。
⑥ 俞钟銮:《虞阳沈氏义庄记》,见沈寿祺纂修:常熟《虞阳沈氏宗谱》卷 11《义庄志》。

管先送至尊长处,及期尊长具衣冠馈纳"。① 华亭顾氏要求"族众经帐,皆当格外尊敬(塾师),毋稍亵慢。开解馆日,族长须到塾迎送,不可怠忽"。② 长洲彭氏塾师月定修金 6000 文,教学成绩出众者义庄尚有奖金酬谢。如授业学徒已满 3 年,"果能在塾入泮、食饩、中式皆有贺,即各如其数以酬塾师"。③ 嘉定曾氏瑞芝义庄的创建者曾铸为其已故业师苏氏置祭田 51 亩,田产所入于正月内送交其子姓收受,"以为春秋祭扫之需"。④

二、义庄的教育投入

近代苏南义庄,田产少则数百亩,多则达数千亩。据潘光旦等土改期间的调查,吴县有义田义庄的家族多至 64 家,共占有义田 78067 亩,平均每个义庄占有千亩有余的土地;常熟县有义田义庄家族共 90 例,除亩数未详的 6 例外,其余 84 例合占义田 63804 亩,每 1 例平均约得近 760 亩,但潘氏认为"总额决不止此"。⑤ 再据华东军政委员会、土地改革委员会于 1946—1950 年的调查,无锡荡口区的 12 个义庄,占有土地 13751.6 亩,占全区总田亩(144368.25 亩)的 9.52%。⑥ 雄厚的义庄田产为家族助学兴教提供了强有力的经济支撑。多数家族的教育经费直接从义庄租息中开支,如吴县韩氏义庄,前后置田 2300 余亩,"以之赡族及劝学"。⑦ 无锡荡口华老义庄,1934 年义庄租米用诸地方教育 50 石,子孙学杂费 122.13 石,合计占当年支出的

---

① 陈荷莲主修:宜兴《陈氏宗谱》卷 3《义塾规条》。
② 顾璜撰修:《华亭顾氏宗谱》卷 7《义庄规条》。
③ 彭文杰、彭钟岱纂修:吴县《彭氏宗谱》卷 12《庄规》。
④ 嘉定《曾氏瑞芝义庄全案》卷下《经理规条》。
⑤ 参见潘光旦、全慰天:《苏南土地改革访问记》,第 55、59、64 页。
⑥ 参见陈翰笙、薛暮桥、冯和法编:《解放前的中国农村》第 3 辑,第 336 页。
⑦ 李根源、曹允源:《吴县志》卷 31《公署四·义庄》,第 24 页。

16.1%。① 也有家族为保证助学经费不受其他支出影响,专门划出部分庄田充作学田,租息另册登记,专供族中子弟读书、应试及延师之用。吴县娄关蒋氏义庄"置田三百亩,以赡族中读书子弟"。② 常熟杨氏敦本义庄"别置田一千余亩,专给本支读书应试之费"。③ 大阜潘氏建松鳞义庄之初,就"捐田二百亩为贫族子弟读书公产",④同治中又增置"读书田三百九十六亩三分八厘九毫",⑤使子弟读书有赖、考试有助、中式有奖,文会、月课定期举行。同治七年(1868),武进盛康创办拙园义庄,置义祭田 1100 余亩。其家室费夫人、王恭人认为"义庄不可无读书田",遂捐出各自名下田产共 300 亩,"永为盛氏读书田"。⑥

表 4-1　部分苏南义庄设置书田情况表

义庄	所在地	书田(亩数)	资料来源
钱氏义庄	南延乡啸傲泾	70	光绪《无锡金匮县志》卷 30《善举》
蔡氏义庄	北延乡西仓镇	40	光绪《无锡金匮县志》卷 30《善举》
秦氏义庄	城中第六箭河	100	嘉庆《无锡金匮县志》卷 6《学校》
侯氏义庄	城中第八箭河	46	光绪《无锡金匮县志》卷 6《学校》

---

① 华东军政委员会土地改革委员会编:《江苏省农村调查》,第 262 页。
② 李根源、曹允源:《吴县志》卷 31《公署四·义庄》,第 21 页。
③ 郑钟祥、张瀛、庞鸿文:《常昭合志稿》卷 17《善举·义庄》,光绪三十年木活字本,第 11 页。
④ 潘家元纂修:苏州《大阜潘氏支谱》附编卷 2《松鳞庄规条》。
⑤ 李铭皖、谭钧培、冯桂芬纂修:《同治苏州府志》卷 24《公署四·义庄附》,南京:江苏古籍出版社影印,1991 年,第 582 页。
⑥ 盛康:《续捐读书田记》,盛文颐主修:武进《龙溪盛氏宗谱》卷 23《义庄录》。

义庄	所在地	书田(亩数)	资料来源
胡氏义庄	陆家浜	345(含祭田)	民国《南汇县续志》卷3《建置志》
云荫义庄	大西门内	126	民国《青浦县续志》卷3《建置》
吴氏义庄	衮绣坊巷	100	民国《吴县志》卷31《公署四》
潘氏松鳞义庄	悬桥巷	596	民国《吴县志》卷31《公署四》
丁氏济阳义庄	悬桥巷	301	民国《吴县志》卷31《公署四》
王氏义庄	东张市	200	民国《重修常昭合志》卷8《善举志》
俞氏义庄	翼京门外	200	民国《重修常昭合志》卷8《善举志》
董市义庄	归家市	200	民国《重修常昭合志》卷8《善举志》
邹氏义庄	陈埭桥	2000(含祭田)	民国《重修常昭合志》卷8《善举志》
卫氏义庄	卫家塘	400	民国《重修常昭合志》卷8《善举志》
缪氏义庄	西徐市	200	民国《重修常昭合志》卷8《善举志》
顾氏义庄	归家市	200	民国《重修常昭合志》卷8《善举志》
归氏义庄	城内文昌巷	1000	常熟《归氏世谱》卷8《义庄志附》

义庄	所在地	书田(亩数)	资料来源
屈氏义庄	常熟	600	常熟《临海屈氏世谱》卷16
华氏新义庄	荡口	500	无锡《华氏新义庄事略》卷上《建庄原始记略》
曾氏瑞芝义庄	嘉定	308	嘉定《曾氏瑞芝义庄全案》卷下《义塾规条》
胡氏义庄	无锡村前	1114	华东军政委员会土地改革委员会编：《江苏省农村调查》，第249页
朱氏义庄	嘉定	200	《政府公报》1918年第1008期

　　苏南义庄兴学形式多样，主要有办庄校，提供学习经费，资助子弟应考费用并与及第奖励三种形式。经费充裕的义庄多是三者并施，经费式微的一般采用后两种做法。常熟张氏孝友义庄于光绪三十二年(1906)开办孝友初等小学，民国元年改办高等小学，自民国元年起至十年止共捐银42591元。[1] 无锡村前胡氏义庄捐胡氏初级中学暨完全小学，"房屋田地及现金共十八万余元"。[2] 1931年，无锡寨门严氏义庄集资35830元，充当严氏小学的办学经费，使这所老校更具规模。[3] 长洲彭氏谊庄制订了从启蒙教育到出国留学的全面资助方案：1920年谊庄决算收入为6235元，在这一年的支出项中，庄校

---

[1] 《呈大总统请奖张氏孝友义庄匾额文并指令》，《教育公报》，1922年第5期，第4页。

[2] 《教育部褒奖捐资兴学者》，《湖北教育厅公报》，1931年第9期，第6页。

[3] 参见谈汗人主编：《无锡县志》卷23《教育》，上海：上海社会科学院出版社，1994年，第828页。

900 元,津贴学费 714 元,两项合计 1614 元,占收入的四分之一强。1921 年收入预计为 6500 元,用于校款的支出为 900 元,用于津贴学费的为 700 元,两项合计共 1600 元,约占收入的四分之一。[①] 从彭氏谊庄经费的分割比例来看,对教育的投入远远超过对族人的赡养开支。广德、溧阳钱氏士青义庄的助学份额更高,占义庄收入的六成,"每年收租除完粮、祭祀、夫马等费外,专备赡给本支贫苦子弟奖学金之用"。[②] 更有甚者,川沙同本堂义庄统核义庄基本金 50000 元,"而用诸教育义举者,在五分之四以上"。[③] 当然,义庄每年的教育支出比例与义庄规模、田产丰歉程度、族中读书人数的多少、是否办有学校等因素密切相关,各个义庄之间存在一定的差异。据华东军政委员会调查,太湖东山的席义庄,有田 926 亩,教育开支仅为 6 石米,占总收入的 1.71%、支出的 3.03%;而叶义庄有田 1850 亩,全年助务本小学 250 石米,占总收入 40%强。[④]

三、义庄重教的原因

苏南义庄之所以如此重视家族教育,固然与重文兴教的社会风气分不开,同时也是对族人进行伦理教化的需要。中国传统教育,素本"化民成俗,其必由学"、"建国君民,教学为先"之理,而达"教化"、"治化"之目的。如果说义庄给予义米钱粮是对族人身体之救助,那么办庄塾、书院等则是对族人精神之塑造,使其知君臣之义、上下尊卑、父子之序、夫妇之别,成为符合社会伦理规范之人。

---

① 参见江庆柏:《明清苏南望族文化研究》,第 92 页。

② 钱文选编:《士青义庄录·保管士青义庄委员会细则》,民国三十七年铅印本。

③ 张志鹤:《为同本堂义庄请奖呈县文》,方鸿铠、黄炎培:《川沙县志》卷 12《祠祀志·家庙》,民国二十六年上海国光书局铅印本,第 14 页。

④ 参见华东军政委员会土地改革委员会编:《江苏省农村调查》,第 257 页。

　　然而让义庄家族倾心教育的根本原因,则在于教育是义庄实现其永续家族繁荣梦想的切实路径。因为教育的首要任务是培养家族人才,而人才是家族兴旺发达的根本。在传统社会,人才的标准就是科举仕进。一旦家族子弟科举及第,不仅自身的命运得到改变,整个家族的社会地位也会随之提高,家族的发展就会走向良性循环。义庄给予义米钱粮并不能保证贫穷族人永久衣食无虞,赡养是济,教育才是久远之图。王鸣盛在《王氏宗祠碑记》中说:"义庄之设,合族之贫者日给以米,赡其身焉,俾无饥而止耳。然而立国以养人才为本,教家何独不然? 今合族子弟而教之,他日有发名成业,起为卿大夫者,俾族得所庇庥,则无义庄而有义庄也。"①黄炎培在川沙《同本堂义庄记》中指出:"夫不教而养,曷若教之使自养。能自养,则子姓愈繁,其生产以互助而愈大。"②其实,王鸣盛和黄炎培这两段话所表达的意思是一样的,都肯定了苏南家族奉行"教"重于"赡"这一理念。即义庄之设,不仅仅在于"专祭祀而恤宗族",更重要在于兴学育才。唯有如此,才能实现其收族、保族的根本目的。

第二节　家族教育的组织与管理

　　苏南义庄组织家族教育的主要方式,或自办庄塾,延师以课子弟;或助子弟束修之资,自行从师。此外,对求学应考子弟,义庄还通过经济上的补贴和奖励,激励他们树立读书向上之心。义庄管理庄塾的日常教学,对受助子弟实行严格的考勤及督查制度,庄规严密,奖惩分明,对家族教育实行有效的管理和运作。

---

① 王鸣盛:《王氏宗祠碑记》,见汪祖绶、熊其英、邱士金:《青浦县志》,卷3《建置·坛庙》,清光绪五年尊经阁刻本,第21页。
② 黄炎培:《同本堂义庄记》,方鸿铠、黄炎培:《川沙县志》卷12《祠祀志·家庙》,第15页。

一、义庄对家族教育的组织

苏南家族置办义庄的目的不仅在于养,而且重视教,有教养并重的取向。有的家族甚至强调教重于养,认为养只保目前,教育却关乎家族之未来。因之,义庄多兴办庄塾或书院延师教读孤苦子弟。苏州人彭绍升生前建有润族田,临终时念念不忘嘱托后人,润族田要"量入为出,族人岁助尽可增加,如数年后余羡日增,当设一宗学,以教诸童,否则量加读书之费"。后人领会其"教养并重"之意,于"南园东偏添建庄房,专设一斋名曰'庄塾',课本族子弟之无力读书者"①。济阳丁氏建庄后,深为书塾尚未着落而忧虑。咸丰四年(1854),丁士良等奉父遗命,在"义庄旁舍建义塾屋 12 楹,积书 3 万余卷,读书田301.58 亩,给族子弟修膳考费"。② 吴中叶氏则在义庄赡族规条中说:"党庠闾塾,古有成规,开智启蒙,端赖教学。苟人而无学,百事不举,虽举而不能尽善也。欲为阖族子弟谋培植之计,非先设小学以为基不可。"③藉此可见,兴办族学,普及家族教育,已成为义庄捐建者们孜孜不倦的追求。

表 4-2　部分近代苏南义庄兴办庄塾情况一览表

义庄	庄址	办学情况	资料来源
邹氏义庄	常熟陈埭桥	立义塾	《明清以来苏州社会史碑刻集》,第 221 页
赵氏义庄	常熟	设家塾	《明清以来苏州社会史碑刻集》,第 243 页。
徐氏义庄	常熟	设义塾	《明清以来苏州社会史碑刻集》,第 275 页。

---

① 彭文杰、彭钟岱纂修:吴县《彭氏宗谱》卷 12《庄规》。
② 李根源、曹允源:《吴县志》卷 31《公署四·义庄》,第 23 页。
③ 叶德辉等纂修:《吴中叶氏族谱》卷 63《赡族规条》。

续　表

义庄	庄址	办学情况	资料来源
延陵义庄	苏州	设书塾	《明清以来苏州社会史碑刻集》，第 278 页。
浔阳义庄义庄	因果巷	设庄塾	民国《吴县志》卷 31《公署四》
陈氏义庄	黄鹂坊	立家塾两斋（经塾、蒙塾）	民国《吴县志》卷 31《公署四》
钱氏义庄	南延乡啸傲泾	设书塾	光绪《无锡金匮县志》卷 30《善举》
蔡氏义庄	北延乡西仓镇	设书塾	光绪《无锡金匮县志》卷 30《善举》
侯氏义庄	城中第八箭河	设书塾	光绪《无锡金匮县志》卷 6《学校》
秦氏义庄	城中第六箭河	设义塾	光绪《无锡金匮县志》卷 6《学校》
杨氏敦本义庄	田庄	设义塾、族塾三所	民国《重修常昭合志》卷 8《善举志》
归氏义庄	文昌衖	设义塾	民国《重修常昭合志》卷 8《善举志》
俞氏义庄	翼京门外	设义塾	民国《重修常昭合志》卷 8《善举志》
董氏义庄	归家市	设义塾	民国《重修常昭合志》卷 8《善举志》
卫氏义庄	卫家塘	设友顺书塾	民国《重修常昭合志》卷 8《善举志》
顾氏义庄	归家市	设义塾	民国《重修常昭合志》卷 8《善举志》
王氏怀义堂义庄	张家墅	设庄塾	常熟《太原王氏家乘》卷 7《王氏怀义堂义庄规条》

义庄	庄址	办学情况	资料来源
陆氏义庄	兖绣坊巷	庄塾	《陆氏莳门支谱》卷13《庄塾规条》
高氏义庄	西门外	书塾	无锡《高氏大统宗谱》卷首《义庄规条》
云津堂义庄	东山	义塾	苏州《莫厘王氏家谱》卷21《祠宇》
陈氏义庄	宜兴	义塾	宜兴《陈氏宗谱》卷三《义塾规条》
盛氏拙园义庄	河南厢铁市巷	人范书院	武进《盛氏宗谱》卷23《义庄录》
二原义庄	太仓	庄塾	《太原王氏宗谱》卷6《庄规》
胡氏义庄	堰桥	义塾	《江苏省农村调查》,第249页
严氏义庄	寨门	书塾	《无锡严氏私立学校二十周年纪念册》
华氏新义庄	荡口	义塾	《华氏新义庄事略》
赵氏义庄	北门报慈里	家塾	江阴、常熟《暨阳章卿赵氏宗谱》卷20《庄规》
潘氏松鳞义庄	悬桥巷	惜荫书屋	苏州《大阜潘氏支谱》附编卷2《松鳞庄增定规条》
席氏义庄	常熟	义塾	常熟《席氏世谱载记》卷12《义庄规条》
金氏义庄	上海荷巷桥	庄塾	民国《上海县志》卷2《政治下》
胡氏义庄	南汇	学塾	民国《南汇县续志》卷3《建置志》
云荫义庄	大西门内	义塾	民国《青浦县续志》卷3《建置》

续　表

义庄	庄址	办学情况	资料来源
蔡氏义庄	北门外	家塾	无锡《蔡氏蓉湖支谱》卷9《义庄原定规条》
顾氏义庄	无锡	义塾	无锡《顾氏分编（泾里）支谱》卷1《义庄规条》

　　义庄族学一般为培养子弟破蒙识字、粗识文义、知晓伦常，从而为以后习业或科考做准备，学制上多呈蒙学状态。然而近代苏南义庄培养家族人才的最高目标是科举及第或升学入仕。因此，有条件的义庄，多建有经、蒙二馆，实行经学、蒙学两段式教育。经馆或书院着重于举业训练。吴县陈氏义庄家塾，"先开两斋，曰经塾、曰蒙塾"。[①] 宜兴陈氏义塾延请三位塾师，"一训蒙，一教经，一诲作诗文"，基础教育和科考并重，希冀子孙"庶几文章华国，诗礼传家，先世之簪缨可勿替尔"。[②] 武进恽氏义庄置有义学基地，规划开办两斋，延师两位，"如生徒笔下清通，另聘名师兼课策论、诗赋、杂作，以冀大成"。[③] 龙溪盛氏在建义庄之前，宗祠义学仅有蒙师。光绪壬午年（1882），盛氏在拙园义庄之东建人范书院，选拔族中俊秀子弟，延聘品学兼优之师为之讲授，希望子弟"刻励奋兴，咸归于范。其处也，束修自好，砥砺廉隅，不失为读书种子；其出也，通经致用，显亲扬名，为宗族光宠"。[④]

　　有了庄塾，还需延聘优秀教师，才能培养造就家族人才。义庄遴选塾师，对其德行、声望、学问均有很高的要求。苏州陆氏认为"子弟

---

① 李根源、曹允源：《吴县志》卷31《公署四·义庄附》，第14页。
② 陈荷莲主修：宜兴《陈氏宗谱》卷3《义塾规条》。
③ 恽毓荣辑：《恽氏义庄缘起·恽氏义庄本支加惠规条》。
④ 盛康：《人范书院记》，盛文颐主修：武进《龙溪盛氏宗谱》卷23《义庄录》。

一生成败,悉系于训蒙之师",相信"师道立则善人多",故对延师之事尤为慎重,"必求人品端方学问通彻者,以礼延之,为诸弟子表率"。① 常熟归氏对塾师的名望甚是在意,"务延宿学有望乡先生主席于家"。② 长州彭氏庄塾订师,"不论同姓、异姓,务在品学俱优"。③ 丹徒倪氏"塾师必须延请外姓学术纯正勤于教读者,庶可师表"。④ 武进盛氏对教师的性情、敬业精神有所考虑,"凡延师,务择耐性坐定,屏除一切应酬者,方与幼学有益"。⑤ 宜兴陈氏择师标准则是德大于才,认为"塾师宜请品行端方之士,一步一趋皆足为后生取法,子弟始能受益,至于浮华之士,虽文章美富不必延之"。⑥

除办学外,义庄还采用助学、资考和奖优的方式,为本族贫寒孤苦子弟提供读书、应试或游学经费,支持和鼓励他们走仕进之路。

义庄提供的助学经费主要包括束修、膏火、游学津贴等项。束修是学生付给教师的薪水报酬,即后来新式学校的学费。入庄塾者由义庄径送塾师,学生免费入塾;庄塾未设或读书子弟离塾较远者,可到义庄申领,就近入学。如常熟邹氏"族中无力读书者,自膳至塾就读";"远居者每年给束修银三两,听便从师"。⑦ 武进盛氏庄塾,"每斋岁定束修钱十二千,分蒙馆四季致送"。咸丰兵燹后,族人离散,义庄"暂议各自就近附读,每学生一人,蒙师按季致送修钱六百文,经师按季致送修钱八百文,文师按季致送修钱一千文"。⑧ 显然,塾师级别不

---

① 陆锦晡等纂修:苏州《陆氏荨门支谱》卷13《庄塾规条》。
② 归衔:《书田规条后记》,见归令望纂修:常熟《归氏世谱》卷8《义庄志附》。
③ 彭文杰、彭钟岱纂修:吴县《彭氏宗谱》卷12《庄规》。
④ 倪思九主修:《丹徒倪氏族谱》卷6《家塾规条》。
⑤ 盛文颐主修:武进《龙溪盛氏宗谱》卷23《现行事宜》。
⑥ 陈荷莲主修:宜兴《陈氏宗谱》卷3《义塾规条》。
⑦ 《常熟邹氏隆志堂义庄规条》,王国平、唐力行主编:《明清以来苏州社会史碑刻集》,第232页。
⑧ 盛文颐主修:《龙溪盛氏宗谱》卷23《现行事宜》《同治七年拙园义庄规条》。

同,薪资也不等。义庄给予学费补助,一般根据子弟入读学校的级别而定。苏州鲍氏义庄规定:"初小学时每一学期补助银四元,高小每一学期补助银八元,中学每一学期补助银十六元。如升学日高,随时量定贴补。"①

膏火是义庄发给十五六岁以上孤苦贫寒子弟的习举业读书补助。对于家族中的"读书种子",义庄会格外培植。吴中叶氏对"十六岁以上真能刻苦向学者,加给膏火钱二千四百文",②具有明显的选拔资助意味。而苏州延陵义庄"至十六岁以上,有志功名从师肄业者,每年给膏火七十制钱六两"的规定更为直白,③膏火是给有志科举者的。义庄从这些子弟身上看到了希望,愿意给予长期的资助。有趣的是,吴趋汪氏在资助子弟学资的限定上前后发生变化。道光二十六年(1846)义庄规定:凡无力读书者,义庄给束修钱;十六岁以上有志功名从师肄业者,义庄发给膏火钱。这与绝大多数的庄规并无二致。但是,在咸丰六年(1856)续定的赡族规条中又新定:"束修、膏火前规以十六岁上下分给之发,今改定不论年岁之少长,惟以读书作文为区别,凡无力之人,读书者给束修,作文者给膏火。"④这个例外可能与汪氏乃巨族,经济实力雄厚和倍加重视教育有关。

科举时代的考试,由于交通不便,路途遥远,对于贫苦子弟而言实非易事,所以义庄把助考事宜作为家族教育中的一项重要内容。多数义庄的此项资助面向所有应考子弟,其中包含浓厚的奖赏成分,以示劝学。考费资助一般包括路费、卷资等项开支。如武进盛氏"院

① 《传德义庄规条》,参见王国平、唐力行主编:《明清以来苏州社会史碑刻集》,第274页。
② 叶德辉等纂修:《吴中叶氏族谱》卷63《赡族规条》。
③ 《延陵义庄规条》,参见王国平、唐力行主编:《明清以来苏州社会史碑刻集》,第277页。
④ 汪体椿等纂修:《吴趋汪氏支谱》卷末《平阳汪氏耕荫义庄续定赡族规条》。

试给卷资",①苏州东汇潘氏发"乡试路费四两,会试路费八两"。② 但多数义庄并不细分条目,只笼统规定县试、府试、院试、入泮、乡试、会试、殿试等给钱多少。汪氏耕荫义庄规定:"应县府试各给考费制钱一两,院试给制钱二两,岁科试给制钱二两,乡试给制钱八两,会试给制钱三十两"。③ 潘氏松鳞义庄在废科举后,对助考一项还进行相应的改革。据《大阜潘氏支谱》载:"应试旧有考费,试而获售,又有奖励之费。今科举已停,亦应酌量变通。如应考外郡外省中学以上之官立学堂,外郡照五贡给钱六千文,外省照乡试给钱十千文";"如咨送京师大学堂,照北闱乡试给钱二十千文";"如咨送出洋游学,东洋照会试给钱三十千文,西洋照会试加三之一,给钱四十千文"。④ 表现出无论社会怎样变迁,重教之志不变的文化望族风范。

同助学、助考相对应,义庄还通过丰厚的奖赏来激励子弟,措施主要有文会、月课的花红及获取各级功名后的奖赏等。汪氏耕荫义庄季月望日在庄中考课,"作文者首名给制钱二百文,二名给一百五十文,三名给一百文。读书者首名给一百四十文,二名给一百文,三名给六十文"。应试奖励也不薄,"凡入泮者奖给制钱四两,乡试中式奖给制钱十六两,会试中式奖给制钱三十两,殿试奖给制钱三十两,恩拔副优岁贡奖给制钱八两"。⑤ 若把汪氏义庄资学、助考、奖优情节连贯起来,一幅倾心教育的文化望族画面就会生动地浮现在眼前。然而,苏南重教义庄又何止汪氏一族。江庆柏曾对苏南望族的助学经费做过估算,认为每年资助每名子弟的经费约相当于一个雇农的

① 盛文颐主修:《龙溪盛氏宗谱》卷23《应行未行事宜》。
② 潘绍贶纂修:苏州《东汇潘氏族谱》卷6《荥阳义庄规条》。
③ 汪体椿等纂修:《吴趋汪氏支谱》卷末《平阳汪氏耕荫义庄赡族规条》。
④ 潘家元纂修:苏州《大阜潘氏支谱》附编卷2《松鳞庄续订规条》。
⑤ 汪体椿等纂修:《吴趋汪氏支谱》卷末《平阳汪氏耕荫义庄续定赡族规条》《平阳汪氏耕荫义庄赡族规条》。

半年收入,或相当于一人全年所需的口粮,有的家族可能还要高于此。① 若再加上科举及第的丰厚奖励,一个潜心读书的士子,可以没有任何经济顾虑,收获的却是自身、家族的荣誉和美好的前程。如此看来,明清苏南地区之所以成为"人文渊薮"、"学甲天下"之衢,也就不难理解了。

科举时代,义庄兴教的最高目的在于培养仕进人才,以期科举强族,这是不争事实。但是崇尚务实的苏南家族并非让子弟千人一途,也有把教育作为提高子弟素质陶冶性情和就业谋生之基的旨意寓于其中。如常熟归景沄认为,"庄塾之设以全教养,所以培植族属子弟,期其读书成立"。但其子归衎却说:资助子弟读书,"岂惟以取科第拾青紫,遂毕显扬事哉? 盖读书所以明理,理明而后识力定性情醇,出则通经致用,备任使于国家,处则闭户潜修,端仪型于乡里。即或资禀中下,谨身寡过亦不失为恂恂自好之士,何莫非读书之效,有以陶冶而成就之也"。② 他把读书兴教的目的多元化,获取功名只是其中一种,明理定性才为根本。江苏华亭顾氏义庄资送子弟入塾就学,"以'孝悌忠信礼义廉耻'培植本根实行为重,非欲其专攻举业,求取功名"。③ 相比之下,丹徒倪氏把义庄办学目的说得更加完整和透彻:"俾学龄儿童不致愆时废学,其秀彦者下学上达,以驯至光家而干国尚也。否则,粗识文义,略解书算,申之以孝悌之义,以化其颛愚野鄙之气,将来为农为工为商各执一业,亦足为谋生之藉"。④ 义庄在大力宣传伦理纲常的同时,注重基础教育,强调家族教育的普及,为提高整个族众的文化素养提供了一定的保障。

苏南义庄的旧式族学,一般是为族中贫寒无力延师子弟所设,也

① 参见江庆柏:《明清苏南望族文化研究》,第95页。
② 归衎:《书田规条后记》,归令望纂修:常熟《归氏世谱》卷8《义庄志附》。
③ 顾璜撰修:《华亭顾氏宗谱》卷7《义庄规条》。
④ 倪思九主修:《丹徒倪氏族谱》卷6《家塾记》。

有少数惠及邻里和姻亲子弟。对享受免费教育或助学经费的子弟，义庄均有一定的年龄、家庭条件和亲疏关系等方面的条件限制。

首先，在年龄方面，义庄家族子弟的破蒙年龄多在六到九岁之间，到十五六岁时应出塾习业。丹徒倪氏规定："凡族姓子弟年六岁以上无力读书者，准其父兄家长送塾肄业。"学生限十六岁出学谋生，"如其资质聪颖可期造就者，或留塾，或附他校"。[1] 莳门陆氏也有相似的庄规：本支子弟"自九岁至十五岁均可入塾。若十六岁以后，有可造之材，务为竭力成全"[2]。一般而言，义庄是把庄塾教育作为家族的义务教育去对待的。等就学子弟到了十五六岁时，再从中筛选出读书种子，予以特别培养，这类似于今天的"精英教育"。可见，庄塾一般把普遍资助对象的年龄上限定在十五六岁，但资质聪颖有望及第或升学者不受此限，义庄会予以特别培植或资助。这一点武进张氏讲得最明白，"年至十五岁，读书能成与否，已见分晓，能成者自当逾格培植，以冀上进。否则，习本业图生计宜及时也"。[3]

其次，义庄的资助对象多为家庭贫寒无力延师的宗族子弟。太仓王氏"族中寒苦子弟无力从师读书者，父兄报庄注册"，每年由义庄供给束修费用。[4] 常熟席氏"贫族无力延师者，悉听入塾教读"。[5] 锡山秦氏书塾"非孤子与极贫不得滥入"。[6] 而昭文俞氏、常熟顾氏义庄"设义塾以课本族子弟"。[7] 与前面诸庄相比，恬庄杨氏则显出不同气象。杨氏建塾较早，在乾隆癸巳（1773）设义学于道院，乾隆己亥

---

① 倪思九主修：《丹徒倪氏族谱》卷6《家塾规条》。
② 陆锦晭等纂修：《陆氏莳门支谱》卷13《庄塾规条》。
③ 张文郁等纂修：武进《张氏宗谱稿》卷1《义庄全案·赡族规条》，民国十七年木活字本。
④ 王寿慈纂修：太仓《太原王氏宗谱》卷6《二原庄祠规条》。
⑤ 席彬纂修：常熟《席氏世谱载记》卷12《义庄规条》。
⑥ 秦涌涛等修：《锡山秦氏宗谱》卷首下《书塾规条》。
⑦ 郑钟祥、张瀛、庞鸿文：《常昭合志稿》卷17《善举·义庄》，第12、18页。

(1779)又另设学于杨氏宗祠,"族中子弟入焉,而义学如故"。二学之用,"俱取给义庄田中"。而先设的义学的教育对象为"里中无力攻书子弟",宗祠之学则为"族中无力读书者"而设。① 可见,义庄的资助对象也有少数延及无力读书的姻亲或邻里子弟。

当然,苏南义庄对子弟教育的资助同赡养孤贫一样,强调嫡系优先兼及远疏的原则。义庄初建之时,一般只资助建庄者后裔或其高祖以下子姓。无锡杨氏称"义庄之设原为赡族,而亲亲之谊尤为特重,必有加惠,庶得远近亲疏之别"。因而对其建庄支下五服以内子孙,"另贴考试等费"。② 荡口华氏"凡干若公以下子孙,有无力读书者,许其送入义塾",③只论亲疏,不分贫富。无锡高氏义庄对族中无力读书者,资助其到高小毕业为止,但"本支英俊子弟愿入中学或专门各校肄业有志乏力者,由义庄酌加津贴"。④ "本支"指的就是建庄者后裔支派,其余则为支外宗族子弟。义庄是宗法遗意的产物,赡济事宜强调服差支派之别,自有其局限性。但其在近代演进过程中,还是有向疏远延伸的趋势,具有社会性慈善的一面。伴随新学的兴起,此种趋势日益显著。

二、义庄对家族教育的管理

无论是对庄塾内的生童,还是在族外就学子弟,义庄都有一套完整而严密的管理体系,希望通过有效的监管使资助落到实处,扶助子弟成才,永续家族繁荣。

族中子弟到了学龄,须提前经支总或房长报庄注册,经庄祠审核批准,方可入庄塾学习或取得束修、应试资助。有的庄祠还制订塾

---

① 参见杨希洺:《恬庄小识》,扬州:广陵书社,2007 年,第 85、90、92 页。
② 《无锡杨氏义庄赡族规条》,清末稿本。
③ 华翼纶辑:无锡《华氏新义庄事略》卷上《规条十二则》。
④ 高鼎业纂修:武进《高氏大统宗谱》卷1《续议义庄规则》。

册,专门记录读书子弟的档案。如无锡泾里顾氏就"另立义塾册一本,注明学生年纪及父母某某,或存或殁,从师某某,现读何书,以备查考"。①

庄塾的日常教学由义庄委派司事管理,庄正负有监管之责。吴江施氏庄塾一切事务"即由司账兼任,不设管学,以节经费"。② 嘉定曾氏"塾中各项事宜由庄长另派监塾一人专管",此外,每月朔望,庄长亲自到塾稽察,"既联宾主之情,复考诸生之业"。③

作为子弟读书之地,"家塾务宜清净"。为不使诸生分心外驰,庄祠严格限制外人进入塾屋,力求为子弟营造良好的学习环境。如亲属有事探望在塾肄业子弟,"须先通知司事告知塾师方可出见,不得率意进塾言谈,致碍塾规"。即便是司事和塾师也受到一定约束,"司事无故亦不得辄入,若塾师亲友往来,应于课毕另室接谈,并不得耽误课读"。④ 对庄塾中的学生,义庄制订了严格的考勤制度和庄塾纪律。学生旷课、逃学,庄规处罚甚严。即便请假,也是在非常特殊的情况下才会得到允许。如果学生惰学不堪教化,庄祠将丝毫不留情面,予以斥退或停发资助。常熟太原王氏庄塾"另立功课格一本,以稽勤惰"⑤。华亭顾氏《家塾章程》要求学生上学要早,不得迟到,更不准逃学。对于"格外早到满一月无怠者奖赠,历久不懈者加奖"。若迟到,"初犯训斥,再犯罚以格外迟放"。对"诸生中有逃学者,经父兄押送到塾,及有说话不实借端捏词者,均立即重责手心不贷,再犯加责"。⑥ 蔚门陆氏庄塾对"不帅教之徒,一经察出,饬令在香案前罚跪

---

① 顾宝钰、顾宝琛纂修:无锡《顾氏分编(泾里)支谱》卷1《泾里义庄规条》。
② 施则敬等编:《吴江施氏义庄汇录》。
③ 嘉定《曾氏瑞芝义庄全案》卷下《义塾规条》。
④ 倪思九主修:《丹徒倪氏族谱》卷6《家塾规条》。
⑤ 王庆芝纂修:常熟《太原王氏家乘》卷7《张家墅怀义堂义庄规条》,民国八年木活字本。
⑥ 顾璜撰修:《华亭顾氏宗谱》卷7《家塾章程》。

一炷香,严申训诫".① 丹徒倪氏对受学子弟请假规定得近乎苛刻,只在"遇有父母疾病或死丧及不得已事故,经家庭通知司事陈明塾师,准与假归并限定时日,其余亲友庆吊,概不得令学生出任应酬".② 嘉定曾氏对那些在塾子弟"甘自暴弃不堪造就性情顽劣不足化导者,即由监塾送归".③

　　为使助学、助考经费落到实处,苏南家族的庄规都制定相应的后续监管措施。大阜潘氏由于历年贴费助子弟读书"未见实效",决定学龄子弟"均由各支总查明,令择师附学,据实具报,给与领据,按六节支付,全送塾师,不得留存别用".④ 张氏孝友义庄对发给束修、膏火之资的子弟,"不从师者停给,二十岁不赴院试者停给,无故不赴试及三十岁不入泮者停给",⑤以示惩诫。对于领钱而不读书、领费而不赴考者,几乎所有义庄都制定了严厉的处罚措施。润东刘氏规定:"倘领贴学之资而游戏如故,俟查确,不独贴资停给,即月支赡恤亦从此罚停。"⑥无锡高氏义庄对"已领而不赴试者",令其"将费缴还,不缴者簿上注明,永远不给".⑦ 科举废止后,义庄家族的教育资助主要集中在助学上。义庄以子弟每学期的成绩单或赴庄考试的成绩作为领取学费及奖励的条件,对于接受高等教育或留学海外的子弟,则要求必须按期毕业甚至取得学位作为资助资格。嘉定练西黄氏规定读中学以下子女,每学期要到庄祠进行学业实验,"实验时每次奖金之额以银十圆为度",但"不应学业实验至二次者,停给补助金".⑧ 大阜潘

① 陆锦晹等纂修:《陆氏葑门支谱》卷13《庄塾规条》。
② 倪思九主修:《丹徒倪氏族谱》卷6《家塾规条》。
③ 嘉定《曾氏瑞芝义庄全案》卷下《义塾规条》。
④ 潘家元纂修:《大阜潘氏支谱》附编卷2《松鳞庄增定规条》。
⑤ 张汝南纂修:常熟《清河张氏支谱》不分卷《开办庄规》。
⑥ 刘志勤等纂修:润州《润东顺江洲刘氏重修族谱》卷3《义庄事略》。
⑦ 高鼎业纂修:《高氏大统宗谱》卷1《义庄规条》。
⑧ 黄守恒纂修:嘉定《练西黄氏宗谱》卷13《义田志》。

氏要求获得学士、硕士和博士学位者"当将证书送验发还"。① 无锡蔡氏义庄规定得更为周详,"凡中学大学补助费,分两期各于年暑假后学期开始时支给,中学生须提示上学期之学校正式成绩报告单,大学生须提示学校证明书,必及格升级方得领取,如总平均不满六十分或本学期所选各课程有四分之一不及格者,均停止补助,继续两年不进级者,永远停止。留学外国者,每学年一次支给,于额定年限内责其报告学业"。② 显然,黄氏、潘氏和蔡氏义庄已把奖优融于助学之中。

义庄资助族外就学的子弟,平时主要通过房长或支总进行管教。为及时掌握子弟的学业情况,同时也为选拔"读书种子"并加以时时激励,科举废除前的苏南义庄流行文会、月课制度。所谓文会就是在大小试年,每月在庄祠中举行一次对本族准备应试子弟的科举模考。武进盛氏"凡大小试年分,院内每月举会文课,先期邀订,辰集酉散,掌庄出题。备中饭四簋,早晚点各一次。穷日之力,课以一文一诗,不准给烛,次日将课卷送耆宿评定甲乙,优者酌与花红"。③ 这是一项有针对性的举业应试训练,因实效性强,备受义庄家族的推崇。莘门陆氏称:"生今之世,时文岂可忽哉。士既身列胶庠,尤当志存上达。今义庄内于每月朔望订集宗支长幼,举行文社。"④同治庚午年(1870),大阜潘氏将庄中大小试年按月举行的会课制改为"每年每月举行"。自光绪丁丑年(1877)始,潘氏又"延请名师到庄,每月三期,讲贯竟日"。⑤ 世家望族本身就有经济、文化资源优势,如此倾情举业,出现"代有闻人"、"世代簪缨"的人才团聚现象,就不足为奇了。

相对文会而言,查课督学的形式更为普遍。它是面向族内所有

① 潘家元纂修:《大阜潘氏支谱》附编卷 2《松鳞庄续订规条》。
② 蔡橓纂修:无锡《蔡氏蓉湖支谱》卷 9《义庄津贴学费简章》。
③ 盛文颐主修:《龙溪盛氏宗谱》卷 23《拙园义庄增定规条》。
④ 陆锦瑚等纂修:《陆氏莘门支谱》卷 13《会课规条》。
⑤ 潘家元纂修:《大阜潘氏支谱》附编卷 2《松鳞庄续定规条》。

生童的,一般在每年的春秋祭日或仲月朔日定期举行。有的义庄查课按月进行,称之为月课。义庄根据生童平日所学,由掌庄出题考核,优者酌与花红,目的是督查学业,并作为给发学习资助的依据。武进盛氏"每逢春秋祭日,支总带领本支学徒,并携所读之书,赴庄试以背诵、写字、作文,优者加奖。如实系可造者,再酌加修金,冀得日新之益。其学业荒落及规避不到者,停减贴费"。① 大阜潘氏起初是每仲月朔日在庄中查课,对那些远居子弟,要求"支总以时督查,不限何月朔望,每年两次到庄查课候奖"。光绪十一年,潘氏认为"按季一查,尚嫌疏旷","改为每月朔日",庄中"分别查课,登记课程册,竟日为度"。其远在乡塾者,"由各支总随时督查,每逢仲月朔日,到庄听候一同查课"。② 东汇潘氏荥阳义庄则"按月朔望,生童文课两举,辰集酉散,小课一次,散卷期缴,一应饭食纸张花红等费,每年以百千文为率"。③ 不过,无论文会还是月课,都具有强制性,受助子弟必须参加,无故不到就会被停减贴费甚至取消资助资格。随着科举制的废除,文会制度遂成历史陈迹,但查课督学形式仍被一些义庄家族保留下来。

第三节 苏南义庄家族教育的近代化递嬗

苏南家族教育的近代嬗变既是近代中国教育发展变迁的一个缩影,也是处于风云际会时代的近代中国政治和经济演进的反映。在诸多因素的冲击下,苏南义庄对家族教育进行自我调适成为其必然的选择。

鸦片战争后,随着国内外形势的巨变,传统教育越来越不能适应

---

① 盛文颐主修:《龙溪盛氏宗谱》卷 23《拙园义庄增定规条》。
② 潘家元纂修:《大阜潘氏支谱》附编卷 2《松鳞庄增定规条》《松鳞庄续定规条》。
③ 潘绍贻纂修:苏州《东汇潘氏族谱》卷 6《续增规约》。

社会形势,改革传统教育、发展新式教育渐成朝野共识。戊戌维新期间,光绪帝下令各省府厅州县的大小书院一律改为兼习中学、西学之学堂,废除八股,改试策论。戊戌维新虽然昙花一现,但改革的步伐已不能停止。光绪二十八年(1902),清政府颁布《钦定学堂章程》,第二年又颁布《奏定学堂章程》。1905 年,清政府下诏"自丙午科始,停止各省乡、会试及岁、科试",[1]推行了 1300 多年的科举制度终于寿终正寝,成为历史陈迹。

科举入仕原本是苏南义庄开展家族教育所追求的主要目标,然而科举制的废除切断了义庄扶助子弟读书仕进的阶梯,在"世变日新,竞吞益急"的新形势下,受商业浪潮冲击最早的苏南地区,越来越多的义庄家族逐步走向开放,把兴办新式学堂,或资助子弟接受新式教育,甚至出国留学作为家族教育新的追求目标。有学者指出,"得风气之先的江浙大部分地区,在清末民初就迅速接受并采纳了新的教育思想,以引人注目的进度和包容度推广了新式教育体制。族学的变易和发展,是其中卓有成效的篇章。"[2]比较而言,苏南义庄家族因经济实力雄厚,重教意识强烈,由传统的家族教育向近代新式教育的转变较其他家族要快得多,建立的新式学校也多于其他地区。见下表:

表 4-3　晚清光、宣之际苏南义庄创办新式学校情况表

校名	创办时间	校址	提供经费的义庄	资料来源
育材中西义塾	1896 年	上海县大东门	王氏义庄	《续修王氏家谱》卷 5
瑞芝中西义塾	1899 年	嘉定西门外	曾氏瑞芝义庄	《曾氏瑞芝义庄全案》
承志学堂	1900 年	无锡北坊前	倪氏义庄	《无锡县志》卷 23

---

[1] 赵尔巽等撰:《清史稿》卷 107《选举志二》,北京:中华书局,1977 年,第 3135 页。

[2] 韩凝春:《清末民初学制变革中的江浙族学》,《天津师大学报》,1996 年第 6 期,第 44 页。

校名	创办时间	校址	提供经费的义庄	资料来源
严氏私立经正小学校	1902 年	无锡寨门	严氏义庄	《无锡县志》卷 23
胡氏公学	1902 年	无锡堰桥	胡氏义庄	《无锡县志》卷 23
私立彭氏两等小学堂	1903 年	吴县十全街	彭氏谊庄	民国《吴县志》卷 28
养蒙小学	开办时间不详，1904 年停办	吴县黄鹂坊	陈氏义庄	民国《吴县志》卷 28
私立果育两等学堂	1905 年	无锡荡口镇	华氏义庄	《无锡县志》卷 23
观善小学	1905 年	东张市	王氏义庄	《重修常昭合志》卷 9《学校志》
刘氏学堂	1905 年	武进	刘氏义庄	《武进西营刘氏家谱》卷 7
孝友初等小学	1906 年	常熟旱北门内居儒衖	张氏孝友义庄	《教育公报》1922 年第 5 期
私立培养两等小学堂	1906 年	吴县黄鹂坊	陈氏义庄	民国《吴县志》卷 28
济阳小学	1906 年	无锡淘沙巷	蔡氏义庄	《蔡氏蓉湖支谱》卷 9
秦氏公学	1906 年	无锡城中六箭河	秦氏义庄	《锡山秦氏宗谱》卷首下
人范初等小学堂	1906	武进河路湾	盛氏拙园义庄	上海图书馆盛宣怀档案：091011 - 3
沈氏两等小学堂	1907 年	周庄镇后港	沈氏义庄	民国《吴县志》卷 28

校名	创办时间	校址	提供经费的义庄	资料来源
私立松鳞两等小学堂	1907年	元和县悬桥巷	潘氏松鳞义庄	民国《吴县志》卷28
私立汪耕荫初等小学堂	1908年	郡庙西斑竹巷	汪氏耕荫义庄	民国《吴县志》卷28
又新小学	1908年	荡口七房桥村	钱氏怀海等三所义庄	钱穆《八十忆双亲·师友杂忆》
知新学校	光绪年间	黄埭镇	周义庄、范义庄、尤义庄	《黄埭志》卷3
谊育小学	1909年	陈埭桥	邹氏义庄	《重修常昭合志》卷9《学校志》
茆江小学	1909年	白茆新市	陆氏义庄	《重修常昭合志》卷9《学校志》
钱氏私立崇义小学	1909年	金山县钱圩镇	万裕义庄	《金山县教育月刊》，1929年第11期
杨氏小学	1910年	田庄	杨氏义庄	《重修常昭合志》卷9《学校志》
简易识字学塾（两所）	宣统年间	黄埭镇、浒关镇	吴氏义庄	《黄埭志》卷3
企云国民学校	1915年	嘉定	朱氏企云义庄	《江苏省公报》1916年第857期

上表所列26例义庄新式学校，其中10例建于清末废科举之前，15例紧随其后，也在民国成立之先。辉煌的家族科举史并未成为苏南望族教育转型难以逾越的藩篱，相反，正因他们拥有较优越的政治、经济、文化地位，视野开阔，最先涉足新学。上海附贡生候选州判

王维泰,1896 年在王氏宗祠开办"育材中西义塾",[①]这是上海最早的民办新式中学堂,时人称"国中以私人设立中西学校陶冶人才者,公实为之始"。[②] 上海著名商绅曾铸步其后尘,于 1899 年在嘉定创办瑞芝中西义塾。1900 年无锡北坊前倪氏义庄开办的承志学堂,则成为锡金乡区开办学堂之始。[③] 两年后,无锡举人严毓芬等"鉴于私塾之不良",在家塾的基础上创办了严氏经正学堂。同年,从日本留学归国的胡雨人与其兄在堰桥创办胡氏公学。据统计,1902 年全国仅有 16 所私立学堂,其中江苏 14 所,苏南占 11 所,浙江、湖南各 1 所。[④] 这些数字表明,在全国地方兴办新式学校的浪潮中,苏南义庄家族开风气之先,走在时代前列。

在急剧变革的清末民初,那些经历欧风美雨洗礼且思想开明的士绅,或既受旧学熏染又已接受新式教育的家族精英,在民族危机的压力与谋求家族发展的动力驱使下,教育观念逐步发生改变,成为倡办新式教育的开风气者。在他们推动下,苏南义庄家族顺应时代潮流,逐步扩大助读、施教范围,改造旧式族学,接受新学制,更新教育内容,进行教育组织和管理方式的变革,使家族教育逐步融入国民教育之中。

一、家族教育的社会化嬗变

传统家族教育和近代社会化教育的根本区别在于,前者奉行宗

---

① 1895 年王维泰在松江创办中西学塾,第二年迁至上海大东门王氏宗祠内,取名"育材中西义塾"。1901 年,育材中西义塾改名为上海王氏育材学堂,1904 年,更名为民立南洋中学堂,即今之上海南洋中学。

② 许苏民:《未叟王公基志铭》,王师曾纂修:上海《续修王氏家谱》卷 2《世传》。

③ 参见无锡县教育局编纂:《无锡县教育志》,上海:上海科学技术文献出版社,1992年,第 37 页。

④ 参见光绪三十三年学部总务司编:《第一次教育统计图表》,沈云龙编:《近代中国史料丛刊三编》第 10 辑,台北:文海出版社,1986 年,第 37—38、484 页。

法原则,以造就家族人才为最高目标;后者奉行开放性原则,以满足人的受教育权、培养近代社会新型人才为宗旨。晚清以降,部分义庄开始将教育赡助范围由本族向乡里姻亲子弟扩展,有的还惠及家族女子,办学规模不断扩大,甚至辐射周边地区,初步具有近代教育慈善和社会化教育的内涵。

道光二十七年(1847),上海王氏置义庄恤宗族,并拟用义庄余租"增设义塾,课族中子弟读书上进"。[1] 后因庄款无多,事业未成。晚清之际,列强掀起瓜分狂潮。王维泰"目见政界种种败征,遂决意倡导青年摒时文,讲实学,兼习外国语言文字,为他日出身救国张本"。[2] 经过族中长者公议,决定在"省园中"设"中西义塾,先尽族人,次及外客"。塾设二蒙馆、二经馆、二西馆,"以班次分,犹经蒙之递进也",目的在于培养贯通中西的新式人才。光绪丁酉年春,中西义塾开塾,"四方来者,讲舍为塞"。王氏"再就园中退息山庄改建洋楼七楹,添请名师,广设学额,以餍众望"。王氏希冀塾中学生,"他日学有成效,由官长咨送大学堂,考验用备折冲御侮之选,其有补自强大计非浅鲜矣"。[3] 王氏能将家族办学与国家富强和民族命运相结合,表现出强烈的社会责任意识,其视野已远非昔日族学可比。

嘉定曾氏不仅将教育对象扩大到异姓,还专门设学教授佃户子弟。光绪二十五年(1899),曾铸"因时制宜","于庄屋中特设瑞芝中西义塾","以培俊异之材"。除施教本宗子弟外,"有余额许外姓子弟之聪颖者附读"。尤值称道的是对于耕种庄田的佃户子弟,义庄在"各田庄分设蒙学堂五六所,延师授读"。"凡佃户子弟来读者,愿贴修金多寡不计,无力不出者听。如子弟中有资质可造者,由师挑送本

---

① 王师曾纂修:上海《续修王氏家谱》卷5《世产·义庄规条》。
② 王植善:《叔考柳生公行状》,王师曾纂修:上海《续修王氏家谱》卷2《世传》。
③ 王维泰:《育材书塾初定章程序》,王师曾纂修:上海《续修王氏家谱》卷5《世产》。

庄中西义塾,以示鼓励,而培人材"。① 曾氏此举固有优顾佃户,使之安业之意,但推广教育、引领风气之功实难抹杀。

锡山秦氏将庄塾改为公学,由培养家族仕进人才转向"作育新民"。秦氏义庄乾隆年间就有书塾,光绪三十二年(1906)改办公学。秦毓钧《公学因革记》记录了这一转变过程。该文云:"世变风移,西学东来,苏省当瀛海之冲,邑人群以兴学为亟。牧卿五叔知非蹈常袭故所能作育新民……因时制宜,改设公学。"②秦氏之言说明书塾改为公学既是时势变迁、西学东渐的结果,更是"作育新民"的时代需要,反映了苏南义庄对家族教育进行自我调适的能力在不断增强。

无锡荡口华氏、武进盛氏的义庄学校,不仅造就本族子弟,还满足乡里乃至周边地区求学者的需要,并对异姓贫寒子弟一体施与救助,从为宗族育材转向为社会育材。光绪年间,荡口华芬远创建华芬义庄,开办怀芬书屋,为华氏子女提供教育场所。其子华耕乐扩大书屋规模,更名为耕余书塾,兼收镇上外族子女免费入读。光绪三十一年(1905),华鸿模在耕余书塾原址,创办私立果育两等学堂,生源来自周边地区,学生入学,不收学费,免费供给住宿,并设立奖学金,考入高一级学校的学生,可凭录取通知书去新义庄领取学杂费。义庄除提供华氏子弟留学的全部费用外,外姓优秀学生的留学费用,经华芬庄主华绎芬的同意,也如数发给。③ 历史学家钱穆、科学家钱伟长之父钱挚曾受惠就读该校。盛氏义庄人范小学,到抗战前学校拥有初级、高级班及幼稚园,共有500多名学生。不仅盛氏清寒子弟免费入学,供膳宿,并提供进入高一级学校的助学金,外姓学生,如家境困

---

① 嘉定《曾氏瑞芝义庄全案》卷下《义塾规条》。
② 秦毓钧:《公学因革记》,秦涌涛等修:《锡山秦氏宗谱》卷首下。
③ 参见黄振源:《果育学堂和鸿模高等小学》,《无锡县文史资料》第6辑,1988年,第37、40页。

难,经家长申请,级任老师批准,学费也可半免或全免。①

义庄设立女学或资助家族女子读书,则表明苏南家族教育的开放性进一步增强。无锡村前胡氏鉴于国家动荡不安无意办学,胡壹修、胡雨人兄弟借家族义庄之力于 1902 年创办胡氏公学,并设立女子部,兴无锡女学之首。② 荡口华氏也建有鹅湖女校,以满足女子求学的需求。长洲彭氏 1903 年改庄塾为私立彭氏两等小学堂,"兼收外姓学生",提出了"男女平权"的口号。彭氏认为女子"同为子弟应一视同仁支给学费"。但鉴于庄款有限,若概照男子支给,恐力有不逮,"公议女子以高小学卒业为限,比照男生一律支给学费",视"女生以具有普通学识为本庄应尽之义务",③彰显了义庄家族社会观念的进步。

传统的义庄族学多附设庄祠内,一般规模不大,有名额限制,多在 5 人以上 20 人以内。苏州彭氏庄塾"学徒不及五人,不设塾。"④葑门陆氏于光绪十三年(1887)设立庄塾,因只请一师,"定以十人为率"⑤。锡山秦氏书塾"额定学生二十名"。⑥ 从武进盛氏"延蒙师一斋授徒,以十四人为率。如多一二人并入之,再多至四五人,便分作二斋"⑦的规定来看,其生员数也当在 20 人以内。废科举后,新式义庄学校招生范围、办学规模不断扩大,逐渐打破原有的限制。1902 年无锡严氏在其庄祠内建立经正学堂,初仅为一"六七蒙童咿唔"之

---

① 参见盛景馥、郁静之:《人范小学校史之回忆》,《常州文史资料》第 6 辑,1986 年,第 107 页。
② 参见胡琰:《从胡氏公学到堰桥中学》,《无锡县文史资料》第 1 辑,1984 年,第 51 页;胡琰:《胡壹修先生记略》,《无锡县文史资料》第 8 辑,1990 年,第 66 页。
③ 彭文杰、彭钟岱纂修:吴县《彭氏宗谱》卷 12《续纂庄规》、《庄事商榷书》。
④ 彭文杰、彭钟岱纂修:吴县《彭氏宗谱》卷 12《庄规》。
⑤ 陆锦瞷等纂修:苏州《陆氏葑门支谱》卷 13《庄塾规条》。
⑥ 秦涌涛等修:《锡山秦氏宗谱》卷首下《书塾规条》。
⑦ 盛文颐主修:武进《龙溪盛氏宗谱》卷 23《现行事宜》。

书塾,到 1922 年已具备"学级由初等而高等,学生由二十而二百"的
规模,学生来自无锡、江阴、宜兴、武进、上海等地。[①] 私立彭氏两等小
学堂"学生百余人,分甲乙丙丁等班",[②]除本地生源外,还有无锡、泰
县、江宁、宿迁、太仓、嘉定甚至湖南、浙江的学生。[③] 鸿模高等小学共
有五个班级,即预科一班,一至四年级各一班,学生近 200 人。施教
区域波及本县的杨尖、严家桥、安镇、洪声、后宅、硕放、甘露和常熟的
相城、洞港泾,以及江阴的顾山,吴县的南桥、北桥等地。[④] 无锡私立
蔡氏小学系完全小学,"男女兼收,分六级",到 1927 年时,"在校学生
约 320 人"。[⑤] 而无锡胡氏公学鼎盛时学生竟多达"一千多名,且有很
多寄宿生,房屋有六十多间"。[⑥] 从新式义庄学校招生规模、施济范围
的扩大化可以看出,近代苏南义庄狭隘的宗法意识在逐渐削弱,家族
教育由原来服务宗族逐步转向社会化教育的方向,社会责任意识在
不断增强。

创办图书馆、开放家族藏书是义庄又一社会化教育倾向的善举。
道光年间,金山钱氏"多藏书,自编汇刻,益广为购觅。慕四明范氏天
一阁之风,于宗祠之侧,构守山阁,拟将所有书及所刻丛书《指海》等
板片尽弄阁中,并捐田为岁修及随时收买书籍之费,亦归义庄经管,

---

① 参见《无锡严氏私立经正学校二十周年纪念册》,"经正义庄之缘起";"高等科国民科历届毕业生姓氏录、高等科现在各级生姓氏录",1922 年,吴县教育局档案 I05 - 001 - 0574,苏州档案馆藏。
② 章慰高自述、章希圣补记:《自述教育生活小史》,《苏州史志资料选辑》第 31 辑,2006 年,第 199 页。
③ 参见《民国十年吴县私立彭氏学校校友会年刊·校友会会员录》,1921 年,吴县教育局档案 I05 - 001 - 0391,苏州档案馆藏。
④ 参见黄振源:《果育学堂和鸿模高等小学》,《无锡县文史资料》第 6 辑,1988 年,第 39、40 页。
⑤ 蔡樾纂修:无锡《蔡氏蓉湖支谱》卷 9《蔡氏小学校叙略》。
⑥ 华东军政委员会土地改革委员会编:《江苏省农村调查》,第 250 页。

无论宗族戚好有愿读书者,听其至阁肄习"①。钱氏奖掖后进之举,使"里党后生皆知向学"。民国初年,昆山赵氏在其义庄中创办图书馆,藏书甚巨,仅藏书目录就达 5 卷之多,尚有《补遗》《新钞》及《善本》书目各 1 卷。② 图书馆面向所有族人开放,对凝聚人心,提升族人素质,繁荣地方文化,都起到了重要作用。民国十三年(1924),丹徒倪氏"于藏书中择学子所应用之经史子集一万两千余卷存储塾中,公开观览,聊备教养之义,其经费由义庄支给"。凡乡人学子之就而观览者,亦公之不吝,"使乡里之学子宗族之子弟不溺于奇衺,不废其伦常道德"。③ 倪氏藏书面向族人和社会开放,其亲族育才之意不谓不深,对造福乡里也大有裨益。

二、家族教育目的和内容的近代转化

传统义庄家族教育的主要目的:一是科举仕进,光耀宗族;二是对子弟进行伦理教化,使之知晓忠孝节义,亦为将来执业谋生之藉。教育的主要内容则是儒家经典,按照"首德行次文艺"的方针进行。步入近代后,由于苏南地区先开风气,工商业比较发达,教育变革也把握住了先机。

首先,在"读书最高"的近代苏南,义庄家族普遍重视习业教育,标志其价值取向和施教内容发生一定的变化。"习业"也就是学习和掌握某一行业的生产或经营技能,在中国古代通常为贫寒无力读书子弟,务农之外的另一谋生途径。近代以降,苏南义庄家族的习业教育往往是作为童蒙教育的延续来进行的。贫寒宗族子弟到了"及冠"年龄前后,在继续深造无望的情况下,义庄就停止对他们的读书资

---

① 钱铭江、钱铭铨纂修:《金山钱氏支庄全案》。
② 参见江庆柏:《明清苏南望族文化研究》,第 252 页。
③ 倪思九主修:《丹徒倪氏族谱》卷 6《澹明义庄立案文卷》、《家塾藏书记》。

助,往往会转向提供习业资助,帮助他们掌握一门谋生自立的技艺。义庄对习业的资助名目不一,多少不等。有的叫铺程钱,有的叫治装费,大概包括行李、路费、生活补贴之类。如嘉定练西黄氏"习工商业者给治装费",[1]长洲唯亭顾氏改习他业者"由庄支铺程钱"。[2] 此外,有的义庄在子弟习业期间或结束时尚有关书钱、贺钱给发;对因习业机构的原因导致的习业未成,多数义庄还会再行资助。

科举望族对子弟读书仕进的重视是自始至终的,但对习业教育的支持却有一个转变过程。大阜潘氏松鳞义庄建于道光十二年,提出给予子弟习业资助却在同治七年。建于道光二十九年的吴趋汪氏耕荫义庄,到咸丰六年(1856)才在续定赡族规条中议及习业给费问题。[3] 其实,这一现象并非偶然,在清代苏南义庄家谱资料中,义庄对习业的资助多出现在咸丰、同治朝以后的庄规中,越往后期,越是普遍,同、光之际,已成为家族教育的重要组成部分。而且,与义庄资助子弟的应试经费相比,其对习业子弟的资助力度也毫不逊色。

表4-4 四个苏南科举望族对子弟习业及科考乡试的资助情况表

义庄	庄规制定时间	习业资助	乡试资助	资料来源
陆氏丰裕义庄	咸丰五年	铺程钱制钱4两、关书钱16两、习成4两	考费8两、中式16两	《陆氏葑门支谱》卷13《赡族规条》
汪氏耕荫义庄	咸丰六年	制钱6两,同治十一年年加给2两	制钱8两	《吴趋汪氏支谱》卷末《平阳汪氏耕荫义庄续定赡族规条》

---

① 黄守恒纂修:《练西黄氏宗谱》卷13《义田志》。
② 顾来章等纂修:长洲《重修唯亭顾氏家谱》附卷《庄规》,清光绪二十九年刻本。
③ 参见汪体椿等纂修:《吴趋汪氏支谱》卷末《平阳汪氏耕荫义庄续定赡族规条》。

义庄	庄规制定时间	习业资助	乡试资助	资料来源
潘氏松鳞义庄	同治七年	铺程钱 4 千文、关书钱 16 千文、习成 4 千文	考费 10 千文、中式 10 千文	《大阜潘氏支谱》附编卷 2《松鳞庄增定规条》
彭氏谊庄	光绪四年	铺程钱 4 千文、关书钱 10 千文、习成 4 千文	考费 10 千文、中式 10 千文	《彭氏宗谱》卷 12《庄规》

由上表可知,科举巨族大阜潘氏资助一子弟习业共需费用 24 千文,已超过同期资助乡试中举子弟的 20 千文,其他几家的资助比例也都大致相仿,义庄对子弟习业教育的重视程度由此可见一斑。可以说,随着近代商品经济的发展、科举制度的衰落及经世致用思潮的高涨,即便科举望族亦将习业教育视为不能应举子弟谋求生存发展的必要阶梯,其重视程度不亚于科考,并自觉地将其纳入家族发展的战略之中。

与资助习业经费的义庄相比,南汇傅祖荫堂、川沙同本堂义庄的习业教育可谓独树一帜。为满足贫寒孤苦子弟的习业需求,他们自办习艺所或工艺厂,以培养子弟谋生技能,在组织形式、层次和规模上都超过以往的家族习业教育水平,初步具有近代职业培训学校的特征。同本堂义庄设置于 1913 年,其《义庄章程》云:"族中贫苦子弟毕业于国民学校后,即须习业谋生,义庄能附设习艺所,以收容之,尤为便利。"[①]傅祖荫堂义庄也说:"直系亲属有贫苦子弟毕业于国民学校后即须习业或习艺谋生,本堂应介绍或设小工厂以收容之。"这里的"小工厂"即指附设于其义庄的"工艺厂"。傅氏认为,子弟"有良田

_____

① 《同本堂义庄章程》,方鸿铠、黄炎培:《川沙县志》卷 12《祠祀志·坛庙》,第 18 页。

千顷,不如薄技在身",①反映了民国时期苏南义庄家族积极支持子弟转向工商业领域谋求发展的现状。

近代苏南义庄家族普遍重视习业教育,与当时这一地区工商家族的参与推动也是分不开的。东山叶氏、川沙陆氏、南汇傅氏、嘉定曾氏、丹徒倪氏等皆以商业起家,致富后建庄兴学。无锡杨氏则官商并进,1897 年杨宗濂、杨宗瀚兄弟创办业勤纱厂,成为无锡最早的民族资本机器纺织厂。荡口华家虽是苏南一带著名的文化望族,但晚清以来也积极投资工商业,果育学堂的创办者华鸿模在无锡城中办有碾米厂,②"积产遍城乡";其孙私立鸿模学校校董华绎之办有华氏农场,"养蜂事业,蜚声江浙太湖流域"。③ 义庄、教育、实业逐渐成为苏南家族多元并举而又互为倚撑的新的发展目标。在以实业带动教育、以教育促进实业理念的驱使下,苏南地区的习业教育在近代的历史条件下呈现出新的面貌和特征,实开近代职业教育之先河。

同时,从近代苏南义庄对子弟习业表现出的深度关切,亦可管窥义庄家族在近代转型期积极面世的教育心态。这集中表现在:第一,凸显出苏南义庄家族务实进取的教育观。在继续追求读书兴族道路的同时,苏南家族也很清醒地认识到不是每个子弟都能走通这座独木桥,在掌握基本的文化知识后,习业谋生当是更多子弟的生活出路。科举望族莘门陆氏、龙溪盛氏、大阜潘氏都认为:"习业谋生足

---

① 傅恭弼续修:南汇《傅氏续修家谱》不分卷"傅祖荫堂义庄绪言"、"傅祖荫堂义庄章程"。
② 参见钱穆:《八十忆双亲·师友杂忆》,北京:生活·读书·新知三联书店,2005年,第 53 页。
③ 钱穆:《华君绎之家传》,《钱宾四先生全集》第 53 册《素书楼余渖》,台北:台湾联经出版事业公司,1998 年,第 169 页。

以自立,与读书应试无异,亦应推广成就。"①崇明朱氏的重视程度更高,称子弟"习业为终身养生之计"。② 就连世代簪缨的长洲彭氏也提出了"读书不成者,习业亦足以谋生"的主张。③ 第二,反映了苏南义庄注重对子弟因材施教。读书应试的成功与否,除却后天努力外,与先天资质兴趣也不无关系。苏州皋庑吴氏认为,"族中子弟成丁之后,或读书上进,或习业谋生,各父兄当因材而教。"④因这种教育理念的盛行,近代苏南工商领域从业人员的文化素质普遍较其他区域为高,对推动苏南工商业的兴盛和众多实业巨擘的涌现,当有一定的关系。第三,工商皆本的职业价值观念得到普遍认可。苏南是中国资本主义萌芽最早的地区,有不少新兴义庄家族就是靠工商业起家。清后期,原为地主的义田掌握者也有不少转化成为工商业者。即便像武进盛氏这样的科举望族,在晚清工商业领域中逐步崭露头角者也并不鲜见,商、绅阶层逐渐互为一体。义庄家族对"末业"概念的抛弃,反映了其早期职业平等意识的萌芽。无锡荣氏家谱中就有"士农工商,所业虽不同,皆有本职"⑤的家训格言。

其次,废除科举前后,义庄族学的教育内容也逐渐由儒家经典向科学教育方向转变。新式学堂开始缩减传统读经课程的内容,增添自然科学、社会科学及体操、图画、英文等体现近代意义的课程,逐步向近代教育过渡。

嘉定曾氏瑞芝中西义塾,教学分经、蒙界限,课程有中文、西学之别。中文初学,"先识字讲书,次造句作论,次四书经文"。西学"先习

---

① 陆锦畴等纂修:《陆氏乹门支谱》卷13《赡族规条》;盛文颐主修:《龙溪盛氏宗谱》卷23《拙园义庄增定规条》,潘家元纂修:《大阜潘氏支谱》附编卷2《松鳞庄增定规条》。

② 作者不详:崇明《朱氏家乘》(不分卷)"义田规条",清刻本。

③ 彭文杰、彭钟岱纂修:吴县《彭氏宗谱》卷12《庄规》。

④ 吴大贗纂修:苏州《皋庑吴氏家乘》卷10《义庄规条》。

⑤ 荣福龄纂修:无锡《荣氏宗谱》卷30《家训》,民国二十四年木活字本。

英文、算学、格致,其余各国文字及医律等专门名家之学"。曾氏对肄业子弟的要求是"文艺超越,中西并进",①反映出当时受西学激荡最烈的上海,义庄家族既有对科举的不舍,也有对新学强烈的渴求,转折过渡迹象十分明显。

无锡为全国兴办新学最早的地区之一,早在 1898 年就办有竢实、三等两所公立新式学堂。光绪二十八年(1902),邑绅严毓芬等"步两校之后尘",在无锡寨门创办严氏私立经正学校,经费由严氏书塾及义庄、六祭三公账承担。学校开设经班和蒙馆,"学科为国文、读经、算术、历史、地理、图画、英文、体操,蒙馆减读经、英文二科"。在科举犹存之时,一义庄学校能有此开风气之举,实属难能可贵。光绪三十三年(1907)科举已停,校设初等一班,"学科定修身、国文、算术、历史、地理、格致、手工、图画、体操"。1912 年增设高等科,"学科为修身、国文、算术、历史、地理、理科、手工、图画、唱歌、体操、英文,初等科减历史、地理、理科、英文而增乡土"。该校"以留意儿童身心之发育、授以国民道德之基础及人生必需之智识技能为宗旨",经过 20年的发展,成绩斐然,"四方负笈而来者日益多,毕业而去者,由中学而大学而出洋肄业亦实繁"。②荡口举人华鸿模于 1905 年创办的"华氏私立果育两等学堂",亦为清末无锡乡间新教育的领头者。1913年 8 月华绎之为继承和发扬祖父的办学传统,将其更名为华氏私立鸿模高等小学。学校设置的课程为修身、国文、英文、历史、地理、理化、格致、算术、唱歌、体操、图画 11 种必修课。③

作为科第相继、簪缨盈门的长洲彭氏,虽然在科举的窠臼里浸润历久,但实现近代转身也快,反映了文化型家族吸纳新知的能力。该

---

① 嘉定《曾氏瑞芝义庄全案》卷下《义塾规条》。
② 《无锡严氏私立经正学校二十周年纪念册》,第 37、39、45、32、1、2 页。
③ 黄振源:《果育学堂和鸿模高等小学》,《无锡县文史资料》第 6 辑,1988 年,第 39页。

族于光绪二十九年(1903)设立私立彭氏两等小学堂,其学制、施教内容及办学目的读其校歌即一目了然:"彭氏谊庄小学校,两等分科教;科学般般晓,大家铸就文明脑。"①时任该校首席教员的章慰高在自述中回忆说,学校"授修身、读经、国文、历史、地理、格致等课,每日午前教四小时,而算术、英文、体操,则于下午教学"。② 其时,科举巨族倡办新学,困难不在于经费,而在于家族发展定位的弃旧从新。当彭氏将"科学"、"文明"的字句写进校歌里时,其教育的转型已基本完成。相比之下,丹徒倪氏家族教育的近代转型,则显得较为缓慢。1922年该族制订的《家塾规条》中还有:"学课授孝经、论、孟次及五经、历史及应用书算,以启迪普通学识为宗旨。"③既有新学,也有旧知,凸显出新旧交替时期教育的复杂局面。

总体而言,清末苏南义庄家族的教育教学重心已发生较大改变,教育目的亦由科举仕进逐步转向国民教育。关于此点,江阴章氏在宣统三年所定"学阶叙录"可资佐证:"科举之士其目的所在无非求合乎有司之程度而已,学堂则有三育并重,或肄业普通,或研究专科,方将进而益上。苟能于小学各校以上精勤毕业,大之固可成博通中外之才,小亦足具完全国民资格,非专骛荣利者所可同日语也"。④

三、家族教育组织机制的近代变革

晚清民初,政府倡办新式学堂,多数义庄积极响应,陆续采用新学制,更新教学设施,延聘具有新知的师资,采用新的管理模式,把培

---

① 《民国十年吴县私立彭氏学校校友会年刊》"吴县私立彭氏高等小学校国民学校校歌",民国十年油印本,吴县教育局档案:I05-001-0391,苏州档案馆藏。
② 章慰高自述、章希圣补记:《自述教育生活小史》,《苏州史志资料选辑》第31辑,2006年,第199页。
③ 倪思九主修:《丹徒倪氏族谱》卷6《家塾规条》。
④ 章咏裁等纂修:《江阴章氏支谱》卷5《学阶叙录》,清宣统三年活字印本。

养学生的国民性作为教育宗旨,并大力协助子弟接受高等教育,开始了家族教育组织机制的近代转型。

传统家族教育主要采用经学、蒙学两段式教育结构,而新式义庄族学将分级制引入教学,分成蒙学堂、初等小学校、高等小学校等形式,并按照学部的有关规定采用不同的教程和教法。光绪二十九年(1903),长洲彭氏顺应时势,改庄塾为私立两等学校。庄塾改制花了不少经费,彭氏解释说:"惟学校与庄塾组织办法状况显有区别,故费用实增数倍,此乃关于本庄的名誉及时势使然,非好为滥费也"。① 光绪三十二年(1906)大阜潘氏松鳞庄续订规条亦云:"自奉朝旨罢黜科举,振兴学堂,大概义庄多有族学之举。因就庄屋西络,添葺斋舍,设立高初两等小学堂"。② 新式族学在教程的设置上最显着的变化就是引进了西方教学和"随意课"③(图画、音乐),英文课的开设也是新亮点,反映出义庄家族教育视野的逐步开阔。另外,作为一种社会教育形式,无锡严氏义庄开办夜校也颇值一提。它虽不专习一业,但形式灵活,教学内容实用,且施教范围不拘一族,为青年子弟就业发展奠定了良好的文化基础。宣统三年(1911)江苏省视学戴克宽视察该校后所作的评价是:"是校附设补习夜课,于农隙之时,教以修身、国文、珠算、阅报等类,年在二十以上之农、工、商,时常到校者有二十余人,成绩亦可。"④严氏学校的夜课既有扫盲普及教育的意图,也包含为农、工、商等业学徒进行国民教育之旨。

为实现教育的近代化,培育新式人才,义庄家族不断改善教育教学设施。无锡严氏经正学校设于庄祠中,由于招生规模扩大,学校新建了西式楼房,面南背河,围以园林,又于校旁东首之隙地开辟了操

---

① 彭文杰、彭钟岱纂修:吴县《彭氏宗谱》卷12《续纂庄规》。
② 潘家元纂修:《大阜潘氏支谱》附编卷2《松鳞庄续定规条》。
③ 党明德、何成主编:《中国家族教育》,济南:山东教育出版社,2005年,第210页。
④ 《无锡严氏私立学校二十周年纪念册·历届调查员评语表》,第74页。

场。校长王申还先后赴沪置办"矿物标本及动植物人体解剖挂图"、"理化器械"等。① 劝学所长秦铭光赞誉该校"(设备)校舍宽广、布置合宜","(卫生)各处整洁、光气均和"。② 无锡蔡氏小学的结构布局较为完备,学校设有门房、应接室、陈列室、饭厅、教员预备室及卧室、礼堂、阅报室、图书室、厨房、校役宿所、置物室、操场等。③ 荡口鸿模小学教学设备在当时算得上一流。校主华绎之捐资从日本购进一批动植物和矿物标本、内容丰富的图片及数量颇多的理化试验仪器。当时金属铝、钠、镁等化学物品,十分珍贵,价格奇昂,也都配全。1917年华绎之还捐款兴建一幢五间二层的"鸿模藏书楼",藏有万卷书籍,供师生阅读。即便是各种武术器械、球类、标枪、铁饼、风琴等也配备齐全。④ 武进盛氏"人范小学"设有图书馆、自然科学实验室,购有声、光、化、电等试验仪器及教师自制教具,另备必需药品多种,供师生用。⑤ 胡氏公学的大操场,可容千余人活动。操场上有沙坑、双杆、滑梯、浪船等,并有篮球场,供师生活动之用。操场中央耸立旗杆,每天早操升旗时,军号声起,全场肃然,甚为庄严。⑥

苏南义庄重视延聘新式师资。新学制推行后各地族塾纷纷改办学堂,但受经济限制,多数学堂仍是原有的塾师执教,只改变称呼而已。而多数苏南义庄家族因经济实力雄厚,重教意识强烈,不仅积极扩大教学场所,采购新设备,而且广泛延揽具有新知的教师,具有一定的人才意识。这也是苏南义庄族学能较快实现近代转型的重要原

---

① 《无锡严氏私立学校二十周年纪念册·大事记》,第51、63页。
② 《无锡严氏私立学校二十周年纪念册·历届调查员评语表》,第79页。
③ 蔡樾纂修:无锡《蔡氏蓉湖支谱》卷9《蔡氏小学校叙略》。
④ 黄振源:《果育学堂和鸿模高等小学》,《无锡县文史资料》第6辑,1988年,第41页。
⑤ 盛景馥、郁静之:《人范小学校史之回忆》,《常州文史资料》第6辑,1986年,第107页。
⑥ 胡琰:《从胡氏公学到堰桥中学》,《无锡县文史资料》第1辑,1984年,第52页。

因之一。钱穆在《八十忆双亲·师友杂忆》一书中有专章追忆果育小学诸师。钱穆入果育小学读书时正是该校创办伊始,"其时诸老师教文史者,不太受人特别重视","教理化自然科学者,则不易聘。而体操唱歌先生亦甚难得。此皆所谓开风气之先者"。学堂开设之初,新旧杂陈,但时人对新课程已表现出极大的欢迎,"果育学校之两位体操唱歌先生,则尤为一校乃及一镇之众望所归"①。果育创办时有教师 8 人,其中日本东京大学毕业的顾建伯教授数理化,日本应庆大学毕业的华倩朔任唱歌、图画教师,毕业于上海南洋公学的钱伯圭任体操教师,"学通新旧"又"精历史舆地之学"的顾子重教授国文。② 钱穆在追忆中非常感慨地说:"回忆在七十年前,离县城四十里外小市镇上之一小学校中,能网罗如许良师,皆于旧学有深厚基础,于新学能接受融会。此诚一历史文化行将转变之大时代……今欲在一乡村再求如此一学校,恐渺茫不可复得矣。"③值得一提的是苏南义庄在重视师资延聘的同时,还重视师资的培养,这从不少民国时期的义庄助学条款中得到反映。南汇傅祖荫堂义庄对直系优秀子弟"考入省立师范学校亦无力者,每年津贴银二十元"。④ 川沙同本堂义庄对优秀子弟"考入省立各师范学校者,为培植师资起见,每人年给津贴银三十元"。⑤ 常熟张氏孝友义庄则提供给读高师子弟"每年补助银洋一百五十元"⑥。

　　新式义庄学校的管理也多采用近代西方模式,逐步走向规范化。

① 钱穆:《八十忆双亲·师友杂忆》,第 45 页。
② 参见黄振源:《果育学堂和鸿模高等小学》,《无锡县文史资料》第 6 辑,第 38 页;钱穆:《八十忆双亲·师友杂忆》,第 48 页。
③ 钱穆:《八十忆双亲·师友杂忆》,第 53 页。
④ 傅恭弼续修:南汇《傅氏续修家谱》(不分卷)"傅祖荫堂义庄章程"。
⑤ 《同本堂义庄章程》,见方鸿铠、黄炎培:民国《川沙县志》卷12《祠祀志·家庙》,第 17 页。
⑥ 张汝南纂修:常熟《清河张氏支谱》(不分卷)"张氏孝友义庄现行庄规"。

旧式庄塾一般由庄祠直接负责监管,转化成新式学堂后,多数由校董会进行专门管理。无锡蔡氏小学的校董会由10人组成,其中常务校董3人、主席1人。校董会"以保障本校经费之独立,筹划校务之进行为目的",负责财务管理,决定校长的人选、教育方针的制定及重要兴革事宜。"校长由常务董事提出,校董会议决聘任之,以一年为一任期",全权处理校务,延聘教员。[1] 校董会和校长分工合作,各司其职。张氏孝友学校"设校长一人,会计一人,由庄裔公同推举之。"设立校董会,"校董十一人,本族校董八人,由庄裔公推之,外姓校董三人,由庄裔公聘之"。[2] 虽然在整个学校的管理机构中,庄裔占了绝大部分,但是通过公推公举的形式产生,有一定的民主性,能在一定程度上抑制家长制决策带来的弊端。义庄公聘的外姓校董一般都是乡贤名流,在地方上有一定的威望,对学校的发展也能起到一定的护翼作用。

科举废除后,义庄家族积极支持子弟接受高等教育。川沙同本堂义庄认为"义庄欲谋宗族之昌大,急宜养成高等人材"。为此,其助学名目也进行了适当调整:"凡族人在本国大学及专门学校肄业者,每年资助银二百元,留学日本专门以上学校者资助三百元,如在欧美各国留学者,倍给之,至多得增至一千元。"[3]一些世家望族,在西学东渐的影响下,纷纷由义庄资助俊秀子弟出国留学。无锡蔡氏义庄对"留学欧美大学或专门学校者,年给补助费八十元,留学日本者四十元";若"已毕业本国大学再赴欧美实习研究者,出国返国各给补助费二百元,赴日本者各八十元"。[4] 张氏孝友义庄留学经费更丰,"东洋

① 蔡樾纂修:《蔡氏蓉湖支谱》卷9《蔡氏小学校董会规程》。
② 张汝南纂修:《清河张氏支谱》(不分卷)"现行庄规"。
③ 《同本堂义庄章程》,见方鸿铠、黄炎培:《川沙县志》卷12《祠祀志·家庙》,第18页。
④ 蔡樾纂修:《蔡氏蓉湖支谱》卷9《义庄津贴学费简章》。

每年补助银洋四百元,西洋每年补助银五百元"。[1] 义庄家族因富有经济实力,文化底蕴深厚,其子弟成为近代苏南留学队伍中的生力军。如长洲彭氏仅在光、宣年间就有 7 人留学日本。[2] 大阜潘氏自 1909 年至 1926 年间,共有 11 位子弟留学英、美、日三国。[3]

　　然而,苏南义庄资助子弟接受高等教育具有明显的重理轻文倾向,逐渐背离了传统的重文轻科技的兴教旨趣。如长洲彭氏对"其自中等以上学习理工农医等科者增给实习费"。[4] 练西黄氏对入高等专门学校及留学海外的子弟提供丰厚的学费补助,但仅"以习实业之一科及医科者为限"。[5] 而大阜潘氏贡湖支第 33—35 世受过高等教育的 63 名子弟中,学习理工医者达 41 人,其余主要集中在法学、财经、教育、管理领域,纯粹学习文科者才 3 人。[6] 义庄家族教育价值取向的这一变化,折射出了近代苏南社会发展变迁的影像。苏南地区是近代中国经济发展的中心,早在清末就有使用机器生产的近代企业百余个。到了民国,苏南已成为全国纺织、轻工机械等工业基地,拥有上千家近代企业,同时近代金融、通讯业也从这里发轫。19 世纪末 20 世纪初,"救国以实业、教育为先"已成为时代的潮流,而社会经济结构的变迁也需要大量的科技、管理人才。因此,苏南家族鼓励子弟选读理、工、农、医等实用性技术学科,成为必然之势。昔日的科举巨族,此时已经快速消融于实业与科技立家的时代潮流中。

---

① 张汝南纂修:《清河张氏支谱》(不分卷)"现行庄规"。
② 张学群等编着:《苏州名门望族》,第 240 页。
③ 潘家元纂修:《大阜潘氏支谱》附编卷 7《登进录·毕业录附》。
④ 彭文杰、彭钟岱纂修:吴县《彭氏宗谱》卷 12《续纂庄规》。
⑤ 黄守恒纂修:《练西黄氏宗谱》卷 13《义田志》。
⑥ 参见徐茂明:《江南士绅与江南社会(1368—1911 年)》,北京:商务印书馆,2004 年,第 327 页。

四、家族教育逐步被纳入地方教育管理体系

在历代各级政府批示义庄咨请立案的公文中,均把学产作为义庄公产的一部分加以保护,并对兴学有力者给予表彰。但在清末新政之前,义庄兴教为家族私事,尚未发现政府主动对其进行干预。新政阶段,清政府倡办新学,废除科举,改良私塾,设置管理机构,开始对族学加以整饬约束。光绪二十九年(1903)颁布的《奏定学堂章程》规定:凡私立小学堂,"其建设时须禀请地方官核准,若遇停止时,应将其停止之缘由报明地方官查考"。[①] 同年,江苏巡抚端方在苏州设立江苏学务处,规定"所有省城及各府州、厅县高等、中小学堂暨民间私设学堂,以至出洋游学各生统归学务处经理稽查、考核",[②]明确了官方对民间学堂的管理职责。1910 年,学部要求各地劝学所"就义庄或宗祠内设立"的书塾等私学进行调查,劝导其改良,[③]对义庄家族的兴教取向进一步施加影响。

民国时期,政府亦十分重视义庄的教育功能。1916 年内务部甚至发文各省,要求捐建义庄时要注重教育事业,作为国家教育之辅助,[④]但在倡导义庄兴教的同时,政府对私立学校的管束也日益严密。其实早在 1912 年,教育部要求"凡私立小学校之设置,须经县行政长官许可,其废止及变更时亦同"。[⑤] 对私校的日常教学管理,各级教育部门也按时督查指导,逐步将其纳入地方教育管理体系之中。果育

---

① 舒新城编:《中国近代教育史资料》上册,北京:人民教育出版社,1961 年,第 417、432 页。

② 端方:《端忠敏公奏稿》卷 4《设江苏学务处》,沈云龙编:《近代中国史料丛刊》第 10 辑,台北:文海出版社,1967 年,第 410 页。

③ 参见舒新城编:《中国近代教育史资料》上册,第 110 页。

④ 参见《学事一束:内务部通咨各省捐建义庄请注重教育》,《教育杂志》第 8 卷第 5 号,1916 年 5 月,第 33 页。

⑤ 参见舒新城编:《中国近代教育史资料》上册,第 450 页。

小学为更改校名、提前举行毕业试验事宜，皆须呈请教育司备案、核准。[①] 据严氏经正学校的"大事记"和"历届调查员评语表"的记载，该校每年都要接受教育会调查员、县视学、劝学所所长、省视学等的检查。无锡蔡氏小学的《立案公牍》也提到，该校由蔡义庄补助经费，迄今已历二十余年，"其中办学情形具详，历届省县视学评语有案可稽"。[②] 显然，视学制度并非虚设，各级调查员做出的报告具有行政约束力，能起到一定的督导作用。

　　此外，金山县发生的一桩义庄学校停办事件，也反映了民国政府对义庄学校的管理、地方初等教育的现状及义庄学校的社会作用等方面的情况。金山县钱圩镇钱氏万裕义庄设有崇义小学，办学 20 年来，成绩卓著。1929 年，该校因庄产管理权涉讼而停办。按说一义庄私校的停办不是大事，但在当时却引起金山县教育局的高度重视，并呈文县政府、江苏教育厅，请求饬令续办。金山教育局的呈文云：钱圩镇"除镇西区之崇实小学二教室外，镇上儿童均入该私校肄业。今一旦骤然停办，在势必有多数儿童失学"，"若欲弗使此多数儿童失学，由职局接办，则一完全小学，全年经费为数甚巨，当此教育经费竭蹶万分之时，维持现状已觉捉襟肘见，忽又添增巨款支出，实属无法挹注"。显然，问题的关键就在于崇义小学是该镇最大的学校，在地方教育上的作用不可小觑。由于政府教育经费的极度匮乏，学校停办后大量失学儿童无从就读，怕引起地方民众的不满。此外，呈文还提出庄校必须续办的另一个理由："查前第四中山大学训令第四十二号，凡关于各姓祠产庄产，得依其租额之多寡，酌提成数，充拨教育经

① 《指令无锡县知事呈私立果育高等小学校变更校名请备案由》，《江苏教育行政月刊》，1914 年第 9 期，第 25 页；《指令无锡县知事呈报私立鸿模高等小学校拟举行毕业试验先期呈送课表及学生履历请予核准由》，《江苏教育行政月刊》，1914 年第 13 期，第 63 页。
② 蔡槭纂修：《蔡氏蓉湖支谱》卷 9《立案公牍》。

费。但自能设学者,得令并设学,并监督其经济之出入等语。且私立学校之停办或改组,须由主管机关核准。"可见,兴学助教此时已成为政府赋予义庄应尽的义务,而义庄学校的兴废属于政府教育主管部门的监督约束范围,由他们"核准"。所以金山教育局呈文最后称,无论"对于法令方面而言","即对于该校历史上、地位上、教育预算上着想,均有继续办理之必要"。金山教育当局的呈请得到了江苏教育厅、金山县政府"转饬续办"的指令。① 比较而言,崇义小学在当时义庄学校中规模并不算大,人数达数百甚至千人之庄校在苏南地区亦不乏见。此事件的结局显示出义庄学校不仅成为当时苏南乡村不可或缺的教育资源,而且地方政府及教育行政部门的确对其进行了严格有效的管理。

毋庸置疑,义庄创办新式族学对苏南教育的近代化起到了一定的推动作用。但仍需指出的是,由于新式学堂不少是从旧有的私塾转化而来,在经费、师资和教学管理上也存在着种种问题而制约了其发展。一些族学附设在庄祠里,学校规模较小,因经费、设施及师资的短缺,只能采用复式教学。如秦氏初等小学校,有学生 103 人,"共编两教室,均系复式,一、四年级合一教室,二、三年级合一教室"。②同时,一些义庄学校因管理不善而出现的盗卖学产之事也时有发生。吴县汪氏耕荫小学的门窗被不肖族人盗卖殆尽,出现了"一、二、三、四年级教室正对北风,作业不适"的窘境。教师不能按时教学,学生几同放任自流,管理极为混乱,以致吴县教育部门在 1935 年第一学期所做的视导报告中发出了"该校有类腐败私塾,实有彻底改组之必

---

① 参见《本局呈县政府、教育厅文:为崇义小学无端停办由》,参见《金山县教育月刊》,1929 年第 5 卷第 11 期,第 49—50 页。
② 参观团:《参观无锡学校笔记:私立秦氏初等小学校》,《吴县教育杂志》,1914 年第 3 期,第 29 页。

要"的严厉批评。①

总之,在官办教育资源极其匮乏的近代社会,苏南义庄为普及地方教育,尤其在资助贫穷族人接受文化教育方面发挥了重要作用。可以说,义庄实质上部分地承担了政府的教育功能,成为推广教育、宣扬教化的重要组织。苏南的望姓大族,正是通过义庄、义学,培养了代代人才,支撑了家族的兴旺,又反过来促进家族的崇文重教之风。

在晚清学制改革之前,作为宗法制度的重要组成部分,苏南义庄家族教育仍然延续传统宗族教育的路径,继续发挥传统社会教化的功能。但是,由于近代社会结构的巨大变迁,苏南义庄的家族教育无论从形式到内容上都发生种种变化,这种变化伴随着清末废科举、兴学堂和"私塾改良运动"加速了它的进程。"近代族学的变化,是新的学制要求与旧有族学资源相互'妥协'的产物,更确切些说,是一种顺应时势的文化的调整和重组,族学在调和中趋同于近代教育体制的要求。"②政府兴办新学需要师资、经费、场所,这些资源并非能短间内一蹴而就,借助传统族学成为势之必然。而近代苏南为先开风气之区,士绅的文化担当意识和视野较其他区域为强,义庄由族学而新学、由科举而"作育新人",既有应变的压力,也有自变的内驱力。清末私塾改良运动就是由江、浙、沪等地的民间士绅首先发起的。苏南义庄家族教育的嬗变有力地促进了地区教育的转型步伐,为苏南教育的近代化以及这一地区的近代初等教育打下一定的基础。

诚然,近代苏南义庄中的家族教育仍然带有浓厚的宗法遗意,"族学最大的获益者还是族中的绅士,他们的子弟是族学的主要教育

---

① 孟毓琪、卫光炯:《二十四年度第一学期吴县教育视导报告》,参见《吴县教育》,1936 年第 4 卷第 4 期,第 33 页。

② 韩凝春:《清末民初学制变革中的江浙族学》,《天津师大学报》,1996 年第 6 期,第 44 页。

对象,同时绅士通过族学进一步对所在乡族实行社会控制,成为社区的支配者"。① 但也不可否认,义庄的助学兴教提升了近代苏南地区人口的整体素质,契合了苏南商品经济发展的需要,为经济和文化之间的良性互动起到了推动作用;而且作为家族式的"希望工程",义庄的教育救助确实为孤寒子弟提供了向上流动的阶梯,使其在和谐人际、安抚人心、活化社会结构以及社会自我调节等方面都起到了独特的作用。近世苏南义庄家族的重教取向、兴教模式、管理理念及与时俱进的品质,对今天教育的多元化和发展教育慈善事业,也不乏启示和借鉴意义。

① 冯尔康等:《中国宗族史》,上海:上海人民出版社,2009 年,第 261 页。

第五章　近代苏南义庄的家族保障制度

　　"社会保障"（Social Security）一词最早出现在美国1935年颁布的《社会保障法》中，但社会保障问题却是一个历久弥新的话题。在任何国家或时代，总有一部分社会成员因各种原因陷入生活困境，需要国家、社会或他人的帮助才能度过生存危机。在传统的中国农业社会里，由于生产力水平低下，自然灾害和战争频繁发生，土地兼并现象十分严重。国家虽然出于维护政权和稳定社会秩序的需要，施行"仁政"，进行一些备灾救荒、收养贫病、养老抚幼的活动，但局限性很大，很难惠及基层民众，更未能形成常态化机制。近代以降，清政府内外交困，国力衰微，荒政不举。居于社会底层的黎民苍生一遇灾荒人祸，便流离失所，无以为生。国家社会保障的不力催生了民间宗族救助风尚的兴盛，"以补王政所穷"。① 苏南义庄救助之风的盛行即为一例。

　　作为典型有力的宗族保障组织，义庄深入到宗族生活的各个层面，关涉族众的生老病死、衣食住行、教育教化等核心环节。义庄的出现与发展，说明对弱势群体的扶助已由家庭逐步向社会化的方向转变过渡。本章以近代苏南地区为考察中心，深入解析义庄宗族保

---

① 魏源：《庐江章氏义庄记》，《魏源集》（下册），北京：中华书局，1976年，第503页。

障的功能、运作机制及其基本原则,旨在管窥苏南宗族的生活实态,进而透视近代苏南社会的发展变迁。

第一节 家族保障的演变

明清时期,祭祀制度庶民化及政府孝治政策的推动,使得宗族势力得到了空前的发展,家族保障也随之得到了极大的加强。家族保障指的是出仕或富裕家族成员通过捐置田、房、义塾、义冢等形成家族公产,利用租息收入,对生活困难的家族成员给予一定的经济赡助和提供受教育的机会,以实现家族内部收入的再分配,从而保障贫乏族人基本生活及受教育权利的救助制度。

宗族是以父系血缘关系为纽带而形成的人类生活共同体,是居于家、国之间的基层社区组织。"三代"时期推行宗法制度,宗族内实行"异宫而同财,有余则归之宗,不足则资之宗"的宗子制。① 即所谓"古者卿大夫立宗,宗子必世其禄,故有收族之谊。冠昏丧祭,必请于宗子而行之。大功以上无异财,亦无贫富之殊,即其稍疏者,宗子之力足以赡之"②。战国后期开始,新兴地主阶级开始变法革新,土地成为私产得以自由买卖,宗法制不断遭到破坏,虽然宗族结构还依然存在,但已经成了没有经济基础的躯壳。聚居在同一地区的族人,由于经济、政治地位的分化,情感距离一天天加大,矛盾也不可避免地产生。所谓"宗法废,而族人不能不私其财,始有无不相通,终于贫富相耀,相耀则诈虞攘敚,有甚于路人者矣"。③ "后世宗法既不可复,人

---

① 冯桂芬:《显志堂稿》卷 4《汪氏耕荫义庄记》,沈云龙主编:《近代中国史料丛刊续编》第 79 辑,第 401 页。

② 钱大昕:《潜研堂文集》卷 20《陆氏义庄记》,第 293 页。

③ 王宗炎:《陈氏义田记》,盛康辑:《皇朝经世文编续编》卷 67《礼政·宗法》,见沈云龙主编:《近代中国史料丛刊》第 85 辑,第 697 页。

心无所维系,目不睹族燕族食之礼,高曾以下已如路人。"①文人士大夫屡屡惊呼如此,表明宗子宗法制倾圮以后,维系宗族的仅为渐行渐远的血缘关系。由于缺乏必要的经济文化联系的强力纽带,宗族已成涣散之势。

一、散财施物阶段

自古以来,宗族就有守望相助、患难相恤的传统,而且盛行不衰的儒家宗法文化也赋予了缙绅士大夫收族、睦族的责任,宗族成为贫穷族人向外寻求帮助的最近、最切实的依托。《周礼》云:"所谓宗以族得民者,其法如此,若夫四闾为族,使之相葬;五族为党,使之相救;五党为州,使之相赒。"②在义庄出现以前,宗族"赈赡贫穷"的互助合作功能,主要表现为宗族中的显官仕宦对贫困族人提供临时性的钱物救助方面。史书中此类事例不胜枚举。西汉朱邑,"身为列卿,居处俭节,禄赐以共九族乡党,家亡余财";③东汉任隗,"所得奉秩,常以赈恤宗族,收养孤寡"④。《后汉书·韦彪传》称:"彪清俭好施,禄赐分与宗族,家无余财。"⑤《郭伋传》亦云:"伋以老病,上书乞骸骨,二十二年征为太中大夫,赐宅一区,及帷帐钱谷,以充其家,伋辄散与宗亲九族,无所遗余。"⑥此后,三国时期之荀彧、温恢、田畴、全琮,晋之泛腾、魏舒,南北朝有刘怀慎、崔慰祖、褚炫、陆琼、房景远、蔡佑,隋代的柳謇,唐代之王珪、李大亮、萧瑀、唐璇、韦凑、杨元琰及其子仲昌、苏颋、崔沔、徐岱、毕诚等,史书中皆有其赐禄散族的记载。⑦ 即便义田初设

① 孙原湘:《书归氏义庄记后》,归令望纂修:常熟《归氏世谱》卷8《义庄志》。
② 钱大昕:《潜研堂文集》卷20《陆氏义庄记》,第293页。
③ 班固:《汉书》卷89《列传》第59,北京:中华书局,2007年,第889页。
④ 范晔:《后汉书》卷21《列传》第11,北京:中华书局,2007年,第226页。
⑤ 范晔:《后汉书》卷26《列传》第16,第279页。
⑥ 范晔:《后汉书》卷31《列传》第21,第322页。
⑦ 潘光旦、全慰天:《苏南土地改革访问记》,第48页。

之宋代,此类事例仍时有所闻。如"赵如愚……聚族而居,门内三千指,所得禀给,悉分与之,菜羹蔬食,恩意均洽,人无间言";①"吴元扆……所得赐禄,即给亲族孤贫者"②。

然而官员以俸禄赡族具有临时性、随意性的特征,人亡事息,难垂久远。族无恒产,即便士大夫"间有敦本好礼施惠于三族者,一时虽赖以济,而不能经画可久之计"。③ 如清人洪钧所言:"究其泽或及身,或数世而止,非能规久远"。④

二、义庄制度化阶段

潘光旦曾对自汉迄明缙绅士大夫施财赡族的事例进行过统计,得出有 55 例之多,其中北宋及其以前占 49 例,南宋及以后只有 6 例。⑤ 南宋以后,并非贫穷族人不再需要宗族的接济,而是这时士大夫们找到了一条由临时救助到捐建"义田"的持久办法,所谓"井田废,而后有公恒产者曰'义田'",⑥即范仲淹首创的义庄制度。

"义田者,盖推宗法之遗意,而寓相赒相救之意者也。"⑦如常熟邹氏隆志堂义庄,置祭田若干亩,"凡治坟墓,备几筵,春秋扫墓之供张,坟丁之工食,悉资之。有赢则以为本支子弟之束修,他不得与";置书田若干亩,"立义塾以课贫家子弟。凡族人省郡县之旅费,私试之最赏,悉资之,他不得与"。置公田若干亩,"岁储其羡,以备缓急,及里之梁径当治者,他不得与";置义田若干亩,"凡族之贫者月廪之。婚

①（元)脱脱等撰:《宋史》卷 392《列传》第 151,第 11989 页。
②（元)脱脱等撰:《宋史》卷 257《列传》第 16,第 8951 页。
③盛文颐主修:武进《龙溪盛氏宗谱》卷 23《拙园义庄全案·序》。
④洪钧:《吴氏义庄记》,吴大赓纂修:苏州《皋庑吴氏家乘》卷 10。
⑤潘光旦、全慰天:《苏南土地改革访问记》,第 49 页。
⑥魏源:《庐江章氏义庄记》,《魏源集》(下册),第 502 页。
⑦吴锡麒:《归氏义田说》,归令望纂修:常熟《归氏世谱》卷 8《义庄志》。

嫁丧葬,悉有资焉。殁而无衬者,悉有藏焉"。① 有人将义庄赡族和官员散财救助族人之法加以对比,得出结论:"夫晏婴寿族泽仅被于当时,樊重赡宗谋不贻于后代。求其世敦任恤人免阨穷,由亲及疏,永举同功之火,量入为出,长留不涸之仓,虑远而思深,法良而意美,其惟义庄乎。"②所以阮元说:"然则行宗法于今日,义庄之设其亟矣。"③义庄的出现,使士大夫们找到了一条践行宗法文化的路径,不仅使家族的救恤形式向制度化方向转变,同时也使家族的存在形式发生了巨大变化,由族人之间"视同秦越"近似虚无的血缘概念走向有内在经济关联的严密组织。自宋代范氏以降,结构缜密的义庄宗族形态在苏南逐步形成,直至新中国土改时才为行政化方式所彻底消解。

为保证家族保障事业的可持续性发展,义庄家族注重法规制度建设。义庄之法,"公其产,使子孙不得私;谨其约,使岁久不能紊,推振穷恤贫之政,为敬宗收族之道,循而行之,虽百世可也"④。清人朱孔文称赞上海金氏义庄制度有三大好处:"银钱簿记延外姓人经理,使族长不得把持,其善一;一年收租谷,冬夏分散无遗,使族众不生觊觎,其善二;不孝不悌及游惰无业者,虽贫不与,所以制裁之法严;族姓子弟设塾,使之读书,改就他业则酌给行装费,所以造就之途广,此其善三。"⑤清人归衔在盛赞义庄保障制度的完善时则说,义庄"以教以养,笃宗衍支,莫善于此。订列规条,以禁买卖,以稽出入,以处置扩充,法良虑周"⑥。冯桂芬甚至说:"一族有义庄即一族无穷民,千百

---

① 林则徐:《邹太学家传》,参见王国平、唐力行主编:《明清以来苏州社会史碑刻集》,第 221 页。
② 陶然:《吴氏义庄记》,吴大贻纂修:苏州《皋庑吴氏家乘》卷 10。
③ 阮元:《昭文归氏义庄记》,归令望纂修:常熟《归氏世谱》卷 8《义庄志》。
④ 洪钧:《吴氏义庄记》,吴大贻纂修:苏州《皋庑吴氏家乘》卷 10。
⑤ 朱孔文:《金氏义田记》,江家琭、姚文枏:民国《上海县志》卷 2《政治下．民治》,上海:瑞华印务局,民国二十五年铅印本,第 50 页。
⑥ 归衔:《义庄规条后记》,归令望纂修:常熟《归氏世谱》卷 8《义庄志》。

族有义庄即千百族无穷民,奸宄邪慝,无自而作。"①此语未免夸张,但对义庄实施家族保障的客观作用给予肯定还是合理的。

特拉特纳(Trattner)在《从济贫法到福利国家》一书中说:"社会福利发展的历史就是从慈悲到正义之路,慈悲是善心是情操,正义是制度化公理,前者无法持久,而后者却可以长久运行。"②义庄致力于家族保障的制度化约束机制建设,有了这一基础,使得家族保障做到了有"法"可依,从而为义庄更好地服务于家族保障事业起到了保驾护航的作用。

第二节　苏南义庄家族保障的基本原则及其特征

义庄赡族,或计口授田,或以贫乏为主,或以亲疏为等,"命意立法虽有不同,一则以济贫为义,一则以亲亲为义,并行不悖,相辅而成"。③ 义庄以赡族为抓手,辅以庄规伦常的约束,既为族人提供了一定的生活保障,也在客观上调适了族群关系,维护了基层社会的稳定。

一、以直系血亲为主要赡济对象

义庄赡助范围的广窄取决于义庄经济实力的大小、宗族的人口规模以及建庄者的个人意愿。赡族范围较大的少数义庄,一般将赡助对象界定在自始迁祖或支祖以下的子孙为始。如吴中陶氏"世籍

① 冯桂芬:《显志堂稿》卷4《武进盛氏义庄记》,沈云龙:《近代中国史料丛刊续编》第79辑,第405页。
② Trattner,Walter I. *From Poor Law to Welfare State*, US: The Free Press, 1989.
③ 盛康:《留园义庄记》,王国平、唐力行主编:《明清以来苏州社会史碑刻集》,第263页。

凤阳之定远",①"而迁吴之始祖始于袭职千户靖侯公……递传一十有
五阅世,将四百年矣,支派蕃昌,比于瓜瓞"。乾隆十一年,十三世孙
候选员外郎陶筱建浔阳义庄,"凡吴中陶氏之出自靖侯公者,皆得与
春秋时飨,而其间嫁娶丧葬之相助,困苦无告之周恤,盈缩增损,略如
范氏义庄之例"。②莘塔凌氏自明季由本邑黎里镇迁居此地,族居二
百余年,子姓繁衍。宣统二年,该族建立义庄,定以迁莘塔一支为限,
"凡本支中鳏寡孤独老病残废及实系赤贫者,按口给米"。③东山叶氏
务本义庄的赡族范围则"断自十三世支祖百十公少子廿八公始,凡庆
廿八公支下子姓咸得照前定规条办理,其非廿八公支下者不与焉"④。

　　义庄为宗法遗意的产物,赡族强调服差支派之别,且囿于义田规
模的限制,也不可能将赡助范围定得过大,多数义庄将赡助对象限定
在建庄者所在的直系支派。如武进《龙溪盛氏宗谱》开宗明义:"义庄
为我族内房分设也,外房二西分、大东分不与焉。"⑤吴江施氏亦称:
"我施氏自宋时三十一世祖讳贞,由泾溪迁居震泽,代远年湮,支派繁
衍。逮前清初年,九世祖昆珍公讳彩石,即则敬(建庄者)等之直系。
兹定义田赡族,以昆珍公一系为限,其余宗族莫辨者,概不发给。"⑥

　　若以建庄者为血亲坐标考虑义庄赡族范围的话,不少义庄断自
建庄者高祖甚至曾祖以下子姓。武进恽氏向分南北两族,其义庄赡
族"断自高祖光禄耕方公始"。⑦吴趋汪氏系出新安,明末至苏州经商
定居,清代以科举显,蔚为大族。该族耕荫义庄的赡给对象,以建庄
者之高祖信玉公支下为始,"凡子姓贫乏者量加赒赠,其非信玉公支

① 李根源、曹允源:《吴县志》卷31《公署四．义庄》,第15页。
② 沈德潜:《归愚文钞余集》卷4《陶氏义田记》,乾隆三十二年刻本。
③《吴江凌氏义庄案》,民国九年庚申刊版。
④ 叶德辉等纂修:《吴中叶氏族谱》卷63《赡族规条》。
⑤ 盛文颐主修:武进《龙溪盛氏宗谱》卷23《拙园义庄全案·筹支给》。
⑥ 施则敬等编:《吴江施氏义庄汇录·义庄章程》。
⑦ 恽毓荣辑:《恽氏义庄缘起·恽氏义庄规条》。

下者不得滥给,所以示限制量出入也"。汪氏说明之所以如此,"惟经费未充,岁收有制,设或不继,难垂久远"。① 常熟席氏亦云:"族繁不能遍给,今议为高祖旌表孝子公后者,照规给付,以上者不给。俟有续捐,再行推广。"②无锡高氏义庄赡族则以曾祖愈宗公始,"凡同姓而非愈宗公之裔,概不赡给"。③ 葑门陆氏丰裕义庄的赡族对象断自"曾祖绳武公始"。④ 可见,就多数义庄的规模实力而言,若欲遍赡一族,确实力有未逮。

当然,即便建庄支派,其族众与建庄者之间的血亲距离亦有亲疏之别。亲者行亲亲之义,疏者行济贫之义。武进盛氏正是按照这一意旨制订了义庄的分配原则。盛氏有两所义庄,其中武进拙园义庄面向整个宗族,主要以济贫为主,"赡族义田项下专备周济合族贫乏之用"。⑤ 而其苏州留园义庄,主要为建庄者支下子孙所建,"悉本文正规矩,不以贫富为差,而以亲疏为等",⑥取亲亲之义。每年田园租息,分成十成,"以其一成拨归常州拙园义庄,凡迁常始祖以下,衣食嫁娶丧葬,均由伙助;以其一成拨归家善堂,凡亲戚故旧,有无缓急,酌量取给;其余八成,悉归本支子孙……不分贫富,一例分给",⑦带有明显的宗族福利色彩。

义庄族群向有庄裔和非庄裔之分,"凡曾经捐田创立义庄及续捐

① 汪体椿等纂修:《吴趋汪氏支谱》卷末《平阳汪氏耕荫义庄赡族规条》。
② 席彬纂修:《席氏世谱载记》卷 12《义庄规条》。
③ 高鼎业纂修:武进《高氏大统宗谱》卷 1《义庄规条》。
④ 陆锦瞵等纂修:《陆氏葑门支谱》卷 13《义庄规条》。
⑤ 盛文颐主修:武进《龙溪盛氏宗谱》卷 23《拙园义庄规条》。
⑥ 盛康:《留园义庄记》,王国平、唐力行主编:《明清以来苏州社会史碑刻集》,第 263 页。
⑦《盛氏为留园义庄奏咨立案碑》,王国平、唐力行主编:《明清以来苏州社会史碑刻集》,第 264 页。

推广义庄者皆称庄裔"。① 按照义庄定例，"向来庄裔五世以内，按服制为差等，各有加米。至五世以下，服尽子孙方与族人相等"②。莘塔凌氏"庄裔数世后子孙繁衍，如有贫乏例得赡给者，照规定一切应给之数，加倍给领。"③锡山徐氏亦认为，"亲亲之谊自古为昭"，义庄应"厚本支以昭隆杀"。该族《义庄条约》中规定："祖文奎公后人，宜稍从厚，若有四穷，每月无论大小倍之。"④同邑进士杜绍祁对徐氏做法很是推崇，其在《徐氏义田记》中云："余惟义田之设所以赡族，赡族之要必先本支。今徐氏义庄所立规条于文奎公以后各支周恤较厚，与古人先亲后疏之意为最合。"⑤荡口华老义庄为敦厚本支，专设敦本义田。其《续申规条十二则》中云："窃惟亲亲之杀，礼所从生。本支六楼公一派为五服内之近属，凡有四穷，应稍从厚，故复捐田一百二十亩，曰敦本义田。其例给月米一斗者，加给五升，惟寡妇则加给一斗。"⑥华氏新义庄也仿效老义庄的做法，设有"固本田"四百亩，"为近房亲支设有缓急而庄规所未及者，量为佽助"。⑦

义庄赡重直系厚待庄裔的举措，颇遭后人异议，多谓"此一家之利，不及利及一国"。曾经建庄的张茂镛对此说不以为然，甚至讥讽说："恐其蓄愿太宏，能力易薄"，且"天下固未有薄其所厚而能厚其所薄者"。⑧宝山人张承荣批驳那些动辄言"合群团体"，而不知家族之于民族重要性的言论，称"盖尝闻之敬宗收族古礼之大纲也，合群团体今世之通论也。顾宗为天然之群，族为一本之体。日言合群，日言

① 张汝南纂修：常熟《清河张氏支谱》(不分卷)"张氏孝友义庄现行庄规"。
② 盛文颐主修：武进《龙溪盛氏宗谱》卷23《拙园义庄全案·拙园义庄规条》。
③《吴江凌氏义庄案》，民国九年庚申刊版。
④ 作者不详：《锡山徐氏支谱》(不分卷)"义庄条约"。
⑤ 杜绍祁：《徐氏义田记》，作者不详：《锡山徐氏支谱》(不分卷)。
⑥ 佚名编：《华氏义庄事略》，清刻本。
⑦ 华鸿模：《建庄原始记略》，华翼纶辑：无锡《华氏新义庄事略》卷上。
⑧ 张茂镛：《徐氏梓荫义庄汇录后序》，徐芬辑：《徐氏梓荫义庄汇录》。

团体,而亲戚如土芥,然兄弟如陌路,然则人将何自而成群,何自而有体耶？是故民族主义必推本于家族主义,而欲进一群而文明之,必先合一族而教养之,此义庄之设所以合乎古宜乎今也"。"合一宗之群,而已团一族之体,而已使天下之凡有宗族者,皆具斯志,亦何群之不可合,何体之不可团哉？"[1]在张氏看来,义庄是养成民族主义之基础,不仅利家,而且利国。金山黄氏在义田禀稿中也说:"畅谈爱国,而室人起交谪之声;满口同胞,而门内肇干戈之祸。家族论理曹未研究,而欲为社会救贫弱,为国民恤危难,无怪贫弱危难之情况,返观一姓已岌岌不可终日,天下未有歉于私德而能充满其公德者。"[2]而在宜兴贾士毅看来,那些诟病义庄,"以为义庄与宗法为缘,惠之所及限于一姓,揆诸博爱之义广狭迥殊,而又损独立之精神、坚依赖之习惯"的说法,"尤无足取","似是而实非"。因为"人莫不慈其子,莫不昵其父。推父子之爱以及兄弟,推兄弟之爱以及宗族,此人情之至也。更推此义而扩大之,则爱国保种之道举"。那些"终日以博爱自诩,而于同根宗族反坐视其患难而莫之省忧,其谓之何?"况且,义庄"施与之间,各如其分,非可恃为日常资生之具,虽在愚者无不知之,而谓独立之精神因之而损,依赖之习惯因之而坚,殆无是理"。20 世纪 30 年代,民族危机日益严重,贾氏还将爱宗族与爱国联系起来,强调要合小群为大群,才能保国保种。"世变日亟,环吾而立者日耽耽逐逐,非戮力同心爱国保种,则不足自立自存于大地之间,所宜合小群为大群,而不以区区宗族自画,然则推爱宗族之观念,以爱吾国,以保吾种。"[3]

二、以济贫为主要保障目标

范仲淹初创义庄时,并未突出对贫乏者的救助功能,而是对族人

---

① 张承荣:《徐氏梓荫义庄序》,徐芬辑:《徐氏梓荫义庄汇录》。
② 黄玠纂修:《金山黄氏族谱》(不分卷)《义田章程》,清宣统二年铅印本。
③ 贾士毅:《萱荫堂义庄记》,贾瑛淞等主修:宜兴《萧塘贾氏续修宗谱》卷 2。

实行"计口授粮"、"日食人米一升"的普惠政策。将范仲淹在皇祐二年(1050)手定庄规中有关赡族部分内容摘录如下：

逐房计口给米，每口一升，并支白米。如支糙米，即临时加折。
男女五岁以上入数。
女使有儿女在家及十五年，年五十岁以上，听给米。
冬衣每口一疋，十岁以下、五岁以上各半疋。
每房许给奴婢米一口，即不支衣。
嫁女支钱三十贯，七十七陌，下并准此。再嫁二十贯。
娶妇支钱二十贯，再娶不支。
子弟出官人每还家待阙、守选、丁忧，或任川、广、福建官留家乡里者，并依诸房例给米、绢并吉凶钱数。虽近官，实有故留家者，亦依此例支给。
逐房丧葬，尊长有丧，先支一十贯，至葬事又支一十五贯。次长五贯，葬事支十贯。卑幼十九岁以下丧葬通支七贯；十五岁以下支三贯；十岁以下支二贯；七岁以下及婢仆皆不支。[1]

　　一个家族就是一个微型的社会，贫富差别在所难免。除有年岁限制外，范氏义庄给予所有家居族人同样的待遇，涉及族人的生、老、病、死、婚、丧各方面，实质上是在施行平均分配的家族福利制度。就每口日食一升而言，基本上能满足人体对粮食的最低需要。在能吃饱肚子即不为穷人的社会，难怪顾炎武说"范氏无穷人"。[2]

　　然而，义庄要推行计口授粮的赡族方略，至少要满足两个条件：一是要具备相当规模的义田，租入丰厚；二是人口数量不能过于庞

① 《义庄规矩》，《范仲淹全集》(中)，第797—799页。
② 顾炎武：《日知录》卷6《庶民安故财用足》，上海：商务印书馆，1929年，第15页。

大,且和义田数量成比例发展。范氏义庄初创时,"置负郭常稔之田千亩","族之聚者九十口,岁入粳稻八百斛,以其所入给其所聚,沛然有余而无穷"。[①] 此等情形下,实行平均的家族福利制度当无困难。不过,范氏的做法遭到后世的质疑,"惟贫富贵贱不为差等,或疑非君子周急不继富之道"。[②] 如清人黄金振称:"计口给粮,序齿均食,有才者或以损志,不肖者或以从尤,祖宗缔造艰难,历久而始偿其愿,子孙浮淫傲惰逸居而坐享其成,实与不祥之气相感召,可不戒哉? 可不惧哉?"[③]方苞亦云:"范文正公义田,子孙守之七八百年,不失家法,可谓善矣,但计口给粮,则不肖者或以长惰。"[④]又说:"计口授粮,俾愚者怠于作业,非义也。五材百物,民皆用之,必各有职业,交能易作,然后其享之也安,无故而坐收其利者,天所祸也,且势不能周。"[⑤]方氏一面称道范氏义田"不失家法,可谓善矣",但对其"计口授粮"的做法又给予完全否定。方氏的意见不能说没有一定的道理,对后世义庄以周急、济贫为主的赡族取向当产生过一定的影响。

其实,即便苏州范氏义庄的赡族原则也并非一成不变。随着生齿日繁,而义田的增加有限,普惠的福利原则逐步向扶弱济贫方向转变。如清朝主奉范能浤增订的义庄规条中有:子孙年满十六岁者,经义庄审核后可以本名支取义米一份,"如有废疾不能自营衣食者再加一户"。后来的《增定广义庄规矩》中亦有加惠于贫病之人的规定:

---

① 李铭皖、谭钧培、冯桂芬纂修:《同治苏州府志》卷24《公署四·义庄附》,南京:江苏古籍出版社影印,1991年,第577页。

② 冯桂芬:《显志堂稿》卷4《武进盛氏义庄记》,沈云龙:《近代中国史料丛刊续编》第79辑,第407页。

③ 黄金振:《虞阳沈氏义庄碑记》,沈寿祺纂修:《虞阳沈氏宗谱》卷11《义庄志》。

④ 《方望溪先生集外文》卷8《教忠祠祭田条目》,沈云龙主编:《近代中国史料丛刊》第52辑,台北:文海出版社,1550页。

⑤ 《方望溪先生文集》卷17《甲辰示道希兄弟》,沈云龙主编:《近代中国史料丛刊》第52辑,第947页。

"子孙不论贫富均沾义泽，遇有极贫，量加周赡，似可无庸再益。但有贫病交加，实在不能自存者，允谊矜念，以广先仁。"①冯桂芬也认为，范氏义庄"迨后沿袭既久，族益众，资宜绌，贫富益悬绝，未尝不议节此可与不可与之数"。②

显然，普惠政策所需的浩大庄产不是一般义庄家族所能承担，如常熟席氏所言："赡族非有限制，后必难继"。③因此，设置义田救助贫族以维持生计，支持无力子弟读书习业，尤其将族中鳏寡孤独疲癃废疾之人列为优先照顾对象，成为后世绝多数义庄的必然选择。清人徐时栋认为，义庄赡族"断之以义，则莫如鳏寡孤独罢癃疾废"。④苏州丁氏亦云："义庄原为族之贫乏无依而设，凡鳏寡孤独废疾，皆所宜矜"。⑤昭文归氏义庄"岁获所收广赒贫族。凡吉凶宾嘉不使废于菲，鳏寡孤独奚至告而穷，稺不可不养，设塾以教之，殡必有所归，设墓以安之"。⑥武进盛氏拙园义庄"章程大略本文正父子所刊规矩，而以周恤穷乏为主，小康及能自食力者不与"。冯桂芬评价说："前人之法，后人因之，而又捐益之，更归美善。"⑦盛康本人在同治八年所撰的《拙园义庄记》中亦云："今族盛之家，入不敷出，宜择贫且老疾者、寡而苦守者酌量赡给。若家本裕如，或子孙力能奉养，可勿与焉。少壮者自食其力，不得概给，以儆游惰。有文正溥利后世之心，又有望溪防弊

① 多贺秋五郎编：《宗谱の研究》第三部"资料"，株式会社开明堂，1960 年，第 516—517 页。
② 冯桂芬：《显志堂稿》卷 4《武进盛氏义庄记》，沈云龙编：《近代中国史料丛刊续编》第 79 辑，第 407 页。
③ 席彬纂修：常熟《席氏世谱载记》卷 12《义庄规条》。
④ 徐时栋：《甬东吴氏义庄碑记》，盛康辑：《皇朝经世文续编》卷 67《礼政·宗法》，见沈云龙编：《近代中国史料丛刊》第 85 辑，台北：文海出版社，第 694 页。
⑤ 《济阳义庄规条》，王国平、唐力行主编：《明清以来苏州社会史碑刻集》，第 259 页。
⑥ 归令望纂修：常熟《归氏世谱》卷 8《义庄志·题报昭文县归氏义庄疏议》。
⑦ 冯桂芬：《显志堂稿》卷 4《武进盛氏义庄记》，沈云龙编：《近代中国史料丛刊续编》第 79 辑，第 406—407 页。

久远之虑,其法易善。"①纵览近代苏南庄规,赡族法则大致禀此而行。

不过即便义庄为济贫而设,历史上还是有不同的声音出现,南宋袁采就认为置义庄不若置义学:

> 置义庄以济贫族,族久必众,不惟所得渐微,不肖子弟得之不以济饥寒。或为一醉之适,或为一掷之娱,致有以其合得券契预质于人,而所得不及其半者,此为何益?若其所得之多,饱食终日,无所用心,扰暴乡曲,紊烦官司而已。不若以其田置义学,能为儒者择师训之,既为之食,且有以周其困乏,亦不至生事扰人紊烦官司也。②

袁采的观点未免极端。有人反驳说:"或以为义庄之设,易长游惰,法虽良,不能无弊。窃诏千古,无无弊之法。苟利多弊少,其法自不可废。人知食于义田者之长游惰也,不知无义田可食者之将不顾廉耻而不啻游惰已也,当足而知荣辱。"③袁采对义庄的否定,后人很少理会,但其重视家族教育的观点,对后世义庄重教旨趣也不无影响。

三、受助族人须符合经济和道德双重要求

诚然,并不是符合亲疏关系的族众均可申请救济,被救济者还必须符合穷乏条件及家族既定的道德要求,即"赡族所以济安分贫乏之人"④。

贫乏者的划定标准,各家义庄不同。恽氏义庄以千金资产为限,"户内有千金家产,不准给领"。"如先贫后裕,积至千金,即当自行呈

---

① 盛康:《拙园义庄记》,盛文颐主修:武进《龙溪盛氏宗谱》卷23《拙园义庄全案》。
② 袁采:《袁氏世范》卷上,《影印文渊阁四库全书·子部(四)·儒家类》第698册,台北:台湾商务印书馆,1986年,第611页。
③ 《常熟赵氏义庄记》,王国平、唐力行主编:《明清以来苏州社会史碑刻集》,第243页。
④ 赵毅盦等纂修:《暨阳章卿赵氏宗谱》卷20《探花公支义庄规条》。

报,停止口粮。"①多数义庄则以田产多寡为度。崇明朱氏"族人有田四亩者,养老教幼以及嫁娶丧葬减其三之一,有田六亩者,减其十之半,有田十亩者,一概不给"②。有些义庄还将族人田产和商铺累加起来考察。无锡高氏对"家有业田十亩以上,无田而有市房店铺本可度日不给"③。虞阳沈氏"族中自有粮田四十亩者不给,有本开张店业者不给"④。常熟张氏孝友义庄将田产和人口因素加以综合考虑,决定是否给发。族人"有田产者不给,但田产未满一百亩而人口众多不能赡养全家者,司正查系实情,准予酌给"。⑤ 长洲彭氏也认为,"有田产者不给,惟田产有多寡之别、肥硗之判","有田产而不过百亩,收成歉薄,孤寡不敷日用,愿领谊庄贴米者,一例致送"。⑥ 义庄判定族人贫乏的标准除去财产一项外,还以有无力自养为标准。绝大多数义庄待子弟成丁后,无论其何等贫穷,义庄都不会予以赡济,既为防止养惰,也是激励其各自树立。各家义庄规定贫乏标准的不同,反映了家族义庄经济实力的悬殊。而义庄之所以严把审核族人受赡财产资格关,主要担心"徇情冒滥必致支绌顿形,而贫苦者反无实济"⑦,有失义田济困之意。

　　义庄之族多为世家大族,讲究家声门风,要求族众本分为人,不违法纪,竭力营生,否则取消赡助资格。无锡高氏"如有应给人口无论男女有败常伤化玷辱门第有实据可证者,缴票不给。又本系温饱不谋正业游荡破产嗜烟好赌,虽极贫年老,本人不给,所以示薄儆勉

① 恽毓荣辑:《恽氏义庄缘起》"恽氏义庄规条"、"恽氏义庄赡族规条"。
② 作者不详:崇明《朱氏家乘》(不分卷)"生祖锦遗命设立义田规条",清刻本。
③ 高鼎业纂修:《高氏大统宗谱》卷首1《义庄规条》。
④ 沈寿祺纂修:常熟《虞阳沈氏宗谱》卷11《沈氏义庄奏定规条》。
⑤ 张汝南纂修:常熟《清河张氏支谱》(不分卷)"常熟张氏孝友义庄现行庄规"。
⑥ 彭文杰、彭钟岱纂修:吴县《彭氏宗谱》卷12《庄规》。
⑦ 陆锦瞗等纂修:苏州《陆氏莳门支谱》卷13《赡族规条》。

同族"①。无锡蓉湖蔡氏指出：义田为赡族之方，兼寓劝善之意，"至于不孝不悌、赌博、健讼、酗酒、无赖、好为游荡自取困穷者，皆不给"②。无锡杨氏义庄对"本可训蒙，或可习生意，恃有月米，反致游惰者不给；或本有家产，游荡罄尽者本人不给，虽年老家人照给；或不安本分作奸犯科辱及先人者不给；崇奉邪教异教者不给"③。丹徒倪氏"有谋生之能力而怠惰至奇穷，或营业不正、素不安分者不给"，"妇女不贞者不给"，"不肖子弟因犯私罪者，罚本名米一年，再犯者永不支给"④。

义庄赡族以孝悌、节义为先。无锡胶山安氏义庄散发钱粮"先孝顺义节之告匮者"⑤。宜兴陈氏对族中能"竭力事亲而晨夕饔飧不继者，每月给米三斗、钱三百，并给银一两，以为父母甘旨"⑥。丹徒倪氏澹明义庄对"房族长公认其人为不孝父母翁姑者不给"⑦。武进恽氏义庄的规定更为严格，"如族中有不孝子弟忤逆父母或同室操戈，族中闻知，即于本庄厚本堂教训之，不听则朴责之，犹不改，则不得不报官，为不孝不弟者戒，非第停给口粮已也"⑧。

义庄要求族人"不得操贱业，不齿人群，致伤祖德"⑨。虞阳沈氏义庄对"甘居下流，执业卑贱者不给"⑩。荡口华老义庄认为，僧道"已非吾族"，屠户"必失仁心"，虽遇寥落失所，"亦报施，宜然不得混行给发"。对于行乞四方的族人，华氏认为此等人"懒习生业，甘人下流"，

① 高鼎业纂修：武进《高氏大统宗谱》卷首1《义庄规条》。
② 蔡樾纂修：无锡《蔡氏蓉湖支谱》卷9《义田原定规条》。
③ 《无锡杨氏义庄赡族规条》，清末稿本。
④ 倪思九主修：《丹徒倪氏族谱》卷6《澹明义庄规条》。
⑤ 安荣光修撰：《胶山安黄氏宗谱》卷11《义庄规条》，民国间活字本。
⑥ 陈荷莲主修：宜兴《陈氏宗谱》卷3《义庄规条》。
⑦ 倪思九主修：《丹徒倪氏族谱》卷6《澹明义庄规条》。
⑧ 恽毓荣辑：《恽氏义庄缘起·恽氏义庄赡族规条》。
⑨ 恽毓荣辑：《恽氏义庄缘起·恽氏义庄赡族规条》。
⑩ 沈寿祺纂修：常熟《虞阳沈氏宗谱》卷11《沈氏义庄奏定规条》。

且"行踪无定,难于觉察,总给月米,乌能禁其所为,况乎玷辱宗族,例不应给"。① 汪氏耕荫义庄对"身为仆役"的族人不仅不予救助,还给予除名出籍的处罚。②

宗法制度讲究血统宗派纯正,义庄的赡助条款对此亦有相关规定。无锡高氏称:"月给口粮原所以全一本,其有抱养螟蛉、出继外姓、赘婿作子、他姓继来之人概不准给,以杜异姓乱宗之萌"。③ 对族人"在外不检生育子女者",④汪氏耕荫义庄不准入谱赡助。荡口华氏新义庄对"再醮他姓者不给"。⑤

四、以本地族众为保障范围

义庄的救助对象除限定血缘亲疏外,还从居住区域方面加以界定。即便符合血亲世序的要求,如果族众远离义庄家族的聚居地,义庄也是不予赡助的。

义庄规定受赡族众的地域范围一般不出县或府。长洲彭氏的限定范围为定居苏州府境内的族人,"凡子姓住居不在苏府境内者,虽合例不给"。⑥ 嘉定曾氏以上海、嘉定为限,"如子姓住居不在上、嘉两邑境内者,虽合例亦不助"。⑦ 莳门陆氏的范围更小,"凡绳武公支下现居吴中者照规请给,其非绳武公支下以及散居他省者,势难稽查,一概不给"。⑧ 苏州济阳丁氏义庄主要赡济城中支派,"住居在乡应给

---

① （清)佚名:《华氏义庄事略》,清刻本。
② 汪体椿等纂修:《吴趋汪氏支谱》卷末《平阳汪氏耕荫义庄规条》。
③ 高鼎业纂修:武进《高氏大统宗谱》卷1《义庄规条》。
④ 汪体椿等纂修:《吴趋汪氏支谱》卷末《平阳汪氏耕荫义庄规条》。
⑤ 无锡《华氏新义庄事略》卷上《议约十八则》。
⑥ 彭文杰、彭钟岱纂修:吴县《彭氏宗谱》卷12《庄规》。
⑦ 嘉定《曾氏瑞芝义庄全案》卷下《赡族规条》。
⑧ 陆锦瞷等纂修:苏州《陆氏莳门支谱》卷13《赡族规条》。

者,俱照例减半"。① 荡口华氏对"住居外县者,路远难稽,概不入册",当然也就不会给予贫困赡助。② 比较而言,丹徒倪氏澹明义庄的赡族范围较他庄为大,以其始迁祖伯勋公之裔"居丹徒及吴县者为限"。③

对于本来享受义庄保障待遇的族人,一旦迁居他邑,义庄就会终止赡助。常熟张氏孝友义庄对"出外不归、迁居异籍,虽谱牒有考,概不助米"④。荡口华氏老义庄的族人"倘或迁居他邑,亦应查缴米票,注册停给,以杜流散之弊"⑤。可见,义庄赡族强调血缘与地缘的重合,旨在使宗族士绅通过义田赡族的经济手段,达到提升族群社会的凝聚力,从而强化对族众控制的目的。

对于常年在外宦游、游幕、经商或谋生的族人,庄祠虽然承认其庄籍,但会停发其义米钱粮,至其回籍为止。金山钱氏对"出外营生去乡就职者一概停止"。⑥ 苏州延陵吴氏"族中应给米之人,如有出外任宦、游幕、生理、帮伙不在家者,将本人之米停给,归时报庄仍支,不准补前"。⑦ 即便对因事外出的族人,汪氏耕荫义庄也限定时日,照规停发月米,俟其归家后,报明再给。若"出外在双月及闰月者,于下月停起,在单月者于本月停起,俱暂缴领据,司事于据面加用某月出外暂缴戳记,册内亦用戳记(如至年底不归,据面注年底未归暂销。册内同注)。归家在十五日之前,于本月给起;在十五日之后及闰月者,于下月给起。先发还领据,于据面加用某月归家发还戳记,册内亦用戳记。如已逾年者,另给领据"⑧。规定既详且周。

---

① 《济阳义庄规条》,王国平、唐力行主编:《明清以来苏州社会史碑刻集》第 261 页。
② (清)佚名:《华氏义庄事略·义庄条约》,刻本。
③ 倪思九主修:《丹徒倪氏族谱》卷6《澹明义庄规条》。
④ 张汝南纂修:常熟《清河张氏支谱》(不分卷)"张氏孝友义庄开办庄规"。
⑤ (清)佚名:《华氏义庄事略·义庄条约》,清刻本。
⑥ 钱铭江、钱铭铨纂修:《金山钱氏支庄全案·庄规》。
⑦ 《延陵义庄规条》,王国平、唐力行主编:《明清以来苏州社会史碑刻集》,第 277 页。
⑧ 汪体椿等纂修:《吴趋汪氏支谱》卷末《平阳汪氏耕荫义庄续定赡族规条》。

义庄限制受赡族众的居住范围，主要基于以下几种考虑：一是为了节省开支，范围太大怕不敷所出；二是在交通不便的情况下，范围大也不利于赒济事宜的安排；最重要的一条，义庄担心族众远离宗族的视野，难以知悉详情，不利监管。于是义庄用聚居赡族的名义，将族人紧紧地聚集在一起。学者张研曾说："清代族田的'米历子'，好似将族人紧密维系在宗族周围的一条纽带。然而，它绝不是闪耀着亲亲合爱之光的同心结，而是束缚族人手脚的沉重锁链。"①此话对义庄家族保障制度基本持否定态度，笔者不予认同，但它确实道出了义庄赡族具有消极意义的另一面。在某种程度上，义庄阻碍族人跨区域流动，延缓了职业分化，这与商品经济的发展及近代城市化进程相背离。如美国学者邓尔麟所说："义庄加强了乡绅阶级的伦理道德观念，也减缓了乡绅子弟转向商界的进程。"②因此，强调血缘、地缘观念的义庄家族保障制度不可避免地成了其族人冲破家族藩篱流向城市的阻力。

五、特殊情形下的发放原则

对于族人中有一身符合多例的赡助条款的人，义庄依据就高不就低的原则发放钱米等物，即"一人而米数有多寡，当依多者给发，米数相等者，只依一例给发"③。对此，汪氏耕荫义庄规定甚详。大致有以下几种情形：

第一，给米之人有一身符两例而米数相等者，只依一例给发。"如贫老、守寡、幼孤而又兼废疾者，只依贫老、守寡、幼孤例给米，不兼给废疾之米"。

---

① 张研：《清代族田的"米历子"》，复印报刊资料《明清史》，1984 年第 1 期，第 64 页。
② ［美］邓尔麟著、蓝桦译：《钱穆与七房桥世界》，第 85 页。
③ 倪思九主修：《丹徒倪氏族谱》卷 6《澹明义庄规条》。

第二,给米之人有一身符两例而米数有多寡者,当依多者给发。"如三十岁以内守寡,而原系废疾者,当依例给三十岁以内守寡之米,所以励妇节也。其原给废疾领据即行掣销。"

第三,给米之人米数由寡改多者,"如幼孤男女原有废疾,年至十七岁,自当改依废疾例给米"。

第四,给米之人有现年虽同,当各依一例给者,"如同系幼孤之女,至十七岁同未出嫁,而一系废疾一系无疾,则废疾者依废疾例给米,无疾者仍以幼孤例给米"。

第五,给米之人有并给钱者,"如幼孤之男,读书者给束修,作文者给膏火,非过优也,盖月米以养其身,束修、膏火以教其身,二者固并行不悖也"。①

另外,遇闰月或小建月,义庄发放义米钱粮有两种方式。一种是"一体照大月三十日给发";②另外一种是计日给米,"闰月小建总以日计"。③

第三节 近代苏南义庄的家族保障体系

作为传统农业社会的一种家族组织,义庄"以办理教养救济等事业为目的",④旨在使族人幼有教、老有养、婚丧有助、鳏寡孤独废疾有恤,关涉族众的生、老、病、死、教育等生活的核心环节,形成了一整套"从摇篮到坟墓"的家族保障机制。

---

① 汪体椿等纂修:《吴趋汪氏支谱》卷末《平阳汪氏耕荫义庄续定赡族规条》。
② 潘绍贻纂修:苏州《东汇潘氏族谱》卷6《荥阳义庄规条》。
③ 张汝南纂修:常熟《清河张氏支谱》(不分卷)"开办庄规"。
④ 傅恭弼续修:《傅氏续修家谱》(不分卷)"傅祖荫堂义庄绪言"。

一、义庄家族的生活保障制度

（一）生育资助

人丁兴旺为传统社会衡量一个家族是否成其为望族的一个标准，多子多福的观念根深蒂固。对于贫穷族人生育子女，义庄会给予一定的生育保养费用，以示庆贺和鼓励。

多数义庄发放生育费是不分生男生女的。如苏州徐氏梓荫义庄，族中生产不论男女，其贫乏者支生产钱一千文。[①] 武进恽氏"贫乏产妇报明后，随支钱两千文"。[②] 吴江施氏族中贫乏妇女遇有生产，报明庄董，"产妇每口给洋四元，以资调养"。[③] 也有一些义庄重男轻女，发放生产费用男女有别。如丹徒倪氏"其贫乏生男给银币三元，生女二元，遗腹产者给五元、女三元，孪生倍之"。[④] 皋吴吴氏只对"增添男丁报庄者，送喜钱七百文"[⑤]。

对于生育孪生子或遗腹子的族妇，义庄赡助从厚，以示爱怜。嘉定曾氏族中添生男女，义庄给予贫乏者"生产钱二千文"，"有产遗腹子者助钱三千文，孪生倍之"。[⑥] 苏州程氏资敬义庄对贫乏之家生产助银二两，遗腹助四两。[⑦]

（二）恤孤

年少丧亲，无疑是人生极其悲苦的一件事情。在传统宗法社会，孤儿的教养问题往往由宗族负责解决。苏南义庄对幼孤子女供衣给

---

① 徐芬辑：《徐氏梓荫义庄汇录·庄规》。
② 恽毓荣辑：《恽氏义庄缘起·恽氏义庄本支加惠规条》。
③ 施则敬等编：《吴江施氏义庄汇录·义庄章程》。
④ 倪思九主修：《丹徒倪氏族谱》卷6《澹明义庄规条》。
⑤ 吴大赓纂修：《皋庑吴氏家乘》卷10《义庄规条》。
⑥ 嘉定《曾氏瑞芝义庄全案》卷下《赡族规条》。
⑦ 程晥纂修：苏州《程氏支谱》卷1《资敬义庄赡族规条》。

食,倍加关照,直至其成年或出嫁时才停止。

多数义庄根据孤儿的年龄,制定相应的口粮标准。如武进恽氏幼孤男女贫乏者,"十岁以内,每月给米八升,十岁以外,每月给米一斗二升"。[1] 也有义庄不分大小口,一体给发。如苏州延陵义庄"孤子自六岁起至十六岁以内,不必照未成丁之例,亦日给米一升"。[2]

义庄对幼孤子女的赡助期限,女子一般以出嫁日为止,男子的年限规定各庄有所不同,多数以成丁为止。如苏州陆氏丰裕义庄"男至十七岁成丁、女至出嫁日,俱停给"。[3] 嘉定练西黄氏对家无财产年未逾二十的孤子女,按月给米一斗。[4] 东汇潘氏荥阳义庄幼孤给米,男至二十一岁,女至出嫁日为止。[5] 苏州吴氏幼孤不仅月米丰厚,赡助期限也较他庄为长,"每月给米三斗,十六岁以内减半给发,男子未娶者至二十五岁,女至出嫁日,俱停给"。[6]

对幼失怙恃、无人抚育的族中子女,义庄委托其近房可靠之人代为抚养,不仅月给孤儿口粮,对抚养之人也酌给酬劳。如武进恽氏族中孤儿,"弥月后即予支米八升,并给棉袄裤各一件,一年一换。五岁后,三年一换。代抚之人月支酬劳米一斗,棉衣、酬劳米均至十岁为止"。[7] 长洲彭氏除发给幼孤月米外,义庄每月另外支米一斗五升,作为对抚养人的辛苦补偿,至十岁停止。[8]

为提高领养人的责任心,义庄还定期对幼孤的抚养状况进行督察。对不善抚养或仅以抚养为名侵获月米者,义庄取消其抚养权或

---

① 恽毓荣辑:《恽氏义庄缘起·恽氏义庄赡族规条》。
②《延陵义庄规条》,王国平、唐力行主编:《明清以来苏州社会史碑刻集》,第277页。
③ 陆锦瑚等纂修:《陆氏荇门支谱》卷13《赡族规条》。
④ 黄守恒纂修:嘉定《练西黄氏宗谱》卷13《义田经管规程》。
⑤ 潘绍贒纂修:苏州《东汇潘氏族谱》卷6《荥阳义庄规条》。
⑥《吴氏义庄规条》,宣统刻本。
⑦ 恽毓荣辑:《恽氏义庄缘起·恽氏义庄赡族规条》。
⑧ 彭文杰、彭钟岱纂修:吴县《彭宗氏谱》卷12《庄规》。

议罚。嘉定曾氏幼孤的抚养者,领钱之日须"抱婴到庄,查验肥瘦"。①
若领养人"典鬻衣裙,侵蚀月米,任令幼孤号寒啼饥",太仓王氏将"抚
养月米即行停发,将幼孤另行安置,务使得所"。② 无锡高氏则对"领
米不善抚养者",由司事会同经董、庄裔议罚,"为藐孤蔑祖者戒"。③

义庄对幼孤的教育也用心裁量。常熟赵氏孤"年交九岁,酌量
资质",能读书者,义庄每年给修脯银三两,送入家塾肄业;倘资质鲁
钝,"送习行业,每年另给衣帽银贰两",至二十岁止。④ 吴中叶氏"幼
孤月米例至成丁为止",但对有志读书者,义庄"加意栽培,再给三年,
至满十九岁止"。⑤

(三) 励节

在一个男子占主导地位的传统宗法社会里,一旦作为户主的男
子故去,对一个普通家庭而言,就是天塌地陷之灾。不仅生活失去了
支撑,而且家庭的社会地位下降。更为甚者,在"饿死事小,失节事
大"的社会里,对于年轻守寡者而言,从一而终是社会赋予她的角色
定位。义庄家族对守寡者表示了深切的同情,并提供了相对稳定可
靠的生活保障。

一般而言,对守寡贫乏之妇,义庄的初发月米多在一斗五升至三
斗之间,赡助期限至其子嗣成立之日。若无子嗣,终身受助,并在 60
岁以后享受优老例,月米照规递加。皋庑吴氏"寡妇贫乏者,月给米
三斗。如有子女,子照幼孤例给发,女减半,月给米一斗五升,出嫁日
停止,俟子能成立,一并停给"⑥。吴江施氏"寡居家贫坚守苦节者",

---

① 嘉定《曾氏瑞芝义庄全案》卷下《赡族规条》。
② 王寿慈纂修:太仓《太原王氏宗谱》卷 6《庄祠录·二原庄祠规条》。
③ 高鼎业纂修:《高氏大统宗谱》卷 1《义庄规条》。
④ 赵毅盦等纂修:《暨阳章卿赵氏宗谱》卷 20《常熟赵氏义庄规条》。
⑤ 叶德辉纂修:《吴中叶氏宗谱》卷 63《赡族规条》。
⑥ 吴大赝纂修:《皋庑吴氏家乘》卷 10《义庄规条》。

义庄每月给三元赡养费,"如无子嗣准给终身,倘有子孙,所有膳费给至其子孙年满二十岁为止"。[1] 宜兴陈氏倍加恤婺,每月给米三斗、钱三百,既非极贫亦给,以励其志。其有孤儿者倍之。[2] 应该说,义庄的赡助标准能基本满足孤儿寡母们的生活所需。据土地改革时期的调查资料,荡口华氏老宅八房寡妇三少奶,过去全部依赖义庄供给维持生活。义庄衰败后,只能依靠过去的积蓄,及变卖物资维持生活。[3]

青年守寡尤其不易,义庄赡恤尤甚,励其志节不坠。多数义庄以三十岁为线,三十以内为青年苦节,赡恤从厚。武进恽氏"寡妇贫乏者每月每口给米一斗五升,六十以上照前规递加,其守节在三十岁以内者,每月给米二斗,至七十以上照前递加。年过六十,冬衣夏帐一体支给"。[4] 苏州杨氏"寡妇贫乏者每月给米三斗,至六十以上照前规递加。其守节在三十岁以内者,每月给米四斗,至七十以上照前规递加"。[5]

已嫁族女不幸寡居,守节与否不仅关系夫家声誉,也对父家造成影响,多数义庄比照族内寡妇例一体给予赡助,但赡助只限其本身,其孤子女则不予救助。嘉定练西黄氏对"已嫁女贫寡无子归依母家者,月给米一斗"。[6] 无锡高氏对族中出嫁之女,早年孀居赤贫守志夫族无力赡养者,"准照例给发,子壮则停,无子者永给"。[7] 长洲彭氏对出嫁之女寡居而贫,"念祖宗一本之谊,亦归庄册照寡妇例一体支助,其孤子女不助"。[8] 待嫁而不幸未嫁之女,义庄亦仿寡妇例赡助之。

① 施则敬等编:《吴江施氏义庄汇录·义庄章程》。
② 陈荷莲主修:宜兴《陈氏宗谱》卷3《义庄规条》。
③ 苏南人民行政公署土地改革委员会编:《土地改革前的苏南农村》,第74页。
④ 恽毓荣辑:《恽氏义庄缘起.恽氏义庄赡族规条》。
⑤ 杨廷杲纂修:《吴郡杨氏家谱》(不分卷)"弘农义庄规"。
⑥ 黄守恒纂修:嘉定《练西黄氏宗谱》卷13《义田经管规程》。
⑦ 高鼎业纂修:《高氏大统宗谱》卷1《义庄规条》。
⑧ 彭文杰、彭钟岱纂修:吴县《彭宗氏谱》卷12《庄规》。

常熟太原王氏"女以出嫁日停给月米",但"如有守贞处女,其业田在二十亩以下者,不论年岁常给"①。还有部分义庄对外姓儒寡给予照顾,既有慈善之意,复显崇文之风。张氏孝友义庄额定儒寡二十四名,每名每月给银洋一元,"以前清父兄夫子得有科名者为限",身后仍给抚恤银洋六元。②

诚然,义庄恤嫠客观上为寡妇贫弱者的生活提供了一定的保障,但同时也是在利用庄规及经济的力量,维护宗族的"良好声誉"。受恤者"倘有异志,不独将该妇治以失节之咎,并将保结人应得月支罚停,无月支亦必公罚,以保名节"。③ 可见,在温情的"道德"面纱下,义庄扼杀了一个又一个妇女重新追求婚姻幸福的权利和勇气,维持着宗法形态下的宗族生活秩序。

(四) 养老

敬老、养老是中华民族的传统美德,也是宗法制度的重要内容。在传统社会里,由于国家社会保障的不足或缺失,依靠子女家庭赡养是主要的养老模式。但若家庭贫困或遇变故,老弱者便失去了生存的保障。此时,宗族救助成为他们主要的依靠。

贫苦无依的老年族人是义庄赡济的主要对象之一。义庄对老年的界定为五十一岁或六十岁为始,达到规定年岁的老年族人,若处境贫苦,义庄提供赡养义务,且每递增十岁,赡助额度也随之增加,以申敬老之意。如武进恽氏义庄对"贫老无依者,无论男女,自五十一岁为始,每月每口给米一斗五升,六十以上给二斗,七十以上给二斗四升,八十以上给三斗。六十以上冬支布棉袄裤各一件,三年一换,夏加粗布帐一顶,五年一换"。④ 苏州杨氏弘农义庄的赡老月米远远高

---

① 王元骧纂修:《太原王氏家乘》卷7《义庄》。
② 张汝南纂修:常熟《清河张氏支谱》(不分卷)"现行庄规"。
③ 刘志勤等纂修:《润东顺江洲刘氏重修族谱》卷3《刘氏义庄规条》。
④ 恽毓荣辑:《恽氏义庄缘起·恽氏义庄赡族规条》。

于恽氏,凡贫老无依男女,五十一岁以上给米三斗,六十以上给四斗,七十以上给四斗八升,八十以上给五斗六升,九十以上给六斗四升。①此外,春秋祭日义庄为族中老者颁发胙肉,也是尊老的表现。如大阜潘氏对敬承庄事者、族长及子姓之年六十以上者颁以胙,不与祭者不给。但"年至七十不以筋力为礼,虽不与祭,亦得分胙"②。下面将部分苏南义庄对族中贫老无依者的赡养额度列表如下:

表5-1 部分近代苏南义庄养老补贴一览表

义庄	月米或钱/51—60岁	月米或钱/61—70岁	月米或钱/71—80岁	月米或钱/81—90岁	资料来源
彭氏谊庄	一斗五升	二斗	二斗四升	六斗	《彭氏宗谱》卷12《庄规》
潘氏松鳞义庄	一斗五升	二斗	二斗四升	二斗八升	《大阜潘氏支谱》附编卷2《松鳞庄赡族规条》
潘氏荥阳义庄	一斗五升	二斗一升	三斗	四斗五升	《东汇潘氏族谱》卷6《义庄规条》
唯亭顾氏义庄	三斗、岁给棉衣钱一千文	同前	同前	同前	《重修唯亭顾氏家谱》附卷《庄规》
程氏成训义庄	一斗五升	二斗	二斗四升	二斗八升	《程氏支谱》卷1《成训义庄规条》
程氏资敬义庄	一斗五升	二斗	二斗五升	三斗	《程氏支谱》卷1《资敬义庄赡族规条》
汪氏耕荫义庄	一斗五升	二斗	二斗四升	二斗八升	《吴趋汪氏支谱》卷末《赡族规条》

---

① 杨廷杲纂修:《吴郡杨氏家谱》(不分卷)"弘农义庄规"。
② 潘家元撰修:《大阜潘氏支谱》附编卷2《松鳞庄增定规条》。

续 表

义庄	月米或钱/ 51—60岁	月米或钱/ 61—70岁	月米或钱/ 71—80岁	月米或钱/ 81—90岁	资料来源
陆氏丰裕义庄	一斗二升	一斗五升	二斗	二斗四升	《陆氏莳门支谱》卷13《赡族规条》
盛氏拙园义庄	一斗五升	二斗	二斗四升	三斗	《龙溪盛氏宗谱》卷23《拙园义庄规条》
徐氏梓荫义庄	二斗一升	三斗一升五合	三斗五升	四斗	《徐氏梓荫义庄汇录》
吴氏义庄	三斗	三斗	三斗	三斗	《吴氏义庄规条》
叶巷务本义庄	一斗五升	二斗	二斗五升	三斗	《吴中叶氏宗谱》卷63《赡族规条》
张氏义庄	米一斗五升,盐菜洋一元(岁寒给衣,年终给度岁钱)	同前	同前	同前	《武进张氏宗谱稿》卷1《赡族庄规》
陈氏义庄	米一斗五升、钱三百	米二斗二五升,钱四百五	米三斗、钱六百	米三斗、钱六百	《陈氏宗谱》卷3《义庄规条》
二原义庄	一斗五升	一斗五升	一斗五升	一斗五升	《太原王氏宗谱》卷6《二原庄祠规条》
济阳义庄	一斗五升	二斗一升	三斗	四斗五升	《明清以来苏州社会史碑刻集》第259页
锡庆义庄	三斗	三斗	三斗	三斗	《金山钱氏支庄全案》
宁远义庄	大洋八角	大洋八角	大洋一元	大洋一元	《太仓钱氏宁远义庄文存》

续　表

义庄	月米或钱/51—60岁	月米或钱/61—70岁	月米或钱/71—80岁	月米或钱/81—90岁	资料来源
杨氏义庄	一斗五升	二斗	二斗四升	三斗	《无锡杨氏义庄赡族规条》
张氏孝友义庄	三斗	三斗	三斗	三斗	《清河张氏支谱》"开办庄规"
倪氏澹明义庄	一斗五升	一斗五升	一斗五升	一斗五升	《丹徒倪氏族谱》卷6《澹明义庄规条》
同本堂义庄	三斗	三斗	三斗	三斗	民国《川沙县志》卷12《祠祀志. 家庙》
凌氏义庄	一斗五升	一斗五升	一斗五升	一斗五升	《吴江凌氏义庄案》
唐氏义庄	三斗	三斗	三斗	三斗	《唐氏家谱》卷6《庄规变通备考》
士青义庄	法币八万元	法币八万元	法币十万元	法币十万元	《士青义庄录》

　　义庄赡老的年限不封顶，有不少义庄规定族人在九十岁以后，月助赡米高达六斗，甚至在百岁贺仪时还送制钱百两，"以申敬老之意"。[1] 但就近代的人均寿命而言，"人到七十古来稀"，活到八十岁以上为数更少。义庄的此类规定最多是在标榜其敬老、养老的姿态，实际意义寥寥。比较而言，五十～七十岁的赡助额度具有实际参考价值。就上表来看，此年龄区间的月米发放一般在一斗五升至三斗之间，兼有棉衣物件的配给，在生活水平较低的近代情境下而言，应当能满足一个老人的最低衣食需求，在实际上起到一定的养老保障

① 陆氏丰裕义庄族人百岁时，"贺仪七十串制钱一百两"。参见《陆氏蓉门支谱》卷13《赡族规条》。

作用。

在老龄化时代即将到来的今天,农村养老问题日益突出,国家全包的福利养老模式,难负重荷,窒碍难行。现在我国主要采用社会养老、家庭养老为主的模式。笔者认为,像传统义庄家族那样,建构一种族人互助的养老模式,仍不失为一种值得探索的补充渠道。研究者袁同成提出,我国古代以义庄为载体的农村家族邻里养老模式依然具有明显的现实意义,他设想可以用 NGO 的形式代替义庄,发展现代新型的家族邻里互助养老,以充分培育和激活乡土社会中的社会资本,为农村养老事业服务。[①]

(五) 济贫

除鳏寡孤独废疾者外,义庄一般不予救助。但对虽处壮年,勤力营生仍难以糊口者,或一时失业处境艰难者,义庄也于常例之外予以救助。

健全男子成丁后被视为走向独立的标志,应自立谋生,但对因外力或不可预料力的影响,而一时失业身处极贫者,多数义庄也会效仿范氏义庄网开一面予以照顾。如武进恽氏所言:"凡成丁男口自十七岁至五十岁理宜勤力营生,非孤寡老疾可比,本不在应给之例,惟间有势处极贫一时失业,并非素不安分之人,不得不于常例外暂酌给。因仿照范氏规条,于每年十一月初旬报庄给据,十二月中旬凭据岁给米五斗,其家有数口者给八斗,不准预支,五十岁后照常规按月支给。"对最为贫苦者,义庄"不论男女年岁,每月加给钱三百文",以为薪水之费,表达格外存恤之意。[②] 东汇潘氏对安分族人,因贫乏不能赡家,致使子女失所,爰推保息之意。凡其子女三岁至六岁月给米

---

① 参见袁同成:《"义庄":创建现代农村家族邻里互助养老模式的主要参鉴——基于社会资本的视角》,《理论导刊》,2009 年第 4 期,第 21 页。
② 恽毓荣辑:《恽氏义庄缘起·恽氏义庄赡族规条》。

九升,七岁至十一岁给一斗二升,十二岁给一斗五升,年满停给。① 武进盛氏"每届冬令,族中极贫者不论男女给青布棉衣一件,次年给青布棉裤一件,幼孤同。自给之后,隔三年再给一件"②。宜兴陈氏义庄于每年立夏前立冬后,"多置床帐棉衣,族有极贫者,着房长报名给之"。③ 润东刘氏将待赡族众按其贫穷状况分为极贫者、次贫者、贫者三等,按等给赡,以示区别。④

对遭受突如其来灾祸的族人,义庄一般也能施以援手,帮助其摆脱困境。嘉定黄氏对"猝被非常灾变者,视被灾之轻重酌给恤灾费自二元至十元",对家贫"而夫或子孙处徒以上之刑,他无年逾二十之子孙者,于处刑期内,月给米一斗"。⑤ 胶山安氏族人"遇火遇盗不测之祸",义庄"量行周恤"。⑥ 咸丰兵燹,苏城被陷。念兵灾之后,"贫苦者骤难复原",于月贴义米之外,潘氏又"权宜其间,酌为薪水之资"。⑦

生育的无节制,往往导致人口的再生产超过其经济力的再生产。人口致贫成为传统社会的普遍现象。义庄对此类困难家庭也给予一定的救助。嘉定曾氏对族中子女繁多力难全活的家庭,年终由义庄酌给膳米一至三石。⑧ 考虑到"赤贫之族,子女人多,虽壮丁亦难扶度",常熟席氏义庄对"有子女三人年俱未满二十者,准给一小口,四、五、六、七者,按口增给,均照十岁以上小口给发。俟所生子壮及女出

---

① 参见潘绍赜纂修:苏州《东汇潘氏族谱》卷 6《续增规约》。
② 盛文颐主修:武进《龙溪盛氏宗谱》卷 23《拙园义庄全案·拙园义庄规条》。
③ 陈荷莲主修:宜兴《陈氏宗谱》卷 3《义庄规条》。
④ 参见刘志勤等纂修:镇江《润东顺江洲刘氏重修族》卷 3《刘氏义庄条规》。
⑤ 黄守恒纂修:嘉定《练西黄氏宗谱》卷 13《义田经管规程》。
⑥ 安荣光纂修:《胶山安黄氏宗谱》卷 11《赡族录》。
⑦ 潘家元撰修:《大阜潘氏支谱》附编卷 2《松鳞庄续定规条》。
⑧ 嘉定《曾氏瑞芝义庄全案》卷下《赡族规条》。

嫁或作养媳,按口扣给"。①

义庄支发钱米均就本宗言之,但对出嫁之女遇有贫困灾顿,多数家族念一本之谊,也会给予救助,但一般只惠及其身,不及其子女。武进恽氏"其出嫁之女,或夫家极贫,或夫死守节,并无依靠,究系本宗之女,未便膜视,准给领据,照族中寡妇例支给口粮,身后亦给丧葬费,其本夫及子女不在此例"②。张氏孝友义庄对族中出嫁之女,经父兄伯叔公保,夫家实系贫困无力自养者,年满五十一岁,"亦准每日给米一升,惟夫家亦有义庄者不给"。③

义庄恤贫,目的是为帮助贫穷族人渡过难关,并非希冀其为常态,养成族人的游惰习性。常熟一义庄家族就出现过"不肖子",虽"每日食米无忧",却"百计欺良淳",不务正业,扰害乡邻。义庄管理者特为此做诗一首,名曰《书示义庄领米诸人》,教育领米族人。诗中云:"赡族设义田,望各为良民……人生各有业,总由勤俭臻",悬示庄中,"俾观者警省"。④ 武进恽氏也告诫族众:"农工商贾各有专业,族中男妇虽日给口粮,总宜各寻生业,自食其力,不得藉此口粮致习游惰"。每当义庄每月发放口粮之时,"掌庄、总管必教之专执业、习勤苦,俾人人自奋,庶贫者转而为富"。⑤ 为减少养惰情弊,义庄多有"向年无力后可自养者不复给"的严格规定。⑥ 如无锡村前胡氏义庄要求族人,"始虽贫苦,后能小康,即应缴票"。⑦ 荡口华老义庄要求日子过

① 席彬纂修:《席氏世谱载记》卷12《义庄规条》。
② 恽毓荣辑:《恽氏义庄缘起·恽氏义庄本支加惠规条》。
③ 张汝南纂修:常熟《清河张氏支谱》(不分卷)"现行庄规"。
④ 《书示义庄领米诸人》,王国平、唐力行主编:《明清以来苏州社会史碑刻集》,第556页。
⑤ 恽毓荣辑:《恽氏义庄缘起·恽氏义庄加惠本支规条》。
⑥ 潘家元撰修:《大阜潘氏支谱》附编卷2《松鳞庄赡族规条》。
⑦ 胡复钧编辑:无锡《胡氏宗谱》卷21《义庄规条》,1998年电脑排印本。

好的族人自觉缴票,"以广赒贫"。① 常熟邹氏隆志堂义庄对"前无力
而给米,后或可自养者,应将月米量出。司事失察滥给,照数赔出还
庄。"②荡口华氏新义庄还对"五服内小康缴票者,酌给钱三两,以奖其
自能食力之志"。③

二、废疾贫病者的生活及医疗救助

在传统社会,国家医疗保障无从谈起,民间慈善团体往往也只在
瘟疫期发放一些抑制瘟疫的汤药。对于贫穷者而言,患上重病只能
祈求神灵保佑,或者等死。比较而言,义庄宗族组织提供的经济帮扶
更为切实可靠,为数众多的苏南义庄成为对废疾者实施救助的重要
力量。王卫平先生研究发现,明清时期的残疾人社会保障体系,大致
呈现出金字塔的结构,国家设置的养济院位于金字塔的顶部,收养的
是无亲无依最为困穷的残疾人,数量较少;地方民间慈善机构处于中
部,因机构数量、经费有限,所收人数亦不多;处于底部的宗族与家庭
承担了收养大多数残疾人的责任,成为残疾人保障的最基本方式。④

对于族内废疾无人养恤者,义庄普遍给予特殊的生活资助。一
般而言,多数义庄将十六岁以内废疾者视为幼孤例给恤,十七岁至六
十岁者则由义庄按照制订的标准给发,六十岁以后按敬老例递加。
武进恽氏"废疾无人养恤者,十六岁以内照幼孤例给,十七岁至六十
岁每月给米一斗五升,至六十以上照前规递加,冬衣、夏帐一体照
支"。⑤ 大阜潘氏"废疾无人养恤者,十六岁以内照幼孤例给,十七岁

---

① 佚名编:《华氏义庄事略》,清刻本。
② 《常熟邹氏隆志堂义庄规条》,参见王国平、唐力行主编:《明清以来苏州社会史碑
刻集》,第233页。
③ 华翼纶辑:无锡《华氏新义庄事略》卷上《议约十八则》。
④ 王卫平、黄鸿山:《中国古代传统社会保障与慈善事业》,北京:群言出版社2005年
版,第140—141页。
⑤ 恽毓荣辑:《恽氏义庄缘起·恽氏义庄赡族规条》。

以上照贫老例给。"①苏州吴氏义庄赡米较丰,"凡废疾无人养恤者,十七岁后每月给米三斗,十六岁以内照幼孤例减半给发"。② 无锡高氏"身有废疾,不论年岁,概准支给。"③吴江施氏"身有废疾无人养恤者",每人每月由义庄给予膳费洋三元。④ 常熟张氏"族有残疾病废无力自养者,不论男女年齿,除给月米外,每年冬季加给棉衣银二两四钱"。⑤ 宜兴陈氏"族有手足残废及瞽目,每月给米一斗五升、钱一百五十"。⑥

　　自古以来,普通民众看病难一直是一大社会痼疾。对待贫病族人,有些义庄或施药,或提供部分医药费,予以救助。无锡村前胡氏"夏季修合痧药,并治疟痢丸,散送"族人。⑦ 虞阳沈氏族中孤儿,"凡有疾病除应给月米外,由庄加给医款药赀,妥为调治"。⑧ 常熟邹氏义庄族众"病则馈医药之资"。⑨ 嘉定练西黄氏对"家无财产者染有重病或久病,得调查病之所费,酌给医药费"。⑩ 无锡胶山安氏义庄对"族人有卧病危迫贫不能自医药者,其近属为之延医诊视,助医药之费"。⑪ 川沙同本堂义庄深知"贫病每以医药为难事","族中遇有急要病症,无力延医服药者,得据实报由义庄酌助医费,并在药方上加戳,

① 潘家元纂修:《大阜潘氏支谱》附编卷2《松鳞庄续定规条》。
②《吴氏义庄规条》,宣统刻本。
③ 高鼎业纂修:《高氏大统宗谱》卷1《义庄规条》。
④ 施则敬等编:《吴江施氏义庄汇录·义庄章程》。
⑤ 张汝南纂修:常熟《清河张氏支谱》(不分卷)"开办庄规"。
⑥ 陈荷莲主修:宜兴《陈氏宗谱》卷3《义庄规条》。
⑦ 胡复钧编辑:无锡《胡氏宗谱》卷21《义庄规条》。
⑧ 沈寿祺纂修:常熟《虞阳沈氏宗谱》卷11《沈氏义庄奏定规条》。
⑨ 林则徐:《邹太学家传》,王国平、唐力行主编:《明清以来苏州社会史碑刻集》,第221页。
⑩ 黄守恒纂修:嘉定《练西黄氏宗谱》卷13《义田经管规程》。
⑪ 安荣光纂修:无锡《胶山安黄氏宗谱》卷11《赡族条件》,民国间活字本。

便向药铺赊取,后再由义庄代付"。① 南汇傅氏族中"贫病而不能自医者,由保证人请由义庄代送上海医院或广益医院。本邑医院医治期以十天为限,此外费用由病人自筹之。但其无力自筹者,得酌量延长之"。若遇族人病重,在家无力医治者,"应酌助医药费,以资救济。应由保证人据实报告及调查属实,其确应酌助者,即给医药费一元至四元。其不应酌助而实无法赊药者,亦应担保赊药费一元至四元"。② 嘉定曾氏关心儿童疾病的预防工作,义庄每年春间延医为族内儿童施种牛痘一次。③ 与对族内废疾者普遍给予生活救助相比,苏南义庄对贫病者的医疗救助并不十分普遍,反映出这一社会问题单凭宗族的力量是难以解决的。

三、义庄家族的婚嫁丧葬救助制度

婚嫁有助,丧葬有恤,是义庄赡助族人的常规项目,也是以敬宗、收族为核心的宗族文化的重要组成部分。

(一) 助婚

对于无力婚嫁的族人,义庄会出资助其婚嫁,但须明媒正娶,嫁娶正当之家,方可补贴。"若娶再醮之妇、淫奔之女及嫁与匪人者,不准支给。"④有的义庄家族对男女婚嫁资助数目相等。如大阜潘氏"无力婚嫁者各给钱十千文"。⑤ 武进恽氏"无力婚嫁者,娶妇给钱十六千文,再娶不给。无子者续娶给钱八千文。嫁女给钱十六千文"。⑥ 吴江施氏族中无力婚嫁者,无论娶妇嫁女均由义庄给洋三十元,以资费

---

① 《同本堂义庄章程》,见民国《川沙县志》卷12《祠祀志·家庙》,第17页。
② 傅恭弼续修:《傅氏续修家谱》(不分卷)"傅祖荫堂义庄章程"。
③ 嘉定《曾氏瑞芝义庄全案》卷下《赡族规条》。
④ 钱铭江、钱铭铨纂修:《金山钱氏支庄全案·庄规》。
⑤ 潘家元纂修:《大阜潘氏支谱》附编卷2《松鳞庄赡族规条》。
⑥ 恽毓荣辑:《恽氏义庄缘起·恽氏义庄本支加惠规条》。

用，"惟续娶改嫁概不发给"。① 不过，多数义庄区分嫁娶，资助钱数娶多嫁少。苏州杨氏弘农义庄，"婚费贴钱十二千文，嫁费十千文"。② 苏州徐氏梓荫义庄，族之无力婚嫁者，娶妇给制钱十千文，嫁女给五千文。③ 对于接受义庄婚资的族人，必须按期举办婚礼，不得挪作他用，否则义庄责令支总追回，或扣发义米钱粮。

　　对于再婚族人，义庄区别对待。因无子嗣而续娶者，义庄会再行资助。可见，"不孝有三，无后为大"的宗法思想根深蒂固。而族女再嫁，义庄一般不予支持。就目前资料所及，所见仅限于范仲淹皇祐二年手定义庄规矩一例，"嫁女支钱三十贯，再嫁二十贯；娶妇支钱二十贯，再娶不支"，④这反映了北宋时期宗族对妇女的三从四德的要求尚未强化。随着理学成为占统治地位的意识形态，苏南义庄再未出现资助本族妇女再嫁的条款，即便范氏也改变了原有的规定，将资助寡妇的再嫁变为"次女"的出嫁。⑤ 对有妻室子女的族人纳妾，义庄多不再助，但年至四十尚无子嗣而续娶者，义庄继续予以资助。荡口华老义庄助婚资以重嗣续，对族中有数代单传无力婚娶者，酌给婚资，令其有室。如已娶断弦，无力续娶者，果系数代单传，"嗣续益重"，助其续娶。⑥ 常熟邹氏族人"如单传年逾四十无后娶妾，给银十两"，但"娶再醮妇者不给"。⑦

　　(二) 恤丧

　　明清时期贫困家庭由于财力缺乏，家庭成员去世后，无力营葬现

---

① 施则敬等编：《吴江施氏义庄汇录·赡族规条》。
② 杨廷杲纂修：《吴郡杨氏家谱》(不分卷)"弘农义庄规"。
③ 徐芬辑：《徐氏梓荫义庄汇录·庄规》。
④ 《义庄规矩》，《范仲淹全集》(中)，第798页。
⑤ 潘光旦、全慰天：《苏南土地改革访问记》，第69页。
⑥ 佚名编：《华氏义庄事略》，清刻本。
⑦ 《常熟邹氏隆志堂义庄规条》，王国平、唐力行主编：《明清以来苏州社会史碑刻集》，第232页。

象十分普遍。江苏嘉定县罗店镇就常见"远年停厝朽腐棺木,皆因有地无力、无地无力,以致暴露未葬者"。[①] 同知周垣于嘉庆戊辰任职川沙,"见夫近郊远垌积槥满目"。[②]

中国传统文化中饱蕴着悲天悯人的善德观念,强调"送死重于养生"。因此,对贫困族人的恤葬成为义庄救助的一项重要内容。义庄恤丧一般采取两种手段,一是给予贫穷族人一定的丧葬费,助其殡葬已故族人,使逝者得以入土为安;二是对于无钱购置墓地的族人,义庄提供族墓或义冢,不至出现停厝多年不葬的局面。

义庄发给丧葬费的多少,一般根据死者年岁的长幼和婚姻状况而制定的标准给发,长者高于幼者,已婚者高于未婚者。长洲彭氏以年龄成丁与否作为发放丧葬费的标准,成丁者丧助十四千文,葬助六千文;未成丁者减半;十岁以内总助丧葬费四千文。[③] 大阜潘氏初定规条对"无力成殓者,给殓费钱八千;无力安葬者,给葬费钱六千;未婚嫁者俱减半;十岁以内不给"。[④] 在道光二十六年续增赡族规条中,潘氏鉴于当时"物力昂贵,改为殓费给钱十二千文,葬费给钱十千文"。[⑤] 同治七年,思兵燹乱后族人拮据,"丧费事起仓猝,设措更难",再增殓费为十六千文,葬费如旧。[⑥] 光绪二十年始,潘氏又将上殇年龄定在十六岁以上,主要考虑到"贫乏之家婚嫁每迟"之故。[⑦] 嘉定黄氏将丧葬费用发放标准分为上丧、中丧、下丧三个等级,已婚者或年在二十以上者定为上丧,给丧费银五元,葬时给葬费银四元;年在十

① 王树荄、潘履祥:《罗店镇志》卷 3《营建志下·善堂》,清光绪十五年铅印本,第 2页。
② 陈方瀛修、俞樾纂:《川沙厅志》卷 2《建置·义冢附》,清光绪五年刻本,第 18 页。
③ 彭文杰、彭钟岱修:吴县《彭宗氏谱》卷 12《庄规》。
④ 潘家元纂修:《大阜潘氏支谱》附编卷 2《松鳞庄赡族规条》。
⑤ 潘家元纂修:《大阜潘氏支谱》附编卷 2《松鳞庄续增赡族规条》。
⑥ 潘家元纂修:《大阜潘氏支谱》附编卷 2《松鳞庄增定规条》。
⑦ 潘家元纂修:《大阜潘氏支谱》附编卷 2《松鳞庄续定规条》。

九岁以下十四岁以上者定为中丧,给丧费银四元,葬时给葬费银三元;年在十三岁以下七岁以上为下丧,给丧费银二元,葬时给葬费银一元。[①] 金山钱氏则综合逝者的年龄和辈分,确定恤助额度。其中,尊长有丧先支钱十千,至葬再支钱十千;次长支钱八千,至葬再支钱八千;卑幼及已成丁而未婚娶者丧葬共支钱十二千;未满七岁者不支。[②] 也有义庄依据待恤族人的贫穷程度,分等赡恤。武进张氏将其划分为极贫、次贫、再次三等,分别助丧资三十元、二十元、十元。[③] 武进盛氏划分更细,凡内房分子姓丧葬,"极贫给棺木殡费等钱五千,次贫钱四千,再次三千,二千,一千,分五等"。[④]

族人死后,义庄的月米等项补助也就停止了,领票即行作废。丧葬费的发放与领据缴庄必须同时进行,以杜冒领。领费后,亦不准停厝不葬,否则义庄交由支总追回或议罚月米。武进恽氏"凡丧葬不论男女,无力成殓者将前领口粮据缴庄,随给殓费钱十千文,安葬时再给葬费钱六千文,须实有葬期方给。未婚嫁者减半。十岁以内不给,停厝不给。倘支钱不葬者,由支总追缴"。[⑤] 大阜潘氏松鳞义庄则规定:"停厝不给,倘有领费不葬者,查出后照例议停月米。"[⑥]

贫乏、无地是贫穷族人不得安葬的主要缘由,解决这一问题的途径,不仅在于施与族人丧葬费用,还必须为其提供栖身墓地。因此,设立义冢或族墓成为义庄赡族的另一必备功能。如武进盛氏所言,义庄收族之要有三:"设义学以教子弟,给义粮以恤茕独,置义冢以救凶丧"。[⑦] 恽氏义庄就置有义冢,族中"如有愿葬义冢者,每人一冢,每

---

① 黄守恒纂修:嘉定《练西黄氏宗谱》卷13《义田经管规程》。
② 钱铭江、钱铭铨纂修:《金山钱氏支庄全案・庄规》。
③ 张文郁等纂修:《武进张氏宗谱稿》卷1《赡族庄规》。
④ 盛文颐主修:武进《龙溪盛氏宗谱》卷23《拙园义庄全案・现行事宜》。
⑤ 恽毓荣辑:《恽氏义庄缘起・恽氏义庄本支加惠规条》。
⑥ 潘家元纂修:《大阜潘氏支谱》附编卷2《松鳞庄赡族规条》。
⑦ 盛康:《拙园义庄记》,盛文颐主修:武进《龙溪盛氏宗谱》卷23《拙园义庄全案》。

冢前各立一墓石,俾异日查考"。① 吴江施氏也另置坟地一处,为族中
义冢之用。凡遇贫族亡故,除由义庄支给丧葬费外,均可在义地埋
葬。② 常熟张氏孝友义庄的族墓计田二亩。族有无力择地安葬者,可
到庄报明注册,葬入族墓。冢前立石刊碑,葬费由庄开支。③ 常熟邹
氏隆志堂义庄亦捐设族墓地一亩,"听无力人就葬",十六岁以上给予
棺木一具,风化矿灰五斗,丧葬费银二两。④ 长洲彭氏族墓,凡族人无
葬地者,由支总报明,照规贴与葬费,分左右幼合四号,不论行辈,以
葬期先后为次,由庄编号立簿,载明名氏生卒年月。⑤ 同治乙丑,潘氏
设立族墓一所,"凡各支下欲葬无地者,由支总报明,一体给予葬费,
准照辈行分左右挨次排葬,不得紊乱。春秋由庄顺便祭扫"。⑥

　　昆山赵氏义庄专门辑有公墓规条,对族人丧葬事宜安排周至。
赵氏认为,"义庄规条于生养死葬体恤周备,独未能仿古时族葬之意
建筑公墓"。赵氏对古时族葬制度甚是推崇,"凡邦墓之地,域为图,
令国民族葬而掌其禁令,是古有族葬之法,而有大夫以掌之"。但自
族葬制度衰落以来,"人筑一墓,且迷惑于阴阳家言某地吉某地不吉,
恒有停枢数年或数十年而不葬者矣;又或因物力艰难迁延时日,竟有
累世不葬者矣;即竭力经营安葬矣,而又各在一方,每至春秋祭扫,今
日之东,明日之西,之南,之北,道途仆仆,耗费光阴。至其后,或竟忘
其所在者也"。赵氏由此喟叹:"由前而论,迷惑风水艰难迁延以致安
葬无期;由后而论,人筑一墓于遗失,为人子孙于心安乎? 况以有用
之田地为无生产之冢墓,于一家固可侈为规模以壮观瞻,于大局实有

---

① 恽毓荣辑:《恽氏义庄缘起・恽氏义庄本支加惠规条》。
② 施则敬等编:《吴江施氏义庄汇录・义庄章程》。
③ 张汝南纂修:常熟《清河张氏支谱》(不分卷)"现行庄规"。
④ 《常熟邹氏隆志堂义庄规条》,王国平、唐力行主编:《明清以来苏州社会史碑刻
　集》,第 230 页。
⑤ 彭文杰、彭钟岱纂修:吴县《彭宗氏谱》卷 12《庄规》。
⑥ 潘家元纂修:《大阜潘氏支谱》附编卷 2《松鳞庄增定规条》。

害于民生而非所宜"。鉴于此等考虑,赵氏在本县冬区二十五图盈字圩择地十九亩八分,"先挑筑墓地基及祠堂丙舍四亩",详定章程,规定自癸亥年始,其族中有停柩未葬者,来庄报告,按章安葬,葬费及应用工料载柩船只均由义庄备置,祭祀、管理亦均由义庄开支。[1] 赵氏设立家族公墓之举,既有移风易俗的意图,又能从发展生产、利于民生的角度安排丧葬事宜,值得称道。

第四节　义庄赡族的实施流程

义庄作为家族的经济共同体,最终的目的是要把这块由其精心制作的大蛋糕进行合理的福利式分配,制定并实施严格的分配程序至为重要。义庄赡族的实施流程主要包括以下步骤:贫乏族人个人申报;义庄审查申报对象的资格;办理赡助的相关手续;发放义米钱粮。为保障赡族工作的顺利开展,义庄还规定族人领取救济钱物的地点、日期及相关纪律要求,并对违反赡族庄规的族人及义庄管理人员给予严厉的处罚。

一、领据的申办

族人要想获得义庄的赡助,申办流程十分繁琐,这也反映了义庄管理的严密性。一般而言,贫寒孤苦族人应向本支房长或支总提出书面申请,由支总等查实盖戳,转报义庄,待掌庄子弟审核属实,司事登录簿籍,方能给发领据,按时领取义米钱粮。

首先,族人书面申请,支总严格把关。支总为一支族众的直接管束者,与族众长期生活在一起,彼此十分了解,其做出的判断是义庄给予赡助与否的重要依据。各支总均由掌庄子弟"择定办理","凡遇

---

① 佚名编:《昆山赵氏义庄公墓规条》,民国铅印本。

各支贫乏子姓例合请给者,即由各支总核实报庄,以杜冒滥".① 如吴趋汪氏耕荫义庄规定:"请给钱米者本人开列事由,呈报本房支总查核确实加用篆记,具启转报本庄,由庄中司事转送庄正、庄副,查实符例加用篆记,给票支领。"②耕荫义庄要求申请的书写及审阅必须严格规范,支下事故除应用报单外,其余概用报启依式开写,本人书押呈支总核转,其无押者支总不得徇情滥收。"支总于支下事故核于庄规,相符者准令开写报启、报单,批阅后具启转报;其不符者,支总即行驳斥。倘支下不服,即将驳斥不服缘由具启报庄,均候庄正、庄副核批。""支总各启皆当依式开写,摘叙紧要字样,毋得遗漏,致庄正、庄副无凭核批。"为了以后稽查的需要,支总处各设册二本,"一曰支裔报支总号册,登注报启、报单事由、月日及批语;一曰支总核转报庄册,登注报庄事由及某日奉批云云、某日准付知、某日发号票等事"。③如果支总把关不严,或徇情冒滥及有领钱不办情弊,义庄"一经查出,理应照数赔缴"。④

其次,庄正、庄副核批,司事造册。"月米应给不应给悉听经董、司事会同庄裔查准房谱,秉公照办。"⑤支总将符合庄规的申请转呈掌庄子弟后,"庄正副司事人等查确,实系贫寒注册给领"。⑥ 为便于日后核查,义庄司事详造给发簿册。如汪氏耕荫义庄设册二本,"一曰给发领据、领票册,登记领据、领票、名氏、年岁、住居、米数、钱数、某月某季为始、某月日给,将册之编号与领据、领票编号处骑缝盖用耕荫义庄图书(斜用),其赡米领据于册内米数上加用某例戳记。一曰

---

① 恽毓荣辑:《恽氏义庄缘起·恽氏义庄赡族规条》。
② 汪体椿等纂修:《吴趋汪氏支谱》卷末《平阳汪氏耕荫义庄赡族规条》。
③ 汪体椿等纂修:《吴趋汪氏支谱》卷末《平阳汪氏耕荫义庄续订规条》。
④ 程晓纂修:苏州《程氏支谱》卷1《资敬义庄赡族规条》。
⑤ 高鼎业纂修:武进《高氏大统宗谱》卷1《义庄规条》。
⑥ 倪思九主修:《丹徒倪氏族谱》卷6《瀹明义庄规条》。

支总各启挂号册,凡支总呈到各启,拆封登记事由,于启面左角加用义庄挂号讫戳记,于启内义庄一行之后加用耕荫义庄庄正副批戳记,批发后登记某日奉批云云"。①

最后,发放领据。申请获批后,义庄会发给当事人领取义米钱粮的凭据,范氏称"米历子",有的义庄称"经折"、"领据"、"折子"、"执照"、"米票"等。届期义庄凭据发米,加用付讫戳记,发还执守。耕荫义庄的领据、领票书写格式、字体及图章印记均有定规,"领据、领票之名氏、年岁、住居、米数、钱数、某月某季为始及年月编号俱用墨笔填注,凡遇数目俱大写,其年月上盖用庄正篆记,名氏、钱米数上概用庄副篆记,编号与册号骑缝盖用耕荫义庄图书(斜用),其赡米领据于右给付行上加用某例戳记,随送庄正、庄副标明日期"。② 义庄领据实质上就是族人在宗族内的身份证,也是义庄维系族众的一根坚韧的纽带。现将荡口华老义庄惠保堂义田支米票的内容复写如下:

惠保堂义田支米票式③

敬为散给义米支票以便按月验发事。窃闻居乡以睦族为首,行义以周给为先,藉列祖庇荫之恩,继先君未遂之志,廿年节俭,数载经营,仿范氏义田之设,成吾家赡族之图。数以足置千亩为规,时以乾隆七年为始,建立义庄一所,另为积贮之场,敦请齿德一人,端为综理之长,酌定规条,刊成则例。先于孝子节妇之穷困者,次及鳏寡孤独之无依者,分等造册,按月给发。族繁难于识认,特将号票验发,所给是实。

票付第几世　某收执　每月发米时,即用某月发讫戳记于

---

① 汪体椿等纂修:《吴趋汪氏支谱》卷末《平阳汪氏耕荫义庄续订规条》。
② 汪体椿等纂修:《吴趋汪氏支谱》卷末《平阳汪氏耕荫义庄续订规条》。
③ (清)佚名:《华氏义庄事略》,清刻本。

票后。

　　　　乾隆　　年　　月　　日给

　　可见,米票既为领据,又记载了家族义庄的历史,让后世享受祖荫的子孙饮水思源,时时不忘祖恩,永存一本之谊,敦睦教化之旨无处不在。

　　其他与领据相关的规定还有:

　　更换新据。义庄多规定领据一年一换。如张氏孝友义庄"经折于十二月十五日缴销",新据于"正月十五日给发"。[1] 汪氏耕荫义庄"其据逐年更换,即于十二月初一收回旧据,换给新据"。[2] 在"领据、领票更换之时,司事于旧据、旧票加用换给新据换给新票戳记,年届成丁者加用成丁缴销戳记,册内各用戳记"。[3] 义庄此举原因有二:一是族人每次领米时均要加盖发讫戳记,票面有限;二是随着受赡族众年龄的增长,逢小口变大口、男子成丁、女子出嫁等,义庄依规变更赡助事宜。

　　补办领据。领据是义庄发给族人的赡助凭证,对于遗失领据者,义庄规定相应的补办手续,并宣布旧据作废,以新据规定日期起算。太仓钱氏"失折者,须由亲房将遗失缘由报庄换给,所失之据作为废纸,即于册内注明"[4]。对遗失领据者,义庄多会停发其一到两月的月米,以示惩戒。如嘉定曾氏族人遗失领米"执照",义庄"停给一期,补给执照,前照作废"。[5] 苏州成训义庄对"无故庄据遗失,罚扣一月之

---

① 张汝南纂修:常熟《清河张氏支谱》(不分卷)"开办庄规"。
② 汪体椿等纂修:《吴趋汪氏支谱》卷末《平阳汪氏耕荫义庄赡族规条》。
③ 汪体椿等纂修:《吴趋汪氏支谱》卷末《平阳汪氏耕荫义庄续定赡族规条》。
④ 《太仓钱氏宁远义庄文存》卷下《义庄规条》。
⑤ 嘉定《曾氏瑞芝义庄全案》卷下《赡族规条》。

米,由支总查明,前号注销,再行补给"。① 丹徒倪氏补办领据时,尚需族人保明。具体做法是:"失去折子者停给根寻,俟满三个月,如无樛轕,许族人保明,别给折子起支。"②苏州唐氏的补办手续较为繁琐,一旦遗失领折,得由本人用副启一个,开列某房某人名下领折一个,于某年某月分遗失,实无寻觅,日后寻出即行缴还庄正,倘不缴还,亦作废纸等语。还得央求本房长作保、用押,先期央本房长呈送庄正处,方准另给新折,向庄支领。③ 义庄之所以如此规定,大概用意是警示族人妥善保存领折,即便遗失,必须先期报庄,防止拾到领据者冒领月米,并杜绝族人将领折作为有价证券抵偿他人的现象发生。

　　收回或撤销领据。接受义庄救助的族众有以下四种情况者,义庄会将其票据收回。一是族人先穷后富,即当缴票。如荡口华老义庄族人"小康缴票,以广赒贫"。④ 二是申领者年龄过限。如男子成丁,女子出嫁等。如太仓钱氏"幼孤男女满限停止者,即将支折收回,注册消号"⑤。三是申领者死亡,缴票后给予丧葬费。武进高氏"领米者身故,缴票给钱三两,以贴葬费。倘匿票不缴,查出即行注销,不给葬费"。⑥ 四是违反了庄规。太仓钱氏"有犯庄禁者,(折)追回作废"。⑦ 对于有将义庄领票作为有价证券抵押他人者,各家义庄均严令禁止,严惩不贷。吴江施氏"族人如有私将赡族折据抵押他人,立将折据注销,停给赡款"。⑧ 润州刘氏义庄族人"设将领票、经折抵押

① 程晚纂修:苏州《程氏支谱》卷1《成训义庄规条》。
② 倪思九主修:《丹徒倪氏族谱》卷6《澹明义庄规条》。
③ 参见唐轲纂修:苏州《唐氏家谱》卷6《拟定义庄给米规条》,民国十六年石印本。
④ (清)佚名:《华氏义庄事略·续申规条十二则》,清刻本。
⑤ 《太仓钱氏宁远义庄文存》卷下《义庄规条》。
⑥ 高鼎业纂修:武进《高氏大统宗谱》卷1《义庄规条》。
⑦ 《太仓钱氏宁远义庄文存》卷下《义庄规条》。
⑧ 施则敬等编:《吴江施氏义庄汇录·义庄赡族规条》。

与人,查出永远删除"。①

二、发放钱粮及其相关规定

义庄发放钱粮有固定的时间,提前与延期领取均不允许。多数义庄规定族众逐月凭折支取钱粮。如吴江施氏义庄的赡恤款项"按月定于阳历初五日付给",②张氏孝友义庄"按月十五日给发",③丹徒倪氏澹明义庄"每月定初一日发给"。④ 义庄这样做,目的使义庄对族众的变更情况能做到及时了解,利于管理。此举亦相当于义庄每月进行一次族内户口普查,其控制的严密程度是基层政权所无法达到的。义庄给发钱粮的起始时间与申请报名时间相关,"给米者定于单月报名,如在十五日以前报名者,即于本月为始,在十五日后者,于下月为始,每人给领据一纸,逢双月初一日,赴庄支领"。⑤ 也有少数义庄因族众分散,且居地距庄祠较远,实行按季或半年一领。如松江府娄县张氏义庄,建庄支裔皆居郡城,庄祠建于城内,"而领米族人居郡城近地少,居浦东、三林塘多,离郡城几及百里,不能逐月支请",于是每年定期以庄主先考妣诞辰时分两次支请。⑥

在义庄规定的日期,申领人持据前往庄祠领取义米钱粮,加用付讫,风雨不更。领取钱米之人,必须遵守庄祠的规定,违者议停月米。对此,葑门陆氏丰裕义庄的规定可谓细致入微:"凡应给月米不准预支,不准过期,不准寄存,以杜出入蒙混之弊。临期给米,先尊后卑,同辈则先远后近,如有喧嚷争先者,以抗违宪禁、亵越宗祠论,罚停月

① 刘志勤等纂修:《润东顺江洲刘氏重修族谱》卷3《刘氏义庄规条》。
② 施则敬等编:《吴江施氏义庄汇录·赡族规条》。
③ 张汝南纂修:常熟《清河张氏支谱》(不分卷)"开办庄规"。
④ 倪思九主修:《丹徒倪氏族谱》卷6《澹明义庄规条》。
⑤ 汪体椿等纂修:《吴趋汪氏支谱》卷末《平阳汪氏耕荫义庄赡族规条》。
⑥ 《义田规·张氏义庄条例》,清抄暨刻本。

米。支给钱米,惟妇女孤幼疾病及新遭亲丧在百日内者,俱准近房持据代领,无据者不给,余悉亲自到庄,不得央人代领。不准将据抵押与人,犯者永远停给。"①很明显,义庄要求申领者本人逐月支领钱粮,不准代领,不准预支,不准跨月支领及相关纪律要求,一则是为了防止族人发生变故后,出现蒙混冒支现象;二则月米数量毕竟有限,按月支领,使"贫人粒米入腹,无以米卖钱别用之患";②三则借以彰显庄祠权威,教化族众恪守伦理道德。

对违反义庄赡族庄规的族众,义庄都有相应的制裁措施。太仓钱氏义庄的赡济各费,均须由申领者"亲房赴庄保证,备具领纸存庄查核,如查有不符原报者,着由保证亲房赔偿原数"。③ 张氏孝友义庄"如有将银米经折典押于人者,查出后将折取销,停给一年"。④ 义庄所发米粮,是为满足贫穷族人生存之需。为防止族人以米易钱挥霍,致染游荡之习,娄县张氏义庄对此做了严格规定:"倘有不肖族人领未归家,以米卖钱别用者,或经本庄掌管人察出,或经宗族举报,初犯罚后次少给三个月口粮,第二犯罚六个月口粮,第三犯以后俱罚一年口粮。其以棉花不纺绩而卖钱者,停止下次棉花;以布疋不做衣而卖钱者,停给下次布疋。"此外,张氏义庄还要求族众具有检举责任,对知而不劝阻者、知而不报庄者,义庄一旦发觉,同样给以处罚,"如系尊长罚米三斗,平辈罚米二斗,弟侄以下罚米一斗,棉花罚轻觔两,布疋罚短尺寸,以示戒"。⑤

为防止义庄管理人员在发放义米时,克扣数量,以次充好,从中渔利,义庄规条中对发放义米度量器具的规格、米色、米折钱等都有

① 陆锦瞩等纂修:苏州《陆氏荮门支谱》卷13《赡族规条》。
② 《义田规·张氏义庄条例》,清抄暨刻本。
③ 《太仓钱氏宁远义庄文存》卷下《义庄规条》。
④ 张汝南纂修:常熟《清河张氏支谱》(不分卷)"张氏孝友义庄现行庄规"。
⑤ 《义田规·张氏义庄条例》,清抄暨刻本。

严格规定。度量器具均要求用部颁斗斛,米色即随本租米舂白发放,或有时折钱,须随当日市价,以杜抬高克扣等弊。嘉定曾氏瑞芝义庄为防止司事人等收租发米时作弊,"庄中秤斗照式制造两具,一存庄长处,一存本庄,以备校准,不得暗有增减"。曾氏认为,"收租秤重则损佃户,给米斗小则损贫丁,俱非立庄本意"。因此,义庄要求发放"斛米须用校定准斛平格交付,毋得入多出少,致有后言"。①

第五节　近代苏南义庄家族保障的社会化延伸

近世苏南为富庶之乡,民间慈善最为兴盛。其中,义庄即是一支重要的社会慈善力量。除了对有血亲关系的宗族成员实施有力恤助外,有些义庄还将救助范围延伸到宗族之外的姻亲和邻里之间,积极参与地方社会保障事业。

一、赡助有服姻亲

早在范氏义庄的初定规矩中,就有向族外姻亲推广救济的规定:"乡里外姻亲戚,如贫窘中非次急难,或遇年饥不能度日,诸房同共相度诣实,即于义田米内量行济助。"②后世义庄此类赡助亦不鲜见,《宋史.吴奎传》载:吴氏"买田为义庄,以赒族党朋友"。③ 陆游在孙君墓表中则称:"会稽余姚县有士,曰孙君……晚仿范文正公义庄之制,赡其族……有余,又以及姻戚故旧,无遗力。"④

义庄给予协济的姻亲,一般限制在与建庄者为有服的内外姻亲

---

① 嘉定《曾氏瑞芝义庄全案》卷下《经理规条》。

② 《义庄规矩》,《范仲淹全集》(中),第798页。

③ (元)脱脱等撰:《宋史》卷316《列传》第75,第10321页。

④ 陆游:《陆放翁集》第4册《渭南文集》卷39《孙君墓表》,上海:商务印书馆,1935年,第76页。

范围。嘉定曾氏认为，"睦族之外，姻戚宜恤"，规定建庄者之"先考有服外戚"实系贫苦，或孤寡堪怜，量其丁口，义庄每岁酌助米一石至两石；其"先妣同胞兄弟及所处贫窘者"，亦酌助之。① 恬庄杨氏敦本堂义庄规定："姻亲与先大夫暨袁太宜人有服者，如果力不能自养，照贫族一体给发，无服者不给。"② 丹徒倪氏亦对"乡里外姻亲戚，如贫窘非常或遇年饥不能度日，诸族众查实报告庄正，可公同酌核济助"。③

二、参与地方公益慈善

寒冬腊月，发放棉衣御寒是一些义庄的一项常规善举。无锡荡口华氏新义庄每届寒冬，备棉衣"以百领为率"，除"僧道不与，江湖不与"外，"其余实在赤贫者，不拘一姓，眼见给之。但因衣数有限，只可施给同里之人"。④ 常熟邹氏隆志堂义庄对"里中贫老男妇，于冬至后施给棉衣。司事者预为置备，如果实在赤贫，由住处地邻报庄，登簿给发"。⑤ 常熟张氏孝友义庄"每年由预算中备置棉衣二百套，于冬至起岁底止，由司正查明里中实贫穷者，无论男女登簿给发"。⑥

遇有突发饥馑、瘟疫，或无力医病里人，义庄捐粮赈济、配送药丸或施棺木也是常有之事。恬庄杨氏敦本堂义庄"施送各药，依方修合，里族中贫病者，对症给予"。⑦ 常熟张氏孝友义庄"每年夏令购备痧药一百元施送邻里"，并置棺木若干具，"由司正查明里中实在无力收殓者，询明尸属地邻、姓名、住居，登册给发"。至于乡里"贫穷鳏寡

---

① 嘉定《曾氏瑞芝义庄全案》卷下《赡族规条》。
② (清)杨希洤：《恬庄小识》(杨庆恩堂义塾藏板)，第92页。
③ 倪思九主修：《丹徒倪氏族谱》卷6《澹明义庄规条》。
④ 无锡《华氏新义庄事略》卷上《规条十二则》。
⑤ 《常熟邹氏隆志堂义庄规条》，王国平、唐力行主编：《明清以来苏州社会史碑刻集》，第234页。
⑥ 张汝南纂修：常熟《清河张氏支谱》(不分卷)"现行庄规"。
⑦ (清)杨希洤：《恬庄小识》，第90页。

孤独及残废无所依赖者,由地邻公保调查确实,每月每口给米六升",
"额定一百三十名,先尽本庄附近邻里,如有余额始可推及他处"。①
无锡蓉湖蔡氏义庄"遇夏延医定方修合疟痢、脱力诸药及痧药丸散,
并备茶汤于要地公所,冬则姜米饮汤"。② 无锡王氏义庄对邻里亲属
贫困者,夏天施茶、施药,冬天施衣、施米,无力收殓的施舍棺材。常
年发"大悲膏",不收分文,这种膏药专治痈疽疮疖,发散力甚强,并能
治"三日头"、"隔日头"、"日日来"诸种疟疾病,甚为灵验,因城乡都来
索取,故有专人摊制供给。③ 昭文归氏义庄"情既厚于周亲,惠更推于
乡里,恤灾黎而助赈减粜争先,悯暴露以舍棺埋瘗恐后,施衣散药拯
贫病之颠危"。④ 溧阳、广德钱氏士青义庄每年总收入除完粮、祭费、
夫马费、学费开支外,"以二成作为施棺施药之用",且已推行三十余
年。⑤ 盛氏愚斋义庄"振抚饥馑、水灾、旱荒、疫疠、地震、天灾或其他
各种之公益",⑥变单纯的宗族赡济组织为社会化的慈善机构。

有些义庄还拨出专项经费,充作慈善开资。常熟邹氏义庄专门
立有田产若干亩,"号曰公田,岁储其羡,以备缓急,及里之梁径当治
者,他不得与"。⑦ 荡口华氏新义庄捐田五百亩,以备各项善举推及异
姓,补义庄义学之缺,名曰"耕义田亩"。⑧ 南汇傅祖荫堂义庄每年租
息作三项支配,其一"为公共慈善事业之费"。每月十五日,祖荫堂义

① 张汝南纂修:常熟《清河张氏支谱》(不分卷)"现行庄规"。
② 蔡樾纂修:无锡《蔡氏蓉湖支谱》卷9《义庄原定规条》。
③ 莫补臣:《王义庄概况》,政协无锡市南长区委员会文史资料工作委员会编:《南长文史资料选编》第1辑,1992年,第230页。
④ 归令望纂修:常熟《归氏世谱》卷8《义庄志·题报昭文县归氏义庄疏议》。
⑤ 钱文选撰:《士青义庄录·士青义庄经费支用办法》。
⑥ 王宏整理:《龙溪盛氏义庄规程》,上海图书馆历史文献研究所编:《历史文献》第3辑,上海科学技术文献出版社,2000年,第296页。
⑦ 林则徐:《邹太学家传》,王国平、唐力行主编:《明清以来苏州社会史碑刻集》,第221页。
⑧ 华鸿模:《建庄原始记略》,华翼纶辑:无锡《华氏新义庄事略》卷上《记略》。

庄即将慈善款项"移送本乡及各乡慈善会,办理指定之各项善举","并应帮同给发"。傅氏视其义庄事业之发展,不特为傅氏之福,"抑且地方之幸也"。[1] 川沙同本堂义庄也将每年的子金收入的"三分之一"用于"移拨本邑善举之用"。[2] 荡口华老义庄置"恤佃田一百二十亩,施衣埋枢田五十亩",[3]用于慈善开支。根据民国二十三年该庄的慈善支出情况,列表如下:

表 5-2　华老义庄公益慈善方面支出表(1934 年)

项目	支出数(米)	百分比
公益事业	128.10 石	12.0%
慈善事业	9.90 石	0.9%
地方教育	50.00 石	4.7%
恤佃	14.02 石	1.3%
合计	202.02	18.9%
全年所有支出数	1074.99 石	100%

资料来源:苏南人民行政公署土地改革委员会编:《土地改革前的苏南农村》,第 73 页。

　　华老义庄的所有用于地方保障的租米为 202.02 石,占整年义庄总支出 1074.99 石的 18.9%,所占比例也算不小,大致反映出近代苏南义庄积极参与地方救助事业的概况。

　　常熟周氏义庄还"于其宅内附设育婴堂",[4]救助弃婴。临海屈氏设安济堂收养常熟、昭文"两邑无告茕民,俾得生免饥寒,死无暴露"。

---

[1] 傅恭弼续修:《傅氏续修家谱》(不分卷)"傅祖荫堂义庄绪言"、"傅祖荫堂义庄章程"。

[2] 《同本堂义庄章程》,方鸿铠、黄炎培:《川沙县志》卷 12《祠祀志.家庙》,第 15 页。

[3] (清)佚名:《华氏义庄事略》,清刻本。

[4] 张镜寰、丁祖荫、徐兆玮:《重修常昭合志》卷 8《善举志》,民国三十八年铅印本,第 15 页。

安济堂由义庄兼管,实为义庄的一部分。该堂"额设男口五十、女口五十,拨东西廊房安顿","每日粥饭,击梆齐集,按名俵散,其残疾及笃老者,着人送给,若有染犯重症,告知司计,除医药诊治外,仍酌予汤粥,加意体恤,毋令失所。每年衣服被帐等物,务须完洁周全,依时收散,应添应补预为置造。其有病故者,给本堂自造棺木,随身衣服监视入殓,埋葬义冢"。义庄还严禁庄裔子孙、本族外姻借差堂内老人。①

近代社会,贫苦之家耕作尚无土地,更无力购置墓地。即便富庶的苏南地区,"停棺暴露,所在多有"。苏南义庄多有施棺之举,捐置公墓、义冢之庄也为数不少,这在当时是大义之举。常熟邹氏隆志堂义庄对"里中无力收殓,乞施棺木者",由尸属地邻报明所故姓名,"给发其棺"。并设义墓地二亩一分,"听里中无力者就葬"。② 常熟张氏孝友义庄置有义冢一所,计田一亩。乡里贫苦无力择地安葬者,准到庄报明注册,葬入义冢。③ 荡口华氏新义庄捐置田亩十亩有奇,建筑公墓,乡民无力营葬者,咸得归葬于斯。因担心有人因循不葬,华氏还禀县请求谕饬所在南延乡各图董保督催无力贫民,将久停之棺柩,限定年月,一律归葬此地。对于临县客民浮寄之棺,华氏也一体同办。如到期仍不营葬者,华氏拟筹款将无主浮寄之棺一律编号掩埋。华氏将公墓划分为两界,"左为众姓公墓,右为华姓公墓"。来葬者须先到庄报明登簿,"开注姓名、年岁、住处及经葬何人,领取号头石一块,到墓挨号顺葬,埋石棺前,以便日后查认,不取分文"。④

---

① 屈轶辑:常熟《临海屈氏世谱》卷11《义庄志·屈氏安济堂申定规条》。
②《常熟邹氏隆志堂义庄规条》,王国平、唐力行主编:《明清以来苏州社会史碑刻集》,第234页。
③ 张汝南纂修:常熟《清河张氏支谱》(不分卷)"现行庄规"。
④ 无锡《华氏新义庄事略》卷末《公墓立案禀稿》。

三、推广农业生产技术

与其他义庄的社会化慈善内容相比,大阜潘氏丰豫庄及泰兴丁氏义庄具有一定的独特性,已由单纯的为里邻乡人提供生活救助转向改良推广农业生产技术方向拓展,进一步深化了义庄社会慈善的内涵。

潘氏不仅在族内建有松鳞义庄,为贫族提供一定的生存、发展保障,还建有完全面向乡里的丰豫义庄,致力于地方救助事业。道光七年(1827),苏州潘曾沂"罄其田二十有五顷,建丰豫庄"。[1] 丰豫庄的社会救助措施主要有:荒年减粜、留养灾民、弛佃租、试验推广区种法、建义塾、育弃婴、兴水利、馈医药、凿义井等。其中,尤值推崇的是其在农业生产领域的技术改良和应用推广。在潘氏看来,义庄荒年赈济只是权宜之计,并非解决贫民生计问题的根本办法。诚如他所说:"苟为民备,曷若使民自备",[2]"本庄义田积谷,专为将来就近地方减粜而设,尚是易涸之流,不能远遍的,若得你们家给人足,方才算得有本有源的水"。[3] 潘氏通过研究发现,吴中地区适宜行区种之法。区种法是我国古代耕作法的一项重要成就,它综合运用深耕细作,密植全苗,增肥灌溉,精细管理等措施,创造在干旱环境下取得高额丰产的方法。潘曾沂利用庄田进行了多次区种试验,并结合当地情况加以改良,总结出适宜苏州地区的七条经验:"深耕、早植、稀种、垫底、按实、去草、壅根"。[4] 为了推广这一耕种技术,潘氏还将其编写成

① 李皖铭、谭钧培修,冯桂芬纂:同治《苏州府志》卷84《人物》,南京:江苏古籍出版社,1991年影印本,第216页。
② 潘曾沂撰:《东津馆文集》卷1《丰豫庄区农课种杂录序》,清咸丰八年刻本。
③ 潘曾沂撰:《丰豫庄本书·潘丰豫庄课农区种法》,清光绪八年津河广仁堂刻本。
④ 潘曾沂:《丰豫庄本书·丰豫庄课耕会记》。

通俗易懂的读本,向佃农广泛宣传,并"叩宪示谕乡农",[①]寻求官府的支持。区种法的推行,收到了良好的效果。曾任江苏巡抚的林则徐对此大为赞赏,极力推荐乡民实行区种,曾赋诗云:"此术尔不信,但看丰豫庄,中稻熟,千牛驮。"[②]应该说,丰豫义庄的出现在义庄发展史上具有一定的标志性意义,不仅表现在义庄由专为宗族而设转向完全意义的社会慈善,更重要的是,"乡绅的社会救济行为,开始深入到生产经营领域,希望通过推广生产技术来提高劳动生产率,从而达到使民自备的目的。相对于单纯的施赈,这显然是一种更为积极有效的救济手段"[③]。

致力于农业生产改良的还有江苏泰兴丁文江家族义庄,相比潘氏丰豫庄,丁氏义庄农场更具专业性,涉的范围也更广,并兼具浓厚的乡村社会改良愿景。

据上个世纪 30 年代曾任丁氏义庄主管的杨懋青回忆,当时在中央研究院任职的丁文江,有鉴于梁漱溟、晏阳初、黄炎培等人大力倡导乡村教育,对家乡的农业改良和农民生活的改善也很关心,便计划用丁氏家族义庄的原有资产,搞一些农业的试验、示范和推广工作。为此,他积极物色管理丁氏义庄的合适人选,后经农业司司长高秉坊和毛章荪的介绍,丁文江选中了在南京实业部中央农业推广委员会任职的杨懋青。

杨懋青担任丁氏义庄主管后,在丁文江的支持下,选择了位于黄桥镇的柳家庄建立了"丁氏义庄农场",设有办公室、职工宿舍和家禽家畜饲养棚。农场建立后,便在附近的何家庄、华家庄、刘家堡、东雁岭等处设立良种试验田和示范田。首先搞的是小麦良种试验,在南

---

① 潘曾沂:《丰豫庄本书·丰豫庄属潘升呈》。
② 林则徐:《云左山房诗钞》卷 2《区田歌为潘功甫舍人作》,光绪十二年刊本。
③ 参见余新忠:《清中后期乡绅的社会救济——苏州丰豫义庄研究》,《南开学报》,1997 年第 3 期,第 64 页。

京中央农业实验所沈宗瀚的指导下,将长江流域的 34 种和全国的 56 种优良品种,进行适应和比较试验。用了两年多时间,得出的结论是,适应该地气候和土壤条件的有金达 2905 号有芒小麦和美国白皮无芒小麦等品种。最终,义庄大胆地从金陵大学购进了良种小麦(2905)四十石(每石约重 150 斤),分给各试验点和附近的农民试种。根据测算,一般能增产 5% 左右,好的超过 5%。不久,泰兴全县绝大多数的农户,都换种了该品种小麦。

在试验过程中,为解除农民的思想顾虑,由农场与试验户签订试种合同。合同上载明,如有减产或其他损失,概由农场补贴,增产则归试种户所有。此外,农场还对缺乏资金的试验户,提供短期贷款,即种时借,收后还,为实验者提供方便。

义庄农场还积极开展农作物病虫害的防治研究工作,指导农民采取可行的方法,在播种前通过对种子进行药物化处理,使得当地流行的小麦"黑穗病"大为减少。义庄农场研制出了杀灭蝼蛄的十分有效的土配方,经济实用,深受农民欢迎。

引进家畜家禽新品种,开展畜牧兽医工作,则是义庄农场取得的又一成绩。泰兴是当时江苏的养猪大县,由于猪种退化,饲养时间长,长膘慢,消耗的精料也多。义庄农场向东南大学购买了波兰和本国的两对优良猪种,进行杂交试验,并将杂交猪仔分给农户饲养,结果取得了成功,并由此推动了泰兴普遍饲养杂交猪的新局面。农场还引进了蛋用"来克杭"鸡种和改良的"盎古拉"长毛兔,经过繁殖,推广给农民饲养,收益很好。为推广家畜家禽的新技术,义庄还专门聘请畜牧兽医师,办起了畜牧兽医学习班。

更为值得肯定的是,丁氏义庄在推广农业生产技术的过程中,认识到要提高农民的生产技术和改良生产习惯,必须提高他们的文化水平。于是,就在义庄农场内,办起了农民夜校。利用农闲夜晚,吸收农场周围的男女老少,文盲或半文盲,学习文化,学习农业知识,讲述乡村卫生常识。夜校所需的学习费用,均由义庄负担,不收学员分文,颇受农民欢迎。①

综上所述,近代苏南义庄协济姻亲或救助乡里,促进了地方慈善事业的发展,成为基层社会一支不可忽视的保障力量。宗族做慈善除了受儒家文化中的"仁爱"、佛教的"慈悲"及道教的"积德"思想的影响外,其积极从事地方公益事业,目的亦为提高宗族在地方上的威望,不断增强其在地方社会中的话语权和控制力。应当说,"无论是宗族保障,还是地方社会的保障,都与社会控制相关联。"②近代苏南义庄将家族保障向社会慈善延伸的同时,他们获得的不仅是"急公好义"的美名,更重要的还获得了无形的潜在社会资本—社会声望和社会影响力。当然,义庄参与地方公益、改良生产,绝非仅为实现其家族的政治控制力,贯穿其间的仍是士绅阶层传统的保族观念,以及由此延伸出的改良社会的理想抱负。

第六节　义庄家族保障中的应急机制

义庄家族保障事业得以平稳有序的进行,赖以有稳定的租息收入,但一遇荒灾,就很难保证有充裕的钱粮来赒济贫困,培植子弟读书上进。在与灾害长期斗争的过程中,义庄家族逐步形成了一套灾荒应急机制,以此来规避风险。

一、灾荒时期的赒济原则

传统农业社会的最大不确定性,在于农业收入很大程度上依赖

---

① 参见杨懋青:《丁氏义庄往事回顾》,《泰兴文史资料》第 5 辑,1988 年,第 103—108 页。
② 参见:唐力行、徐茂明:《明清以来徽州与苏州社会保障的比较研究》,《江海学刊》,2004 年第 3 期,第 129 页。

自然的恩赐。风调雨顺,年景就好;若遇天灾人祸,穷人只得流离失所。在荒歉年月,义庄的赡济力度、救助范围都有较大幅度的降低。为最大程度地发挥义庄的救助功能,义庄家族要求掌庄人权衡事之缓急,或停或减,随时酌办,要在调剂得宜,以免支绌之累。

　　遇有大的灾荒,义庄的管理者即会同庄裔,或召开族众大会,议定相关的赒济对策,保证赡济政策的公开透明,防止克扣侵蚀之弊的发生。如临海屈氏义庄凡遇灾荒,"董事同值年告自族中,共晓济变权宜"。[1] 苏州程氏资敬义庄设遇歉收,"许庄正、副邀集族人公同酌议"。[2] 常熟张氏孝友义庄遇到偏灾歉岁,"司正通盘筹划,或减月米,或搭发杂粮,须邀庄裔公同计划,不得忘生克减,率意改搭"。[3] 太仓钱氏族中户口繁多,遇岁收奇歉不敷支发时,"得邀请族中公正明达者到庄,声名理由,将各项赡恤金酌减发给,但所减不得过于原数之半"。[4] 无锡高氏义庄或遇灾荒,"即邀集本支各房庄裔筹议扩充之法,即将各房年终应提之米及本文丧费、借款一概停止,以资维持。所给孤寡月米不得轻于裁减,以符建庄宗旨"。[5]

　　困难时期,义庄将赡助项目按其重要性划分等次,视经费丰绌情形,或停或减,力求最大限度地保证口粮的供应,以维持族人的生存所需。如武进盛氏拙园义庄在荒歉年月,首先保证口粮照给,其余一切酌量停支。"如有余,先支丧葬,次及嫁娶;再有余,乃支冬衣;或所余不多,即吉凶等事均匀支给;或又不敷,即先凶后吉,统由掌庄者通盘筹划,权其缓急,量力而行之"。[6] 苏州程氏资敬义庄则"先停婚嫁、

---

① 屈轶辑:常熟《临海屈氏世谱》卷11《屈氏义庄规条》。
② 程晓纂修:苏州《程氏支谱》卷1《资敬义庄规条》。
③ 张汝南纂修:常熟《清河张氏支谱》(不分卷)"常熟张氏孝友义庄开办庄规"。
④ 《太仓钱氏宁远义庄文存》卷下《义庄规条》。
⑤ 高鼎业纂修:《高氏大统宗谱》卷首1《续议义庄规则》。
⑥ 盛文颐主修:武进《龙溪盛氏宗谱》卷23《拙园义庄规条》。

考费等不给,则及丧葬再不给,则及赡米。但多则半年少则二三月,即当复旧,以示体恤"。① 临海屈氏义庄虽详定积贮规条,"惟是岁绌岁盈,即储蓄岂能全恃"。因此,凡遇灾年,"议调剂以济灾变"。"先将各项经费权其缓急后先以次节省,抵补义米亏额,酌为本折兼支。如再不敷,购办杂粮搭放,抑或被灾较重,实无别项挪移,不得不通计全年义米总数,分别议减。"②苏州程氏成训义庄遇有歉收,"初则减膏火,如再不敷,次减婚嫁诸费,俟年岁丰稔,即行照章给发"。③ 而常熟席氏荒年口粮的赡济标准也不降低,"庄内必预积一年之食,以备凶荒,如遇凶年,不准减给"。④

无论遭遇何种情事,义庄只能在能力所及范围内赒济族众,均不准借贷发放,成为共识。如丹徒倪氏遇岁歉年月,要求义庄"应按成折减发给,如人口增多,入不敷出,按口均摊,不得以不敷给发借钱凑齐,致滋亏累,至年丰复旧,族人不得异言"。⑤ 临海屈氏义庄也严格规定,荒年赡族要量力而行,"不准向亲族借垫"。⑥

二、丰年备荒制度

紧急的赒济原则只能帮助义庄族群暂渡难关,是一种消极的应对办法。"凡事预则立,不预则废。"为防患于未然,实力雄厚的苏南义庄家族还为此制定长效机制,即丰年的备荒制度。

早在范仲淹初定义庄规条时,就考虑到备荒事宜。《义庄初定规条》中云:"自皇祐三年以后,每一年丰熟,椿留二年之粮。若遇凶荒,

---

① 程眬纂修:苏州《程氏支谱》卷1《资敬义庄规条》。
② 屈轶辑:常熟《临海屈氏世谱》卷11《屈氏义庄规条》。
③ 程眬纂修:苏州《程氏支谱》卷1《成训义庄规条》。
④ 席彬纂修:常熟《席氏世谱载记》卷12《义庄规条》。
⑤ 倪思九主修:《丹徒倪氏族谱》卷6《澹明义庄规条》。
⑥ 屈轶辑:常熟《临海屈氏世谱》卷11《屈氏义庄规条》。

除给糇粮外，一切不支。或二年外粮有余，却先支丧葬，次及嫁娶。如更有余，方支冬衣。或所余不多，即凶吉等事众议分数均匀支给。或又不给，即先凶后吉；或凶事同时，即先尊口后卑口；如尊卑又同，即以所亡、所葬先后支给。如支上件糇粮吉凶事外，更有余羡数目，不得粮货，椿充三年以上粮储。或虑陈损，即至秋成日方得粜货，回换新米椿管。"①范氏考虑得不谓不周，由于传讹，后世竟有范氏无备荒之策的说法。②

　　一般而言，预留定额义米银钱的备荒做法简单易行，在苏南义庄中比较流行。吴江施氏义庄在田租中，"每年提存二百石，以备荒年不足之需"。③临海屈氏义庄开支以外，"所存白米，贮而勿粜，俟积一年之蓄，然后出陈易新，期于本计裕如，凶年有备"。④东汇潘氏"庄中余款存备荒银二千两"，⑤以此为荒年赡族所需。荡口华氏新义庄的"庄中必备二年之蓄，以防水旱歉收"⑥。丹徒倪氏义庄"遇年岁丰熟，入溢于出，则储存谷石或银钱，以备不虞"。⑦练西黄氏每年在开支项下提存银五十元，"为备荒基本金"，存放生息，逐年改息为本，积至基本金千元为止，非遇非常变故，经同族会议议决时，不得动用。⑧溧阳、广德钱氏士青义庄每年除去完粮、祭费、夫马、学费四项开支外，"以一成作备荒金，凡遇荒歉之年，即以此款补用之"。⑨鲍氏传德义

---

① 《义庄规矩》，《范仲淹全集》(中)，第 798—799 页。
② 如长洲彭氏《庄规》中云："范庄规条并无备荒之款，以上年之田租，供次年之支发，如上年歉收，即照所歉收分数，于次年发款内匀摊减发，自宋以来，相沿已久"。参见吴县《彭氏宗谱》卷 12《庄规》。
③ 施则敬等编：《吴江施氏义庄汇录·施氏义庄赡族规条》。
④ 屈轶辑：常熟《临海屈氏世谱》卷 11《屈氏义庄规条》。
⑤ 潘绍贻纂修：《东汇潘氏族谱》卷 6《续增规约》。
⑥ 无锡《华氏新义庄事略》卷上《规条十二则》。
⑦ 倪思九主修：《丹徒倪氏族谱》卷 6《澹明义庄规条》。
⑧ 黄守恒纂修：嘉定《练西黄氏宗谱》卷 13《义田志·义田经管规程》。
⑨ 钱文选撰：《士青义庄录·士青义庄经费支用办法》。

庄还将备荒方略和置田目标相结合,每年收入田租,提出百分之十五,以备荒年不足之需。倘积至十年,并未动用分文者,则以十成之七添置田产,其余仍陆续积存,备置田产,不得移作他用。①

苏州吴氏继志义庄的备荒方略与众不同,吴氏有赡族义田 600 亩,将其功能细分为七类,租入分类专用。其中以 200 亩为奉公田、50 亩报本田、50 亩敦睦田、50 亩嘉礼田、50 亩凶礼田、100 劝学田,余百亩为备荒田,"以备以散以裕歉岁之需"。② 吴氏对此法颇为自得,"夫以五顷之入,供我五服贫者之需,似亦足矣,而又益之以百亩者,则以水旱可虞也"。吴氏解释设置备荒田的理由在于:"户下业田虽非尽出卑下,而卑下者十之三,畏旱者十之三,傥值灾伤,将以何者行吾义乎? 故又有备荒田百亩,五岁之中,幸而皆登,则积之以备一岁之歉,即遭二歉,亦或可支其半,则此田之入,尤不可目为羡余之物而轻用之者也。"③

有清以降,苏南义庄对备荒的作用越来越重视,制定的方略更为成熟。有些义庄从长远考虑,把古人"耕九余三"的备荒方略引入经营之策,即"以丰年之盈余,留备歉岁之不足"。④ 太仓王氏认为,"惟歉岁米珠薪桂贫族之仰给者,视丰年尤亟,若无备荒之款,未免觖望"。于是,拟仿古人耕九余三的办法,"节其用度,以留余蓄"。只是王氏义庄并非采取贮谷存钱的手段,而是"添购绝契腴田,造报存案,收租取息,以防俭岁"。⑤ 王氏的意图是通过扩大义田的规模,"毕其功于一役",从根本上解决义庄的经费问题,然而这是不现实的。

① 《传德义庄规条》,参见王国平、唐力行主编:《明清以来苏州社会史碑刻集》,第 273 页。
② 曹允源、李根源纂:《吴县志》卷 31《公署四·义庄》,第 21 页。
③ 吴艾生等纂修:《吴氏支谱》卷 12《创立继志义田记》,光绪八年刻本。
④ 刘志勤等纂修:《润东顺江洲刘氏重修族谱》卷 3《刘氏义庄规条》。
⑤ 王寿慈纂修:太仓《太原王氏宗谱》卷 6《二原庄祠规条》。

相比王氏，其他义庄多采取每年留取固定的备荒钱谷之后，再做扩充义田的计划。武进恽氏义庄岁收租息完去条漕及司仓、司账等俸膳，余作赡济事宜。怕不敷所出，拟效古人耕三余一，耕九余三之意，以备不虞。"每遇丰年必春留下一年应发之粮，若连熟三年，必余一年口粮。若遇凶荒，除给口粮外，一切不支，必春有三年之粮。有余且却先支丧葬，次则嫁娶；或所余不多，即吉凶等事均匀支给；或有不敷，即先凶后吉，或凶事同时，即先尊辈后及卑幼，如尊卑又同，即以所亡所葬先后支给，或在先者得在后者不得，各遵例安命，勿怪。如支上件口粮、吉凶等事外，所有余钱不得粜贷，必存有三年粮储，方可推陈入新。"① 嘉定曾氏的备荒策略与恽氏略有不同，表现出商人的精明之处。曾氏考虑到庄中每年尚有余款，"定以此十年中余款暂发妥商生息，为目前补苴之策，越十年后，即以发商银钱籴谷存仓，足备三年之蓄为度，较之发商则无歇业亏折之虞，较之存米则无热蒸霉变之患，若仓廒高敞，收储合法，酌定三年，推陈易新，必更妥恰。是在司庄者处置得宜，此后即永禁发商，尤为尽善"。②

当然，义庄之族多支系繁衍，开销甚巨，荒歉年月也经常出现，要实现"耕九余三"目标确实不易。长洲彭氏建庄伊始，就曾考虑备荒之策，"将一年中庄用若干、田租银息若干通盘积算。成熟之年，每年应留存十分之三，由庄正副公商发交殷实商贾妥存生息，总宜常有三年之蓄，以备荒歉"。彭氏认为，发商生息只是过渡之策，长久的打算则是拓地建仓，"即以发商银钱籴谷存仓，以足备三年之蓄为度"。③ 彭氏的规划可谓尽心尽力，但实施起来却并不那么容易。从其民国《续纂庄规》中可知，建仓储谷的设想并未实现。其《续纂庄规》中记

① 恽毓荣辑：《恽氏义庄缘起·恽氏义庄规条》。
② 嘉定《曾氏瑞芝义庄全案》卷下《经理规条》。
③ 彭文杰、彭钟岱纂修：吴县《彭氏宗谱》卷12《庄规》。

载:"吾族自建庄以来度支浩繁,备荒之款尚付阙如,若遇荒歉曷以为继? 今公议每年就田租项下提存银元一千元,作为备荒经费,无故不得动支,以备荒年缓急之需。俟储蓄充足,即行建仓储谷,足备三年之蓄,以符庄规。"①可见,一个义庄能做到三年荒歉无虞,难度很大。但不管怎样,义庄家族精英们的忧患意识及前赴后继的践行精神还是值得肯定的。

---

① 彭文杰、彭钟岱纂修:吴县《彭氏宗谱》卷 12《续纂庄规》。

第六章 近代苏南义庄的家族结构与族群社会控制

"社会控制"一词最早由美国社会学奠基人罗斯(E. A. Ross)在其1901年出版的《社会控制》一书中提出来的。罗斯认为,社会控制是一种有意识、有目的的社会统治。从社会学角度出发,任何形态的社会要想得以正常的运行和发展,都需要社会调整和社会秩序,需要通过一定的物质力量或精神力量使人们遵从社会权威,遵守一定的社会规范和行为模式,尊重和维护社会秩序与社会价值。[①] 如同交通繁忙的十字路口的红绿灯,没有它,交通就会陷入瘫痪。在此意义上,美国学者亨廷顿曾断言:"人当然可以有秩序而无自由,但不能有自由而无秩序。"[②]

清王朝在实施政治统治、推动经济社会发展的过程中,通过里社、保甲、宗族组织"三驾马车"来构筑乡村统治基础。里社、保甲从实施伊始到清末新政地方改制为止,对江南乡村社会的控制作用较为有限,一直和乡村基层政权组织并存的宗族组织,社会控制作用则非常突出。[③] 事实上,家族是中国传统社会的细胞组织,是实施社会

---

① 参见沈大明:《〈大清律例〉与清代的社会控制》,上海:上海人民出版社,2007年,第1页。

② [美]亨廷顿著、王冠华等译:《变化社会中的政治秩序》,北京:生活·读书·新知三联书店,1989年,第7页。

③ 参见张金俊:《清代江南宗族在乡村社会控制中的作用》,《安徽师范大学学报》,2006年第3期,第353页。

控制的基点。尤其在苏南义庄族群社会,作为家族的权力中心,义庄不仅救恤家族成员,而且担当教化、管理族众的职责,"寓劝惩于周恤之中"。① 义庄或以言行开导族人,使乡风大变;或凭礼教、规条约束族众,使奸盗屏息;或在祠堂举行家族祭祀,风化传播孝道。在余新忠看来,乡绅设立义庄,"不仅仅是一种慈善行为,更是一种社会控制手段,一种比暴力更具道德内聚力和持久性的社会控制手段"。② 有学者甚至称:"可以将这种民间全面兴起的社会保障或控制活动,视作社会控制的最高形态。"③

第一节 苏南义庄家族的社会结构

义庄凭借强大的经济赡济能力及道德文化感召力,紧密地将宗族成员凝聚在自己的周围,一定程度上保证了宗族血缘、地缘共同体的统一性及聚合度,形成一个相对独立的自治社区结构。

一、义庄家族的权力格局

义庄族群,即义庄赡济范围所包含的所有家族成员群体,按照其在义庄赡济链条中所处的位置,可以分为权力族群(即庄裔)和受济族群。庄裔族群即是建庄者的嫡系子孙族群,他们不仅享有接受义庄赡济的权利,而且掌握着义庄的经营管理大权,成为义庄宗族中的特殊权力群体。而受济族群的范围一般大于权力族群,它由建庄者所规定,是对义庄赡济对象血缘范围的限定,其最大范围者往往为建

---

① 王仲鎏:《义田说》,叶耀元纂修:《洞庭王氏家谱》卷3《祠宇类下编》。
② 参见余新忠:《清中后期乡绅的社会救济——苏州丰豫义庄研究》,《南开大学学报》,1997年第3期,第70页。
③ 冯贤亮:《明清江南地区的环境变动与社会控制》,上海:上海人民出版社,2002年,第502页。

庄者的始迁祖以下族众群体。考虑到经济能力及"亲亲"之道,部分义庄则选择建庄者五服以内的族众为赡济对象。受济族群虽有得到义庄赡助的资格,但无权干预义庄的经营管理事务。如太原王氏义庄"司正遵循经理,庄裔随时稽查","一切主权统归庄裔秉公办理,族众不得觊觎干涉"。① 一般而言,义庄宗族的族群结构与阶层结构相统一,庄裔大多为缙绅及绅衿商人,其对义庄的控制也代表着缙绅及绅衿商人阶层对义庄族群的控制。② 在义庄家族社会里,权力族群和受济族群共同构成了利益共享的苏南义庄家族结构。

以始迁祖以下子姓为族群范围的义庄家族,族众繁衍昌盛,待济人数众多,建庄者多为显官豪门之族,经济实力雄厚。如苏州大阜潘氏,原籍徽州大阜村,康熙间候选主事其蔚公迁吴郡,为大阜潘氏迁吴始祖。其蔚公有九子,其中以长房敷九公支最为兴旺发达。敷九公育有七子,以四房闲斋公人丁最旺,而科第最盛则数闲斋公次子贡湖公支,有清一代潘氏家族进士及第9人,8个出自贡湖公支,其中潘世恩还高中乾隆五十八年的状元,潘世璜、潘祖荫则分别为乾隆、咸丰年间的探花。从贡湖公始,"授祭田供祭祀,手书遗训,竢后人之赢济族人之绌"。榕皋公暨理斋公为其长房之子若孙,恪奉遗训,欲仿范氏良规,厚宗赡族,有志而未及行。及至曾孙遵祁(1845年进士)、希甫(1835年举人)始成其志,建潘氏松鳞义庄于郡城之东。③ 松鳞义庄赡族"断自六世祖主政(即其蔚公)公始,凡主政公支下子姓贫乏者量加赒赠,其非主政公支下者不得滥行请给。"④庄正"以贡湖公支下长房主祭子孙主之",庄副则"择长房子孙之年壮能任事者主之"。⑤

---

① 王庆芝纂修:《太原王氏家乘》卷7《王氏怀义堂义庄规条》。
② 林济:《长江流域的宗族与宗族生活》,第176页。
③ 潘家元纂修:苏州《大阜潘氏支谱》附编卷1《义庄纪事》。
④ 潘家元纂修:苏州《大阜潘氏支谱》附编卷2《松鳞庄规条》。
⑤ 潘家元纂修:苏州《大阜潘氏支谱》附编卷2《松鳞庄增定规条》。

可见,潘氏义庄族群的整体即为迁吴始祖其蔚公以下子姓,因义庄"经始成终者由长房(贡湖公支)",[1]贡湖公支长房因捐建义庄成为义庄核心族群。

表6-1　潘氏松鳞义庄庄正庄副题名表

姓名	支派	庄职	任别
遵祁	贡湖公支长房	掌庄	第一任
希甫	贡湖公支长房	掌庄	第一任
观保	贡湖公支长房	庄正	第二任
承谋	贡湖公支长房	庄正	第三任
志颖	贡湖公支长房	庄正	第四任
志鄂	贡湖公支长房	庄正	第五任
承谋	贡湖公支长房	庄正	第六任
介繁	贡湖公支长房	庄副	第一任
介福	贡湖公支长房	庄副	第一任
志万	贡湖公支长房	庄副	第二任
承撰	贡湖公支长房	庄副	第三任
志仪	贡湖公支长房	庄副	第四任
志颖	贡湖公支长房	庄副	第四任
志鄂	贡湖公支长房	庄副	第五任
志仪	贡湖公支长房	庄副	第六任
家翮	贡湖公支长房	庄副	第七任

资料来源:潘家元纂修:苏州《大阜潘氏支谱》附编卷1《掌庄庄正庄副支总题名》。

　　在潘氏支谱的《掌庄庄正庄副支总题名》中清晰地记录,从建庄

---

① 陈奐《松鳞义庄记》,潘家元纂修:苏州《大阜潘氏支谱》附编卷1《义庄纪事》。

伊始到民国年间,松鳞义庄 6 任庄正、7 任庄副均为贡湖公长房支下子孙。虽然义庄对主政公支下所有子孙愿捐田入庄者,不论多寡,均足以征好义,予以接受。但所捐田亩一体归掌庄子弟经管,捐田子姓不得藉此干预庄务,[①]显示出庄裔族群的特殊权力和责任。

有的义庄宗族虽迁居时间久远,但族群规模不大,聚居程度较高。常熟虞山沈氏原籍浙江绍兴府上虞县,清初"怀南携侄文甫始来虞邑卜宅",为沈氏迁常熟之始。其后怀南、文甫叔侄虽分两支,"而子姓仍聚族而居"。沈氏至宣统二年修谱时,迁居虞山已两百余年,历世八传。若以建庄者沈寿祺所在的第六世起算,至第八世家族男丁仅有 33 人,加上女眷,沈氏不过一百多号族众。沈氏第四世作湘公创议建义庄,赍志以殁,至其孙沈寿祺时始完祖志。沈氏将作湘公后裔视为庄裔族群,义庄赡族范围以始迁祖怀南公以下各房后裔为准,"无论男女嫡庶,一体照规赡给"。[②]

即便有些义庄族群也以始迁祖以下子姓为始,但世代并不久远。如苏州延陵义庄"自迁吴始祖天谱公以后的嫡派子孙方准与祭领米",天谱公为建庄者符阶公之高祖。义庄庄正的选拔皆从符阶公嫡派子孙中选出,"至庄中一切出入、租息、账目、春秋祭祀诸务,司事者必应会同庄正暨敦仁堂商办。族中虽有尊长,不得侵扰干预"。[③]延陵义庄宗族虽然不大,但庄裔的主导地位还是非常明确的。

更多的苏南家族考虑到赡济能力有限,将义庄族群范围断自五服以内,即以建庄者高祖以下子姓为度,此外的族人仅为同宗共谱关系,与义庄赡济无关。武进恽氏向分南北两族,义庄赡族断自"高祖

---

① 潘家元纂修:苏州《大阜潘氏支谱》附编卷 2《松鳞庄规条》。
② 沈寿祺等修撰:《虞山沈氏宗谱》卷 1《怀南支宗图》、卷 2《怀南支世系表》、卷 11《义庄志》。
③ 《延陵义庄规条》,王国平、唐力行:《明清以来苏州社会史碑刻集》,第 279 页。

光禄耕方公始".① 蔚门陆氏丰裕义庄赡族则自"曾祖绳武公始".②

相比受济族群,建庄子孙不仅掌握着义庄的经营管理大权,而且在庄祠飨堂中也占据着支配地位,直接反映了义庄宗族的权力结构。虞山沈氏"凡少溪公(即沈作湘)支将来后裔神位例入庄祠,余均不得擅自附入".③ 苏州东汇潘氏荥阳义庄"正楹奉安创建义庄中宪公之神主,中楹奉中宪公之高曾祖考神主,后楹奉迁吴始祖神主。每月朔望庄正会同庄副族众展拜,立簿书名。"祠内正楹东西陪祀神主,须"两世缵成增置庄产",即有功于义庄者的祖先才能祔祀,"非有功德于义庄者,不得奉主入祠".④ 此外,义庄还建有支祠,"专祀本支,无关巨典,自十五世以下尽可祔祀",⑤也就是供奉所有建庄子孙的神主。

多数义庄在制订赡助待遇时,庄裔族群得到的赡济数额要高于受济族群,强调所谓"亲亲"之道。临海屈氏义庄规条中就有"辨服制以笃本支"的条文,其间称:"赡族义田业为公产,原非所以私子孙,然远族共沾而本支坐困,亲亲之谓何矣?"因景州公创始开庄,"凡景州公本支子孙曾元其中贫苦者,除照近属月支义米外,量给薪水之资,由董事同庄裔议加定夺,族众不得啧有烦言。至其五世孙以下亲尽无服,停给薪水,但支义米世世不减".⑥ 常熟张氏孝友义庄对庄裔子孙尤为厚待,其《现行庄规》中的第十一章为"优待庄裔"条款,在义米钱粮教育经费方面均酌加给发.⑦ 此外,也有部分义庄在制定赡济条款时,以建庄者为血亲坐标,以五服为限定,五服内近亲属给予优待,

① 恽毓荣辑:《恽氏义庄缘起》。
② 陆锦瞤等纂修:苏州《陆氏蔚门支谱》卷13《义庄规条》。
③ 沈寿祺等修撰:《虞山沈氏宗谱》卷11《义庄志》。
④ 潘绍赓纂修:苏州《东汇潘氏族谱》卷6《荥阳义庄规条》。
⑤ 潘绍赓纂修:苏州《东汇潘氏族谱》卷6《续增规约》。
⑥ 屈轶辑:《临海屈氏世谱》卷11《义庄志》。
⑦ 张汝南纂修:常熟《清河张氏支谱》(不分卷)《张氏孝友义庄现行庄规》。

一旦超越此限,就只能享受普通族人的赡济待遇。如荡口华氏新义庄规定:"干若公以下为五服内之近属,理宜稍厚,凡例给一斗五升者,五服内给二斗。身故缴票例给殡葬费三两者,五服内给殓费三两,再给葬费三两。所谓五服者,遵五世则迁之义。嗣后,以现存庄主递推为例,非永以干若公后为五服也。"①

二、士绅、义庄与基层社会

在中国传统的政治结构中,缺乏从上而下以一贯之的权力传输路径。县级以下的基层区域,更多的是由宗族和士绅阶层充当着权力传递的介质。在近代苏南地区的义庄家族中,士绅因掌握着宗族福利分配和赡济大权,与族群社会的互动渠道更加通畅。义庄虽为保族而设,但宗族的繁荣除依靠稳定的经济支撑外,还须有细则明确实施有力的制度性约束机制。苏南士绅阶层以义庄赡族为家族发展的战略基点,制定严密的庄规族约,通过伦常教化的预先控制和严厉制裁的事后惩戒等手段,控制和调适着族群社会的生活秩序,使得族众之间的贫富差距得到一定程度的抑制,多数的族内纠纷和矛盾在宗族内部得以消解,即"杜贫富斗争之渐,塞社会祸乱之源",②一定程度上维持了基层社会的和谐与稳定。

在义庄宗族组织中,绅权、庄权与族权是高度统一的。义庄是支撑宗族事务得以运行的重要经济基础,也是族权借以实现的基本物质前提。而义庄为士绅所建,能捐建义庄者均为一族之望,他们或亲自掌管义庄,或由自己的嫡系子孙中的贤能者担当管理重任,"生则任意高下,没而子孙轮管"③。"缙绅及绅衿商人庄裔掌握义庄的管理

---

① 华翼纶辑:无锡《华氏新义庄》卷上《规条十二则》。
② 贾士毅:《萱荫堂义庄记》,贾瑛淞等主修:宜兴《萧塘贾氏续修宗谱》卷2。
③ 李根源、曹允源:《吴县志》卷31《义庄》,第21页。

控制权,实际上拥有对义庄公产及义庄族群的双重控制权。"因为"义庄与赡济族众之间并不是简单的实施赡济与接收赡济关系,义庄对赡济族群有种种约束,义庄与赡济族群之间存在着一定程度的管理与被管理的组织关系"。① 如苏州范氏义庄,其义庄规条中逐渐增加了对族人的惩戒条款,这些条款不但与族人的经济利益相联系,而且涉及到重要处罚还要"诸房具申文正位",②保证了范仲淹后裔中的士绅在宗族中的领导地位。而武进恽氏"如族中有不孝子弟忤逆父母,或同室操戈,族中闻知即于本庄厚本堂教训之,不听则扑责之,犹不改,则不得不报官惩办,以为不孝不弟者戒,非第停给口粮已也。再各房子孙不遵守规条恃强无礼,以及为不法之事,除罚一年口粮,情节重者,许掌庄人报官惩办,轻者罚半年,再轻罚三月不等"。③ 可见,庄绅阶层在实施宗族保障的过程中,通过道德教化、经济制裁和庄规族约等手段制约族众,建立了一整套族群社会的软控制和硬控制体系,义庄实质上承担着基层政权的功能。

在传统的家族权力体系中,族权的施行者往往由族长担当,但在义庄家族里,权力重心已转移到庄裔族群中的士绅身上。几乎所有义庄规条里,都写有掌庄子弟在行使权力时,虽有尊长也不得干预侵扰的条文。如太仓钱氏义庄中设庄长一人,以建庄子孙之贤能者任之。庄长不仅"总全庄之纲领",且"兼理分祠事务",④显然为合族之领袖地位。有些义庄的族长本身即为庄裔,二者呈现出身份的重叠。当然,也有例外情形。荡口七房桥钱氏义庄捐建者的嫡裔钱承沛曾为庄权问题同义庄管理者对簿公堂。钱氏有义庄三所,怀海义庄最先最大,由老大房五世同堂祖先所创立。清末,"五世同堂一宅后最

---

① 参见林济:《长江流域的宗族与宗族生活》,第171、172页。
② 范之柔:《清宪公续定规矩》,《范仲淹全集》(中),第1167页。
③ 恽毓荣辑:《恽氏义庄缘起》。
④ 《太仓钱氏宁远义庄文存》卷下《宁远义庄规条》。

贫,特多孤儿寡妇,老死者无以葬,幼小者无以教,婚嫁之赀无所从出,有欲出外就业,亦乏资遣"。而庄产由富三房轮管,五世同堂不得过问。秀才钱承沛(钱穆父亲)为大房后,"特痛悯同宅中孤儿寡妇"。念及"今庄业日起,而庄主日落,理当开放,务为拯恤"。但"以此意商之富三房中经管人,不获同情。屡商不治"。很明显,钱氏庄权为富三房所控制,是基于老大房五世同堂庄裔的衰落,以及富三房殷实的经济地位和乡绅的政治特权地位。后来钱承沛投诉于无锡县署进行抗争。义庄经管人则联合富三房抗诉。经过数次往返县署,钱承沛终获胜诉。他虽没有接受县官将"义庄判归五世同堂管理"的建议,但实质上已获得了义庄的支配权。自此,不仅五世同堂各家,事无大小,皆来与其就商,"得一言为定"。继则富三房凡遇族中事,亦必邀其集商,又继则嘱咐族人径赴其处取决。以致后来七房桥四围乡间事,几乎皆待其主断。当时钱承沛未及 30 岁,"不啻为族长,又兼为乡绅"。[1]

　　在农业社会里,土地是最重要的生产资料,义庄占有大量土地,一定程度上掌握了地方社会的控制力。清末荡口是义庄集中的地区,仅华氏一族就建有五所义庄,大族徐氏、殷氏、过氏、秦氏、薛氏也相继建立了义庄,全镇义庄达到十所,盛况空前,被誉为"江南第一义庄"。[2] 其中尤以华氏老义庄、新义庄势力最大。地方上的公共事务一般都由他们说了算,"当米商公所在荡口开会议价时就不得不听义庄的意见。而当地主们决定交租日期的时候,也必先征得义庄管理人的同意。每到年终,当商人们开始结账时,义庄是庙会赶集的重要筹办者,也是发衣送粮、济贫救困的大施主"。[3] 同时义庄学校的社会

① 钱穆:《八十忆双亲·师友杂忆》,第 15—17 页。
② 朱洪元、薛慰祖主编:《荡口史话》,南京:凤凰出版社,2008 年,第 34 页。
③ 〔美〕邓尔麟:《钱穆与七房桥世界》,第 86 页。

化开放,也吸引了许多四乡八邻的求学青年,并使其影响不断向外传播,而成为地方性文化中心。在美国学者邓尔麟看来,"义庄精神的影响是超出了乡绅和农家子弟之外的。义庄成了志士仁人争夺当地政治势力的中心"。[1]

义庄与地方政权的直接联系主要表现在税收方面。义庄宗族对于完纳国课极为重视,列为义庄的首务。各家义庄规条里大概都有如许字样:"义田租息先完国课,后计开销",[2]"惟正之供首宜慎重,须依限完纳,掌庄人不得懈忽"等[3]。虽然义庄的终极目的是保族,但义庄离开了政府的庇护便很难存续。为了得到政府的保护,按时完纳国课是其必须履行的义务,否则还有可能遭到国家政权的处罚。明初,范氏义庄主计裔孙元厚因违误秋粮,田地没官2000多亩,[4]即是惨痛的教训。有些义庄为了保证国税的交纳,还专门划出部分庄田专司纳税。如苏州吴氏继志义庄"内以二百亩为奉公田,以资公役"。[5]荡口华氏新义庄还特别规定:"田上银漕约以租麦抵办","所收租米必于年内完清漕粮",毋得积欠。[6]义庄完纳国课均采取合户纳粮,即义庄在申报立案时,将所置田产统一归为义庄户名,要求佃户按期交租到庄,由义庄统一向国家纳粮,所谓"粮从租办"。如金山钱氏捐置本邑绝买田1337亩有奇,将田产所处都图字号开列成册,呈报政府"采核加看牒县,将单契饬房核户都为一册,分立锡庆义庄祭产户名承粮"。[7]荡口华氏新义庄"祭田各立花户,其余义田及庄基

---

① [美]邓尔麟:《钱穆与七房桥世界》,第87页。
② 盛文颐主修:武进《龙溪盛氏宗谱》卷23《拙园义庄规条》。
③ 陆锦晡等纂修:苏州《陆氏荬门支谱》卷13《义庄规条》。
④ 李根源、曹允源:《吴县志》卷31《义庄》,第12页。
⑤ 李根源、曹允源:《吴县志》卷31《义庄》,第21页。
⑥ 华翼纶辑:无锡《华氏新义庄事略》卷上《庄规十二则》。
⑦ 钱铭江、钱铭铨纂修:《金山钱氏支庄全案》。

俱立华芬义庄户名办粮","不得提改户名"。① 这样对于国家而言,实际上就把征粮任务部分地转移到了义庄的身上,不必向佃户一一征收,保证了国家财税征收的稳定性,稳固了清政府在苏南乡村的经济统治秩序。政府当然乐于如此。所以义庄在向佃户收租时,政府总是给予大力的支持。

在意识形态方面,宗法性是国家和宗族所共同秉持的价值取向,义庄宣扬忠孝节义等纲常伦理,教育约束子弟遵守族规国法,成为维护社会秩序的准基层政权组织,显示出庄权与族权、政权的一致性。其一,义庄积极向族众宣扬伦常教化,敦睦族群,维护君权。嘉定曾氏瑞芝义庄庄塾于"星期日宣讲圣谕"。② 武进恽氏义庄"恭置《圣谕广训》,请塾师于朔望日宣讲一条"。③ 其二,义庄将宗族盛衰和社会安危系于一念。蓉湖蔡氏认为民国时期社会动荡是由于人口增长而又缺乏教育的缘故,称"我国频年时局杌陧,治安无期,推其原在于人齿日增能力未进,因是游惰无业材质低薄者,往往攘臂夺食,而社会骚然矣"。而"蓉湖支子姓渐繁,缺乏能力与无业可就者,亦日益加多,既庶不教,欲求独立生活,资以仰事俯育之道,又何从致之?"令蔡氏尤为忧虑的是,"此种现象直接关系一族之盛衰,间接并及社会之安危,未可忽视也"。④ 蔡氏认为教育是解决社会问题的根本所在,因为教育既可以濡化人格,养成族人遵守既定统治秩序的习惯,且可以培养能力,减少失业贫困现象,从而化解社会危机。基于此,蔡氏义庄制定了一整套从小学到大学(包括留学)的家族教育资助计划。其三,庄绅们遵循"欲治国者,必先齐家"的发展路径,把建义庄、治宗族和国治紧密结合起来。武进恽氏在鼓励时人踊跃捐置义庄时曾说:

---

① 华翼纶辑:无锡《华氏新义庄事略》卷上《议约十八则》。
② 嘉定《曾氏瑞芝义庄全案》卷下《义塾规条》。
③ 恽毓荣辑:《恽氏义庄缘起》。
④ 蔡樾纂修:无锡《蔡氏蓉湖支谱》卷9《义庄津贴学费简章》。

"我郡八县中目前能出千余亩以赡宗族,当以百计。又历览吾常之乡,士大夫其家之贫富盛衰百年如一日者,曾不多见。自范文正公逮兹九百余年,设使人当全盛之时,尽皆肯为,则合郡当以千计。郡有盈千累万之家,世守勿失之,千余亩各养其族,推之于外郡,再推之于合省,渐推渐广,愈久愈多,人各有族,族各有田,则家传孝弟比户可封,岂非圣朝盛事哉……而朝廷特颁异数焉,其故何欤?盖在旌小善以劝天下之善,天下皆善,则大善矣,而岂为一家人之设哉!"①恽氏讲得很明白,建义庄是利国利族的事情,而宗族的和谐是国家长治久安的社会基础。其四,在社会动荡时期,庄绅往往成为国家政权的坚定维护者。咸丰十年,太平军先后攻下常州、无锡、苏州等地,义庄士绅或发动本族子姓组织武装直接对抗太平军,或与地方士绅联合组建团练。如无锡巨族荡口华氏,族绅华翼纶组织团练"白头局",众至数万人,与太平军对抗,战斗十余次,往往取得胜利,受到清朝中央政府的表彰。最终使太平天国官员与华翼纶相约"各不相犯",荡口镇成为太平天国辖区的独立王国。② 长洲望族张荫杲"办团练剿贼唯亭",而"荫楷建立义庄松荫,随其堂叔金照倡办白头局堵截敌军,荫杲与世翰御敌外乡,皆铮铮佼佼者也"。③

透过苏州范氏义庄与金山地区宕户之间的长期争讼,可以管窥义庄和基层民众之间的控制与反控制的斗争。金山地区盛产优质花岗岩,很多宕户世代以此为生。北宋名臣范仲淹在天平山开筑祖茔获朝廷恩准,改天平山麓的白云寺为功德院,并兴建义庄,后获清代乾隆皇帝御笔赐名"高义园"。故天平山又叫范坟山,历代"永禁樵采"。至清末民初,义庄不但拥有良田万亩,而且将天平山附近好多

---

① 恽毓荣:《义庄成谨拟规条书后》,参见恽毓荣辑:《恽氏义庄缘起》。
② 参见贾熟村:《太平天国时期的荡口镇》,《广西师范大学学报》,2007 年第 5 期,第 119 页。
③ 李根源、曹允源:《吴县志》卷 68 上《列传六》,第 36 页。

山头封禁,还雇佣城里警察局的巡骑队常驻天平山,帮义庄收租,禁止农民、宕户到天平山附近的所有山上采石。因此,开山采石与禁止开山采石的斗争连绵不断,屡开屡禁。光绪二十二年(1896),不少宕户、石匠就被以"石炮轰山"、"震毁了范氏先贤坟墓"的罪名被关进了监狱,并有三人死于狱中。北洋军阀时期,范氏义庄联合官府,又一次抓走了许多采石工人和宕户,有些人吃了官司。据金山"郁明泰"石号后裔郁南生回忆,他家祖传的郁家山被范氏义庄强占,划为禁地。其祖父郁云谭(晚清秀才)跟范氏义庄打了十年官司,变卖了所有家产,结果死于狱中。1928 年,金山地区承接了南京中山陵工程的采石业务。宕户和石匠欲借此机会上山采石,"以开千年旧禁",由承接工程的上海新金记营造厂出面与范氏义庄争讼。当年 3 月 14 日的《苏州明报》以"开采总理陵墓石料"为题报道了这一讼案。范氏义庄从保护祖茔的角度,吴县、苏州市公安局则以保护名胜为由,在各山勒石树碑严禁开采。① "'八·一三'事变之后,政府机构废弛军警法令荡然无存,(民国)二十七年七月间附近乡居宕民又复乘机啸聚相偷采山石,滥加斧斤,继以轰炸侵入界线以内。"为此,范氏义庄主奉范承昌请求江苏省民政厅,"为爱惜名胜保存文化计,天平山风景区实应予以切实有效之保护"。民政厅厅长潘振霄随即饬令吴县县知事"予以严密保护"。② 日寇入侵苏州后,范氏义庄所依仗的官府势力顿失。1940 年,由五龙公墓老板之一的毕浩湛牵头,联合宕户陆惠生、周文岳等 8 人,为采石事再次与范氏义庄诉诸公堂,并最终胜诉。除范坟山外,其他诸山全面开禁。这里姑且不论范氏义庄严禁开山采石的真正动机及其合法性与否,单就其长期能维持所在地

---

① 梁平:《金山石矿史话》,中国人民政治协商会议江苏省吴县委员会文史资料委员会:《吴县文史资料》第 7 辑,1990 年,第 35—36 页。

② 参见《江苏民政厅训令:民字第 480 号》,《江苏省公报》,1939 年第 52 期,第 4 页。

区封山禁采并得到政府的支持来说,深刻说明了庄权、绅权与地方政权某种程度上的契合,义庄在地方社会中的势力由此也可见一斑。

正是义庄宗族制中蕴含着丰富的社会控制机理,面对清朝中后期社会危机的频繁爆发,冯桂芬提出了著名的社会控制论——《复宗法议》。其核心理念就是倡导普遍推广义庄,使其成为社会基层行政单位,即"地主乡绅们的自治体",①通过义庄对各个宗族实施教养及有效的管理,达到基层社会的"和谐"。冯氏认为,宗法为佐国家养民教民之原本,而义庄"颇得宗法遗意,自可因势利导,为推广义庄之令"。② 在他看来,"今天下之大患有可以宗法弭之者不一端":第一,"宗法行而盗贼可不作";第二,"宗法行而邪教可不作";第三,"宗法行而争讼械斗之事可不作";第四,"宗法行而保甲、社仓、团练一切之事可行"。③

冯氏对义庄制度加以发挥改造,制订了详尽实施方案,即"有一姓即立一庄,为荐飨合食治事之地"。庄制分立养老室、恤嫠室、育婴室,"凡族之寡独孤入焉";读书室,"无力从师者入焉";养疴室,"笃疾者入焉";又立严教室,"不肖子弟入焉"。义庄中分割出如此众多的职能部门,显然此时的义庄已不仅仅为一宗族的保障机构,更多的带有基层政权的色彩,成为"治事"之所。义庄实行"有事"报告制度,"嫁娶丧葬以告,入塾习业以告,应试以告,游学经商以告,分居徙居置产斥产以告,有孝弟节烈或败行以告,一切有事于官府以告,无力者随事资之。"如此严密的监控,族众几同于生活在白昼之下,任何蛛丝马迹都难逃义庄管理者的法眼。若此,那些危及社会秩序的行为

---

① 潘光旦、全慰天:《苏南土地改革访问记》,第73页。
② 冯桂芬:《复宗法议》,《显志堂稿》卷11,沈云龙主编:《近代中国史料丛刊续编》第79辑,第1028页。
③ 冯桂芬:《复宗法议》,《显志堂稿》卷11,沈云龙主编:《近代中国史料丛刊续编》第79辑,第1030—1032页。

就会被消弭于萌芽之中。考虑到宗族的财富不均,建庄困难的宗族,可以"假庙寺为之"。而人口少的宗族则实行小族附入大族制度,使义庄超越原有的宗法遗意。[①] 这样义庄就能很好地填补因基层政权缺失或不力所带来的社会控制的真空状态。

可见,冯氏心目中的义庄即一独立的小宗族王国,它以血缘或地域为限,这个王国的领导者为士绅阶层,设想以完善的社会保障和教化措施以及严密的报告制度,使族众的一切行为都在他们掌控之下,"期于亿万户皆有所隶而止"。[②] 显然,冯氏建义庄、"复宗法"的真实意图并非是简单的复古,而是设想将族权、绅权与基层政权实现交叉、融合,"以保甲为经,宗法为纬",[③]最终实现宗族社会的秩序化,乃至国家的长治久安。冯氏对此充满了信心。在他看来,"诚能推而行之,自一人一家而郡县而直省。一族有义庄即一族无穷民,千百族有义庄即千百族无穷民,衣食皆足,廉耻自生,奸宄邪慝无自而作,三代郅治不外此"。[④]

第二节　义庄的庄籍制度

义庄实施家族保障及维护家族秩序的前提是掌握整个家族人口的基本情况,包括贫富、性别、年龄、教育、婚姻、家庭状况等,所以义庄注重建立庄籍档案制度,对家族人口实施有效的管理和控制。

庄籍实质就是义庄家族成员的丁口册,亦可谓家族内部的户籍,

---

① 冯桂芬:《复宗法议》,《显志堂稿》卷11,沈云龙主编:《近代中国史料丛刊续编》第79辑,第1028—1030页。

② 冯桂芬:《复宗法议》,《显志堂稿》卷11,沈云龙主编:《近代中国史料丛刊续编》第79辑,第1030页。

③ 冯桂芬:《复宗法议》,《显志堂稿》卷11,沈云龙主编:《近代中国史料丛刊续编》第79辑,第1032页。

④ 冯桂芬:《冯宫允拙园义庄记》,盛文颐主修:武进《龙溪盛氏宗谱》卷23《义庄录》。

记录着每位族众的信息,是义庄实施有效管理和进行赡济分配的必要措施。南宋的赵氏义学庄就有"庄有籍,五世以下入籍"规定。①

注册庄籍是义庄一项常规工作。义庄赋予各支房长的一大任务即是时时清查本支人口的实情,按时报庄,交由司事汇录成册。武进恽氏每支下设有支总一人,"造具丁口册二本,将各支各房男女丁口开载生年岁数,一存庄内,一存各支总处。遇有生卒嫁娶,各房到庄告知,即时于册内眼同注明,必须核实,不得疏漏"。② 苏州宏农杨氏义庄要求各支总"谱系之道务各尽心","凡支派子姓每年增减人口随时告知支总,支总详注册内,于春秋两祭汇齐缴庄"。③ 汪氏耕荫义庄的登册入籍工作,安排得非常严谨。义庄要求"支下婚嫁生卒移居安葬,俱随时开具报单(娶则开明某氏某之女,某年月日生,现年若干。嫁者开明第几女,嫁与某人。生子女则开明妻妾所出,并排行、月日、名字。卒则开明月日,在年若干。移居则开明移居某处。安葬则开明某县某都图某字圩地名某处),呈支总注册"。支总将族人生老病死的变化情况核实后,将名单及时上报义庄汇总。"每年正月,司事查照旧册除去病故出嫁二项,开造新册。凡新添人口,依世次增人,有应移入寡妇册者,亦依世次移增入,造齐后,庄中存贮一套,其余于二月朔日,按各支总散给。""支总于二月朔日将上年丁口册、寡妇册缴庄,与庄册核对有无遗漏舛错,再行倒换新册备注。"④

注册庄籍也是族人取得义庄赡助的必要条件。如苏州延陵吴氏所言:"义庄之设,实代祖宗抚养子孙之事,族人无论生育、死亡、娶

---

① [日]清水盛光著、宋念慈译:《中国族产制度考》,第148页。
② 恽毓荣辑:《恽氏义庄缘起·恽氏义庄规条》。
③ 杨廷杲纂修:《吴郡杨氏家谱》(不分卷)"宏农义庄赡族规条"。
④ 汪体椿等纂修:《吴趋汪氏支谱》卷末《平阳汪氏耕荫义庄规条》《平阳汪氏耕荫义庄续定规条》。

妇、嫁女,随时呈报注册,一为增修家谱,一为给发月米。"①吴趋汪氏则云:"欲议赡族之事,必先详订本支,方足以资考核。"②金山钱氏"族人添丁,限满月后,即以某人于某月日时生,男、女,及生母某氏、男女行第、小名,书单呈报,察查注册,以备他日及年支粮。若违理逾时补报者,虽年长勿给"。③ 吴县彭氏要求"各房生产子女,务必照章赴支总所在报告注册。倘未经注册,子女到庄请领学费,概不给发"。④ 吴县陆氏"应支月米者,由本人报明支总,确查支派、三代、岁数、住处,核实报庄,由庄注册,编定字号,预发领据"。⑤

义庄家族的新生儿注册庄籍,有时限要求。如上海王氏要求"族人生男女,限满月后,即以某人于某月日时生,男、女,某母或所生母某姓氏及男女行第、小名,书一单报义庄。本庄于给米日,再问宗族众人,知所生男女的实,即时限同注册,以便他日及年支粮,若违例不报、过时补报者,后虽年长,不准给米"。⑥

为防止有人冒名入籍或违规继立,族人注册庄籍时还须有他人证明。荡口华氏新义庄要求入籍族人须"请正直之人到庄保举,详开支派世数三代以及名氏年岁,董事查访确实,然后入册"。⑦ 常熟邹氏贫族登注义庄册籍,必须核对家谱世系,"确然符合,而又同族中有给实可靠之数人向来与之相识,能立时指出其上代来历、现在世次者,方准于下年挨序编入领米户籍,照例给发"。⑧

---

① 王国平、唐力行主编:《明清以来苏州社会史碑刻集》,第 278 页。
② 汪体椿等纂修:《吴趋汪氏支谱》卷末《平阳汪氏耕荫义庄规条》。
③ 钱铭江、钱铭铨纂修:《金山钱氏支庄全案·庄规》。
④ 彭文杰、彭钟岱修撰:吴县《彭氏宗谱》卷 12《续纂庄规》。
⑤ 陆增炜纂修:吴县《平原陆氏宗谱》卷 20《义庄》,清光绪三十二年刻本。
⑥ 王师曾纂修:《续修王氏家谱》卷 5《世产·义庄规条》。
⑦ 华翼纶辑:无锡《华氏新义庄事略》卷上《规条十二则》。
⑧ 《常熟邹氏隆志堂义庄规条》,参见王国平、唐力行主编:《明清以来苏州社会史碑刻集》,第 234 页。

若遇族人违规、迁徙、出嫁及死亡等情形,支总要及时报庄,司事随时登簿,变更其庄籍。张氏孝友义庄"族中有添丁、亡故、久客外归者,理应朔望日到庄报明事故及世数名字,司正即行增注出册"。[1] 为了规避谎报、瞒报或登录错误,有的义庄还规定了复查制度。如吴江施氏"庄内设立总簿,凡族中老幼生卒男女嫁娶并忠孝节义等项随时报告庄内详细记录。每年春秋二季少长咸集之时,将此簿交族人公同看阅,如有遗漏或错误之处,立即增改"。[2]

当然,并不是每位同宗族人皆可编入庄籍。在义庄宗族里,取得庄籍的途径主要有两条:血缘和婚姻。就血缘而言,只有那些在义庄规定范围内的世系血亲,才有此权利。超越义庄规定的世系范围,虽为同宗,依然不得入册。此外,凭借婚姻关系,女子自嫁入夫家之日,即为夫族成员,获得男方的族籍和庄籍。与此相应,义庄宗族女子享受的赡济待遇至其出嫁日为止,如苏州程氏成训义庄"女在二十前出嫁即行停给"。[3] 但也有少数义庄,在族中嫁出之女寡居而贫,且夫族又无义庄的情况下,"念祖宗一本之谊,亦归庄册,一体发给"。[4]

即便是符合血亲世序的要求,如果族人身上存在以下情况,义庄同样不予入册。

一是对违例继立异姓或出继他姓者,义庄不准入籍,"以杜异姓乱宗之弊"[5]。莳门陆氏义庄规定:"凡取异姓为后者,例所宜斥,不准入现丁册内","将子女出继外姓者同"。[6] 济阳丁氏义庄"族中有出继

---

① 张汝南纂修:常熟《清河张氏支谱》(不分卷)"常熟张氏孝友义庄开办庄规"。

② 施则敬等编:《吴江施氏义庄汇录》。

③ 程晼纂修:苏州《程氏支谱》卷1《成训义庄规条》。

④ 叶德辉:《吴中叶氏宗谱》卷63《赡族规条》。

⑤ 华翼纶辑:无锡《华氏新义庄事略》卷上《议约十八则》。

⑥ 陆锦瑚等纂修:苏州《陆氏莳门支谱》卷13《赡族规条》。

外姓及螟蛉异姓子女者,概不准入籍,亦不准支给钱米"。①

二是妇女改嫁,因丧失原有的族籍,庄籍随之消亡。如荡口华老义庄对族内妇女"再醮他姓者不准入册"。②

三是义庄始终将家族保障同践行伦理纲常相结合,维护封建伦常关系。对违背伦常法则者,义庄概不入册,寓劝惩于周恤之中。嘉定曾氏对"干犯名教玷辱祖宗"者,"非特本身不准给米,即其妻、子亦无庸入册,以为不守本分者戒"。③ 荡口华氏新义庄对"不肖子弟、赌博、酗酒、健讼、无赖,此皆坏乱风俗之徒,例不入册。又有僧道已非吾族,匪行有辱宗祊,此二者亦不准入册,以寓惩创之意"。④

四是义庄将宗族福利与国家法纪相结合,规范族众行为,要求族人安分守己、务本勤生,违者不予入册。太仓钱氏族人"并无烟赌冶游恶习且未曾干犯刑章者,方准注册编号给折"。⑤ 锡山徐氏对"过犯不清白者,不循妇道者,皆不准入册"。⑥ 济阳丁氏子弟"如不孝不悌,流入匪类,或犯娼优隶卒,身为奴仆,卖女作妾,玷辱祖先者,义当出族,连妻、子均不准支领赡米"。⑦

五是义庄赡族还强调族群的聚居性,如果族人远离家族的聚落,义庄也是不会将其登录庄籍的,以此凝聚族群,强化管控。如荡口华老义庄对"住居外县者路远难稽,概不入册"。⑧ 义庄家族保障制度的

① 《济阳义庄规条》,参见王国平、唐力行主编:《明清以来苏州社会史碑刻集》,第 261 页。
② (清)佚名:《华氏义庄事略. 义庄条约》,清刻本。
③ 嘉定《曾氏瑞芝义庄全案》卷下《赡族规条》。
④ 华翼纶辑:无锡《华氏新义庄事略》卷上《议约十八则》。
⑤ 《太仓钱氏宁远义庄文存》卷下《宁远义庄规条》。
⑥ 作者不详:《锡山徐氏支谱》(不分卷)"义庄条约"。
⑦ 《济阳义庄规条》,参见王国平、唐力行主编:《明清以来苏州社会史碑刻集》,第 261 页。
⑧ (清)佚名:《华氏义庄事略·义庄条约》,清刻本。

地域限制,对于人口的区域流动起到了一定的制约作用,这同苏南商品经济的发展趋势相背离。

六是有些富有族人强不遵规,或自恃无所需求,春秋祭祀不到,生死嫁娶不报,义庄也不予注册。"将来伊名下庄中无册可稽,设或他日贫乏,不准请给。如能改悔前非,必得族众保明,庄中补行注册,三年无过,方准支给。"①嘉定曾氏对于册中无名的族人,不仅"贫者不准支米",富者还得"议罚"。②

此外,原来庄中有籍的族人,也有可能因违反庄规祖训而遭除籍的惩罚。如莳门陆氏对"不孝不悌,甚至流入匪类、作奸犯科及身为仆役卖女作妾玷辱祖先者,照大概庄例摒弃出族、除籍,出族及其妻女子孙,除籍只除本身之籍"。③庄籍的丧失对于家族成员而言,失去的不仅仅是得到赡助的资格,更多的是荣誉的丧失和族中社会地位的降低。

义庄对于族人的最大吸引力,就在于其具有相对强大的经济力,能为族众提供一定程度的物质生活保障,任何一个贫穷族人恐怕都不愿放弃这样的机会。而社会控制的力量往往就存在于与之休戚相关的经济联系中。义庄借助其实施赡助的经济力,用一纸庄籍牢牢地将族众凝聚在宗族聚居的区域内,并通过规定种种庄禁,让其各安其职,不越礼法,既整肃了人心风俗,又维护了国家法纪,稳定了社会秩序。

第三节 义庄族群的道德与文化控制

士绅集团由于本身掌握着儒家的精神资源而成为一种举足轻重

---

① 汪体椿等纂修:《吴趋汪氏支谱》卷末《平阳汪氏耕荫义庄赡族规条》。
② 嘉定《曾氏瑞芝义庄全案》卷下《赡族规条》。
③ 陆锦瞡等纂修:苏州《陆氏莳门支谱》卷13《赡族规条》。

的社会文化势力。苏南义庄家族的士绅们凭藉对修谱、祭祀及文化教育资源的垄断,获得了对家族社会伦理秩序的支配权,并在化"礼"为俗的过程中,力行教化,客观上起到了整合族众、弱化社会矛盾的作用。

一、谱牒统族

修纂家族谱系,是义庄维系与凝聚大型族群的重要文化工具。方孝孺谓:"非谱无以收族人之心,而睦族之法不出乎谱。"[1]作为宗族的档案史料,谱牒记载着宗族的世系源流以及先人们的荣耀辉煌,在族人间建构起牢固的血缘网络和历史记忆。庄绅们深知,编织这种坚韧的血缘文化网络,对宗族社会的秩序化建设,无疑有着强大的"收心"作用。如常熟陶氏所言:"欲收族,莫如立义田;欲义田,莫如修宗谱"。[2] 甃门陆氏丰裕义庄庄正陆锦焴则说:"义田固与谱籍相表里也"。[3] 吴县松鳞义庄掌庄潘遵祁则视修谱为义庄之急务,称"修明谱系而后族可收"。[4]

苏南义庄中一般设有谱局。为了保证修谱的正常进行,义庄划拨特定的经费用于修谱,专款专用。如嘉定练西黄氏义庄于每年开支项下提存银五十元,"为修谱费基本金",存放生息,逐年改息为本,提满十年为止,以息本充续纂宗谱之用。[5]

民间修谱向有十年一小修、三十年一大修的说法,义庄因经费充裕,周期更短。苏州程氏资敬义庄于光绪二年重修了支谱,决定以后

---

① (明)方孝孺:《逊志斋集》卷13《葛氏族谱序》,宁波:宁波出版社,2000年,第419页。
② 陶文炯等纂修:《常熟浔阳陶氏家谱》卷1《序》,民国二十二年铅印本。
③ 陆锦瞡等纂修:苏州《陆氏甃门支谱》卷12《序》。
④ 潘遵祁:《陆氏丰裕庄义田记》,见陆锦瞡等纂修:苏州《陆氏甃门支谱》卷12《义田记上》。
⑤ 黄守恒纂修:嘉定《练西黄氏宗谱》卷13《义田志·义田经管规程》。

"十年一修,公举总纂一人主裁"。① 太仓王氏二原义庄修谱更为频繁,"七年一小修,设局五日,十五年一大修,设局十日,如嫌局促倍之"。②

谱牒为义庄宗族制度的一个重要组成部分,义庄或延请族中道德学问精深的耆老任之,或由族中有功名职衔者任之,义庄管理者也是当然的参与者。太仓王氏二原义庄"延请族中读书明理者三四人编辑稿本"。③ 宣统年间所修的洞庭东山《吴中叶氏族谱》,则由光绪十八年进士叶德辉任总裁。常熟归氏修谱则由司正"总其大成"。④ 苏州王龄在《续修家乘序》中记述了所看到的义庄中修谱情形,"龄垂髫读书庄塾,见族之长老续修家乘"。⑤ 相比之下,光绪四年苏州陶氏义庄的修谱活动,可谓盛况空前。这次修谱,陶氏宗族的文化精英几乎全部出动,修校者的辈分从高祖到玄孙历有五世,共有 34 位族人参与其事,没有功名职衔的只有 7 人,其中 3 人还担任着义庄知数的职位。⑥(详见表 6-2)宗族士绅们的修谱热情及文化控制力,于此可见一斑。

表 6-2 光绪四年苏州《陶氏家谱》参与续修族人身份职衔表

世数	姓名	功名、职衔
十六世孙	惟爌	太学生候选县佐、义庄司事
	惟熲	太学生国子监典籍衔候选县佐、义庄司事
	惟灿	议叙县佐
	惟琛	壬戌恩科举人景山官学汉教习、国子监助教、安徽庐州府江防同知

---

① 程昽纂修:苏州《程氏支谱》卷 1《资敬义庄规条》。
② 王寿慈纂修:太仓《太原王氏宗谱》卷 6《二原庄祠规条》。
③ 王寿慈纂修:太仓《太原王氏宗谱》卷 6《二原庄祠规条》。
④ 归堤:《常熟之义庄》,《复旦社会学系半月刊》,1931 年第 2 卷第 7 期,第 9 页。
⑤ 王庆芝纂修:《太原王氏家乘》卷 1《续修家乘序》。
⑥ 陶惟爌等纂修:《陶氏家谱》卷首《光绪四年续修校衔名》,光绪三十四年刻本。

续　表

世数	姓名	功名、职衔
十七世孙	怀衢	太学生候选太常士博士
	怀皋	候选光禄寺署正
	怀熙	义庄知数
	怀纯	议叙从九品
	怀陬	
	怀桢	六品衔历任河南原武衔主簿、山东夏津县主簿升用知县
	怀彦	太学生刑部浙江员外郎、直隶顺德府同知、顺天南路同知、在任候选知府
	怀灿	山东候补典史
	怀宪	太学生州同衔、浙江候补府经历
	怀兆	国子监典籍
	怀衡	丁卯科补行辛酉科举人，宗室官学教习、国子监典籍、如皋县教谕、沛县训导、义庄庄副
	怀彬	太学生四品衔分部行走主事义庄庄副
	怀潮	议叙从九品、义庄司事
	怀照	候选从九品、义庄司事
十八世孙	忠柱	
	忠潞	赐进士出身，四川潼川府知府署建昌兵备道
	忠保	太学生承袭云骑尉世职
	忠需	太学生六品衔候选县佐
	忠茂	花翎同知衔贵州候补知县兼袭云骑尉世职
	忠骏	义庄知数
	忠诰	长洲县附贡生候选训导、义庄司事
	忠用	太学生国史馆誊录五品衔、直隶补用知县

续 表

世数	姓名	功名、职衔
十八世孙	忠濂	
	忠讷	壬午科举人拣选知县
十九世孙	孝培	候选从九品
	孝鑅	义庄知数
	孝鉌	太学生五品顶戴候选县佐、义庄庄正
	孝楙	
二十世孙	诒元	壬午科副贡戊子科举人、内阁中书兼袭云骑尉世职，义庄庄副
	诒湜	国子监典籍、义庄庄正

资料来源：陶惟爚等纂修：《陶氏家谱》卷首，光绪三十四年刻本。

“家之有谱，犹国之有史也。”①族谱既是一族繁衍发展的历史，也是一部劝勉后世子孙的现行教科书。将族众的言语事迹入谱，并被加以褒贬，对后世子孙而言，就有了可资效仿的楷模和引以为戒的例证，从而起到了道德价值标尺和导向的作用。苏州洞庭王氏义庄设有义塾，经费来源于“用中公捐德和公祠义塾纹银一千两”，此款向存常熟族人兰圃公所设之道生店，逐年以息金供给塾师修馔。适逢“粤匪乱作，店业荡然，款随沦没”。兰圃后人蕙生颇明公理，“以义塾为公益之举，此款为培植族童之要需”，函致族人，“慨然以己产地基一方为抵偿”。但是后来义庄查证，“此项地基现查无着，有知其事者谓已转售他姓不为义塾所有已非一日矣”。义庄虽觉得“为事丛脞，未便深究”，但义塾化为乌有，“似难含糊”。同族公议：“今兹重修家谱，苟不揭明缘由，登诸谱籍，俾有所稽考，则后人按谱索款，将有疑义业

① 陈家栋：嘉定《南翔陈氏宗谱》卷1《槎溪陈氏族谱序》，民国二十三年铅印本。

生矣。"①于是将遗失义塾存项颠末详载家谱,实际是藉此讽喻典卖人。苏州唐氏于乾隆二十四年建立义庄,咸丰兵燹后,义庄由大宗长次二支轮管。传至次房十四世孙菊轩公奉祀时,因"少年任事措置失宜,有时公款不敷,乃继之以单质暗中署券,且旁及诸昆,遂至亏负条漕,补苴乏术……时阅数年,私将元邑上廿五都八图楗帐等字圩计田二十五亩零出售于天水赵家,得价约六百余金,诿为历年亏项"。这段义庄历史上不光彩的事最终还是以《义庄沿革记》为题写进了家谱,其间云:"今因谱牒重修,应将沿革缘由详为传述,俾后世引为前车之鉴,其谁敢有玷庄规乎。"②显然,事迹入谱即为盖棺定论,危害宗族之人将永远作为反面典型传之后世。可见,修谱不仅使宗族的道德规范得到确认,谱牒的权威更是得到了进一步强化。

将义庄资料编辑入谱并单独成卷是绝大多数苏南家族的做法,有的放在卷首,有的位于正卷,有的设置附卷,内容最多的竟占四卷之长。如常熟《京兆归氏世谱》共有十二卷,其中卷四为《义庄志》;无锡村前《胡氏宗谱》卷二十一为《村前胡氏义庄始末》;常熟《虞阳沈氏宗谱》的第十一卷为《义庄志》;苏州《陆氏尌门支谱》共十七卷,卷十二、十三为《义田记》和《义庄规条》;苏州《大阜潘氏支谱》正编十四卷、附编十卷,卷十四为《庄祠记》,附编卷一至三分别《义庄记》、《义田记》;武进《龙溪盛氏宗谱》共三十卷,其中卷二十三至二十六为《义庄录》;也有少数家族将义庄资料单独结集刊行,如《吴江施氏义庄汇录》《嘉定曾氏义庄全案》《徐氏梓荫义庄汇录》《太仓钱氏宁远义庄文存》等。义庄资料入谱,一则为了长久保存,不至散佚;二则让义庄历史、实施法则家喻户晓,便于管理运作;而其根本的意图还是在于贯彻义庄敬宗、收族、保族的宗旨,即更好地利用宗谱统族的功能。如

---

① 叶耀元纂修:《洞庭王氏家谱》卷3《祠宇类下编·遗失义塾存项颠末》。
② 唐轲等纂修:苏州《唐氏家谱》卷6《义庄沿革记》。

溧阳、广德钱氏在第十二次修家谱时,公议将《士青义庄录》附入谱后,"俾每次修谱时可逐渐印行,此等办法用意至为深远"①。

　　谱牒不仅是一种血缘网络,还是一种身份组织关系。只有那些遵守庄规族训的血缘个体才能入谱,违反者则被拒之谱外。如吴趋汪氏规定:"凡异姓为后,及在外不检生有子女者,皆例所宜斥,不准入谱,至以子孙出继异姓者,亦应扣除。"②武进唐氏"作奸犯科甘为人仆者,祖宗之罪人,不可入于家乘"。③ 谱系是宗族血缘伦理次序的根据,谱上无名,血缘身份得不到确认,就不能享受族人应有的权利。因此,入谱限制成为义庄管控族众,使其避免产生"不良行为"的一个有力措施。

　　削谱则是对族众的一个更重的处罚,不仅义庄的赡助被取消,而且当事者在宗族中的荣誉地位从此丧失。一些家族在义庄规条中设置了削谱的条款,让族人时时注意自己的言行,不敢越雷池半步。如苏州大阜潘氏松鳞义庄规定:"凡男子不孝,为父母胞伯叔所屏;妇人不贤,为翁姑夫主所弃,则于谱中削之。祖宗不可欺,父母不可违也。其子姓行为不端,为恶乡里,屡戒不悛,则遍告族长、房长、支总,亦于谱中除其名。果能痛改,合族公允,再行补入,或其人故,后有子孙能干蛊者,亦准补入。"④义庄给予族众悔过的机会,则表明此举的警示意义大于惩罚意义,目的是从反面教育族众如何立身行事。

二、祠堂合族

　　"义庄之设,所以奉祭祀恤宗族也。"⑤庄祠既是义庄赡族的组织

① 钱文选撰:《士青义庄录·自序》。
② 汪体椿等修纂:《吴趋汪氏支谱》卷末《平阳汪氏耕荫义庄规条》。
③ 唐晋歧等修撰:《唐氏宗谱》卷1《条例》,民国十六年活字本。
④ 潘家元纂修:《大阜潘氏支谱》附编卷2《松鳞庄增定规条》。
⑤ 汪体椿等纂修:《吴趋汪氏支谱》卷末《平阳汪氏耕荫义庄规条》。

机构所在,也是供奉先人神主的地方,惟此,更彰显其在族众心目中的庄严地位。然而义庄祭祀不仅在于表达对祖先的崇敬与思念之情,而且还是其整饬宗族秩序的文化手段。

苏南义庄宗族祭祀形式多样,主要有开庄之日的祭拜,每月朔望日的祭拜,每年的墓祭及春秋祠祭等。

义庄一般每年在正月十五日开庄,开庄之日,"在庄食米者,除妇女、疾病外,均当躬亲拜奠",以感念建庄者的恩德。对无故不到的族人,义庄"扣除一月之米,以为不敬祖先者戒"。子姓如有违规及玷辱祖先等情形,"轻则罚神位前跪香,重则夏楚,示惩如学宫仪,甚则屏黜,不许与祭"。①

义庄发米日期一般安排在每月朔望,便于族众按时祭拜祖先。常熟席氏义庄"正月定期十五日,余月初一日,到期同到庄上点烛,向神位叩首,然后领米"。② 上海王氏义庄于每月朔望分两次发米,领米人"必得到祠行礼,庶几无忘先泽",防其"安坐而食,不知祖宗手定艰难,殊昧饮水思源之义"。③ 义庄借此培养族人对先人的感恩及崇拜之情,"通过祖先崇拜,家系将活着的人和死去的人联系在一个共同体中",④从而加强族人一本同源的共同意识,并形成绝对服从义庄的习惯。

相比每年的墓祭及每月的朔望祭仪,每年在庄祠中举行的春秋大祭最为隆重。祭前,庄裔子姓概用传单知会。祭期,子姓在黎明时分齐集庄内,点名列册,气氛肃穆。祭时,严格序次尊卑,"其拜跪位

① 赵毅盒等纂修:江阴、常熟《暨阳章卿赵氏宗谱》卷20《常熟赵氏义庄规条》、《常熟赵氏义庄祭法考》。
② 席彬纂修:常熟《席氏世谱载记》卷12《义庄规条》。
③ 王师曾纂修:《续修王氏家谱》卷5《世产》。
④ [奥地利]米特罗尔、西德尔著、赵世玲等译:《欧洲家庭史》,北京:华夏出版社,1987年,第11页。

次各依行辈排立,尊长卑幼之序不可紊越"。[①] 世家大族庄祠祭仪场面宏大,规划有序。如长洲彭氏"主祭一人,东西分献,每案一人,鸣赞一人,引赞二人,读祝一人,司香帛爵每案二人,叙班东西各一人,先排名次,开单俾得依次序立,司乐一人,司正作其陪祭,子姓长幼序立,叙班者先为排定,仍随班行礼。凡每案司香帛爵各以与祭,弟侄辈司其事,毋稍紊越"。[②] 祭祀完毕,义庄还会进行"分胙"、"食馂"、"读谱"等活动。苏州鲍氏传德义庄对祭祀到场的族人,每人给以用费四百文。[③] 庄正和族尊也会借机进行劝勉及处罚不肖子弟,从而使祭祖活动达到无形的敬宗收族之效果。如唯亭顾氏义庄,"朔望及春秋祭祀,族长到祀,瞻拜兼管阖族子弟。如有不肖者,当即传到庄中戒斥"。[④] 可见,一次祭祀活动就是家族精英对整个家族成员进行一次族内位次的排序和演练,这样在日常生活中,每个人就知道其对应的身份和行为的限度。在庄祠的精心组织下,祭祀盛典加深了族众间的一本之谊。子姓们跪拜并瞻仰祖宗遗像或牌位,诵读祭文,思忆祖宗功德,体会祖宗殷殷教导和期望,心灵在潜移默化中接受了一次完整的宗法文化洗礼。

"食德服畴礼隆报本,庄祠祭祀实为先务。"[⑤]在每年义庄的开支中,祭祀花费占据重要位次和份额。无锡荡口华氏新义庄岁收田租栈租,"首先办赋以及春秋祭祀修葺祠墓"。[⑥] 世家大族的祭仪场面宏大,所费不赀,需要大量祭产支撑开支。如苏州人翰林院编修潘遵祁所云:"吾吴士大夫家多置义庄,甲于他省……宗庙之礼莫重于祭祀,

---

① 叶德辉纂修:《吴中叶氏宗谱》卷 63《经理规条》。

② 彭文杰、彭钟岱修撰:吴县《彭氏宗谱》卷 12《庄祭规条》。

③《传德义庄规条》,参见王国平、唐力行主编:《明清以来苏州社会史碑刻集》,第 273 页。

④ 顾来章等纂修:《重修唯亭顾氏家谱》附卷《庄规》。

⑤ 嘉定《曾氏瑞芝义庄全案》卷下《祭祀规条》。

⑥ 华翼纶辑:无锡《华氏新义庄事略》卷上《规条十二则》。

祭祀之礼无田不举也,故有田而后有宗庙,以奉祭祀。"①为了保证祭祀的正常举行,义庄多置有祭田,以备祭祀专用。如苏州吴氏继志义庄"捐六百亩为义田",内"以五十亩为报本田,以供粢盛以会族食"。②无锡南延乡啸傲泾钱氏义庄先后设庄田五百四十亩,后其裔孙又捐祭田二百八十亩。③常熟邹氏义庄置"田一千七十余亩,分赡贫族",又"附设祭田书田二千亩有奇"。④没有单独设立祭田的,则在义庄租息中开支以充祭祀之需。吴江施氏义庄"每年祖坟祭扫祠堂祭祀等项,应在义田入款之内酌定提用"。⑤嘉定曾氏瑞芝义庄对祭祀开支有专门规定:庄祠春秋二祭,"悉遵会典,动用庄租";令节常祀,"仍依家礼,动用祭产"。⑥藉此可见,义庄通过祭祀手段来实现敬宗睦族收族的目的,是建立在一定的物质基础之上的。

家族的祭祀大权操纵在义庄领导人的手中,吴中叶氏的春秋祭祀均由主奉主祭。⑦嘉定曾氏庄祠春秋二祭是"庄长主祭",而令节常祀由"族长主祭",⑧主祭即宗子。对于族人而言,参与庄祠祭祀既是权利也是义务,对无故不与祭的族人,庄祠有相应的处分,除了训斥、体罚外,对领米者还会罚停月米。如汪氏耕荫义庄族人"庄祠祭祀无故三次不到者,即揭示条悬挂二门,以为不敬祖宗者戒。本庄传临祭,三次不到之庄裔,赴主祠跪香持示"。⑨苏州程氏成训义庄除年老有病不到外,"丁壮者无故不到,议罚跪焚香叩先;支米者不到,罚停

① 陆锦瞒等纂修:苏州《陆氏莳门支谱》卷 13《陆氏丰裕庄义田记》。
② 李根源、曹允源:《吴县志》卷 31《公署四·义庄》,第 21 页。
③ 汪大中、倪咸生、秦缃业:光绪《无锡金匮县志》卷 30《善举》,第 10 页。
④ 郑钟祥、张瀛、庞鸿文《常昭合志稿》卷 17《善举》,第 12 页。
⑤ 施则敬编:《吴江施氏义庄汇录》。
⑥ 嘉定《曾氏瑞芝义庄全案》卷下《祭祀规条》。
⑦ 叶德辉纂修:《吴中叶氏宗谱》卷 63《经理规条》。
⑧ 嘉定《曾氏瑞　芝义庄全案》卷下《祭祀规条》。
⑨ 汪体椿等纂修:《吴趋汪氏支谱》卷末《平阳汪氏耕荫义庄续定祭祀规条》。

支米一个月"。① 违反祭祀纪律的族人,同样会受到义庄的处分。太仓王氏庄祠春秋时荐,祭毕食馂,严格要求族人饮酒不得过量,"酗酒者书名贴出,永不许与祭"。② 可见,血缘帷幕下的宗族生活并不自由,但对于族人而言,又是必不可少的。

第四节　义庄族群的庄规控制

典型的宗族一般拥有宗祠、族田、族谱、族规、族学、族墓地等,所以宗族除具有仪式单位、地缘单位、教育单位的性质之外,还具有经济和法律上的功能。③ 在中国传统社会,在国家法律之外,还游离着大量非正式的民间法规,家族法是其中重要组成部分,它们在国家法律触角未及之处维系着基层社会秩序。而庄规就是家族法的重要组成部分,是义庄调整、约束宗族社会关系并具有一定强制性的行为规范。它一般由赡族规条、祭祀规条、义塾规条及组织管理规条等组成,涉及宗族与政府、宗族与佃户、宗族内部族群等方面的关系,是义庄的施政纲领和司法依据。

一、劝善规过

庄规化育是义庄控族的利器。义庄通过褒扬或奖恤族人的某些行为,树立道德楷模,鼓励族众向他们学习,树立积极"向上之心";通过对族众的违规行为给予严厉惩处,使其回到原有的秩序状态中来。庄规化育的内容包括"归宗认同"的本体意识、"忠信孝悌"的传统伦理、谋求宗族光大的进取心态,以及与社会意识相一致的价值观

---

① 程晓纂修:苏州《程氏支谱》卷1《成训义庄规条》。
② 王寿慈纂修:太仓《太原王氏宗谱》卷6《二原庄祠规条》。
③ 参见唐力行:《商人与中国近世社会》,北京:商务印书馆,2003年,第73页。

念等。

义庄将那些族中的"忠孝节义儒林文苑"作为一面镜子,用其精神感召后人,树立族人效法的榜样。锡山徐氏明确表示:"义田为赡族之方,兼寓劝善之意,先于孝悌贞洁之穷苦者,次及鳏寡孤独之守分者。"①对族中的"忠臣孝子儒林文苑",以及德行文章足为后世效法者,义庄会"合例请旌",呈请建坊,并发给奖钱,给予死后神位祔祀庄祠的权利。茔门陆氏丰裕义庄对"忠孝节义有事实可据例得请旌建坊而无力者,报庄奖给七十串制钱二十两,死后庄中设立神位,祔祀庄祠"。②徐氏梓荫义庄对族中的"名臣、循吏、名儒、孝子、悌弟、义夫,凡行谊足光门户者,例合请旌,不论有力无力,均由庄胪列事实,呈请旌表,准其祔祀庄祠"。③嘉定曾氏瑞芝义庄"族中如有德行文学卓绝一时者,纵不捐田捐资亦得祔祀西楹"。④长洲彭氏镜澜公即因"不附权奸,久居史馆,品端学粹,卓绝一时",身后得以祔祀庄祠。⑤苏州程氏成训义庄还对"本支乡榜甲榜者,均准供奉右楹,以慰先志,以励后学"。⑥

在义庄赡族规条中,对"守节之妇"格外加恤。宜兴陈氏"义庄以节孝为先,族有孝子节妇,当于庄内中堂悬一总匾,列名于上,以示来兹"。⑦吴趋汪氏耕荫义庄设有节孝祠,"凡支下旌表贞烈节孝妇女及宪奖节妇,俱依世次设位崇祀,其副室列于每世之末"。⑧苏州杨氏弘

① 作者不详:《锡山徐氏支谱》(不分卷)"义庄条约"。
② 陆锦晭等纂修:苏州《陆氏茔门支谱》卷13《赡族规条》。
③ 徐芬辑:《徐氏梓荫义庄汇录》。
④ 嘉定《曾氏瑞芝义庄全案》卷下《祭祀规条》。
⑤ 彭文杰、彭钟岱修撰:吴县《彭氏宗谱》卷12《庄规》。
⑥ 程晄纂修:苏州《程氏支谱》卷1《成训义庄规条》。
⑦ 陈荷莲主修:宜兴《陈氏宗谱》卷3《义庄规条》。
⑧ 汪体椿等纂修:《吴趋汪氏支谱》卷末《平阳汪氏耕荫义庄续定祭祀规条》。

农义庄对族中"青年守节得邀旌扬者，准入节孝祠"。①"三从四德"是宗法社会披在广大妇女身上的道德紧箍咒，实为宗族控制妇女的一件利器。一旦背离既定的道德律令范畴，便会被认为是贻羞宗族，大逆不道之举，宗族自然不会轻易放过。为防范于未然，义庄宗族时常告诫各家长严格履行管教权，否则宗族就会出面约束整治。如川沙同本堂义庄所言："妇女之三从四德古有明训，为家长者应各随时教导，毋以姑息纵容，致有不合之举动。但无家长之管束，或不遵家长之教训者，得由族长邀同公正族人到祠议罚。"②

步入近代以后，鸦片泛滥，祸国殃民。不少义庄家族对此有清醒的认识，庄规中多订有吸食鸦片的禁条。太仓王氏的《二原庄祠规条》中写道："吸食鸦片，赌博冶游，近代此风盛行，教诫子弟不得不严。庄正副偶犯此者，即行斥退，永不准干预庄务，以此记恶垂戒，庶几触目惊心。凡我族姓务宜孝亲敬长，修身齐家，各自树立，慎勿移于流俗，怙过不悛，以贻祖宗羞。"③嘉定曾氏则云："洋烟之害甚于嫖赌，人或犯此，必至百事废堕，如庄长、庄戢有吸食洋烟者，即有才能，亦应斥退，凭公另举。自庄正以下亦不得任用吸烟之人，赌博戏具并不准携入庄内。"曾氏义庄中设有戒烟处，"凡领支赡米而有吸食洋烟者，务至该处戒除，如不愿戒，停止给米"。④更多的义庄将吸食鸦片者划入不予赡助的行列，以此警戒族人。吸食鸦片不仅害己毁家，往往还和赌博、游荡、匪行相连。义庄禁食鸦片的举措，对纯正民风，稳定社会秩序意义颇大。

在宗族节日聚会时，义庄还会开展和风细雨般的伦常宣教活动。每年元旦，南汇傅祖荫堂义庄安排亲族邻友之居家者，率领子弟到祖

① 杨廷杲纂修：苏州《杨氏家谱》（不分卷）"宏农义庄规条"。
② 《同本堂义庄章程》，方鸿铠、黄炎培：《川沙县志》卷12《祠祀志·家庙》，第17页。
③ 王寿慈纂修：太仓《太原王氏宗谱》卷6《二原庄祠规条》。
④ 嘉定《曾氏瑞芝义庄全案》卷下《经理规条》。

荫堂,序次尊卑,互相祝贺。是日,"公推族邻友之有才德者,演讲为人治家之道及孝悌忠信、礼义廉耻之要旨,并请农、工、商、学各演讲其心得,将勤俭节省、量入为出、成家立业之法昭示大众"。[①] 川沙同本堂义庄每年亦是如此,对族人进行"劝善规过",并言明此举旨在"明伦纪、束身心"。[②]

二、族内司法

义庄宗族是整个社会的缩影,存在严格的等级制度,有纷争和对立。每个宗族成员均有三种身份符号:伦理身份、政治身份和经济身份。伦理身份指的是族人因血缘上的嫡庶亲疏、尊卑长幼所产生的伦常性身份等级,这种身份是天然的;而隐藏在血缘关系背后的却是深层的政治、经济身份,政治身份主要是指族人的官品大小、学阶高低,以及由此产生的在国家政治生活、宗族社会生活中的地位的高低;经济身份指的是族人拥有财富的多少。在传统社会,族人的政治地位和拥有的财富数量密切关联,"政治的权力地位是按照地产来排列的",[③]而财富的增长也离不开政治地位的护佑。义庄宗族这种区别性等级体系必然会通过庄规以法的形式表现出来,"清代宗族法确立并保护血缘、经济、政治三重标准,规定了严格的等级身份制度"。[④]义庄宗族的精英们借助赡族、教化和祭祀的利器,牢牢掌握了宗族的立法、司法大权,将家族法规融入到庄规之中,使其意志上升到宗族意志的高度,进而取得了代祖立言、代族行政的特权地位。

庄规是义庄的灵魂,它渗透了义庄家族的敬宗、睦族及保族的理

---

① 傅恭弼续修:南汇《傅氏续修家谱》(不分卷)"傅祖荫堂义庄章程"。
② 《同本堂义庄章程》,方鸿铠、黄炎培:《川沙县志》卷12《祠祀志·家庙》,第17页。
③ 恩格斯:《家庭、私有制和国家的起源》,参见《马克思恩格斯选集》第四卷,北京:人民出版社,1972年,第169页。
④ 朱勇:《清代宗族法研究》,长沙:湖南教育出版社,1987年,第29页。

念,弥漫着浓厚的宗法意识,像一把威严的利剑高悬于庄祠的上空。昆山赵氏的观点:"规条者,前人酌而定之,后人遵而行之。别亲疏,权缓急,综巨细,準重轻,可秉公而无私,可经久而无弊,规则远而大,条则密而详也。是故义庄莫先于赡族,赡族莫重于规条。"①义庄规条多是由建庄者参酌前人,并根据自家实际情况起草而定,代表着宗族的意志。长洲彭氏"仿照范、申、潘、汪各庄酌议规条,永远遵行"。②无锡杨氏义庄"规条皆参合各家成式,谨慎订定,允宜子孙永远遵行"。③义庄家族的精英们借助庄规、祖训取得了至高无上的宗族社会的话语权地位。

一般而言,义庄的庄规中会明确告知族人何种行为不可为,并规定了对违规者的处罚措施,目的在于维护义庄威权、整顿家族风纪,使族人的行为符合社会准则。苏南庄规中对族女不贞或下嫁匪人贱役者、游荡不守本分者、不孝父母翁姑者、崇信异端蔑视祖先者、赌博酗酒吸食鸦片者、作奸犯科者、螟蛉异姓及赘婿作子者、将子女卖良为贱者、以子女与僧道尼姑为徒者、甘居下流执业卑贱者等,都规定不给月米赡助,甚至出族除籍,或呈官追究,处罚十分严厉。如常熟范氏义庄就定有严密的宗禁条规:"禁抗欠钱粮;禁毁弃墓田;禁违逆父兄;禁冒犯尊长;禁立嗣违法;禁詈骂斗殴;禁窝留盗匪;禁赌博造卖;禁奸淫伤化;禁健讼匪为。"④

义庄家族族大枝繁,族众之间发生矛盾纠纷在所难免。根据国家法律,任何人在受到不法侵害,或与他人发生重大纠纷时,受害人或当事人均有权提起诉讼,由政府司法机关依法裁定或判决。但义庄家族发生此类事件时,首先必须经由庄祠处理,即"族有争讼,不得

---

① 赵诒觳:《义庄后记》,赵诒翼纂修:《赵氏家乘》卷9《艺文》,民国八年刻本。
② 彭文杰、彭钟岱修撰:吴县《彭氏宗谱》卷12《庄规》。
③《无锡杨氏义庄赡族规条》,清末稿本。
④ 范荦照等纂修:《范氏家谱》卷3《义庄宗禁》,清光绪十八年木活字本。

越义庄而径诉官司"①。只有在当事人对庄祠处理意见不服时,才允许申官理断。如果族众僭越庄祠而径讼官府者,义庄将以家法治罪。如嘉定曾氏"各房有争论不平事,须本名申明,庄长、庄戚会同族长秉公理处,不服者申官理断。如不先在庄长、庄戚前申明,请族众理处而遽行入讼者,俟批下之日,由庄长、庄戚会同族长投牒官府,请无论是非曲直先治原告,以不遵家训之罪"。② 毗陵唐氏族内出现纷争,当事人须接受庄祠的调解建议,并规定了处置程序,违者将以抗规论处。《唐氏宗规》中云:"族姓虽繁,以祖宗视之总属一体,即有小隙,各宜忍气息争。若大事难容,亦须禀明公祠,俟管年人出单集议,票到两日内出单,十日内集议,管年人不得迟玩。如规避不到先治抗规之罪,后论曲直究治。如必应告理者,公议听告。若屡唤不到,嗣后不许入祠。"③

宗族最重宗祧,替无后族人议嗣也是义庄的一种权力。苏州程氏"族中设有无后者,庄正副会同族房长遵照律例议嗣,如系单丁,遵照两祧之例,以重宗祧"。④ 大阜潘氏"无子立嗣除胞伯叔一定不移照例承嗣外,余必遵例,邀同族长、房长及各支总报庄,公同按谱遵照律例议立。凡写嗣书三通,一存庄中,一存嗣父母处,一存本生父母处,不得先嗣后告。倘有世次失序者,族人得共正之"。⑤ 苏州延陵义庄遇有乏嗣之家,"先自近支后及远支有丁入继,若远近丁单,恪遵一子两祧、三祧之例。倘因家寒,近支不肯承继者,邀族众赴庄神位前议立。如应嗣不愿嗣者,照不遵祖训,将本人除籍。亦不得以弟嗣兄,以紊昭穆"。⑥ 川沙陆氏"族中遇有争端,不得辄行成讼,应先诉知房

① 曹允源、李根源纂:民国《吴县志》卷31《公署四·义庄》,第14页。
② 嘉定《曾氏瑞芝义庄全案》卷下《经理规条》。
③ 唐肯纂修:《毗陵唐氏宗谱》(不分卷)"唐氏宗规",民国三十七年铅印本。
④ 程晥纂修:苏州《程氏支谱》卷1《资敬义庄规条》。
⑤ 潘家元纂修:《大阜潘氏支谱》附编卷2《松鳞庄增定规条》。
⑥ 《延陵义庄规条》,参见王国平、唐力行主编:《明清以来苏州社会史碑刻集》,第278—279页。

长,族长到祠邀同义庄理事长评议员秉公排解。如关于无后者之争产,或立嗣,或赘婿,依据产权人本意。非与议之族人,但可旁听,不准搀言"。① 族人承嗣涉及财产的继承与分配问题,最易引起族内纠纷,义庄借助自身威权积极进行调处,其判定结论对于族人而言具有权威性,很大程度上维护了宗族社会的和谐与稳定。

事实上,我国古代并不注重私法建设,唐、宋、元、明、清律,主要是刑法、诉讼法及行政法,都属于公法的范围,民法很少。可以说大部分民事、商事都为法律所不过问。瞿同祖先生认为,中国古代的"法律不是用来调整人民及人民团体的生活和活动的,大不同于西方的法律,律例中即使属于民事性质,违犯规定者也附以笞、杖、徒、流处分,与刑事犯罪并无区别,因此人民也不愿意政府干预他们的生活"。② 政府民商事法律规范的缺失或薄弱,给民间法的发展及实践提供了一定的空间。义庄规约以宗法伦理思想为指导,并借助义庄在宗族经济、政治及文化生活中的特权地位,有力地调适着宗族社区的传统生活秩序。方望溪就对范氏义庄的家法十分推崇,称"闻范氏之家法,宗子正位于庙,则祖父行偓首而听命。过愆辩讼,皆于家庙治之。故范氏之子孙,越数百年,无受罚于公庭者"。③

庄祠的司法裁判权一般限于民事方面,义庄对违规族众的处置手段主要有以下几种:

一是经济处罚。义庄赡族是其建立威权的经济基础,对违规族众实施各种各样的经济制裁,也是其最频繁而有力的处罚措施。润州刘氏对族人忤亲慢长背礼为非者,无论男妇,虽极贫苦,概不赡给。

---

① 《同本堂义庄章程》,方鸿铠、黄炎培:《川沙县志》卷 12《祠祀志·坛庙》,第 18 页。
② 参见瞿同祖:《瞿同祖法学论着集》,北京:中国政法大学出版社,1998 年,第 403 页。
③ 方苞:《方望溪先生文集》卷 14《仁和汤氏义田记》,沈云龙主编:《近代中国史料丛刊》第 52 辑,第 830 页。

"仍由庄正邀同族长呼唤到祠,按照祠规训斥。倘能改过,准由族人具保,再行放给,以利自新。"对于族内守节寡妇,义庄不仅代为旌表,赡助亦加优厚,以为宗族荣光。但"倘有异志,不独将该妇治以失节之咎,并将保结人应得月支罚停,无月支亦必公罚,以保名节"。[1] 身处贫寒的族人时时担心失去义庄的赡助,面对如此严厉的制约条款,哪里还敢以身试法呢?

二是精神惩罚。主要表现在两个方面:一是将违规族人的事迹入谱,将其劣行永远钉在宗族的耻辱架上,使自己的后人也跟着蒙羞;二是生前有品行污点的族人,身后木主不准入祠。嘉定曾氏瑞芝义庄规定,族人"如生前有干犯名教及吸烟嗜赌等事,不准滥列其间"。[2] 太仓王氏对"败坏纲常忤逆不肖男妇,与其在生时先行书名粘壁,身后不准制位入祠,虽有孝子慈孙,百世不得改此定例"。[3] 身后入祠接受后人的祭典,是每个族人正常的心理诉求。要保证这一愿望的实现,就得老老实实按照庄规行事,不能触犯庄规的红线。

三是罚跪、扑责等肉体惩罚。吴趋汪氏对"支下恃强请给,不服支总约束,或赴义庄及庄正、庄副处争辩者,即带至始祖案前扑责,如系妇女则责其夫男"。[4] 莳门陆氏"入塾生徒倘有违逆父母、兄弟相争及出口骂詈、与人殴斗者,必从中扑责、罚跪,以儆将来。又或坐立不正、嬉笑无常、僭越规矩者,谴责无赦"。[5]

四是关禁闭,促其思过。荡口华氏"子孙如有不肖不悌及不安本分、闲宕坏事者,亦由本支房长告知庄内,邀各房到庄,公同谕责。倘不遵约束及有玷祖宗之事,重加夏楚。若能改过,予以自新。三次不

---

① 刘志勤等纂修:《润东顺江洲刘氏重修族谱》卷3《刘氏义庄规条》。

② 嘉定《曾氏瑞芝义庄全案》卷下《祭祀规条》。

③ 王寿慈纂修:太仓《太原王氏宗谱》卷6《二原庄祠规条》。

④ 汪体椿等纂修:《吴趋汪氏支谱》卷末《平阳汪氏耕荫义庄续定赡族规条》。

⑤ 陆锦瞷等纂修:苏州《陆氏莳门支谱》卷13《庄塾规条》。

改,即行禁闭庄室。俟能悔过,许其具情放出。如日后故态复萌,或行撵逐出族,或再行闭置,永不开放。倘有疾病不测,仍由本支房长领回。如有家法不能处置者,应行经官惩处"。① 以此看来,华氏义庄已拥有了限制族人人身自由的权力。而嘉定曾氏瑞芝义庄中设立"洗心所","以戒不率教子弟使之思过从善",还具有劳动教养的意味。"凡族人有不孝不悌不守本分,流入赌博匪类,以及卖身为仆,一切不可言之事,足以坠家声而贻宗族羞者,初犯则由庄长、庄戢会同族长、房长送入所中,课以向日本业工作等事,俾令自新。如不就范,或再犯事,甚至涉入确实命盗案内,则义当摒弃,出族除名。"②

五是送官究治。义庄士绅一般将族内事件借助庄规家法消弭于宗族之中,不希望家丑外扬,但对怙恶不悛者则送官究治。常熟席氏"族中如有不安本分流入败类者,其父兄不能管束,应邀同族长,押入公祠斥责,总以家法处治,冀其自新。如果怙恶,始行送官究治"。③荡口华氏也对"家法不能处置者,应行经官惩处"。④ 常熟席氏对"不遵规条任意需索滋事者,邀同族众理斥,恃顽不服,送官究治,费在庄上支取"。⑤ 席氏俨然将违规族人视为整个宗族的对立面,以集体的名义予以打击和制裁。庄规为祖宗治家之道,不容破坏。义庄对一些族人"倚老恃强,硬借钱米,有意破坏成法,甚至干预庄事,例得呈官申理"。对于侵占公产的行为,义庄也是力惩不殆。"如有不肖子孙盗卖祭田、义田、塾田及有力之家霸占并吞等事,阖族鸣官究治,不得容隐。"⑥

① 华翼纶辑:无锡《华氏新义庄事略》卷上《议约十八则》。
② 嘉定《曾氏瑞芝义庄全案》卷下《经理规条》。
③ 席彬纂修:常熟《席氏世谱载记》卷12《义庄规条》。
④ 华翼纶辑:无锡《华氏新义庄事略》卷上《议约十八则》。
⑤ 席彬纂修:常熟《席氏世谱载记》卷12《义庄规条》。
⑥ 嘉定《曾氏瑞芝义庄全案》卷下《经理规条》。

六是出族、除籍。义庄对于族中"不孝不悌、异姓乱宗、作奸犯科、玷辱家声者,轻则除籍,重则出族,除籍者只除其本身之籍,出族者并其妻女子孙,合族摈弃,以垂炯戒"。① 苏州程氏成训义庄对族中不孝子弟,"自身潜匿,遣妇女出头扰累本家玷辱家声者,或悖情乖理不循规约者,重则出族,轻则除籍,永远停给月米,论情轻重议惩,以昭家法"。② 苏州鲍氏传德义庄对族中"男女人等,不重名节,败坏门风及犯刑事者,应公议出族"。③ 相比除籍而言,出族的惩罚更重,在宗族法的范畴内已超过剥夺生命的处罚了。剥夺生命仅限于本人,而出族则意味着谱上销籍,并牵连着妻子儿女。一个被出族的家庭,失去了宗族的荫庇后,唯一的出路只能是远离宗族聚居地,迁徙他乡。

从法理上来说,义庄司法面向宗族全体成员,无论庄裔或族人抗违庄规,义庄都将予以惩处。虞阳沈氏义庄规条中就有:"庄裔或不守成规变乱定章,无论远近各房,凡在族人均得秉公理论,不服者以欺宗论。倘族人不遵规条越分需索致启争端,庄裔即当邀同族长严加斥责,以家法治,轻则令在先祖神位前长跪请罪,重则罚米一季,以后如再不遵庄例,永不准给。"④嘉定曾氏瑞芝义庄的"洗心所"不仅是改造族人的场所,"族长犯此亦照办理"。⑤

众所周知,国家法律凭借着强大的监狱、警察、军队等暴力机器,实现其不可抗拒的强制力。而家族庄规能发挥效力的原因主要在于三个方面:一是义庄掌握强大的经济基础——义田,通过赡济等宗

---

① 程晥纂修:苏州《程氏支谱》卷1《资敬义庄规条》。
② 程晥纂修:苏州《程氏支谱》卷1《成训义庄规条》。
③ 《传德义庄规条》,参见王国平、唐力行主编:《明清以来苏州社会史碑刻集》,第274页。
④ 沈寿祺纂修:《虞阳沈氏宗谱》卷11《沈氏义庄奏定规条》。
⑤ 嘉定《曾氏瑞芝义庄全案》卷下《经理规条》。

族福利制度吸引、凝聚族人，彰显权威，这是其权力的支撑点。如清人方苞所云："范氏之子孙越数百年，无受罚于公庭者，盖以文正置义田，贫者皆赖以养，故教法可得而行也。"[①]二是义庄往往和祠堂、义塾合为一体，义庄藉此掌握了宗族教化的权力，使自己成为整个家族的文化权力中枢。三是义庄"所定规条呈官钤印"，[②]得到了政府认可，它的身上兼具宗族和官府双重威权。明代丹阳人吏部尚书姜宝在《请建立义庄疏》中说：义庄非"以官法行家法，似不能行之久远……庶家法之行永赖国法"。[③] 在遵守国家法律的基本前提下，近代苏南义庄维护一族之秩序，协调一族之关系，以求得宗族自身的存续与发展，从而在根本上维护了封建基层社会的差序格局。

① 方苞：《方望溪先生文集》第14卷《仁和汤氏义田记》，沈云龙主编：《近代中国史料丛刊》第52辑，第830页。

② 陆锦畇等纂修：苏州《陆氏葑门支谱》卷13《赡族规条》。

③ 姜宝：《请建立义庄疏》，(清)陈梦雷编纂：《古今图书集成·明伦汇编·家范典》卷102《宗族部》，第39599页。

第七章　结语

　　宗族在中国社会是一个长期的客观存在,在致力于民族和国家的现代化的今天,"为宗族定位、定性是探求现代化之路必不可少的一环"。[①] 在过去的话语中,宗族基本上被当做落后、消极的东西,对族田义庄的界定也是如此。学界关于义田、义庄的性质向来论分两途:一则认为义田是宗族共有财产,义庄为赡族组织;[②] 而更多的学者视其为消极、落后的东西,认为义田为"豪绅地主控制下的带有宗族血缘性质的封建土地所有制,由它形成更为落后的封建土地关系";[③] 义庄是地主阶级为维护自身利益而设立的一种"伪善的名目";[④] 是"掩盖土地兼并、瓦解农民抗争的一种手段";[⑤] 旨在"缓和阶级矛盾,以达到稳定封建秩序的目的"。[⑥] 为识义庄真面目,学界有必要对此作进一步的考辨与探究。

① 常建华:《二十世纪的中国宗族研究》,《历史研究》,1999 年第 5 期,第 140 页。
② 清水盛光著、宋念慈译:《中国族产制度考》,第 9 页。
③ 范金民:《清代苏州宗族义田的发展》,《中国史研究》,第 67 页。
④ 田炯权:《中国近代社会经济史研究——义田地主和生产关系》,第 236 页。
⑤ 冯尔康:《论清朝苏南义庄的性质与族权的关系》,《中华文史论丛》,第 210 页。
⑥ 李文治、江太新:《中国宗法宗族制和族田义庄》,第 76 页。

一

从法理上而言,义庄属于宗族的共有财产。

首先,各家庄规明确规定,义庄一经建立,"永为族有"。[1] 如无锡荡口华氏言明,族人捐出的田亩房产,"永为义庄公产,不得通情拨出"。[2] 宜兴贾氏宣称:义庄"公诸以族,不为私有,以符服务社会之初心"。[3] 嘉定陈氏则云:"夫财产既已捐入义庄,即非已有。个人之财产可自管,法团之财产当公管,其理甚明,不能含混。"[4]此外,各家义庄在强调义庄收租的重要性时,庄规中多有这样的字样:"义田与私产不同,私产供一家之用,租缺尚可别挪,若义田缺租,钱粮腃给公用何从挪补?"[5]以上规约均可说明,庄产的所有者为全体族人,而非出捐者个体。不过,也有人提出疑问:既然义田为族之公田,"何以不言公田""而名以义"呢?清人王宗炎为此解释说:"公者其体,义者其用,言义则公见,言公则义不见也。"[6]

其次,义庄作为宗族公产,历代政府皆予以承认和保护。苏州范氏义庄屡经元明清各朝优恤,且常蒙恩蠲免赋税。[7] 清代义庄建成后,宗族多呈官立案,旨在为其贴上公有的认证标签,取得法律保护。"盖以未经奏明立案,既为公共之产,转成竞争之门,往往自置自废,旋有旋无。"[8]如长洲彭氏"凡谊庄恒产皆勒石庄中,呈官立案"。[9] 大

---

① 倪思宏:《澹明义庄自序》,倪思九主修:《丹徒倪氏族谱》卷5。
② 华翼纶辑:无锡《华氏新义庄事略》卷上《议约十八则》。
③ 贾士毅:《萱荫堂义庄记》,见贾瑛淞等主修:宜兴《萧塘贾氏续修宗谱》卷2。
④ 陈家栋:嘉定《南翔陈氏宗谱》卷1《义庄财产收支报告序》,民国二十三年铅印本。
⑤ 参见陆锦瞷等纂修:苏州《陆氏葑门支谱》卷13《义庄规条》。
⑥ 盛康辑:《皇朝经世文编》,台北:文海出版社,1966年,第45页。
⑦ 范宏金等修撰:《苏州范氏家乘》卷16《义庄岁记》,清道光三十年刻本。
⑧ 《张氏捐义田奏折·附义庄条例》,清抄本。
⑨ 彭文杰、彭钟岱修撰:吴县《彭氏宗谱》卷12《庄规》。

阜潘氏松鳞义庄则"将官给方单以次黏连成册,注明潘氏义庄田单字样,并详造都图字圩坵号佃名租额条漕清册,一并呈官逐纸钤印,发还执守"。① 为防止侵害庄产行为的发生,清政府还为义庄颁发执帖,"倘有奸徒捏冒诡寄,及不肖子孙私行盗卖,富室强宗谋吞受买,许即执帖首告,按例惩治"。② 如苏州吴氏建庄后,就呈求抚宪"奏咨立案,一面饬司给帖遵守,俾垂久远"。③

此外,庄产原则上不允许分割,"后世子孙只可添置扩充,不得废弛典卖"。④ 即庄产奉行单向流动原则,只能买进,不能卖出。违者即便建庄子孙"亦以盗卖论"。⑤ 上海王氏义庄规定:"日后如有不肖子孙盗卖义田、祭田,及有力之家霸占并吞等事,合族鸣官究治。"⑥土地改革时期,华东军政委员会的调查也说明,义庄土地私人均无所有权,不能随便买卖。⑦ 显然,包括义庄捐设者在内的所有族众个体,均无庄产的处分权。如果宗族日后有处分族产的必要,亦须得到全体族人或多数的同意。历史上的义庄析分也的确是按照这一原则进行的。如无锡荡口的殷义庄,民国时期在大多数族人要分的情况下,最终按老房辈分分掉。⑧ 上海《郁氏家乘》亦载:"族产有处分变更时,必须全体出席,表决通过。"⑨财产的所有权和处分权紧密关联,族众个体无权处分庄产的事例也可说明,义庄的所有权属于宗族的全体。

---

① 潘家元纂修:《苏州大阜潘氏支谱》附编卷2《松鳞庄规条》。
② 唐轲等纂修:《苏州唐氏家谱》卷6《执贴》。
③ 吴大贶纂修:《苏州皋庑吴氏家乘》卷10《抚宪呈稿》。
④ 王国平、唐力行主编:《明清以来苏州社会史碑刻集》,第271页。
⑤ 蔡樾纂修:《无锡蔡氏蓉湖支谱》卷9《建庄公牍》。
⑥ 王师曾纂修:《上海续修王氏家谱》卷5《义庄规条》。
⑦ 华东军政委员会土地改革委员会:《江苏省农村调查》,第255页。
⑧《无锡县荡口镇义庄田调查》,苏南人民行政公署土地改革委员会编:《土地改革前的苏南农村》,第69页。
⑨ 郁锡璜等纂修:上海《郁氏家乘》(不分卷)《族会》,民国二十二年铅印本。

族人的分配形式及受惠对象范围,则是庄产所有权属性的具体体现。一般而言,义庄的支出主要包括完纳国课、祠墓维护、祭费、庄祠公务、赡族、助学、备荒、存典生息等项。其中,国课是义庄对国家应承担的赋税义务,在义庄的支出中占较大份额,一般占总支出比例的 30% 左右;庄祠维护费主要用于祠墓修葺、添置公物等。以上两项为义庄的硬性开支。祭祀则是宗族的公共活动,它既能满足族人的精神需求,同时祭后食馂、分胙等项还是义庄的公共福利形式。备荒与存典生息,则是义庄贯彻宗族的可持续发展理念,实现保族愿望的一个必备环节,从经营法则上来说也是必要的。真正涉及到义庄分配属性的核心问题在于管理者薪水、赡族等项开支上,其中最易遭人诟病的则为庄务开支中义庄管理者的高薪问题。不过,从财产的继承角度而言,建立义庄则直接损害了继承人的利益。因此,建庄是为了满足子孙中的少数人获得高薪收入,肯定不是建庄者的初衷;因少数庄绅从义庄获得薪水收入,就得出义庄为其私有的结论,也实属牵强。不少庄规表明,高薪实为养廉,使管理者心无旁骛,一心为公。如长洲彭氏谊庄庄正每年支薪水 60 千文,庄副支 30 千文,目的就在于"俾寒士足以自给,免致奔走谋生抛荒庄务"。[1] 康熙十七年,苏州范氏义庄主奉范必英在《续申义庄规矩》中对这一问题也作了解释称:"祖规主奉酬劳六十石,三执事酬劳八十石,以子孙而理先业,劳何用酬?而祖规设此项者,盖仿国家养廉之道,期其秉公任事耳。"[2] 此外,义庄管理者并非全部由族人担任,聘用外姓做主管的也不少见。如华亭顾氏为防止族人"以公济私,有碍于义举",延请外人经理义庄,每年薪俸钱三十六千文,伙食钱二十千文。[3] 可见,管理者的薪

---

① 彭文杰、彭钟岱修撰:吴县《彭氏宗谱》卷 12《庄规》。
② 范宏金等修撰:苏州《范氏家乘》卷 16《义庄岁记》。
③ 顾璜:《华亭顾氏宗谱》卷 7《义庄规条》。

俸问题不是判定义庄权属的必要依据。当然,也并非所有义庄的管理人员都从义庄领取薪俸。不少宗族就鼓励管理者捐薪入庄。对于庄正副情愿不支薪金者,义庄算作个人捐项,庄中勒石风谊。如苏州东汇潘氏的庄正、副"如有不愿受酬者,照数作捐项注册,以便将来勒石,用彰廉让之风"。[①] 还有不发薪水的义庄,如吴江施氏义庄庄董经管庄务,"系为族中尽义务,不给薪俸"。[②]

　　既为赡族组织,义庄的保障对象应是贫弱族人,这部分开支比例是衡量义庄性质的重要标尺。同治九年,武进盛氏拙园义庄付给本支月米及外房东西中段赡米共五十三石四斗六升,占该年粮食总支出一百二十七石五斗二升的 42%。[③] 苏州东山席义庄全年总收入为三百五十石米,总支出为一百九十八石,在支出项中救济贫族赡米六十石,占总支出的 30.3%,津贴子弟学费六石,占总支出的 3%,全年收入的剩余部分以备购义田及修祠堂之用。[④] (参见表 7-1)长洲彭氏谊庄民国二十年田租总收入为六千二百三十五元八角七分,其中月米及族中丧葬婚嫁失业费占当年总收入的 17.1%,庄校及津贴子弟学费占 26.3%。[⑤] (参见表 7-2)无锡荡口华老义庄民国二十三年赡米支出占 58.5%,地方教育及子孙学杂费占 15.7%,单赡米就惠及族众 450 人。[⑥] 诚然,义庄在分配过程中,具有浓厚的宗法性,存在厚惠庄裔的做法,但这只是宗法宗族制中普遍存在的"亲亲"文化在义庄中的反映,不能作为界定庄产性质的依据。由上可知,虽然各家义庄的规模实力不一,但用于救济贫族及资助子弟读书等费用均占

---

① 潘绍贻:苏州《东汇潘氏族谱》卷 6《荥阳义庄规条》。
② 施则敬等:《吴江施氏义庄汇录》(不分卷)《赡族规条》。
③ 拙园义庄:《同治九年拙园义庄米数年总清册》,档号:073811,上海图书馆藏。
④ 华东军政委员会土地改革委员会:《江苏省农村调查》,第 238—239 页。
⑤ 彭文杰、彭钟岱修撰:吴县《彭氏宗谱》卷 12《庚申决算》。
⑥ 参见《无锡县荡口镇义庄田调查》,苏南人民行政公署土地改革委员会编:《土地改革前的苏南农村》,第 72—73 页。

总支出的 30% 以上。客观地说,义庄在历史上确实起到了赡助贫弱族人的作用。

表 7-1 苏州东山席义庄全年支出状况表

支出项	完粮	工资、杂支等	祭祖、修缮	赡米	学费
支出数量(石米)	80	32	20	60	6
占总支出百分比	40.4%	16.2%	10.1%	30.3%	3%

资料来源:华东军政委员会土地改革委员会编:《江苏省农村调查》,第238—239页。

表 7-2 民国二十年彭氏谊庄决算表

支出项	备荒集聚金	忙漕	征收差账费	祭祀费	月米	庄正副办事员薪水	庄校	学费津贴	丧葬婚嫁失业费	修理费	预备费(杂用)
支出金额(元)	605	1136.58	587.72	154.1	893	456	900	740	175	452	163
占总收入百分比	9.7%	18.2%	9.4%	2.4%	14.3%	7.3%	14.4%	11.9%	2.8%	7.2%	2.6%

资料来源:彭文杰、彭钟岱纂修:吴县《彭氏宗谱》卷12《庚申决算》。

义庄的经营方式仍是传统的租佃经营,绝大多数义庄的主要管理者由建庄者嫡系子孙充当,"一切主权统归庄裔秉公办理,族众不得觊觎干涉"。[1] 以往学界判断义庄为地主所有制,正是基于此。韩国学者田炯权认为,"由于规矩的制定可以被认为是收入和运营的决定权,所以认为规矩的制定与义田的私有的独占的性质有关系"。[2] 学者张研则认为,"如果族田的所有权属于全族,那么每一个族人都应该拥有对于族田的使用权与支配权,不会出现守着田产无田种的现象;每一个族人都应该是'地主',不会出现'地主'沦为自己的佃

[1] 王庆芝:常熟《太原王氏家乘》卷7《王氏怀义堂义庄规条》。
[2] 田炯权:《中国近代社会经济史研究——义田地主和生产关系》,第257页。

户,受自己剥削的现象。"①

事实上,经营管理权并非是形成财产所有权的充分要件,二者之间不能直接划上等号。义庄庄主或其嫡系子孙掌控义庄的运营大权,主要目的在于保证义庄不被族人析分侵蚀,贯彻建庄宗旨。况且,即便掌庄子弟或庄裔,义庄也通过庄规严加约束,以杜绝侵蚀庄产弊窦。一是严格选拔程序,推举贤德子弟至庄中任事。如龙溪盛氏"掌庄人如有更替,议于庄裔中,择其有德有才或殷实可托者,公举接掌"。② 二是规定任期制,防止个别人长期把持庄政,变公为私。荡口华老义庄董事、司事等人,"三年一调,倘才力不及或有侵挪情弊,不拘年数,即议更换"。③ 三是制定惩戒机制,对品行不良者严加惩处。嘉定曾氏瑞芝义庄的管理者,若有徇私废公、冒销公款、侵吞渔利等败坏庄务情形,"除随时撤换并责令抵偿外,仍将其姓名及侵渔亏空数目刻之于石,以为后来鉴戒"。④ 镇江刘氏义庄"无论何人有侵蚀弊端及挪用亏欠者,除追缴外,应照破坏义庄论,剥夺公权,不得与闻族中公事,并不得列入议事席,以为惩戒"。⑤

自宋代范氏义庄始,即有"族人不得租佃义田"的规定。⑥ 后世义庄也都承继了这一传统。义庄土地只租佃给外姓耕种,往往又给人造成义庄是一种集团化地主经济的印象。其实,即便庄裔族群,也有大量穷困人口,他们虽享有义庄的救济权,但义庄的救济力度也只能保证其最低生存的需要。而且义庄对于成年健全族人,一般不予赡助,谨防养惰。所以在析分之前,义庄对于建庄子孙来说只是一种被

① 张研:《清代族田与基层社会结构》,第133—134页。
② 盛文颐:《武进龙溪盛氏宗谱》卷23《拙园义庄规条》。
③ 佚名:《华氏义庄事略·义庄条约》,清刻本。
④ 《嘉定曾氏瑞芝义庄全案》卷下《经理规条》。
⑤ 刘志勤等纂修:《润东顺江洲刘氏重修族谱》卷3《义庄规则》。
⑥ 李勇先、王蓉贵校点:《范仲淹全集》(中),第1160页。

锁定的产权,而不具有实际意义。

义庄的终极目标实为保族而非控族。以宗法性意识形态为指针的义庄在近代苏南的广泛设立,从内在动因来讲,是为整合宗族而设;从目的层次上而言,则为实现家族精英们的"敬宗"、"收族"进而达到"保族"的目的。"敬宗"强调对传统的追溯,以及家庭内部的尊卑伦序;"收族"则着眼于家族内部的长期共处,聚而不散;①"保族"则基于对宗族长远的规划,强宗兴族。然而,在推行保族的计划过程中,义庄必然会力行"控族"的严密措施,维护和谐的宗族秩序。控族是保族的手段,只是为了使族人按照安全而合法的游戏规则行事,从而谋求族人自身及宗族的发扬光大,以实现宗族的永续繁荣。义庄制定严密的庄规,预先规范族众的行为限度;对有违伦理道德及族法的悖逆者给予严厉惩处,并通过祭祖、修谱、劝化等手段,对族人进行伦理化育,可谓礼法并重。这样掌握绝对话语权的士绅们,既可树仪型于乡里,维护本族在地方上的威望,也可防止族众因行为不当而获罪损家,从而保持家族内部的团结,实现家族的可持续发展及社会秩序的稳定。

总之,义庄既不是庄绅个人的私产,即所谓的地主土地所有制,也不是集团化的地主经济,而是以宗族集体公产的形式存在并发挥作用,为少数庄绅所控制的一种特殊的经济形式。只看到义庄的赡族功能,而忽视它的封建生产方式及特有的政治、血亲道德制约功能;或片面强调义庄的政治功能,而弱化它的终极保族目的,将其归入地主土地所有制范畴以及地主隐秘控族利器的层面,都过于简单,有失偏颇。

---

① 丁钢主编:《近世中国经济生活与宗族教育》,上海:上海教育出版社,1996年,第129页。

二

鸦片战争后,西流东渐。作为一种宗族形态,义庄在保持宗族自身理念和组织形态的前提下,积极进行自我调适并逐步融入到近代社会的变迁之中。苏南义庄近代嬗变历程既是宗族制度发展变迁的一个缩影,也是风云际会时代苏南政治、经济和文化演进的反映。

传统义庄一般凭借租佃经营方式,依靠租息的积累,不断增殖土地,从而扩大再生产的规模。近代以降,苏南为先开风气之区,受欧风美雨熏染尤深,义庄的经营理念还是发生了一定的变革。苏南义庄普遍购置市廛的现象,即表明义庄的盈余除投向土地外,已出现向城镇商业领域转移的趋势。晚清民初,受民族资本主义迅猛发展的刺激,有的义庄则直接投资工商业领域,由依靠单一的田租收入运作模式发展成多元化经营实体,使得义庄资金周转更加灵活,实力更为雄厚。不过,相对于工商业而言,土地保族似乎更具稳定性。从民国时期存续和新置的义庄来看,绝大多数义庄仍然固守着以土地经营为主兼及商业的发展模式,折射出中国近代民族资本主义发展历程的曲折性。

作为宗法遗意的产物,近代苏南义庄的管理模式仍然延续着传统的宗法体制。同时,在近代社会内外强力的冲击下,义庄宗族的社会结构也发生了一定的变迁。同社会环境相适应,义庄逐步改变原有的管理体制,选举任期制、分权与制衡原则、董事会制的引入和"法律顾问"的出现,[1]在传统义庄的宗法窠臼里植入了资本主义的管理因素。宗法性和民主性在古老的宗族共同体内部缓慢地发生着此消彼长的渐进变化。

---

[1] 盛氏愚斋义庄聘用"顾问律师一人,以中华民国为合格"。参见《盛宣怀档案·盛氏愚斋义庄条规》,档号:037591,上海图书馆藏。

与广东、福建等地的宗族广置祠产,组织家族械斗、对抗政权有所不同,近代苏南义庄致力于发展宗族保障事业和维护社区秩序,成为社会和谐稳定的重要基石。近代以降,苏南义庄的救助活动不断被赋予社会慈善的内涵,打上了社会转型的烙印。除了对有血亲关系的宗族成员实施有效恤助外,苏南义庄还将救助范围延伸到宗族之外的姻亲和邻里之间,救助内容也由单纯的生活救助向改良推广农业生产技术方向拓展,具有浓厚的乡村社会改良愿景。目前,我国正处在建设新型社会保障制度阶段,义庄宗族保障模式及运行机制则为我们提供了有益的启示,即利用宗族天然的血缘联系纽带,"激活和培育乡土社会中的社会资本",[①]为农村社会保障事业服务,并增强农村社会的凝聚力和社会的和谐度。如义庄宗族保障中养老机制、鳏寡孤独废疾贫弱群体的抚恤救助机制、贫乏儿童的教育保障机制、对公益慈善事业的积极参与等等,均是现代社会保障制度的重要内容,值得学界进一步深入研究。此外,在义庄宗族保障制度中体现出来的制度性约束机制建设,也告诉我们社会保障要建立在法制的基础上,坚持在法律的规范和约束下进行操作,树立诚信意识。总之,"以家庭、家族为核心的传统的保障机制不应该在现代被忽视,更不应该将传统社会保障与现代社会保障的连接纽带割断,应该吸取传统社会保障的精髓,为今所用,这才是科学发展之道"。[②]

义庄产生于自然经济社会,是宗法文化的产物及宗族制度的重要组成部分,长期被界定为"封建壁垒"。新中国成立后,国家对农村宗族采取了打击、压制政策,宗族组织销声匿迹,宗族保障机制亦不复存在。但上个世纪 80 年代以来,在思想解放和改革开放的背景

---

① 袁同成:《"义庄":创建现代农村家族邻里互助养老模式的重要参鉴——基于社会资本的视角》,《理论导刊》,2009 年第 4 期,第 19 页。

② 曹立前、张占力:《试论明清宗族保障的经济支持与制度性约束机制》,《山东师范大学学报》,2009 年第 4 期,第 42 页。

下,随着农村生产责任制的推行和人民公社制度的解体,农村宗族又重新活跃。时至今日,港澳台地区、西方华人社会宗亲会盛行,虽然没了义庄,但他们"办公司,经营企业,维持会务",这些均可说明宗族与商品经济并不矛盾,消失的义庄也绝非一顶"封建帽子"所能涵盖。如何看待宗族的复兴或重建,关系到国家政权对基层社会的控制问题,关系到民族文化的评价问题,也关系到社会转型及现代化问题。[①]前辈学者冯尔康先生预测,"宗族、宗亲组织可能会长期存在"。[②] 既然这样,宗族社会所蕴含的慈善力量和慈善传统,也不会泯灭。苏南义庄在近代社会嬗变革新的史实,充分表明宗族是一个极具活力与自我调适能力的组织,它适应各种社会经济形态。面对宗族长期存在的客观事实,我们今天要做的应该是去掉既定的标签符号,取其精华,去其糟粕,并重新考量宗族社会的慈善机理。因为随着经济社会的发展,民间社会慈善的存在,不仅彰显着一个健康社会的公德意识,还是实现社会和谐发展的一种必要途径。

---

① 常建华:《二十世纪的中国宗族研究》,《历史研究》,1999 年第 5 期,第 159 页。
② 冯尔康等著:《中国宗族史》,第 462—463 页。

主要参考文献

一、谱牒

1. 刘志勤等纂修：润州《润东顺江洲刘氏重修族谱》，民国四年木活字本。
2. 倪思九主修：《丹徒倪氏族谱》，民国十二年刻本。
3. 吕绍山等纂修：丹徒《开沙吕氏族谱》，清光绪十六年木活字本。
4. 作者不详：无锡《锡山徐氏支谱》，清咸丰七年刻本。
5. 陈荷莲主修：宜兴《陈氏宗谱》，清光绪二十四年木活字本。
6. 唐锡晋修：《毗陵迁锡唐氏家乘》，清光绪三十三年木活字本。
7. 无锡《钱氏宗谱》，光绪辛巳岁重辑，义庄藏版。
8. 章咏莪等纂修：《江阴章氏支谱》，清宣统三年活字印本。
9. 华鸿模纂修：《华氏通四省公支宗谱》，清宣统三年存裕堂义庄活字印本。
10. 顾宝钰、顾宝琛纂修：无锡《顾氏分编(泾里)支谱》，民国癸酉续修。
11. 高鼎业纂修：武进《高氏大统宗谱》，民国十五年铅印本。
12. 张文郁等纂修：武进《张氏宗谱稿》，民国十七年木活字本。
13. 秦涌涛等修：《锡山秦氏宗谱》，1928年木活字印本。
14. 蔡樾纂修：无锡《蔡氏蓉湖支谱》，民国二十年念修堂铅印本。
15. 荣福龄纂修：无锡《荣氏宗谱》，民国二十四年木活字本。
16. 贾瑛淞等主修：宜兴《萧塘贾氏续修宗谱》，民国二十四年木活字本。
17. 尤桐纂修：无锡《尤氏宗谱》，民国二十五年铅印本。
18. 盛文颐主修：武进《龙溪盛氏宗谱》，民国三十二年木活字本。
19. 唐宗海修：《毗陵唐氏家谱》，民国三十七年铅印本。
20. 胡复钧编辑：无锡《胡氏宗谱》(村前版)，1998年电脑排印本。
21. 钱煜主编：《钱氏宗谱》，2010年续辑。
22. 刘琛修撰：《武进西营刘氏家谱》，民国十八年铅印本。
23. 邹仁溥：无锡《邹氏宗谱》，清光绪二十九年活字本。
24. 黄镇南：无锡《梁溪黄氏续修宗谱》，民国二十年活字本。
25. 安荣光：无锡《胶山安黄氏宗谱》，民国年间活字本。
26. 席彬纂修：常熟《席氏世谱载记》，清光绪七年木活字本。

27. 吴大贋纂修：苏州《皋庑吴氏家乘》，清光绪七年刻本。

28. 赵毅盦等纂修：江阴、常熟《暨阳章卿赵氏宗谱》，清光绪九年木活字本。

29. 陆锦晭等纂修：苏州《陆氏葑门支谱》，清光绪十四年丰裕义庄刻本。

30. 归令望纂修：常熟《归氏世谱》，清光绪十四年刻本。

31. 范葎照等纂修：《范氏家谱》，清光绪十八年木活字本。

32. 潘绍贻纂修：苏州《东汇潘氏族谱》，清光绪十九年刻本。

33. 顾来章等纂修：长洲《重修唯亭顾氏家谱》，清光绪二十九年刻本。

34. 杨廷杲纂修：苏州《吴郡杨氏家谱》，清光绪三十年刻本。

35. 程眈纂修：苏州《程氏支谱》，清光绪三十一年木活字本。

36. 汪体椿等纂修：《吴趋汪氏支谱》，清宣统二年木活字本。

37. 沈寿祺纂修：常熟《虞阳沈氏宗谱》，清宣统三年木活字本。

35. 叶耀元纂修：吴县《洞庭王氏家谱》，清宣统三年木活字本。

36. 叶德辉等纂修：吴县《吴中叶氏宗谱》，清宣统三年东洞庭逶公宗祠木活字本。

37. 赵诒琛、赵诒珅纂修：《赵氏家乘》，民国七年赵氏义庄刻本。

38. 彭文杰、彭钟岱纂修：吴县《彭氏宗谱》，民国十一年衣言庄刻本。

39. 唐轲等纂修：苏州《唐氏家谱》，民国十六年石印本。

40. 潘家元纂修：苏州《大阜潘氏支谱》，民国十六年铅印本。

41. 张汝南纂修：常熟《清河张氏支谱》，民国二十年铅印本。

42. 陶文炯等纂修：《常熟浔阳陶氏家谱》，民国二十二年铅印本。

43. 王季烈等：《莫厘王氏家谱》，民国二十六年上海元昌印书局石印本。

44. 作者不详：吴县《吴中贝氏家谱》不分卷，民国二十八年石印本。

45. 屈采麟等：常熟《临海屈氏世谱》，民国十一年增补印本。

46. 王庆芝：常熟《太原王氏家乘》，民国八年木活字本。

47. 申祖璠：苏州《申氏世谱》，清道光二十一年刻本。

48. 陆增炜纂修：吴县《平原陆氏宗谱》，清光绪三十二年刻本。

49. 严庆祺纂修：吴县《六修江苏洞庭安仁里严氏族谱》，2001影印本。

50. 庄士祯：常熟《虞山庄氏续修世谱》，民国十一年活字本。

51. 作者不详：崇明《朱氏家乘》，清刻本。

52. 顾璜：《华亭顾氏宗谱》，清光绪二十年刊本。

53. 黄守恒纂修：嘉定《练西黄氏宗谱》，民国四年铅印本。

54. 王寿慈纂修：太仓《太原王氏宗谱》，民国六年稿本。

55. 王师曾编：上海《续修王氏家谱》，民国十三年铅印本。

56. 傅恭弼续修：南汇《傅氏续修家谱》，民国二十八年油印本。

57. 陈家栋：嘉定《南翔陈氏宗谱》，民国二十三年铅印本。

58. 张忠裁等：《奉贤张氏家谱》，民国六年铅印本。

59. 黄玠：《金山黄氏族谱》，清宣统二年铅印本。

60. 郁锡璜等：上海《郁氏家乘》，民国二十二年铅印本。

二、义庄全案、规条

1. 华翼纶辑：无锡《华氏新义庄事略》，光绪二十七年鹅湖存裕堂活字本。
2. 恽毓荣辑：《恽氏义庄缘起》，清光绪二十八年活字印本。
3. 《恽氏义庄规条》，清光绪二十九年刻本。
4. 佚名编：《华氏义庄事略》，清刻本。
5. 《无锡杨氏义庄赡族规条》，清末稿本。
6. 《太仓钱氏宁远义庄文存》，民国十五年刻本。
7. 嘉定《曾氏瑞芝义庄全案》，清光绪二十六年刻本。
8. 钱铭江、钱铭铨纂修：《金山钱氏支庄全案》，清光绪二十六年木活字本。
9. 佚名编：《昆山赵氏义庄公墓规条》，民国铅印本。
10. 《吴氏义庄规条》，清宣统三年刻本。
11. 《吴江凌氏义庄案》，民国九年庚申刊版。
12. 施则敬编：《吴江施氏义庄汇录》，民国五年铅印本。
13. 徐芬辑：《徐氏梓荫义庄汇录》，清光绪三十四年抄本。
14. 钱文选撰：《士青义庄录》，1948 年版。
15. 严毓芬等辑：无锡《严氏义庄章程》，民国三年刻本。

三、方志

1. 秦瀛：《无锡金匮县志》，清嘉庆十八年刻本。
2. 宋如林、孙星衍、莫晋：《松江府志》，清嘉庆二十三年刻本。
3. 宋如林、石韫玉：《苏州府志》，清道光四年刻本。
4. 张延恩、李兆洛：《江阴县志》，清道光二十年刻本。
5. 华湛恩：《锡金志外》，清道光二十三年刻本。
6. 卢思诚、季念诒、夏炜如：《江阴县志》，清光绪四年刻本。
7. 韩佩金、张文虎：《重修奉贤县志》，清光绪四年志书局刻本。
8. 金福曾、熊其英：《吴江县续志》，清光绪五年刻本。
9. 陈方瀛修、俞樾纂：《川沙厅志》，清光绪五年刻本。
10. 王其淦、吴康寿、汤成烈：光绪《武进阳湖县志》，清光绪五年刻本。
11. 金福曾、张文虎：光绪《南汇县志》，清光绪五年刻本。
12. 汪祖绶、熊其英、邱士金：《青浦县志》，光绪五年尊经阁刻本。
13. 金吴澜、李福沂、汪堃、朱成熙：《昆新两县续修合志》，清光绪六年刻本。
14. 汪大中、倪咸生、秦缃业：光绪《无锡金匮县志》，清光绪七年刻本。
15. 李皖铭、冯桂芬：《苏州府志》，清光绪九年江苏书局刻本。
16. 博润、姚光发：《松江府续志》，清光绪十年刻本。
17. 凌焯、徐锡麟：《丹阳县志》，清光绪十一年刻本。
18. 丁兆基、汪国凤：《金坛县志》，清光绪十一年活字本。
19. 王树菜、潘履祥：《罗店镇志》，清光绪十五年铅印本。
20. 曹相骏、许光墉：《重辑枫泾小志》，清光绪十七年铅印本。
21. 黄印：《锡金识小录》，清光绪二十二年活字本。

22. 蔡丙圻：《黎里续志》，禊湖书院清光绪二十五年刻本。
23. 郑钟祥、张瀛、庞鸿文：《常昭合志稿》，清光绪三十年木活字本。
24. 吴馨、姚文枏：《上海县续志》，民国七年南园志局刻本。
25. 陈思、缪荃孙：《江阴县续志》，民国十年刻本。
26. 朱福熙、程绵熙：《黄埭志》，苏州振新书社民国十一年石印本。
27. 连德英、李传元：《昆新两县续补合志》，民国十二年刻本。
28. 严伟、刘芷芬、秦锡田：《南汇县续志》，民国十七年刻本。
29. 陈传德、黄世祚：《嘉定县续志》，民国十九年铅印本。
30. 李根源、曹允源：《吴县志》，民国二十二年苏州文新公司铅印本。
31. 于定、金咏榴：《青浦县续志》，民国二十三年刻本。
32. 江家瑄、姚文枏：民国《上海县志》，民国二十五年瑞华印务局铅印本。
33. 方鸿铠、黄炎培：《川沙县志》，民国二十六年上海国光书局铅印本。
34. 张镜寰、丁祖荫、徐兆玮：《重修常昭合志》，民国三十八年铅印本。
35. 王清穆、曹炳麟：《崇明县志》，上海古籍书店 1964 年刻本。
36. 邓琳：《虞乡志略》，苏州古旧书店 1983 年抄本。
37. 无锡县教育局编纂：《无锡县教育志》，上海科学技术文献出版社 1992 年版。
38. 彭方周纂修：《吴郡甫里志》，江苏古籍出版社 1992 年影印本。
39. 谈汛人主编：《无锡县志》，上海社会科学院出版社 1994 年版。
40. 杨希溁：《恬庄小识》，广陵书社 2007 年版。
41. 顾震涛：《吴门表隐》，江苏古籍出版社 1986 年版。

四、文集
1. 《范仲淹全集》，四川大学出版社 2002 年版。
2. 王辟之：《渑水燕谈录》，中华书局 1981 年版。
3. 罗椅：《涧谷遗集》，上海古籍出版社 1995 年影印本。
4. 胡寅撰：《斐然集》，台湾商务印书馆 1986 影印本。
5. 袁采：《袁氏世范》，台湾商务印书馆 1986 年影印本。
6. 陆游：《陆放翁集》，商务印书馆民国二十四年版。
7. 朱熹：《朱子文集》，商务印书馆民国二十五年版。
8. 刘挚：《忠肃集》，商务印书馆民国二十五年版。
9. 刘宰：《漫塘集》，上海古籍出版社 1987 年版。
10. 陈旅：《安雅堂集》，台湾商务印书馆 1986 影印本。
11. 陈高：《不系舟渔集》，抄本。
12. 胡助撰：《纯白斋类稿》，商务印书馆民国二十四年版。
13. 方孝孺：《逊志斋集》，宁波出版社 2000 年版。
14. 朱国桢：《涌幢小品》，中华书局 1959 年版。
15. 章懋撰：《枫山章先生集》，商务印书馆民国二十四年版。
16. 胡居仁撰：《胡敬斋集》，商务印书馆民国二十四年版。

17. 顾炎武:《日知录》,商务印书馆民国十八年版。
18. 钱谦益:《钱牧斋全集》,上海古籍出版社 2003 年版。
19. 钱大昕:《潜研堂文集》,商务印书馆民国二十五年年版。
20. 钱泳:《履园丛话》,中华书局 1979 年版。
21. 蒋士铨:《忠雅堂集校笺》,上海古籍出版社 1993 年版。
22. 陈康祺撰:《郎潜纪闻初笔二笔三笔》(上),中华书局 1984 年版。
23. 潘曾沂撰:《东津馆文集》,清咸丰八年刻本。
24. 沈德潜:《归愚文钞余集》,清乾隆三十二年刻本。
25. 邹鸣鹤:《世忠堂文集》,清同治二年刻本。
26. 俞樾:《春在堂杂文》,台湾文海出版社 1969 年版。
27. 方苞:《方望溪先生全集》,商务印书馆民国二十四年印行。
28. 李兆洛:《养一斋文集》,清光绪四年重刻本。
29. 魏源:《魏源集》,中华书局 1976 年版。
30. 林则徐:《云左山房诗钞》,清光绪十二年刊本。
31. 冯桂芬:《显志堂稿》,台湾文海出版社 1981 年版。
32. 端方:《端忠敏公奏稿》,台湾文海出版社 1967 年版。
33. 陈夔龙:《梦蕉亭杂记》,中华书局 2007 年版。
34. 潘光旦:《潘光旦文集》,北京大学出版社 2000 年版。
35. 钱穆:《钱宾四先生全集》,台湾联经出版事业公司 1998 年版。

五、近代报刊

1.《内务公报》,内务部总务厅,1913 年第 1 期。
2.《内务公报》,内务部总务厅,1914 年第 13 期。
3.《吴县教育杂志》,1914 年第 3 期。
4.《江苏教育行政月刊》1914 年第 9 期、第 13 期。
5.《教育杂志》第 8 卷第 5 号,1916 年 5 月。
6.《内务公报》,1917 年第 42 期。
7.《内务公报》,1919 年第 75 期。
8.《政府公报》,1918 年 11 月 16 日第 1008 号。
9.《教育公报》,1922 年第 5 期
10.《农矿公报》,1928 年第 3 期。
11. 经济会议秘书处编:《全国经济会议专刊》,1928 年。
12.《金山县教育月刊》,1929 年第 5 卷第 11 期。
13.《复旦社会学系半月刊》,1931 年第 2 卷第 7 期
14.《广州市市政公报》,1931 年第 389—390 期合刊。
15. 吴县县政府社会调查处编印:《吴县城区附刊》,民国二十年铅印本。
16.《湖北教育厅公报》,1931 年第 9 期。
17.《人文月刊》,1931 年第 2 卷第 6 期。
18.《奉贤县政公报》,1934 年第 20 期。

19.《武进县政公报》,民国二十三年第 83、84 期合刊。

20. 江阴县商会编:《江阴县商会第一届汇刊》,民国二十三年。

21.《广东省政府公报》,1934 年第 257 期。

22.《东方杂志》,1935 年第 32 卷第 2 号。

23.《吴县教育》,1936 年第 4 卷第 4 期。

六、地方文史资料

1.《无锡县文史资料》第 1 辑,1984 年。

2.《无锡县文史资料》第 4 辑,1986 年。

3.《常州文史资料》第 6 辑,1986 年。

4.《无锡县文史资料》第 6 辑,1988 年。

5.《泰兴文史资料》第 5 辑,1988 年。

6.《吴县文史资料》第 7 辑,1990 年。

7.《无锡县文史资料》第 8 辑,1990 年。

8.《苏州文史资料》,第 115 合辑,1990 年。

9.《南长文史资料选编》第 1 辑,1992 年。

10.《苏州史志资料选辑》第 31 辑,2006 年。

七、档案

1.《关于给付郎中房来风寡妇吴氏之义庄历票》,档号:I24 - 001 - 0011 - 010, 苏州档案馆藏。

2.《民国十年吴县私立彭氏学校校友会年刊》,1921 年,吴县教育局档案:I05 - 001 - 0391,苏州档案馆藏。

3.《无锡严氏私立经正学校二十周年纪念册》,1922 年,吴县教育局档案:I05 - 001 - 0574,苏州档案馆藏。

4. 苏南行署:《苏南土地改革实施办法》(1950 年 11 月),全宗号:3070,案卷号: 482,江苏省档案馆藏。

5. 中共苏南区党委:《区党委陈丕显同志关于整风、土改工作的指示、计划、情 况》,档号:3006 - 长期 - 16 卷,江苏省档案馆藏。

6. 中共苏南区党委农村工作委员会:《无锡张村堰桥乡胡氏义庄田调查报告》, 档号:3006—长期—252 卷,江苏省档案馆藏。

7.《盛宣怀档案》,上海图书馆藏。

八、类书、丛书、资料集等

1. 冯和法编:《中国农村经济资料》,黎明书局民国二十四年版。

2. 苏南人民行政公署土地改革委员会编:《土地改革前的苏南农村》,1951 年 内部印行。

3. 华东军政委员会土地改革委员会编:《江苏省农村调查》,1952 年内部资料。

4. 多贺秋五郎编:《宗谱の研究》第三部"资料",株式会社开明堂 1960 年版。

5. 舒新城编：《中国近代教育史资料》上册，人民教育出版社 1961 年版。

6. 盛康辑：《皇朝经世文编续编》，文海出版社 1966 年版。

7. 陈梦雷编纂：《古今图书集成》卷 102《宗族部》，中华书局、巴蜀书社 1985 年版。

8. 《景印文渊阁四库全书》，台湾商务印书馆 1986 年影印本。

9. 赵尔巽等撰：《清史稿》，中华书局 1977 年版。

10. (元)脱脱等撰：《宋史》，中华书局 1985 年版。

11. 光绪三十三年学部总务司编：《第一次教育统计图表》，文海出版社 1986 年版。

12. 洪焕椿编：《明清苏州农村经济资料》，江苏古籍出版社 1988 年版。

13. 陈翰笙、薛暮桥、冯和法编：《解放前的中国农村》第 3 辑，中国展望出版社 1989 年版。

14. 中央档案馆编：《中共中央文件选集》第 3 册，中共中央党校出版社 1989 年版。

15. 中央档案馆编：《中共中央文件选集》第 6 册，中共中央党校出版社 1989 年版。

16. 中央档案馆编：《中共中央文件选集》第 7 册，中共中央党校出版社 1991 年版。

17. 中央文献研究室编：《建国以来重要文献选编》第 1 册，中央文献出版社 1992 年版。

18. 王国平、唐力行主编：《明清以来苏州社会史碑刻集》，苏州大学出版社 1998 年版。

19. 上海图书馆历史文献研究所编：《历史文献》第 3 辑，上海科学技术文献出版社 2000 年版。

20. 上海图书馆历史文献研究所编：《历史文献》第 4 辑，上海科学技术文献出版社 2001 年版。

21. 范晔：《后汉书》，中华书局 2007 年版。

22. 班固：《汉书》，中华书局 2007 年版。

九、专著

1. 潘曾沂撰：《丰豫庄本书》，清光绪八年津河广仁堂刻本。

2. 吴学信：《社会教育史》，商务印书馆，民国二十八年版。

3. 潘光旦、全慰天：《苏南土地改革访问记》，三联书店 1952 年版。

4. ［日］清水盛光著、宋念慈译：《中国族产制度考》，中华文化出版事业委员会，1956 年版。

5. 王树槐：《中国现代化的区域研究：江苏省(1860—1916)》，台北中研院近代史研究所 1984 年版。

6. 吕思勉：《中国制度史》，上海教育出版社 1985 年版。

7. 朱勇：《清代宗族法研究》，湖南教育出版社 1987 年版。

8. [奥地利]米特尔罗尔、西德尔著、赵世玲等译：《欧洲家庭史》，华夏出版社1987年版。

9. [美]E. A. 罗斯著、秦志勇、毛永政译：《社会控制》，华夏出版社1989年版。

10. Dennerline, *Qian Mu and the World of Seven Mansinas*, Yale Universinty Press, 1989.

11. [美]亨廷顿著、王冠华等译：《变化社会中的政治秩序》，生活·读书·新知三联书店1989年版。

12. 张研：《清代族田与基层社会结构》，中国人民大学出版社1991年版。

13. 徐扬杰：《中国家族制度史》，人民出版社1992年版。

14. 曹幸穗：《旧中国苏南农家经济研究》，中央编译出版社1996年版。

15. 丁钢主编：《近世中国经济生活与宗族教育》，上海教育出版社1996年版。

16. 梁启超：《中国历史研究法》，东方出版社1996年版。

17. [韩]田炯权：《中国近代社会经济史研究——义田地主和生产关系》，中国社会科学出版社1997年版。

18. 常建华：《宗族志》，上海人民出版社1998年版。

19. 赵泉澄：《清代地理沿革表》，中华书局1955年版。

20. 瞿同祖：《瞿同祖法学论著集》，中国政法大学出版社1998年版。

21. 王铭铭：《宗族、社会与国家》，浙江人民出版社1998年版。

22. 江庆柏：《明清苏南望族文化研究》，南京师范大学出版社1999年版。

23. 李文治、江太新：《中国宗法宗族制和族田义庄》，社会科学文献出版社2000年版。

24. 莫里斯·弗利德曼：《中国东南的宗族组织》，上海人出版社2000年版。

25. 冯贤亮：《明清江南地区的环境变动与社会控制》，上海人民出版社2002年版。

26. 唐力行：《商人与中国近世社会》，商务印书馆2003年版。

27. 王日根：《明清民间社会的秩序》，岳麓书社2003年版。

28. 赵永良、蔡增基主编：《无锡望族与名人传记》，黑龙江人民出版社2003年版。

29. 徐茂明：《江南士绅与江南社会(1368—1911年)》，商务印书馆2004年版。

30. 林济：《长江流域的宗族与宗族生活》，湖北教育出版社2004年版。

31. 杨国安：《明清两湖地区基层组织与乡村社会研究》，武汉大学出版社2004年版。

32. 陈桦、刘宗志：《救灾与济贫——中国封建社会时代的社会救助活动(1750—1911)》，中国人民大学出版社2005年版。

33. 钱穆：《八十忆双亲·师友杂忆》，生活·读书·新知三联书店2005年版。

34. 王卫平、黄鸿山：《中国古代传统社会保障与慈善事业》，群言出版社2005年版。

35. 明德、何成主编：《中国家族教育》，山东教育出版社2005年版。

36. 冯尔康：《18世纪以来中国家族的现代转向》，上海人民出版社2005年版。

37. 张学群等编著：《苏州名门望族》，广陵书社 2006 年版。

38. 周秋光、曾桂林：《中国慈善简史》，人民出版社 2006 年版。

39. 莫宏伟：《苏南土地改革研究》，合肥工业大学出版社 2007 年版。

40. 沈大明：《〈大清律例〉与清代的社会控制》，上海人民出版社 2007 年版。

41. 井上徹、钱杭译：《中国的宗族与国家礼制——从宗法主义角度所作的分析》，上海书店出版社 2008 年版。

42. 冯尔康等：《中国宗族史》，上海人民出版社 2009 年版。

43. 王瑞芳：《土地制度变动与中国乡村社会变革——以新中国成立初期土改运动为中心的考察》，社会科学文献出版社 2010 年版。

十、论文

1. 田中萃一郎：《义庄の研究》，《田中萃一郎史学论文集》，三田史学会，1932 年。

2. 近藤秀树：《范氏义庄变迁》，《东洋史研究》，1963 年第二十一卷第四号。

3. 伊原弘介：《范氏义庄租册の研究》，《史学研究》，1965 年第九十四号。

4. 冯尔康：《论清朝苏南义庄的性质与族权的关系》，《中华文史论丛》，1980 年第 3 辑。

5. 张研：《清代族田的"米历子"》，人大复印资料《明清史》，1984 年第 1 期。

6. 张研：《清代族田经营初探》，《中国经济史研究》，1987 年第 3 期。

7. 张研：《关于清代族田分布的初步考察》，《中国经济史研究》，1991 年第 1 期。

8. 邢铁：《宋代的义庄》，《历史教学》，1987 年第 5 期。

9. 常建华：《二十世纪的中国宗族研究》，《历史研究》，1999 年第 5 期。

10. 廖志豪、李茂高：《略论范仲淹与范氏义庄》，《学术月刊》，1991 年第 10 期。

11. 王日根：《义田及其在封建社会中后期之社会功能分析》，《社会学研究》，1992 年第 6 期。

12. 王日根：《论清代义田的发展与成熟》，《清史研究》，1992 年第 2 期。

13. 王日根：《宋以来义田发展述略》，《中国经济史研究》，1992 年第 4 期。

14. 王日根：《义田及其在封建社会中后期之社会功能分析》，《社会学研究》，1992 年第 6 期

15. 王日根：《明清福建与江南义田的比较》，《学术月刊》，1996 年第 1 期。

16. 范金民：《清代苏州宗族义田的发展》，《中国史研究》，1995 年第 3 期。

17. 邓河：《浅论近代农村的族田经济》，《山西财经学院学报》，1995 年第 3 期。

18. 韩凝春：《清末民初学制变革中的江浙族学》，《天津师大学报》，1996 年第 6 期。

19. 韩凝春：《清代江浙族学研究》，张国刚主编：《中国社会史评论》（第 1 卷），天津古籍出版社，1999 年版。

20. 余新忠：《丰豫庄非潘氏宗族义庄》，《中国农史》，1996 年第 15 卷第 2 期。

21. 余新忠：《清中后期乡绅的社会救济——苏州丰豫义庄研究》，《南开学报》，

1997 年第 3 期。

22. 王卫平:《清代苏州的慈善事业》,《中国史研究》,1997 年第 3 期。

23. 王卫平:《清代江南地区的慈善家系谱——以潘曾沂为中心的考察》,《学习与探索》,2009 年第 3 期。

24. 王卫平:《从普遍福利到周贫济困——范氏义庄社会保障功能的演变》,《江苏社会科学》,2009 年第 2 期

25. 曹凤祥:《论明代族田》,《社会科学战线》,1997 年第 2 期。

26. 洪璞:《试述明清以来宗族的社会救济功能》,《安徽史学》,1998 年第 4 期。

27. 唐力行:《从碑刻看明清以来苏州社会的变迁》,《历史研究》,2000 年第 1 期.

28. 唐力行、徐茂明:《明清以来徽州与苏州社会保障的比较研究》,《江海学刊》,2004 年第 3 期。

29. 张佩国:《近代江南乡村的族产分配与家庭伦理》,《江苏社会科学》,2001 年第 4 期。

30. 李江、曹国庆:《明清时期中国乡村社会中宗族义田的发展》,《农业考古》,2004 年第 3 期。

31. 王善军:《范氏义庄与宋代范氏家族的发展》,《中国农史》2004 年第 2 期。

32. 井上彻著、钱杭译:《重新审视宗族的历史性特质》,《传统中国研究集刊(第一辑)》,2005 年。

33. 李跃、高廷爱:《清代苏州非营利组织初探——以义庄为考察对象》,《世纪桥》,2006 年第 11 期。

34. 黄敏、慈鸿飞:《城居地主与近代江南农村经济》,《中国农史》,2006 年第 3 期。

35. 张金俊:《清代江南宗族在乡村社会控制中的作用》,《安徽师范大学学报》,2006 年第 3 期。

36. 贾熟村:《太平天国时期的荡口镇》,《广西师范大学学报》,2007 年第 5 期。

37. 豆霞、贾兵强:《论宋代义庄的特征与社会功能》,《华南农业大学学报》,2007 年第 3 期。

38. 杨珉、盛邦跃:《民国时期的苏南乡村秩序》,《广西社会科学》,2008 年第 10 期。

39. 袁同成:《"义庄":创建现代农村家族邻里互助养老模式的重要参鉴——基于社会资本的视角》,《理论导刊》,2009 年第 4 期。

40. 申万里:《元代江南民间义庄考述》,《中央民族大学学报》,2009 年第 2 期。

41. 曹立前、张占力:《试论明清宗族保障的经济支持与制度性约束机制》,《山东师范大学学报》,2009 年第 4 期。

42. 刘铮云:《义庄与城镇——清代苏州府义庄之设立及分布》,《中央研究院历史语言研究所集刊》,1987 年第 58 卷 3 期。

43. 盛邦跃、杨珉:《民国时期乡村绅权嬗变的区域性研究——以苏南为中心》,《求索》,2010 年第 3 期。

44. 汪春劼:《义庄、善堂与社会救济——基于 20 世纪上半叶无锡的分析》,《宁夏大学学报》,2010 年第 6 期。

45. 陈勇、李学如:《近代苏南义庄的家族教育》,《历史研究》,2011 年第 5 期。

后记

在从事宗族义庄研究之前,我对义庄的了解主要来源于《古文观止》中宋人钱公辅那篇脍炙人口的《义田记》。而今在此领域浸淫耕耘,弹指一挥间已历数载。饮水思源,首先要感谢陈勇师引领我走进这片学术领域。2009 年 9 月,我考入上海大学历史系攻读历史学博士学位,师从著名钱穆研究专家陈勇教授。陈师治学严谨,为人谦逊,既是良师,亦为益友。回想陈师第一次和我谈及义庄的情景,仿佛就在眼前。那是 2009 年 12 月的一天中午,我和陈师在上大西门外弘基广场一家湘菜馆小聚。师言钱穆而及义庄,谓钱氏幼年读书不易,蒙同乡举人华鸿模相助,得以入荡口华氏义庄小学读书。钱氏丧父后,家里也曾得到本族所办怀海义庄的救助。因此,在《八十忆双亲·师友杂忆》中,钱穆对义庄怀有莫大的温情和敬意。陈师认为,义庄研究是探讨传统乡村社会的一个独特视角,亦是对宗族研究的深化,问我是否有兴趣。陈师的一席话,勾起了我若干向往。我出身于农家,自幼在一个大家族的环境里长大,对宗族生活有所了解。不过,自上个世纪七八十年代以来的乡村宗族已没有多少凝聚力,族人之间的交谊主要表现在婚丧嫁娶之时的往来,平时相互之间已很淡漠。我很想弄清楚,在传统社会里,那些世家大族的真实生活图景,而义庄这个议题激发了我探究的欲望。一瓶上海老黄酒,几碟家常小菜,一个义庄话题,师生间畅谈了近四个小时。此情此景,无时或忘。今春去上图查阅资料,与陈师再次相聚在弘基广场那家湘菜馆,餐馆虽已易名,忆起当年相谈义庄一幕,温情如春风依旧。

诚实地说,起初我对开展义庄研究也有顾虑。毕竟义庄自北宋肇始,于新中国土改运动中才消弭,存续时间长,且有"义庄之设遍天下"之说,担心学界的研究已很深入,已无多少拓展空间。不过,在接下来梳理学术史的过程中我发现,多数学者对义庄的研究尚处于"副业"阶段,即在研究宗族史或传统社会慈善过程中,涉及到义庄问题,或在文中略加交涉,或从某一角度专文论述,缺乏研究的系统性,这给了我莫大的鼓舞和信心,决心沉潜下来做好这个题目。

2014年我以义庄为题成功申报了教育部人文社科项目,在已有研究的基础上,我开始从源头梳理义庄发展演进历史,关注视域更多的聚焦到近代宗族义庄与基层社会的关联互动上。不过,作为传统的基层社会组织,义庄的出现和发展,涉及宗族制度的发展变迁、土地流动、租佃制度、乡村教育、社会救助、基层社会治理等诸多层面,要把这众多问题一一梳理清楚,呈现一部完整的义庄史,还不是眼下这本小书所能达到的,它将是我下一步所要努力的目标。

在本书付梓之际,我还要感谢湖南师范大学的李育民教授和苏州大学的王卫平教授。2002年9月,我考入湖南师范大学历史文化学院攻读硕士学位,随李师学习中外关系史。先生是国内治近代中外条约制度史的大家,待人宽厚平和,治学尤严,强调文献史料功夫,我学习和研究近代史的方法理路,实由李师开启。王卫平师是我做博士后的指导老师,日本国立广岛大学的博士,儒雅睿智,学通中西,是研究江南区域史的名家。在王师的指导下,我的学术视野得以开阔,对宗族史及区域史的治学门径有了较为深入的认识。

本书得以出版,还要感谢淮北师范大学提供的学术专著出版资助。上海三联书店及本书责任编辑殷亚平女士也为拙作出版付出了辛勤的劳动,这里一并表示感谢。

作为后进学人的习作,本书不足乃至稚嫩之处,肯定不少,之所以将它奉献给读者诸君,就是想得到学界同仁的批评指正,不断加以改进。

李学如

2016 年 4 月 18 日于淮北寓所

图书在版编目(CIP)数据

近代苏南义庄与地方社会研究/李学如著. —上海:上海三联书店,2016.7
ISBN 978 - 7 - 5426 - 5580 - 6

Ⅰ.①近… Ⅱ.①李… Ⅲ.①宗族-制度-研究-苏南地区-近代 Ⅳ.①D693

中国版本图书馆 CIP 数据核字(2016)第 112347 号

近代苏南义庄与地方社会研究

著　　者 / 李学如

责任编辑 / 殷亚平
装帧设计 / 周剑峰
监　　制 / 李　敏
责任校对 / 张大伟

出版发行 / 上海三联书店
　　　　　(201199)中国上海市都市路 4855 号 2 座 10 楼
网　　址 / www. sjpc1932.com
邮购电话 / 021 - 22895557
印　　刷 / 上海叶大印务发展有限公司

版　　次 / 2016 年 7 月第 1 版
印　　次 / 2016 年 7 月第 1 次印刷
开　　本 / 890×1240　1/32
字　　数 / 250 千字
印　　张 / 12.25
书　　号 / ISBN 978 - 7 - 5426 - 5580 - 6/D · 325
定　　价 / 48.00 元

敬启读者,如发现本书有印装质量问题,请与印刷厂联系 021 - 66019858